ELAINE FOX

In jedem steckt ein Optimist

ELAINE FOX

IN JEDEM STECKT EIN
OPTIMIST

Wie wir lernen können, eine positive
Lebenseinstellung zu gewinnen

Aus dem Englischen übertragen
von Michael Müller

C. Bertelsmann

Die Originalausgabe ist 2012 unter dem Titel
»Rainy Brain, Sunny Brain: The New Science of Optimism and Pessimism«
bei William Heinemann, London, erschienen.

Verlagsgruppe Random House FSC® N001967
Das für dieses Buch verwendete
FSC®-zertifizierte Papier *Munken Premium Cream*
liefert Arctic Paper Munkedals AB, Schweden.

1. Auflage
© 2012 by Elaine Fox
© 2014 der deutschsprachigen Ausgabe
by C. Bertelsmann Verlag, München,
in der Verlagsgruppe Random House GmbH
Umschlaggestaltung: buxdesign München
Satz: Uhl + Massopust, Aalen
Druck und Bindung: GGP Media GmbH, Pößneck
Printed in Germany
ISBN 978-3-570-10055-4

www.cbertelsmann.de

INHALT

In jedem einzelnen Moment seines Lebens ist man das,
was man sein wird, nicht minder als das, was man gewesen ist.

Oscar Wilde: *De Profundis*

Ein Pessimist sieht die Schwierigkeit bei jeder Gelegenheit,
Ein Optimist hingegen sieht die Gelegenheit in
jeder Schwierigkeit.

Winston Churchill

EINFÜHRUNG

ALVYS PSYCHIATER

Wie oft schlafen Sie miteinander?

ALVY

So gut wie nie. Vielleicht dreimal in der Woche.

ANNIES PSYCHIATER

Haben Sie oft Sex miteinander?

ANNIE

Dauernd! Dreimal in der Woche würde ich sagen.

Woody Allen: Der Stadtneurotiker

Die wissenschaftliche Psychologie hat uns eine einfache Erkenntnis geliefert: Wie wir die Welt sehen und mit ihr interagieren, wirkt sich darauf aus, wie die Welt auf uns reagiert. Das ist eine wichtige Tatsache, welche aber allzu leicht in Vergessenheit gerät. Unsere ganze Seinsweise, unsere Auffassung von den Dingen, unsere Einstellung gegenüber dem Leben, all das, was ich unsere affektive Veranlagung nenne, färben unsere Welt, haben Einfluss auf unsere Gesundheit, auf unseren materiellen Wohlstand und unser allgemeines Wohlergehen. Psychologen haben verschiedene Methoden entwickelt, um die beiden unterschiedlichen Grundveranlagungen – die optimistische und die pessimistische – zu diagnostizieren und auch graduell zu bestimmen, sodass es heute möglich ist, die Ursachen dafür, warum jemand zum Optimismus oder zum Pessimismus neigt, und die sich für ihn daraus ergebenden Folgen recht genau zu ermitteln. Die bemerkenswerteste Erkenntnis ist, dass sich diese Unterschiede – ob wir eher die Licht- oder die Schattenseiten sehen – auf bestimmte Aktivationsmuster im Gehirn zurückführen lassen. Der über dicke Nervenfaserbündel stattfindende Austausch von Signalen zwischen in evolutionsgeschichtlicher Hinsicht »zeitgenössischen« Arealen unserer Großhirnrinde, dem Sitz unseres Denkvermögens, und sehr alten, für unsere »urzeitlichen« Gefühle zuständigen Gehirnregionen, ist entscheidend dafür, welches Gewicht wir Positivem und Negativem beimessen. Für jeden von uns ist es lebensnotwendig, dass er sowohl auf das Schlechte wie auf das Gute reagiert, doch das Verhältnis, in dem die für das eine wie das andere zuständigen Systeme zueinanderstehen, und ob sie sich gegenseitig kontrollieren, sodass das eine nicht zu sehr die Oberhand über das andere gewinnt, entscheidet letztlich über unsere affektive Veranlagung. Diese wiederum macht uns sensibel für das, was unserer Meinung nach wichtig ist im Leben, sie prägt also unsere Weltsicht.

Seit mehr als 20 Jahren steht die unterschiedliche Weise, in der Menschen die sie umgebende Welt interpretieren, im Mittelpunkt meiner wissenschaftlichen Forschungen. In mühseliger Kleinarbeit habe ich versucht, etwas über jene Teile unseres Gehirns herauszufinden, die es uns gestatten, Freude oder Furcht zu empfinden, Schönheit zu würdigen und Spaß zu haben oder aber uns bis hin zur existenziellen Verzweiflung mit Sorgen und Ängsten erfüllen. Unsere Affekte sensibilisieren uns dafür, was uns schaden könnte, warnen uns vor etwas, das misslingen könnte, ziehen uns zu dem hin, was gut für uns ist, lassen uns Freude und Lust am Leben selbst verspüren. Neuronale Strukturen, die sich vor Millionen Jahren ausgebildet haben, verbinden sich mit viel später in der Evolutionsgeschichte ausgebildeten Regionen des Gehirns und lassen auf diese Weise Schaltkreise und Netzwerke entstehen, die uns für das empfänglich machen, was wichtig ist. Subtile Unterschiede hinsichtlich der Art und Weise, in der diese affektiven Schaltkreise reagieren, schlagen sich in zutiefst unterschiedlichen Haltungen und Einstellungen gegenüber dem

Leben im Allgemeinen nieder, sie sind prägend für das, was ich unseren affektiven Geist nenne. Im Folgenden werden die Antworten auf die Frage gefunden, warum wir alle uns so sehr voneinander unterscheiden.

Unser affektiver Geist beseelt uns, er erfüllt unser Leben, wenn man so will, mit Leben. Die Fähigkeit, Gefühle zu empfinden, vor allem bei der Begegnung mit Angenehmem oder aber mit Gefahren, teilen wir mit vielen anderen Spezies, doch in Verbindung mit seiner vergrößerten Hirnrinde – dem Teil seines Gehirns, der ihm seine einzigartigen kognitiven Fähigkeiten verleiht, das heißt sein Sprech- und Denkvermögen sowie das Vermögen, Probleme zu lösen – erhebt sein affektiver Geist den Menschen über den Rest der Schöpfung. Diese wunderbare Verbindung von Denken und Fühlen ermöglicht es, dass wir vom Anblick eines Sonnenuntergangs überwältigt oder von einer simplen Folge von musikalischen Klängen zu Tränen gerührt werden.

Doch eben dieses Zusammenwirken von entwicklungsgeschichtlich uralten mit sehr viel jüngeren Hirnregionen bringt auch Nachteile mit sich: Es macht uns anfällig für existenzielle Angst. Allzu leicht werden wir von Ängsten und Sorgen übermannt und lassen uns schon vom »ungeheuerlichen Heulen des Windes« niederwerfen, wie W. B. Yeats es so gelungen formulierte.

Bei meinen eigenen Versuchen, den affektiven Geist in seiner ganzen Komplexität zu ergründen, bin ich dem von der wissenschaftlichen Psychologie selbst beschrittenen Weg gefolgt. Das heißt, ich habe mein Augenmerk anfangs auf das Negative gelenkt, um danach aber der Frage nachzugehen, warum einige Menschen aller Widrigkeiten, mit denen sie in ihrem Leben zu kämpfen haben, zum Trotz immer »oben« bleiben, offenbar immun, oder resilient, gegen diese sind. Die Psychologie ist im Verlauf ihrer Geschichte lange fast ausschließlich mit Problemen befasst gewesen: Ängste, Depressionen, Süchte, Zwänge sind ihre hauptsächlichen Untersuchungsgegenstände gewesen. Über die

9

Jahre hinweg sind Tausende von Stipendien vergeben worden, um die Ursachen dafür zu erforschen, warum einige Menschen von einem tiefen Pessimismus durchdrungen sind, der sie in Depressionen und Angststörungen treiben kann. Tausende von wissenschaftlichen Abhandlungen sind darüber verfasst worden, und Heerscharen von Fachleuten haben effektive Methoden zu entwickeln versucht, mit denen sich das Leid, das solche Negativität verursacht, zumindest lindern lässt. Eine solche Fokussierung auf das Negative ist verständlich und angesichts der Verwüstungen, die Angststörungen und schwere Depressionen im Leben von Menschen anrichten können, auch angemessen.

Mein Ansatz, mit dem ich versuche, die Ursachen eines solch exzessiven Pessimismus aufzudecken, besteht darin, das Seelen- und Gemütsleben angstvoller und depressiver Menschen mit den traditionellen Mitteln der kognitiven Psychologie zu erforschen. Indem man positiv und negativ besetzte Bilder auf einem Computermonitor aufleuchten lässt – manchmal so kurz, dass sie sich der bewussten Wahrnehmung entziehen – und dann die Probanden auffordert, so rasch wie möglich Zeichen oder Symbole ausfindig zu machen, die dort aufblitzen, wo vorher die Bilder zu sehen waren, kann man ermitteln, wie Personen auf die unterschiedlichen Arten von Bildern reagieren. So erhält man einen flüchtigen Einblick in ihr Unterbewusstsein, in das, was dieses gefangen nimmt. Wenn jemand sich von der Darstellung von etwas Negativem – wie den Folgen eines Autounfalls – angezogen fühlt, statt von einem heitereren Bild, dann wird er Zeichen, die anschließend an derselben Stelle aufleuchten, schneller entdecken. Der Unterschied mag nur Hundertstel von Sekunden betragen, doch jahrzehntelange Untersuchungen, bei denen solche Techniken eingesetzt werden, geben zu erkennen, dass ein ängstliches Gemüt zum Negativen hin tendiert.

In der Psychologie zeichnet sich seit einiger Zeit eine Wende ab: Sie befasst sich zunehmend damit, was uns glücklich und optimistisch macht. Wir erfahren dabei, dass das optimistische

Gemüt unweigerlich zum Positiven hingezogen wird, während es uns gleichzeitig vom Negativen Abstand nehmen lässt. Die Art und Weise, in der Personen, die von Pessimismus und Ängsten heimgesucht werden, die Welt erfahren, unterscheidet sich in der Tat fundamental von der, in der Personen dies tun, die von Optimismus und einem allgemeinen Glücksgefühl erfüllt sind.

Wieso ist das so? Sind diese tief verankerten Neigungen, diese Präferenzen, eher Negatives oder Positives zu sehen und in sich aufzunehmen, *ursächlich* dafür, dass einige Menschen pessimistisch und ängstlich, andere hingegen optimistisch und zuversichtlich sind? Oder anders formuliert: Woran liegt es, dass die Menschen sich so sehr hinsichtlich ihres affektiven Geistes unterscheiden, und worin genau liegt der Unterschied begründet?

Atemberaubende Fortschritte auf dem Gebiet der Psychologie im Verein mit ständig weiterentwickelten Technologien, derer sich Neurologie und Genetik bedienen, liefern uns eine Fülle neuer Antworten auf diese alten Fragen. Die meisten psychologischen Fakultäten und Institute verfügen heute über eine Palette von unterschiedlichen Brain-Imaging-Apparaturen, die es uns gestatten, Einblick in die inneren Abläufe unseres Gehirns zu nehmen. Zusammen mit auf traditionelle Weise gewonnenen Informationen werfen die mithilfe dieser bildgebenden Verfahren gewonnenen Erkenntnisse ein neues Licht darauf, in welch hohem Grad unsere Einstellung gegenüber dem Leben mit Vorgängen verknüpft ist, die sich tief im Inneren unseres Gehirns abspielen.

Wie wir das, was um uns herum geschieht, interpretieren und wie wir darauf reagieren, hat einen unvorstellbar starken Einfluss darauf, was für eine Art Leben wir führen. Das kann die folgende Geschichte von zwei Brüdern belegen, mit denen ich während meines Studiums bekannt war. Daniel und Joey wurden in den sechziger Jahren in einer westirischen Kleinstadt geboren. Sie waren knapp ein Jahr auseinander. Ihren Eltern ging es finanziell recht gut; sie besaßen einen kleinen Krämerladen, in dem beide Söhne als Jugendliche hin und wieder mitarbeiteten. Beide besuchten die Schule der Christian Brothers im Ort und waren auch aktive Mitglieder des dortigen Gaelic Athletic Association Club. Ihr Leben war von keinerlei spektakulären Vorkommnissen gekennzeichnet, in ihrer kleinen Heimatstadt geschah ihnen weder wirklich Schlimmes noch ungewöhnlich Positives. Daniel ist heute Multimillionär mit Wohnsitz in den USA, Inhaber einer Reihe erfolgreicher Unternehmen. Joey lebt und arbeitet als Schullehrer in Dublin und hat Mühe, die Hypothek für sein Haus abzuzahlen.

Die beiden Jungen waren vom frühesten Alter an sehr verschieden. Daniel, der immer nach Gelegenheiten suchte, sich etwas zu verdienen, begann mit sieben Jahren, vom elterlichen Geschäft aus Zeitungen auszutragen, und erhielt einen prozentualen Anteil am Gewinn; ein Jahr später fing er an, älteren Menschen, die nicht mehr zum Einkaufen in die Läden gehen konnten, mit dem Fahrrad Lebensmittel nach Hause zu liefern. Die meisten seiner Kunden steckten ihm ein großzügiges Trinkgeld zu. Seine gesamte Teenagerzeit hindurch machte Daniel kleine Besorgungen für andere, und oft konnte er Joey dazu überreden, ihm zur Hand zu gehen. Als Daniel mit 18 Jahren sein Studium in Dublin aufnahm, hatte er genug Geld zusammen, um eine Anzahlung für eine kleine Wohnung in der Nähe der Universität zu leisten. Er schlug Joey vor, dass sie ihr Geld zusammenwerfen sollten, doch sein Bruder hatte Angst, dass er seine Ersparnisse einbüßen könnte, und ließ sie stattdessen auf der Bank. Daniel hingegen investierte immer wieder in kleinere Unternehmungen und Geschäfte. Als er seinen Abschluss machte, vermietete er seine Wohnung und verwendete die Einnahmen, um die Hypothek für eine zweite, größere Eigentumswohnung abzuzahlen, die er jetzt bezogen hatte. Außerdem nahm er in diese Wohnung zwei Untermieter auf, von denen der eine sein Bruder war.

Joey war immer der bessere Student, ein kluger Kopf und gewissenhaft. Er erhielt eine sehr gute Abschlussnote und nahm ein Promotionsstudium in Angriff. Er schlug mehrere Angebote

Daniels aus, sich an seinen geschäftlichen Unternehmungen zu beteiligen. Seine angeborene Vorsicht hielt ihn davon ab, dieses Risiko einzugehen. Manchmal war das auch gut so, da viele von Daniels Projekten mit spektakulären Fehlschlägen endeten. Langfristig gesehen war er aber äußerst erfolgreich, während Joey zwar auch einige Erfolge für sich verbuchen konnte, aber im Großen und Ganzen ein sehr bescheidenes Leben führte.

Die meisten von uns sehen wahrscheinlich etwas von sich selbst sowohl in Daniel als auch in Joey widergespiegelt. Manchmal stürzen wir uns Hals über Kopf in etwas hinein und lassen jegliche Vorsicht fahren, ein andermal zögern wir eher, eine Gelegenheit beim Schopf zu ergreifen. Bisweilen treten wir der Welt voller Mut und Aufgeschlossenheit entgegen, bereit, das Leben in vollen Zügen zu genießen, dann wieder begegnen wir der Welt voller Verzagtheit und Furcht, überall Probleme witternd.

Dass Joeys Leben eine ganz andere Richtung nahm und schließlich so ganz anders verlief als das seines Bruders, dokumentiert, wie sich die Einstellung, die jemand zu eigen ist, auf den Gang der Ereignisse auswirken kann. Ihres gemeinsamen Hintergrunds, ihrer ähnlichen Fähigkeiten und Gene zum Trotz entwickelten sich die Biografien von Daniel und Joey in ganz gegensätzlicher Weise. Ein einfacher Unterschied in der Einstellung resultierte in völlig divergierenden Lebenswegen.

Pessimisten rücken immer die dunkleren Seiten unseres Daseins in den Vordergrund, ob sie nun derart in Mutlosigkeit und Depression versinken, dass sie überzeugt sind, für sie könne niemals »etwas gut gehen«, oder an einer milderen Form von Angst leiden. Wenn sie sich mit einer schwierigen Aufgabe konfrontiert sehen, fassen sie das eher als Rückschlag auf denn als Möglichkeit, durch deren Lösung die eigene Situation noch zu verbessern. Optimisten wie Daniel hingegen halten immer nach Gelegenheiten Ausschau, auf irgendeine Weise voranzukommen, und ergreifen sie beim Schopf, wenn sie eine zu erkennen meinen. Es liegen zuverlässige wissenschaftliche Beweise dafür vor, dass diese Unterschiede Einfluss darauf haben, wie glücklich wir uns fühlen, wie erfolgreich wir sind und wie gesund wir bleiben.

Meine eigene Erforschung und Analyse dieser beiden gegensätzlichen Dimensionen des affektiven Geistes hat mich zu der überraschenden Schlussfolgerung geführt, dass die Wurzeln eines »sonnigen Gemüts« tief in unserem Lust- oder Belohnungszentrum zu suchen sind, das heißt in jenen Bereichen unseres neuronalen Geflechts, die auf Belohnungen und auf die guten Dinge im Leben reagieren, während die Wurzeln eines »umwölkten Gemüts« ebenso tief in jenen uralten Gehirnarealen sitzen, die uns vor Gefahren und Bedrohungen warnen – in unserem Alarmsystem oder Angstzentrum also. Geringfügige Unterschiede in der Art und Weise, wie unser Angst- und unser Lustzentrum reagieren, und in der, wie dieser Respons von übergeordneten Kontrollzentren des Gehirns gebändigt, reguliert werden, führen im Lauf eines Lebens dazu, dass sich ein Netzwerk von neuronalen Verbindungen aufbaut, das in einer optimistischen oder einer pessimistischen Grundeinstellung resultiert.

Alle von uns besitzen Schaltkreise, die für das Wahrnehmen von Positivem und Negativem und die Verarbeitung dieser Signale zuständig sind, und zwar in mehr oder weniger den gleichen Hirnarealen, doch ihre Wirkkraft unterscheidet sich deutlich: Einige Menschen reagieren unmittelbar auf Angenehmes oder Vergnügliches, andere brauchen eine Weile, um warm zu werden. Ähnlich sind einige Menschen im höchsten Maß für Gefahr sensibilisiert, werden bei der geringsten Bedrohung unruhig und machen sich Sorgen, während andere eine viel höhere Angstschwelle haben. Ich glaube, dass diese Unterschiede das Fundament unserer Persönlichkeit bilden, uns zu dem machen, was wir sind.

In dem vorliegenden Buch will ich mit Ihnen einen Streifzug durch die moderne Wissenschaft unternehmen, die sich mit diesen Phänomenen befasst, und Sie auch mit den Erfahrungen vieler Optimisten und Pessimisten bekannt machen. Ich möchte darstellen, in welch verblüffendem Ausmaß wir in den letzten beiden Jahrzehnten unser Wissen darüber vermehrt haben, wie wir unsere Reaktionen auf Angenehmes und Beängstigendes verstärken beziehungsweise abschwächen können. Wir werden erfahren, wie die Wissenschaft Stück für Stück das Geheimnis aufzuschlüsseln lernte, was uns zu der Person macht, die wir sind. Das ist kein einfaches Unterfangen: Die Antworten finden sich irgendwo in unserem genetischen Make-up, der Abfolge von Ereignissen, die uns zustoßen, und vor allem in der Art und Weise, in der wir diese Ereignisse wahrzunehmen und zu deuten lernen. Gene spielen sicherlich eine Rolle, doch wie groß ihr Einfluss ist, hängt in hohem Maß von dem Umfeld ab, in dem wir leben. Wir werden alle mit bestimmten genetischen Stärken geboren, aber auch mit Schwächen, die uns verwundbar machen, doch ob die einen oder die anderen jemals zum Tragen kommen, hängt entscheidend von der Beschaffenheit der Welt ab, in der wir zu Hause sind.

Wir werden uns mit Forschungsarbeiten auf so unterschiedlichen Gebieten wie der Psychologie, der Molekulargenetik und der Neurowissenschaft befassen, um zu erfahren, wie man dem Geheimnis, was uns zu dem macht, was wir sind, allmählich auf die Spur kommt. Um das nachvollziehen zu können, müssen wir uns auf eine Forschungsreise tief in die Zellen und Neuronengeflechte unseres Gehirns und sogar in unser Genom hineinbegeben, denn wir wissen heute, dass physiologische Abläufe im Gehirn, aber auch bestimmte Gensequenzen vielen Aspekten unserer Persönlichkeit zugrunde liegen. Wie Gene und die Dinge, die uns zustoßen, sich auf komplexe Weise miteinander verbinden und gegenseitig beeinflussen, ist eine faszinierende Geschichte. Wir wissen heute, dass Optimismus, genau wie Pessimismus, aus einem komplizierten Zusammenspiel von genetischer Veranlagung, Lebenserfahrungen und der spezifischen Art und Weise, in der wir die uns umgebende Welt wahrnehmen und deuten, resultiert – eine aufregende neue Erkenntnis. Nicht nur die uns von Geburt an mitgegebenen Stärken und Schwächen sind determinierend für unsere Persönlichkeit, sondern darüber hinaus auch das, womit wir im Leben konfrontiert werden. Es entscheidet darüber, ob unser genetisches Potenzial realisiert wird, sowie darüber, welche zerebralen Schaltkreise – »positive« oder »negative« – gefestigt werden. Ob wir uns nach einer Krise wieder aufzuraffen vermögen und gestärkt aus ihr hervorgehen oder ob Rückschläge uns niederwerfen und wir endlos über das nachdenken, was uns an Negativem widerfahren ist, wird davon beeinflusst, welche unserer zerebralen Schaltkreise dominieren.

Unsere eigenen Schwächen ebenso wie unsere Stärken zu kennen ist wichtig und kann sehr nützlich für uns sein. Sich dessen bewusst zu sein, wie wir wahrscheinlich auf etwas reagieren, und diese Prädispositionen möglicherweise zu ändern, kann uns dabei helfen, uns zu schützen und uns letztlich den Weg zu einem glücklicheren, erfüllteren Leben weisen. Die gute Nachricht ist, dass die Schaltkreise, die dem Empfinden von Angst oder Freude, Vergnügen oder Trauer zugrunde liegen, zu den formbarsten im gesamten Gehirn gehören. Lang anhaltender Stress oder wiederholte Anfälle von Depression können strukturelle Wandlungen in ganz bestimmten Regionen unseres Gehirns herbeiführen, und genauso kann ein länger anhaltendes Empfinden von Freude und Glück sich verändernd auf den Aufbau unseres Neuronengeflechts auswirken. Unsere Gehirne können sich also verändern, und sie tun es auch. Subtile Veränderungen der Art und Weise, in der wir die Welt sehen – unserer individuellen Wahrnehmungs- und Deutungspräferenzen und -neigungen –, können auch die aktuelle Struktur unseres Gehirns verändern und damit zu einer optimistischeren oder pessimistischeren Weltsicht hinführen. Indem wir die Art und Weise verändern, in der unser Gehirn auf Probleme und auf Freuden reagiert, können wir unsere Persönlichkeit verändern.

Ich werde im Folgenden verschiedene Techniken vorstellen, wie solche Veränderungen herbeigeführt werden können. Sie basieren alle auf zuverlässigen wissenschaftlichen Erkenntnissen und können sich erwiesenermaßen auf unsere Mentalität, unsere

affektive Veranlagung auswirken. Wenn es uns gelingt, ein aus-
gewogenes, adäquates Verhältnis herzustellen zwischen jenen
Schaltkreisen in unserem Gehirn, die uns Gefahren und Bedrohungen, und jenen, die uns Angenehmes und Vorteilhaftes wahrnehmen und verarbeiten lassen, müssen wir uns nicht mit einem
Leben abfinden, das von Furcht und Sorge geprägt ist. Und wir
werden sehen, dass wir tatsächlich solche Schritte unternehmen
können, um unsere Einstellung und damit unser Leben zum
Positiven hin zu verändern.

1.
Heitere und finstere Gemüter

Der affektive Geist

... an sich ist nichts weder gut noch böse,
das Denken macht es erst dazu.

William Shakespeare, *Hamlet*

Es war ein kalter, regnerischer Tag, und ich war spät dran. Ich hatte vergessen, wie voll es in der Londoner U-Bahn in der Hauptverkehrszeit wird. Als ich zum Bahnsteig hinunterhetzte und mit anderen Menschen in feuchten Kleidern zusammenstieß, die alle ebenfalls irgendwohin hasteten, hörte ich die Lautsprecheransage, dass es auf der Central Line zu einer Störung gekommen sei. Aus der Menschenmasse stieg ein kollektiver Seufzer auf. Dann kam die Meldung, dass die Strecke gesperrt bleibe, bis ein menschlicher Körper geborgen worden sei, der im Bahnhof Bond Street unter einem Waggon verkeilt war. Jeder wusste, was das hieß: Im Tunnelsystem von Londons alter U-Bahn hatte es einen weiteren Selbstmord gegeben. Ich bin sicher, dass ich nicht der einzige Fahrgast war, der sich ein wenig schuldig fühlte, weil er sich über die dadurch verursachte Verzögerung ärgerte.

Später erfuhr ich, dass der Mann, der sich vor jenen Zug geworfen hatte, Paul Castle gewesen war, ein reicher Immobilien-Mogul, Polospieler und Freund von Prince Charles.[1] Er hatte sich aus bescheidenen Verhältnissen nach oben gearbeitet, zweimal ein Vermögen gemacht und wieder verloren, zum Zeitpunkt seines Todes Häuser in einigen der exklusivsten Londoner Wohngegenden sein Eigen genannt und außerdem nicht nur ein Luxusappartement in Sankt Moritz, sondern auch ein Privatflugzeug besessen, um dorthin zu fliegen. Was konnte ihn zu einer solchen Verzweiflungstat getrieben haben? Sie schien irgendwie nicht zu ihm zu »passen«. Sein Freund Stephen Brook erklärte, Paul habe in jüngerer Zeit gesundheitliche Probleme gehabt, und die Rezession habe sich negativ auf seine Geschäfte ausgewirkt. Wir können nur mutmaßen, dass er in einem Augenblick tiefer Niedergeschlagenheit und Verzweiflung zu der Überzeugung gelangte, es lohne sich nicht weiterzumachen.

Am Tag davor war auf der anderen Seite der Stadt spät in der Nacht eine junge Frau von der Blackfriars Bridge in die dunkle, eisige Themse gesprungen. Auch sie hatte allem Anschein nach Selbstmord begehen wollen, war aber in Panik geraten, als sie merkte, dass sie mitten in eine von vielen Booten genutzte Fahrrinne gestürzt war, und hatte zu schreien begonnen. Als Adan Abobaker ihre Hilferufe gehört hatte, hatte er sofort reagiert und einen Rettungsring so weit wie möglich ins Wasser geworfen. »Mir wurde klar, dass er nicht in ihrer Nähe gelandet war«, erzählte er später.[2] Ohne zu zögern hatte er Mantel und Pullover ausgezogen und war in den Fluss gesprungen. Er brauchte zwei Minuten, um zu ihr zu schwimmen, doch es gelang ihm, sie in Ufernähe zu schaffen, aus der Fahrrinne heraus. Sie wurden beide schließlich von der Besatzung eines Patrouillenbootes aus dem Wasser gezogen, die das Geschehen mitbekommen hatte. Sowohl Abobaker als auch die junge Frau überlebten, nachdem sie mehrere Stunden lang in einem nahe gelegenen Krankenhaus wegen Unterkühlung behandelt worden waren.

Adan Abobaker hatte nicht lange davor schwere Zeiten durchlebt. Er war im Obdachlosenasyl von St. Mungo untergekommen. »Ich hab nur getan, was getan werden musste«, meinte er, seine mutige Tat herabspielend. »Ich hoffe nur, dass sie eine Familie hat. Es lohnt sich zu leben. Das Leben ist zu viel wert, um es wegzuwerfen.« Hätte doch Paul Castle das auch gedacht.

Einige Menschen besitzen den unerschütterlichen Glauben, dass am Ende alles gut gehen wird. Andere sind ohne jede Zuversicht. Reichtum scheint wenig damit zu tun zu haben, ob jemand voller Hoffnung in die Zukunft blickt oder nicht. Abobaker besaß nichts, er riskierte aber alles, weil er dem Leben generell, auch dem anderer, zu viel Wert beimaß, als dass er hätte tatenlos mit ansehen können, wie jemand es einfach wegwarf. Paul Castle hingegen, der wohlhabender und erfolgreicher war, als die meisten Menschen es sich in ihren kühnsten Träumen auszumalen wagen, hatte gemeint, es lohne nicht, weiterzuleben.

Psychologen und Neurobiologen haben sich lange bemüht, Methoden zu erarbeiten, mit denen man die Ursachen für solche zutiefst unterschiedlichen Einstellungen gegenüber dem Leben ermitteln und diese selbst bestimmen kann. Zunächst einmal müssen wir klären, was wir eigentlich mit den Ausdrücken »Optimismus« und »Pessimismus« meinen. Im alltäglichen Leben mag eine vage Vorstellung davon, was man darunter versteht, genügen, für eine wissenschaftliche Analyse ist aber eine präzisere Bestimmung nötig.

Um zu einer solchen Bestimmung zu gelangen, liefert die Unterscheidung, die Psychologen zwischen Dispositionen oder Charakterzügen auf der einen und Zuständen oder momentanen Gefühlslagen auf der anderen Seite treffen, einen wertvollen Ansatzpunkt. Denken Sie an Augenblicke des Glücks oder der Verzweiflung, die Sie selbst erlebt haben, zum Beispiel, wenn Sie einen Preis verliehen bekamen oder ein vielversprechendes Stellenangebot erhielten oder aber, wenn jemand, der Ihnen nahestand, starb. Sie befanden sich dann in einem *Zustand* des Glücks oder der Trauer, und solche Zustände spiegeln die temporären Höhen oder Tiefen des alltäglichen Lebens wider, sie gingen wieder vorüber. Ein *Charakterzug* ist demgegenüber beständiger, etwas, das die Zeit überdauert. Es gibt Arten des Empfindens oder Denkens, die uns mehr oder weniger unser Leben lang erhalten bleiben. Mary besitzt Wesensmerkmale, die relativ stabil sind, sie ist immer »ganz Mary«, genau wie Dave, ganz egal, was geschieht, »derselbe alte Dave« wie immer ist. Muntere, fröhliche Babys entwickeln sich in der Regel zu abenteuerlustigen, aufgeschlossenen Kindern, aus denen dann in der Regel extrovertierte gesellige Erwachsene werden.

Wissenschaftliche Forschungen bestätigen dies. Einer Studie zufolge gaben am Ende einer neunjährigen Versuchsperiode vor allem solche Probanden Gefühle von Glück und Zuversicht zu Protokoll, die beides auch schon zu Beginn dieser Zeitspanne empfunden hatten. Obwohl es in ihrem Leben zu größeren Verwerfungen kam, tendierten Optimisten dazu, optimistisch zu bleiben, während Pessimisten auf Dauer pessimistisch blieben.

Der Einfluss, den unsere Persönlichkeit darauf hat, wie wir unsere Umwelt erfahren, wird von einer 1989 von Bruce Headey und Alexander Wearing, zwei Wissenschaftlern an der Universität Melbourne, veröffentlichten Studie verdeutlicht.[3] Über einen Zeitraum von vielen Jahren hinweg interviewten sie wiederholt Einwohner des Staates Victoria, um festzustellen, inwieweit sich Ereignisse in ihrem Leben und ihre Persönlichkeit darauf ausgewirkt hatten, ob sie sich glücklich fühlten oder nicht. Genauer: Die beiden Wissenschaftler wollten ermitteln, ob sich das eine stärker ausgewirkt hatte als das andere, und wenn ja, in welchem Ausmaß – ob also zum Beispiel die jeweilige Persönlichkeit zu 40 Prozent dafür verantwortlich war, dass jemand sich als glücklich empfand, und die Ereignisse in seinem Leben zu 60 Prozent dazu beitrugen. Oder ob vielleicht umgekehrt die Persönlichkeit die entscheidendere Rolle spielte.

Es dauerte nicht lange, bis Headey und Wearing erkannten,

dass ihre Studie auf einer grundlegend falschen Annahme aufbaute, dass nämlich glücklichen Menschen auch Dinge widerfahren könnten, die ihnen auf Dauer ihre Glücksgefühle raubten, oder dass sie unglückliche Erlebnisse haben könnten, die sie peu à peu weniger glücklich werden ließen. Es stellte sich nämlich heraus, dass Menschen, die sich glücklich fühlten, auch immer wieder Glück hatten, während solchen, die aufgrund einer Menge negativer Erfahrungen – wie gescheiterten Beziehungen oder Arbeitsplatzverlust – unglücklich waren, weiterhin ein Unglück nach dem anderen zustieß. Die Annahme der beiden Forscher, dass die Persönlichkeit eines Menschen und das, was ihm widerfuhr, sich unabhängig voneinander jeweils auf eine eigene und unterschiedliche Weise auf das Glücksgefühl auswirkten, war also irrig. Vielmehr war es so, dass die Persönlichkeit allergrößten Einfluss darauf hatte, was einem Menschen »passierte«: Die Optimisten hatten in der Mehrzahl positive, die Pessimisten in der Mehrzahl negative Erlebnisse.

Sich an die Studie von Headey und Wearing anschließende Untersuchungen haben bestätigt, dass unsere Persönlichkeit oder unsere affektive Veranlagung großen Einfluss darauf haben, was uns geschieht, und dass dies sich im Regelfall im Lauf unseres Lebens relativ wenig ändert. Stellen Sie sich ein lebhaftes, aufgeschlossenes Kind vor, das herzlich und freundlich ist. Es ist viel wahrscheinlicher, dass andere auf ein solches Kind mit einem Lächeln und Liebkosungen reagieren als auf eines, das selbst nie lächelt und in sich gekehrt ist. Wenn es sich konstant so verhält, wie beschrieben, wird das glückliche Kind unvermeidlich in einem ihm viel zuträglicheren, günstigeren sozialen Umfeld aufwachsen. Glück im Sinne von einem glücklichen Ereignis, das einem widerfährt, spielt in diesem Zusammenhang keine Rolle, sondern es ist die emotionale Ausrichtung des Kindes, die die Art seines sozialen Umfelds zu einem Teil mitbestimmt. Wie wir in der Welt agieren, wirkt sich verändernd darauf aus, in was für einem Umfeld wir leben, und daher auch darauf, was für eine Art von Gelegenheiten sich uns am ehesten bieten und mit was für Problemen wir am ehesten konfrontiert sind.

Man kann also Optimismus und Pessimismus, genau wie andere Merkmale unsere Persönlichkeit, sowohl als Charakterzüge oder Veranlagungen als auch als Gemütszustände auffassen. Von ihrer Veranlagung her optimistische Menschen sind oft so euphorisch und glücklich, dass sie die anderen um sich herum mit ihrer Zuversicht anstecken. Der auf Veranlagung beruhende Optimismus schlägt sich aber nicht nur in einem solchen fröhlichen Verhalten nieder, sondern vor allem auch darin, dass der Betreffende der Zukunft voll tiefem Vertrauen gegenübersteht und von einem unerschütterlichen Glauben erfüllt ist, dass alles »gut gehen« wird. Das heißt keineswegs, dass Optimisten naiv sind – sie glauben nicht, dass für sie nie etwas schiefgehen kann –, aber sie sind in ihrem Inneren felsenfest davon überzeugt, dass sie mit allen Widrigkeiten, die das Leben für sie bereithält, fertig werden können. Ganz ähnlich äußert sich ein auf Veranlagung beruhender Pessimismus nicht in permanenter Traurigkeit und Besorgtheit, sondern darin, dass der Betreffende voller Befürchtungen in die Zukunft blickt, sich möglicher Gefahren bewusst ist und eher daran denkt, was alles danebengehen als daran, was klappen könnte. Solche Leute neigen zu übergroßer Vorsicht. Anstatt etwas zu riskieren, gehen sie immer auf Nummer sicher. Dennoch kennen auch die größten Pessimisten unter uns Zeiten, in denen sie von Freude und Glück erfüllt sind und voller Hoffnung in die Zukunft schauen.

Wissenschaftler haben mittlerweile eine Menge Beweise dafür vorgelegt, dass die eine wie die andere Veranlagung sowohl Vorteile als auch Nachteile mit sich bringt. Eine der wichtigsten Erkenntnisse, die man aus der Forschungsliteratur gewinnen kann, ist die, dass Optimismus sich nur dann wirklich vorteilhaft auswirkt, wenn er von einer kräftigen Dosis Realitätssinn begleitet ist. Blinde Zuversicht, der unreflektierte Glaube daran, dass nichts jemals »danebengehen« wird, kann kaum von wirklichem Nutzen sein.

Ich sprach darüber mit Michael J. Fox, dem Schauspieler, bei dem im Alter von 29 Jahren die Parkinson'sche Krankheit diagnostiziert wurde, der aber, eigener Aussage nach, ein »nicht klein zu kriegender« Optimist ist. Die durch die Krankheit verursachten immer gravierender werdenden motorischen Probleme zwangen ihn dazu, seine äußerst erfolgreiche Karriere als Film- und Fernsehschauspieler aufzugeben. 18 Jahre nach der Diagnose brachte er aber einen Dokumentarfilm heraus, der den verblüffenden Titel *Fox: Abenteuer eines unverbesserlichen Optimisten* trug.[4] Ich war an dem Filmprojekt beteiligt, weil Fox sich für wissenschaftliche Theorien über den Ursprung von Optimismus interessierte.

Als ich nach Abschluss der Dreharbeiten mit ihm ins Gespräch kam, stellte ich fest, dass Fox alle entscheidenden Charakteristika eines optimistisch veranlagten Menschen aufwies. Einem Leiden, das die meisten von uns psychisch »umhauen« würde, zum Trotz genoss er weiterhin fröhlich sein Leben. »Denken Sie nicht, dass ich mir keines Risikos bewusst bin oder nicht weiß, was alles schiefgehen kann«, sagte er. »Ich vermag sogar ein Risiko recht gut abzuschätzen, doch ich bin überzeugt, dass ich, ganz egal, was geschieht, mit allem fertigwerden kann. Über die Jahre hinweg habe ich gelernt, dass ich jede Schwierigkeit bewältigen kann. Ich muss das, was geschieht, nicht unbedingt gut finden, aber ich habe im Allgemeinen das Gefühl, dass ich damit zurechtkommen kann.«

Er erklärte, anfangs habe es ihm am meisten zu schaffen gemacht, dass die Leute in ihm plötzlich nicht mehr »Michael J. Fox, den Schauspieler«, sondern »Michael J. Fox, den Schauspieler mit Parkinson« sahen und dann, nach einiger Zeit nur noch »Michael J. Fox, diesen Typen, der Parkinson hat«. »Das war wirklich schlimm«, sagte er, und er habe sich oft gefragt, warum er damals nicht depressiv geworden sei.

Das sei ein echtes Rätsel für ihn gewesen, da es für ihn, auch als seine Krankheit sich noch im Anfangsstadium befand, keinen Zweifel gegeben habe, dass diese seine erfolgreiche Schauspielerkarriere beenden würde. Doch wenn man von der einen oder anderen dunklen Stunde absah, sei es ihm immer gelungen, sich seine Zuversicht zu bewahren. Die Wissenschaft hat gezeigt, dass es genau diese Art von Resilienz, von Widerstandsfähigkeit, ist, die sich entscheidend auf unser Leben auswirkt.

Diese Art von Optimismus scheint einem Menschen »von Natur aus« gegeben zu sein. Er begegnet einem dort, wo man am wenigsten damit rechnet. Ich erinnere mich, dass ich als Teenagerin zutiefst von Primo Levis *Ist das ein Mensch?* bewegt war, von der Kraft, die aus diesem Bericht des italienischen Schriftstellers darüber sprach, was er während des Zweiten Weltkriegs in einem Konzentrationslager erlebt hatte. In prägnanter und unsentimentaler Sprache hält Levi das Schreckliche fest, das er während seiner einjährigen Haft im berüchtigten Lager Auschwitz durchlitten hatte, in das er als junger Mann aus Turin deportiert worden war.[5] Diese schrecklichen Erlebnisse sollten sein ganzes Leben prägen. Er scheint jedoch nie den Glauben an die Resilienz des menschlichen Geistes verloren zu haben – auch wenn er ständig miterleben musste, wie Mithäftlinge innerlich kapitulierten. Irgendwie schaffte er es, in seinem Buch eine der dunkelsten Stunden der Geschichte in etwas zu verwandeln, das mit Kraft und Zuversicht erfüllte.

Levi schrieb sein Überleben vor allem seiner Fähigkeit zu, seine Mitinsassen wie auch sich selbst weiterhin als menschliche Wesen wahrzunehmen und nicht als Objekte. Dass er an dieser Sichtweise festhielt, ermöglichte es ihm, der Resignation zu entgehen, dem, was er den »geistigen Schiffbruch« nannte, von dem so viele andere in die Tiefe gerissen wurden.

In einem später entstandenen Buch *Die Atempause* (1963) schildert Levi den langen Treck in die Freiheit, der ihn durch Osteuropa und Russland führte, wo die »kraftvollen Menschen voller Lebenslust« in ihm selbst auch wieder die Freude am Leben aufflammen ließen, die in den Lagern nahezu ausgelöscht worden war. In Levis persönlichem Bericht spiegeln sich die Erfahrungen vieler anderer wider, die solche Leiden überstanden haben, und er wird so zum Hohenlied der Hoffnung. Manchmal gründet Levis Optimismus auf seinem Glauben an ein höheres Wesen – einen Gott – und damit verbunden an ein besseres Leben in einem Anderswo, manchmal aber auch in einer tief in seinem Inneren verwurzelten Überzeugung, dass der Mensch von Natur aus »gut« ist.

Interessanterweise deckt sich die ursprüngliche Bedeutung des Wortes »Optimismus« weit mehr mit dieser Sicht als jene, die dieses Wort für uns heute gewöhnlich hat. Wir verstehen unter Optimismus eine Art heitere Unbeschwertheit, die den Betreffenden alles durch »die rosa Brille sehen«, ihn immer nur die »Sonnenseite« wahrnehmen lässt. Etymologisch gesehen leitet sich das Wort aber vom lateinischen »optimum« ab, was so viel wie »das Beste« bedeutet. Der Begriff »Optimismus« wurde von dem Philosophen und Mathematiker Gottfried Wilhelm Leibniz (1646–1716) geprägt. Leibniz vertrat die Ansicht, Gott habe die »beste aller möglichen Welten« geschaffen, und dieses Optimum lasse sich nicht weiter verbessern. Mit anderen Worten: Optimismus hat wenig bis überhaupt nichts mit Vorstellungen von der »Sonnenseite« oder von »noch halb vollen Gläsern« zu tun, sondern das Wort bezeichnet die Annahme oder Lehrmeinung, dass unsere Welt bereits die bestmögliche sei und nicht weiter verbessert werden könne.

Optimismus hat demnach viel damit zu tun, dass man die Welt so akzeptiert, wie sie ist – sowohl das Gute als auch das Schlechte haben seinen Platz in ihr –, und der Trick besteht darin, nicht zuzulassen, dass das Wahrnehmen oder Erfahren des ihr inhärenten Schlechten oder Bösen den Sieg in uns davontragen. Menschen wie Primo Levi und Michael J. Fox sind Realisten, die genau wissen, dass sie mit Problemen rechnen müssen sowie Rückschläge erleiden werden und dass sie flexibel und kreativ sein müssen, um Lösungen und Auswege zu finden. Vor allem aber sind sie von dem unerschütterlichen Glauben beseelt, dass am Ende alles gut für sie ausgehen wird. Und das tut es dann auch, jedes Mal, und zwar nicht aufgrund irgendeines glücklichen Zufalls, sondern weil Optimisten ihr Schicksal selbst in die Hand nehmen. Sie sind Menschen, die die richtigen Schritte unternehmen, um ihre Probleme zu bewältigen.

Pessimismus, als Charakterzug verstanden, ist das genaue Gegenteil davon. Das ganze Denken und Fühlen eines von seiner Veranlagung her pessimistischen Menschen ist von Negativität erfüllt, und jeder Rückschlag wird von ihm als weiterer Beweis dafür genommen, dass die Welt gegen ihn ist. Der Begriff leitet sich vom lateinischen »pessimus« (»schlechtester«) her; »Pessimismus« als Bezeichnung für eine philosophische Einstellung bedeutet, dass die Welt als die schlechteste aller möglichen aufgefasst wird, als eine, in der alles zum Schlimmsten hin drängt. In der Psychologie jedoch meint man mit Pessimismus – genauso wie mit Optimismus – einen auf Veranlagung basierenden Charakterzug oder eine Gefühlsweise, kurz: die typische, individuelle Art eines Menschen, mit der Welt umzugehen. Pessimisten sind überzeugt, dass Probleme sich ihrem Zugriff entziehen und dass sie diese niemals werden bewältigen können. »Schlimme Dinge passieren einfach, man kann nichts dagegen machen, man hat keine Kontrolle über sie«, so drückte ein von mir befragter Pessimist es aus. Der Glaube, dass nur anderen Menschen Gutes widerfährt, ist ebenfalls kennzeichnend für einen Pessimisten. Solche Gefühle der Machtlosigkeit führen oft zu anhaltender Passivität und Antriebslosigkeit, beides ebenfalls eine Hauptkomponente von Pessimismus und dessen noch finstererer Verwandten, der Depression.

Optimisten haben im Gegensatz dazu das Gefühl, Einfluss darauf nehmen zu können, was ihnen geschieht, und sie gehen an Probleme heran, als wären diese nur irritierende temporäre Hindernisse und keine grundlegenden anhaltenden Schwierigkeiten. Sie legen eine naturgegebene Tendenz an den Tag, die Welt so zu akzeptieren, wie sie ist, glauben aber, dass die Art und Weise, in der man an die Dinge herangeht, mit darüber entscheidet, wer man ist. Primo Levi gelang es, sich gedanklich von den Gräueln, die er im KZ erlebte, zu distanzieren, indem er sich die Menschlichkeit und Anständigkeit der meisten Personen um sich herum ins Bewusstsein rief. Hätte er das nicht getan, wäre er von seinen Erfahrungen überwältigt worden. Und auch Michael J. Fox versank nicht in Verzweiflung, als seine Parkinson-Erkrankung diagnostiziert wurde. Er nahm stattdessen den Kampf auf und rief eine Stiftung ins Leben, die jedes Jahr Millionen Dollar zur Erforschung der Krankheit beisteuert.

Optimismus und Pessimismus prägen unsere Existenz bis zum Ende unserer Tage und bewirken, dass die Erfahrungen, die wir im Lauf unseres Lebens machen, ganz unterschiedlich ausfallen.

Psychologen haben eine Reihe genialer Methoden entwickelt, um die Kerncharakteristika der einen wie der anderen Mentalität zu bestimmen. Eine dieser Methoden besteht ganz einfach darin, Menschen zu befragen: Sind Sie Optimist oder Pessimist? In psychologischen Instituten überall auf der Welt arbeitet man sich durch Berge von ausgefüllten Fragebögen, mit deren Hilfe Auskunft nach jeder denkbaren menschlichen Eigenschaft eingeholt wird. Sind Sie ideenreich? Sind Sie glücklich? Sind Sie stur? Wenn es irgendeine Eigenschaft gibt, bezüglich derer Menschen sich unterscheiden können, dann gibt es mit Sicherheit auch einen Fragebogen, der der Erforschung dieser Eigenschaft dient.

Es stehen uns mittlerweile zahlreiche bewährte Tests zur Verfügung, mit denen wir feststellen können, wie wir in Bezug auf andere Menschen »abschneiden«. Eine der einfachsten und verlässlichsten nennt sich »Life Orientation Test« (LOT) und wurde entwickelt von Charles Carver von der Universität Miami und Michael Scheier, Dozent an der Carnegie Mellon University.

Auf der nächsten Seite finden Sie eine überarbeitete Fassung dieses Tests, der als LOT-R bezeichnet wird.[6] Selbsteinschätzungen sind seit vielen Jahren ein wichtiges Hilfsmittel der Psychologie gewesen. Sie verraten uns vor allem, wie wir selbst uns in Relation zu anderen sehen oder fühlen. Füllen Sie den Bogen doch einmal aus, um festzustellen, wie optimistisch oder pessimistisch

Überarbeiteter Life Orientation Test (LOT-R)

	trifft sehr zu (A)	trifft etwas zu (B)	trifft teils/teils zu (C)	trifft nicht zu (D)	trifft überhaupt nicht zu (E)
1. Auch in ungewissen Zeiten erwarte ich üblicherweise das Beste.	☐	☐	☐	☐	☐
2. Ich kann mich leicht entspannen.	☐	☐	☐	☐	☐
3. Wenn etwas für mich schieflaufen kann, dann tut es das auch.	☐	☐	☐	☐	☐
4. Meiner Zukunft sehe ich immer mit Optimismus entgegen.	☐	☐	☐	☐	☐
5. In meinem Freundeskreis fühle ich mich sehr wohl.	☐	☐	☐	☐	☐
6. Es ist mir wichtig, beschäftigt zu sein.	☐	☐	☐	☐	☐
7. Ich erwarte kaum, dass sich die Dinge nach meinen Vorstellungen entwickeln.	☐	☐	☐	☐	☐
8. Ich bin nicht allzu leicht aus der Fassung zu bringen.	☐	☐	☐	☐	☐
9. Ich rechne selten damit, dass mir etwas Gutes widerfährt.	☐	☐	☐	☐	☐
10. Alles in allem erwarte ich, dass mir mehr gute Dinge als schlechte widerfahren.	☐	☐	☐	☐	☐

Sie sind. Es ist wichtig, beim Ausfüllen ehrlich und aufrichtig zu sein und nach Möglichkeit nicht zuzulassen, dass eine Angabe durch andere beeinflusst wird, die man schon vorher gemacht hat. Es ist wichtig, immer der eigenen Auffassung von sich selbst entsprechend zu antworten und nicht etwa dem Bild entsprechend, das, wie man glaubt, andere von einem haben könnten. Wenn Sie den Test ausgefüllt haben, können Sie in den Anmerkungen am Ende des Buches nachlesen, wie Sie Ihre Punktzahl ermitteln.

Wenn man so wie die meisten Menschen ist, dann erzielt man ein Ergebnis von ungefähr 15 Punkten, was bedeutet, dass man leicht optimistisch veranlagt ist. Sehr niedrige Ergebnisse zeigen eine pessimistische Einstellung an, während Resultate von 20 und mehr Punkten auf eine im Höchstmaß positive Einstellung gegenüber dem Leben verweisen. Der LOT-R-Test erlaubt es Psychologen also, die Grundeinstellung einer Person gegenüber dem Leben graduell einzuschätzen, gewissermaßen quantitativ zu bestimmen. Von Zeit zu Zeit wird sich unsere Position gegenüber dem Leben natürlich bis zu einem gewissen Grad ändern, aber tief in unserem Inneren herrscht Beständigkeit, was unsere Charakterzüge anbelangt. Mit anderen Worten: Wenn Sie den Testbogen in einem Jahr erneut ausfüllen, werden Sie wahrscheinlich ein ähnliches Ergebnis erzielen.

Wenn man sich als Psychologe jedoch nur darauf verlässt, was die Menschen einem selbst über sich erzählen, bewegt man sich auf unsicherem Terrain. Das Problem besteht darin, dass viele Faktoren sich darauf auswirken, wie wir auf eine Frage antworten: Wenn Ihnen der hübsche Psychologe/die hübsche Psychologin gefällt, der/die Ihren Fragebogen später auswerten wird, dann sind Sie vielleicht geneigt, sich als eine positivere Person zu präsentieren, als die Sie sich eigentlich wirklich empfinden. Manchmal lügen die Befragten auch ganz einfach. Die größte Schwierigkeit liegt aber darin begründet, dass wir uns meistens unserer mentalen Prozesse gar nicht genau bewusst sind. Wenn ich von Ihnen erfahren will, ob Ihnen im Allgemeinen eher positive oder negative Meldungen in Ihrer Tageszeitung auffallen, dann können Sie mir das mit Sicherheit nicht sagen, weil Sie es einfach selbst nicht wissen. Vielleicht halten Sie sich für einen ziemlich positiven Menschen, doch Studien, die untersuchen, auf was für Arten von

Informationen Ihr Gehirn sich konzentriert, zeigen, dass diese natürlichen Tendenzen – Optimismus und Pessimismus – sich unterhalb der Bewusstseinsschwelle auswirken. Um also Ihre Einstellung zum Leben bis in ihre feinsten graduellen Abstufungen hinein bestimmen zu können, ist mehr vonnöten, als Sie danach zu befragen.

Eine Methode, um zu diesem Ziel zu gelangen, besteht darin, die komplexen Aktivationsmuster zu eruieren, zu denen es in unserem Gehirn in Reaktion auf Gutes und Schlechtes kommt, oder die rätselhaften kognitiven Prozesse nachzuverfolgen, die uns entweder für Negatives oder für Positives im Leben sensibilisieren. Das kann uns wertvolle Informationen über die Wurzeln unserer Mentalität liefern. Erstaunliche Fortschritte auf dem Gebiet der Brain-Imaging-Technologie, von bildgebenden Verfahren also, mit denen man Vorgänge im Gehirn sichtbar machen kann, versetzen uns in die Lage, weit unter die Oberfläche von irgendwelchen Selbstaussagen zu tauchen und die chemischen und elektrischen Prozesse im Gehirn, die optimistischen oder pessimistischen Reaktionen zugrunde liegen, äußerst detailliert zu ermitteln.

Einige der aufregendsten neuen Erkenntnisse wurden durch mithilfe der fMRT-Technik, der sogenannten funktionellen Magnetresonanztomografie, vorgenommene Untersuchungen gewonnen. Bei dem verwendeten Gerät handelt es sich im Wesentlichen um einen großen Magneten, der den Blutfluss im Gehirn visualisieren kann. Wir können so sehen, welche Gehirnregionen aktiver, das heißt stärker durchblutet werden, wenn Personen positive Gedanken haben oder Angenehmes betrachten. Wenn ein Teil des Gehirns für eine bestimmte Aufgabe benötigt wird, dann wird es »gezündet«, aktiviert, und verbraucht eine große Menge an Energie. Der sich daraus ergebende Energieschwund bewirkt, dass an das restliche Gehirn das Signal ergeht, so schnell wie möglich mehr Sauerstoff zu liefern. Über das Blut wird dieser dann rasch zu der Region transportiert, die seiner bedarf, und dieser zusätzliche Sauerstoff im Blut ist es, den das fMRT-Gerät erkennt.

Die Blutoxygenierung in den verschiedenen Winkeln und Furchen unseres Gehirns deckt zuvor verborgene Prozesse auf, die uns einen Einblick in seine Arbeitsweise gewähren, und das fMRT-Verfahren gestattet es uns auf diese Weise auch, die spezifischen Areale des Gehirns zu identifizieren, die mit positiven beziehungsweise pessimistischen Einstellungen in Verbindung stehen. Diese Muster der Hirnaktivität erweisen sich als relativ beständig. Um das zu verdeutlichen: Wenn ich als Wissenschaftlerin bestimme, welcher Teil Ihres Gehirns aktiv ist, wenn Sie einen Preis entgegennehmen, wird derselbe Schaltkreis sechs Monate später auch wieder aufleuchten, wenn Ihnen Gutes anderer Art widerfährt. Eine andere Region leuchtet vielleicht auf, wenn Sie eine schlechte Nachricht hören, und diese Region wird auch wieder reagieren, wenn Sie ein Jahr später eine Enttäuschung oder einen Schock erleben. Ähnlich wie die Antworten auf Fragebögen wie dem LOT-R kann die Art und Weise, in denen unser Gehirn auf positive und negative Ereignisse »antwortet«, einen dauerhaften Aspekt unserer affektiven Veranlagung aufdecken. Wir erhalten einen einzigartigen Einblick in die für einen bestimmten Menschen typischen Reaktionen auf ihn emotional ansprechende Ereignisse.

Ein echter Vorteil solcher direkter Ermittlungen der Hirnaktivität, wie das fMRT-Verfahren sie ermöglicht, besteht darin, dass es einem Probanden wesentlich schwerer fällt, seine Antworten – im Sinne von Response – zu manipulieren, das heißt, den Forschern etwas »vorzumachen«, also zum Beispiel das zu Protokoll zu geben, von dem er glaubt, dass sie es hören wollen. Diese Probleme existieren bei der Messung von Hirnaktivitäten kaum, und daher sind auch bildgebende Technologien ein wesentlicher Bestandteil des wissenschaftlichen Instrumentariums, um die Wurzeln unserer Einstellung gegenüber dem Leben freizulegen.

Um den für eine Person eigentümlichen Grad an Optimismus oder Pessimismus präziser zu ermitteln, können wir sie also befragen (womit man auf dem subjektiven Level bleibt) oder aber die

Abläufe im Gehirn erkunden, die mit diesen Einstellungen in Zusammenhang stehen (womit man Untersuchungen auf neuronaler Ebene anstellt, also zu objektiven Erkenntnissen gelangt).

Eine dritte Methode, Einblick in unsere affektive Veranlagung, ihr Entstehen und ihr Wirken zu nehmen, besteht darin, unsere Weltsicht zu untersuchen, das heißt unsere Wahrnehmungs- und Deutungspräferenzen, die sogenannten kognitiven Verzerrungen oder auch kognitiven Neigungen (*cognitive bias*), die entscheidend darüber mitbestimmen, wer wir sind. Diese kognitiven Neigungen – subtile Verschiebungen unserer Wahrnehmung zum Guten oder zum Schlechten hin – können nicht durch Befragen ermittelt werden, weil wir uns ihrer ganz einfach nicht bewusst sind. Doch auch Brain-Imaging-Verfahren können die neuronalen Abläufe, die unserem Erinnern, unserer Imagination und Interpretation zugrunde liegen, nicht mit der nötigen Feinheit aufdecken.

Unsere mentalen Tendenzen – die kognitiven Neigungen – lassen sich am besten mit den traditionellen Methoden der kognitiven Psychologie ergründen. Um das zu veranschaulichen: Stellen Sie sich einmal vor, Sie treffen auf der Straße einen Bekannten, den Sie lange nicht mehr gesehen haben. Sie schicken sich an, ihn zu grüßen, doch er läuft an Ihnen vorbei, ohne Sie auch nur anzuschauen. Sie könnten nun annehmen, dass er unhöflich ist, dass er Sie nicht mag, nicht mit Ihnen sprechen will und Sie absichtlich ignoriert hat. Sie könnten aber auch zu dem Schluss kommen, dass Ihr Bekannter innerlich mit irgendetwas beschäftigt und in Gedanken versunken war und Sie deswegen einfach nicht bemerkt oder nicht erkannt hat. Vielleicht war ihm ja auch Ihr Name entfallen, und er wollte nicht in eine peinliche Lage geraten. Solche sozialen Situationen sind im Höchstmaß uneindeutig; sie zeigen, wieso unsere *Deutungen* von ihnen einen solch großen Einfluss darauf haben, wie wir uns fühlen. Die positivere Deutung der Ereignisse – »er war in Gedanken versunken« – stützt und fördert eine optimistischere Lebenseinstellung, während die negativere – »er mag mich nicht« – sich in trüben Gedanken und einer pessimistischen Einstellung niederschlagen kann.

Unsere affektive Veranlagung wird entscheidend von solchen Interpretationen in die eine oder andere Richtung geprägt, und zwar von einer großen Fülle von ihnen. Diese Deutungen laufen unterhalb der Bewusstseinsschwelle ab und führen am Ende dazu, dass wir spezifischen Dingen gegenüber eine bestimmte Neigung oder Einstellung besitzen, dass wir ihnen gegenüber voreingenommen sind. Die Tendenz unserer affektiven Veranlagung, die uns eher Gutes oder Schlechtes annehmen lässt, das heißt, mehrdeutige soziale Situationen entweder in für uns schmeichelhafter oder in für uns abträglicher Weise auslegt, ist entscheidend dafür, wie wir die Welt um uns herum erfahren.

Was ist der Ursprung dieser Neigungen? Wie entstehen sie? Ausschlaggebend ist zu einem großen Teil, was wir von dem in jedem Augenblick auf uns eindringenden Gewirr von optischen und akustischen Eindrücken wahrnehmen, auf was davon wir uns zu konzentrieren entscheiden. In einer Welt, die eine endlose Flut von Informationen bereithält, wird es immer wichtiger, was wir in uns aufnehmen, und die Auswahl, die wir treffen, hat entscheidende Folgen für unsere emotionelle Stabilität. Die selektive Aufmerksamkeit, wie kognitive Psychologen sie nennen, legt die Grundlage für unsere affektive Veranlagung.

Um zu verstehen, wie selektive Aufmerksamkeit funktioniert, hören Sie mal einen Augenblick auf zu lesen und konzentrieren sich auf die Geräusche, die Sie vernehmen können. Ich wette, dass Sie jetzt vieles hören, was Sie vorher nicht wahrgenommen haben. Das leise Rauschen in den Heizkörpern, ein fernes Flugzeug, vielleicht einen vor dem Fenster singenden Vogel, auf der Straße spielende Kinder, ein Radio, das irgendwo weit weg spielt. Vielleicht spüren Sie jetzt auch das Gewicht des Buchs in Ihren Händen, den Druck der Stuhllehne auf Ihren Rücken. Vielleicht fällt Ihnen auch plötzlich etwas ein, das Sie später noch zu erledigen haben. Alle diese Sinneswahrnehmungen und Gedanken waren schon die ganze Zeit über da, aber im Hintergrund: Sie haben ihnen bloß keine Beachtung geschenkt.

Diese Gewohnheit Ihres Gehirns, das in den Vordergrund zu rücken, was von unmittelbarer Relevanz ist, und den Rest auszublenden, ist von größter Bedeutung. Wenn das Gehirn nicht diese Fähigkeit besäße, würden wir von der Überfülle der auf uns eindringenden Informationen schachmatt gesetzt. Dieses Selektionsverfahren filtert aber auch das aus, was unser Gehirn für irrelevant erachtet; auf ihm gründet also auch die besondere Ausrichtung unserer affektiven Veranlagung, es entscheidet darüber, was wir uns in den Vordergrund zu rücken oder zu ignorieren angewöhnen.

Als kognitive Psychologin bin ich fasziniert von dieser Fähigkeit unseres Gehirns, sich auf bestimmte Dinge stärker zu konzentrieren als auf andere, spezifische Fakten und Eindrücke aufzunehmen und zu erinnern, und sie zu einer kohärenten, von unserer Persönlichkeit und unseren Lebenserfahrungen gefärbten Geschichte zu verflechten. Wir wissen inzwischen, dass das Denken und Empfinden von jedem von uns von einer Myriade von Neigungen oder auch Vorlieben geprägt ist, die darüber entscheiden, wie wir die Welt sehen und wie wir unsere Vergangenheit in Erinnerung haben. Vom Augenblick unserer Geburt an werden wir von überallher mit Gerüchen und Klängen, mit visuellen und taktilen Eindrücken bombardiert. William James (1842–1910), der Begründer der wissenschaftlichen Psychologie in den USA, erfasste sehr gut die Turbulenz, die durch diese Sinnesreize in unserem Inneren entsteht, als er davon sprach, dass das Kleinkind seine Umwelt als »leuchtenden, summenden Wirrwarr« wahrnimmt und erfährt.[7] Dieser Wirrwarr muss irgendwie gebändigt, fassbar gemacht werden, und es ist Aufgabe unseres Gehirns, diese komplizierte Operation durchzuführen. Es muss irgendwie gewährleisten, dass wir von der Fülle der Dinge um uns herum vor allem die wichtigen wahrnehmen und den weniger relevanten nicht allzu viel Beachtung schenken. Von Dingen, die uns schaden könnten, Gefahren oder solchen, die uns zuträglich sein und daher stärken könnten, geht verständlicherweise die stärkste Anziehungskraft auf diese affektive Energie aus, wohingegen beiläufige Einzelheiten, wie etwa die Farben der Bilder an der Wand, nicht entscheidend sind und daher gefahrlos ignoriert werden können. Die Notwendigkeit einer solchen Selektion ist der Grund dafür, dass unser Geist von einer affektiven Energie erfüllt ist, die alle unsere mentalen Prozesse steuert.

Als ich ein junges Mädchen war, wohnte neben uns ein alter Herr namens Graham, dem ich regelmäßig bei verschiedenen Dingen zur Hand ging. Mr. Graham hatte die achtzig bestimmt schon überschritten, und wenn er auch groß gewachsen und athletisch gebaut war, begann er gebrechlich zu werden. In seiner Jugend war er für sein College, Trinity in Cambridge, bei Geländeläufen angetreten, doch eine schwere Verwundung am Bein, die er im Ersten Weltkrieg davongetragen hatte, ließ seine Bewegungen jetzt, in fortgeschrittenem Alter, immer langsamer und unsicherer werden. Seine Frau war einige Jahre zuvor gestorben, und während er immer noch in seinem geliebten Garten herumhumpeln konnte, fiel es ihm zunehmend schwerer, zum Einkaufen in die Läden zu gehen. Ich nahm ihm einige Gänge ab und bereitete ihm auch gelegentlich ein Mittagessen zu. Er war aber immer noch sehr auf seine Unabhängigkeit bedacht, und es widerstrebte ihm, sich zu viel auf fremde Hilfe zu verlassen.

Wir lebten in einem landschaftlich wunderschönen Gebiet ungefähr 20 Kilometer von Dublin entfernt, umgeben von umwerfend schönen Buchten und Stränden. An sonnigen Sonntagen im Sommer wimmelte es an den Stränden und auf den Wanderwegen bei Howth von Menschen, die aus Nord-Dublin herbeigeströmt kamen. Leider ist Sonnenschein in Irland aber ziemlich rar. Dunkle Wolken, feuchte Nebel und kalte Winde, die vom Meer heranbrausen, können das Wetter vor allem in den langen Wintern äußerst unerfreulich machen. Doch auch an den dunkelsten Tagen zeigte Mr. Graham einen bemerkenswerten Optimismus. An bitterkalten Vormittagen wies er mich auf die ersten Anzeichen hin, dass neue Pflanzen ihre Köpfe aus dem harten Boden reckten: »Es wird nicht mehr lange dauern, bis die Narzissen raus sind«, sagte er dann. Er erzählte mir vom Krieg, und obwohl er dabei oft von Tragödien und düsteren Momenten berichtete, schienen ihm die Erinnerungen an die Kameradschaft und die tiefe Freundschaft, die ihn damals mit anderen verbunden hatte, mit neuer Kraft zu erfüllen.

Es war nicht so, dass er tragische Geschehnisse einfach ausblendete; manchmal war er sehr traurig, und ohne Zweifel ging ihm der Tod seiner Frau, mit der er mehr als 50 Jahre verheiratet gewesen war, sehr nahe. Doch er versuchte, immer die Sonnenseite zu sehen. Er schien vor allem das Positive zu bemerken, und das Negative schaffte es offenbar nicht, ihn wirklich niederzuwerfen. Ich entsinne mich, wie ich eines Morgens an der Bushaltestelle vor seinem Haus wartete, um zur Schule zu fahren, und ihn beobachtete, wie er sich den steil ansteigenden Weg von seinem Haus zur Straße hin hochmühte, um seine Mülltonne auf den Gehsteig zu stellen. Ich wusste aus Erfahrung, dass es sinnlos war, ihm meine Hilfe anzubieten. Er schleifte die Tonne bis zum Tor und schaute dann schwer atmend auf die aufgewühlte, eisige See, die durch den grauen Dunst hindurch kaum sichtbar war. »Was haben wir doch für ein Glück, dass wir an einem so schönen Ort leben können«, meinte er dann.

Unsere affektive Veranlagung bestimmt den Weg, den unser Leben nehmen wird. Denken Sie einmal daran, wie schwer zu deuten das halbe Lächeln ist, das sich auf dem Gesicht Ihrer Chefin abzeichnet, wenn Sie ein wenig zu spät zu einem Treffen erscheinen. Ist sie froh, Sie zu sehen, oder verärgert, weil Sie nicht pünktlich sind? Wie Sie dieses Lächeln interpretieren, ist ausschlaggebend dafür, welche Bedeutung Sie der zusätzlichen Arbeit beimessen, die Sie vielleicht anschließend übertragen bekommen. Eine positive Auslegung – »sie ist erleichtert darüber, dass ich da bin« – könnte Sie zu der Annahme bewegen, dass es sich um eine wichtige Aufgabe handelt und Ihre Chefin überzeugt ist, dass Sie sie zu ihrer Zufriedenheit erledigen werden. Die negative Deutung – »sie ist verärgert über meine Verspätung« – könnte sehr gut dazu führen, dass Sie diese zusätzliche Arbeit als Strafe auffassen.

Eine Tendenz, mehr auf Gefahren oder Negatives zu achten – mag sie auch noch so schwach ausgeprägt sein –, kann eine pessimistische Grundgestimmtheit zur Folge haben: Man hat das Gefühl, dass das Leben voller Gefahren und Enttäuschungen ist. Ein Hang dazu, immer vor allem das Positive und Angenehme zu sehen, wie Mr. Graham es tat, kann dem Betreffenden hingegen den Eindruck vermitteln, dass sich im Leben ein Erfolg an den anderen reiht und einem viel Gutes widerfährt.

Wie bringt unser Gehirn das zustande? Wie schlagen sich unsere jeweilige Persönlichkeit und unsere Lebenseinstellung darin nieder, was und wieviel wir von der Welt wahrnehmen und in Erinnerung behalten? Oder – eine noch wichtigere Frage – *wie*? Wie wirkt sich unsere Wahrnehmung dessen, was um uns herum geschieht, auf unsere emotionale Veranlagung und unsere generelle Weltsicht aus?

Wie Angenehmes uns anzieht und Angsteinflößendes uns abstößt

Wenn wir Antworten auf diese Fragen finden wollen, müssen wir zunächst einmal alle Komplexitäten des Lebens beiseitelassen, um die primitivsten Aspekte unseres Verhaltens freizulegen. Es ist natürlich unsere grundlegendste Verhaltenstendenz, uns auf Positives zu- und von Unangenehmen fortzubewegen. Gutes zieht uns an, Schlechtes stößt uns ab.

Der amerikanische Psychologe Theodore Christian Schneirla verbrachte sein ganzes Leben damit, das Verhalten von Tieren und Menschen zu beobachten, und kam zu dem Schluss, dass dieses simple *Pull-and-Push*-Prinzip alle Spezies miteinander vereint.[8] Für jedes Geschöpf besteht die beste Überlebensstrategie darin, nach Gutem – wie Nahrung, aber auch Sex – zu streben, hingegen Schlechtes – wie Raubtiere und giftige Dinge – zu meiden. Unser ganzes übriges Verhalten und unser komplexes Leben wurzeln in diesen beiden grundlegenden Tendenzen.

Schneirla trat 1927 der psychologischen Fakultät der New York University bei und lehrte und forschte dort wie auch am American Natural History Museum bis zu seinem Tod im Jahr 1968. Als einer der damaligen Hauptverfechter von Feldforschungen bekundete er immer wieder seine Überzeugung, dass Psychologen ihre Forschungsinstitute verlassen müssten, um Tiere in ihrer natürlichen Umgebung zu beobachten. Das ließ ihn häufig mit seinen Kollegen an der NYU aneinandergeraten, die glaubten, dass sich das Verhalten von Tieren am genauesten unter den kontrollierten Bedingungen im Labor studieren ließ. Sogar heute noch lösen diese divergierenden Ansichten in Psychologenkreisen hitzige Debatten aus. Ist es vorteilhafter, Beobachtungen in der »Natürlichkeit« der realen Welt mit all ihren Komplexitäten anzustellen, oder sind Studien in einem Labor unter ganz gezielt für den jeweiligen Zweck der Studien geschaffenen Bedingungen aufschlussreicher? Zu Schneirlas Zeit war man vor allem darum bemüht, sehr generelle und umfassende Theorien zu entwickeln, die die *Gesamtheit* tierischen wie auch menschlichen Verhaltens zu erklären vermochten. In jenen Tagen wurden nur grandiose »Gesamttheorien«, nur umfassende Erklärungen, die die Grenzen zwischen den Spezies überschritten, ernst genommen.

Bedauerlicherweise widmeten sich Psychologen deshalb wie besessen den Ähnlichkeiten und weniger den Unterschieden, die in vielfacher Hinsicht zwischen den Angehörigen verschiedener Spezies bestanden. Haben Sie sich jemals gefragt, wieso die weiße Laborratte plötzlich zum exemplarischen Modell werden konnte, mit dem man das Verhalten *aller Arten* erklärte? Dass man so sehr auf Ähnlichkeiten fixiert war, ist einer der Hauptgründe dafür. Die gewöhnliche Ratte wurde plötzlich ins Scheinwerferlicht gerückt, weil man mit ihr die Handlungen, das Erinnerungsvermögen, die Wahrnehmungen und Emotionen aller Geschöpfe einschließlich des Menschen erklären zu können meinte. Das mag uns heute ein wenig bizarr vorkommen, doch es zeigt, dass sich Wissenschaftler, wie jedermann sonst, von hochfliegenden großartigen Theorien mitreißen lassen können, sodass sie das Offenkundige nicht mehr wahrnehmen. Und das Offenkundige war – wie Schneirla erkannte –, dass sich die eine Spezies zutiefst von der anderen unterscheidet. Während es sofort zu erkennende Ähnlichkeiten zwischen Ratten und Tauben beispielsweise gab – die einen wie die anderen reagieren auf Belohnungen, und auch das Muster, nach dem sie Dinge erlernen und erinnern, deckt sich in bemerkenswerter Weise –, gibt es auch große Unterschiede zwischen ihnen. Mein Doktorvater machte es mir vor vielen Jahren klar, indem er meinte, ich solle doch einfach mal versuchen, eine Taube so abzurichten, dass sie ihren Weg durch ein Labyrinth findet, oder eine Ratte so, dass sie nur auf rote Kreise und nicht auf blaue Rechtecke reagiert. Nach etwas zu picken, was sie vor sich auf dem Boden liegen sehen, ist bei Tauben ein naturgegebenes Verhalten. Psychologen können es sich daher zunutze machen. Ratten lassen sich viel stärker von ihrem Geruchssinn leiten als von dem, was sie sehen; wenn man also versucht, einer Ratte beizubringen, auf Rechtecke statt auf Kreise zu reagieren, dann ist am Ende der Psychologiestudent nicht weniger traumatisiert als das Versuchstier.

Schneirla erkannte das schon in den 1920er Jahren. Er leugnete keineswegs den Wert und Sinn von im Labor vorgenommenen Versuchen, doch schon seine erste Expedition ins Feld – sie führte ihn 1932 in die Region am Panamakanal, wo er Wanderameisen studierte –, überzeugte ihn davon, dass das Verhalten von Tieren nur dann richtig eingeschätzt und verstanden werden könnte, wenn man sie inmitten ihres natürlichen Umfelds bei ihrem normalen Leben beobachtete. Es liegt eine gewisse Ironie darin, dass Schneirla es war, der trotz seiner Differenzen mit denen, die nur Gesamttheorien gelten lassen wollten, jenes allgemeine Verhaltensprinzip fand, das heute gemeinhin als für alle Arten von Lebewesen gültig akzeptiert wird. Seine Beobachtungen und Experimente, sowohl im Labor als auch in der freien Natur, führten ihn zu der Erkenntnis, dass das, was alle Lebewesen vereint, der Trieb danach ist, Nahrung und Schutz zu finden (sich einer Belohnung anzunähern), sowie der, nicht gefressen zu werden (die Gefahr zu meiden). Ob es sich bei einem Lebewesen um eine Taube, eine Ratte, ein Pferd oder einen Menschen handelt, der Trieb, sich einer Belohnung *anzunähern* und einer Bedrohung zu *entgehen*, sind die großen Motivationskräfte.

Das Wahrnehmen von Belohnungen und Gefahren sowie das Ausschalten von anderem, von weniger Wichtigem, dieses Selektieren also, ist von dem Augenblick an, da wir in diese Welt eintreten, in unserem Wesen verankert – und es ist auch der Grund dafür, dass wir sowohl ein »sonniges« als auch ein »umwölktes« Gemüt besitzen. Die selektive Wahrnehmung ist uns zum Teil angeboren, zum Teil wird sie aber auch im Lauf unseres Lebens erworben. Viele Eltern sind zutiefst besorgt, dass Babys, wenn sie das Krabbelalter erreicht haben, über den Rand irgendeiner erhöhten Fläche stürzen könnten. Das geschieht aber so gut wie nie, denn schon im Alter von zwei Monaten sind Kinder in der Lage, Tiefen zu erkennen. Das bewies eine klassische Versuchsreihe, bei der Kleinkinder auf eine dicke Glasscheibe gesetzt wurden, die sich über eine »visuelle Klippe« spannte.[9] Unter der Scheibe gähnte auf der einen Seite ein »Abgrund«, auf der anderen Seite reichte der Boden bis dicht unter das Glas. Obwohl die Babys spürten, wie solide das Glas war, auf dem sie lagen, konnte nichts sie dazu bewegen, dorthin zu krabbeln, wo sich unter ihnen die Tiefe auftat. Nicht einmal ihre eigene Mutter vermochte sie zu sich herzulocken, wenn sie auf jener Seite stand. Diese angeborene Furcht vor Tiefen verleiht schon dem Kleinkind die Fähigkeit, einem Sturz zu entgehen, bei dem es sich möglicherweise verletzen könnte. Sogar die Anziehungskraft der Mutter, mit der sich das Gefühl von Geborgenheit und Wärme verband, war nicht groß genug, als dass die Kinder das Risiko eingegangen wären, über die »visuelle Klippe« hinwegzukriechen.

Wenn man eine Antilope beobachtet, die nervös aus einem Fluss trinkt, während sie gleichzeitig einen in der Nähe lagernden Löwen im Augen behält, teilt sich einem etwas von jenem Gefühl von froher Erwartung und gleichzeitiger angstvoller Besorgtheit mit, das solche Situationen des *Sich-Annäherns* und *Ausweichens* entstehen lassen. In derartigen klassischen Situationen des Angezogen- und Abgestoßenwerdens fühlen wir uns innerlich hin und her gerissen: Wir verschaffen uns einen Lustgewinn, fürchten aber gleichzeitig eine Gefahr. Im Allgemeinen ist bei uns Menschen das Gefühl der Gefährdung stärker, doch existieren klare Unterschiede hinsichtlich unserer Risikobereitschaft, das heißt hinsichtlich der Höhe des Risikos, das wir einzugehen bereit sind, um uns den Gewinn zu verschaffen. Bei den Tests waren einige Babys bereit, sich eine gewisse Strecke weit über den Rand der Klippe hinauszuwagen, während andere schon ein gutes Stück von ihm entfernt innehielten. Bei einigen von uns ist die Anziehungskraft von Angenehmem stärker, während bei anderen Gefahren in höherem Grad abstoßend wirken. Diese Differenzen mögen zwar oft sehr gering sein, üben aber einen starken Einfluss auf unsere Einstellung gegenüber der Welt aus, wenn sie sich im Lauf unseres Lebens Hunderte, ja Tausende von Malen bemerkbar machen.

Diese starken Impulse sind es, die in den Jahrmillionen der Evolution zur Ausbildung von tief in unserem Gehirn eingebetteten Schaltkreisen und Verbindungen geführt haben, die das Lust- oder Belohnungszentrum und das Angstzentrum unseres Gehirns ausmachen. Das Angstzentrum lässt uns ständig nach irgendwelchen Gefahren Ausschau halten und sorgt dafür, dass wir uns in einer unberechenbaren Welt so weit wie möglich absichern. Aufgabe des Lustzentrums ist, uns nach jenen Dingen streben zu lassen, die gut für uns sind. Beide Zentren sind von essenzieller Bedeutung und setzen jene weitergehenden Prozesse in Gang, die das ausmachen, was ich »umwölktes« und »sonniges Gemüt« nenne.

Sowohl das Angst- als auch das Lustzentrum sorgen dafür, dass wir unsere Umwelt ständig überprüfen und uns der Gefahren wie auch der Annehmlichkeiten des alltäglichen Lebens gewahr werden. Meine sich über viele Jahre erstreckenden Forschungen haben keinen anderen Schluss zugelassen als den, dass die Reaktivität unseres umwölkten und unseres sonnigen Gemüts die Hauptquelle unserer selektiven Wahrnehmung darstellt. Tief in dem neurologischen Netzwerk unseres Gehirns kommt es zu heftigen Verlagerungen und Bewegungen, die auch den Rest des Organs erschüttern und in ihm einen Widerhall finden. Der Wechsel zwischen der einen und der anderen Gestimmtheit, das heißt das Dominieren mal der einen und mal der anderen Gemütslage, lässt im Lauf der Zeit die grundlegenden Neigungen und Vorlieben entstehen, welche die Hauptelemente unserer affektiven Veranlagung bilden.

Solche Vorlieben oder Tendenzen, bestimmte Arten von Objekten und Vorgängen stärker wahrzunehmen als andere, ergeben das, was Psychologen als Aufmerksamkeitspräferenz (*attentional bias*) bezeichnen. Denken Sie nur einmal darüber nach, wie oft Sie sich bei der Lektüre des Sportteils Ihrer Zeitung Berichten über Ihre Lieblingsmannschaft besonders intensiv widmen. Ihr Gehirn scheint in der Lage zu sein, eine Fülle Sie weniger interessierender Details mühelos auszusondern, damit Sie genau das herausgreifen können, was Sie interessiert. Das, was wir bemerken, wofür wir eine »Präferenz« besitzen, ist das, was uns am meisten bedeutet.

Mithilfe des 1953 von dem britischen Psychologen Edward Cherry entdeckten bekannten »Cocktail-Party-Effekts« lässt sich veranschaulichen, wie diese selektive Verteilung von Aufmerksamkeit funktioniert.[10] Cherry erkannte, dass wir in einem Raum voller Menschen, in dem gleichzeitig viele verschiedene Gespräche geführt werden, immer noch unseres eigenen Namens gewahr werden, wenn dieser fällt. Unser Gehirn blendet irgendwie das Gewirr von Klängen aus und richtet unsere Aufmerksamkeit auf die eine Person, die über uns selbst redet. Um festzustellen, wie das genau funktioniert, entwarf Cherry spezielle Kopfhörer, mit denen er einer Testperson gleichzeitig zwei unterschiedliche Botschaften übermitteln konnte, von denen eine ins linke, die andere ins rechte Ohr drang. Der Proband erhielt die Anweisung, nur einer der beiden Botschaften Beachtung zu schenken. Es ist in der Tat für einen Hörer recht einfach, das Hintergrundgeräusch für sich selbst weitgehend zu dämpfen und nur einer Stimme zu lauschen. Viele Experimente zeigen, dass die Versuchspersonen gar nicht registrieren, was in das Ohr dringt, auf das sie sich nicht konzentrieren, auf dem sie sich gewissermaßen »taub« stellen, solange nicht ihr eigener Name fällt – den hören sie dann. Schneirla hätte es sicher gefreut zu erfahren, dass Wörter, die mit Gefahr oder Lust assoziiert sind, ebenfalls erfasst werden.

Das Faszinierende an diesen Präferenzen ist, dass wir uns ihrer überhaupt nicht bewusst sind. Während wir normalen, ganz alltäglichen Verrichtungen nachgehen, hört unser Gehirn nicht auf, das, was um uns herum vorgeht, ähnlich wie eine sich um die eigene Achse drehende Radarantenne aufzufangen und zu analysieren, womit es dafür sorgt, dass uns die Dinge, die von größtem Interesse für uns sind, nicht entgehen. Stellen Sie sich einmal eine Liebhaberin von Schokolade vor, die eine Diät macht: Alles, was sie wahrzunehmen scheint, sind Werbeplakate für Schokolade und andere Süßigkeiten. Wenn man eine Diät macht, hat man den Eindruck, alle anderen hätten sich gegen einen verschworen, um einen zusätzlich zu quälen: In jedem Straßencafé scheinen plötzlich Leute zu sitzen, die sich genüsslich über ein Stück Torte hermachen. Natürlich ist das gar nicht so – dass wir es uns aber einbilden, zeigt, wie sehr unsere »Weltsicht« von dem beeinflusst wird, von dem wir innerlich besetzt sind.

Wenn kognitive Neigungen dieser Art in Bezug auf uns emotional beeinflussende Informationen wirksam werden, dann übt das einen starken Einfluss auf unsere generelle Einstellung aus. Der Optimist lässt das Positive, Schöne in sich eindringen, während der Pessimist seine Aufmerksamkeit dem Düsteren zuwendet. Es ist schwer, diese Vorgänge genau zu untersuchen, da die Entscheidung, sich auf die guten oder die schlechten Informationen zu konzentrieren, blitzschnell und, um die Sache noch zu verkomplizieren, um einiges unterhalb der Schwelle unseres Bewusstseins fällt. Kognitive Psychologen haben jedoch einige geniale Techniken ersonnen, die uns detaillierte Informationen darüber liefern, was unser Gehirn noch erfasst, wenn wir in die andere Richtung schauen oder hören. Cherrys dichtotischer Hörtest ermöglichte es ihm, festzustellen, wie problemlos Menschen, dem, was sie auf einem Ohr hören, den Vorzug vor dem geben können, was sie auf dem anderen vernehmen. Dieser Test ist anschließend auch auf unsere visuelle Wahrnehmung ausgeweitet worden.

Am häufigsten verwendet man die sogenannte Attentionalprobe-Aufgabe (oder eine ihrer Varianten wie die sogenannte Dotprobe-Aufgabe), um Präferenzen bei der visuellen Wahrnehmung aufzudecken.[11] Bei diesem Verfahren werden zwei Bilder nebeneinander auf einem Computerbildschirm eingeblendet. Der Inhalt der Einzelbilder kann etwas Angenehmes, etwas Abstoßendes oder auch etwas Neutrales sein. Man stellt fest, welche von ihnen die Aufmerksamkeit des Probanden auf sich ziehen. Die Bildpaare – zum Beispiel das eines die Zähne fletschenden Hundes zusammen mit dem eines niedlichen Welpen – leuchten in rascher Folge auf dem Schirm auf, gewöhnlich sind sie weniger als eine halbe Sekunde lang zu sehen, und die Versuchspersonen sind aufgefordert, einen Knopf zu drücken, sobald sie ein kleines Zeichen (das *probe*), ein Dreieck oder einen Punkt etwa, erblicken, das dann auf dem Schirm erscheint, wenn die Bilder wieder verschwinden. Dieses Zeichen wird links oder rechts eingeblendet, und der Proband soll so rasch wie möglich auf sein Aufleuchten reagieren. Der Computer hält die Zeit fest, die er benötigt, um den entsprechenden Knopf zu drücken. Man kann so die jeweilige Reaktionszeit ermitteln, und dabei stellt sich heraus, dass die Versuchspersonen das Zeichen in wesentlich kürzerer Zeit wahrnehmen, wenn es auf der Seite erscheint, auf der

vorher ein Bild zu sehen war, das sie angesprochen oder ihre Aufmerksamkeit erregt hat. Auf diese geschickte Weise lässt sich also
ihre kognitive Neigung ermitteln. Stellen Sie sich einmal vor, dass
Sie auf dem Schirm das Bild eines leckeren Apfelkuchens neben
dem eines nicht sonderlich appetitlich wirkenden Sandwichs erblicken. Die beiden Bilder verschwinden, und an der Stelle, wo
man vorher den Kuchen gesehen hat, leuchtet ein kleines Dreieck
auf. Wenn Ihre Wahrnehmung sich bereits auf diesen Ort konzentriert hat – was in diesem speziellen Fall anzunehmen ist –,
dann wird Ihre Reaktionszeit kürzer sein, das heißt, Sie werden
den entsprechenden Knopf schneller drücken, als Sie es tun würden, wenn das Zeichen dort aufleuchten würde, wo vorher das
Sandwich zu sehen war.

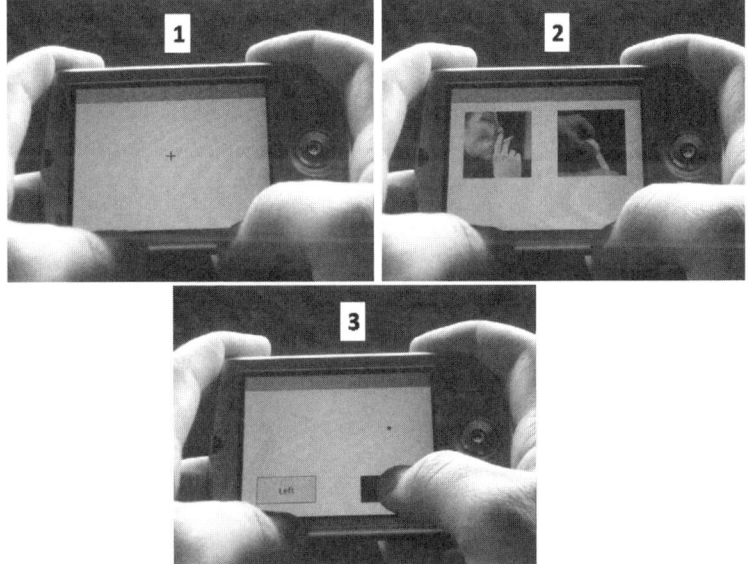

Abb. 1.1: Die einzelnen Stufen einer Attentional-probe-Aufgabe: (1) Das Zeichen, auf das die
Versuchsperson ihren Blick fixieren muss, wird 500 Millisekunden lang auf einem kleinen
tragbaren Computer präsentiert; (2) zwei Bilder, von denen eines einen Raucher zeigt, das
andere vom Inhalt her neutral ist, werden eingeblendet; (3) das Zeichen, auf das der Proband reagieren muss, leuchtet auf.[12]

Das ist nur eine der raffinierten Techniken, die es uns ermöglicht, einen Blick in das Gehirn zu werfen, sodass es einige seiner komplexen Prozesse preisgibt. Schon vor mehr als 20 Jahren hat man die faszinierende Entdeckung gemacht, dass ängstliche und pessimistische Menschen sich von negativen Szenen angesprochen fühlen, während sie gleichzeitig dazu tendieren, positive zu ignorieren. Täglich wird uns in in den Medien eine bunte Mischung aus guten und schlechten Nachrichten präsentiert. Die Ängstlicheren von uns filtern die schlechten heraus, während sie die positiven manchmal überhaupt nicht wahrnehmen, und stürzen sich geradezu auf das Negative.

Bei meinen eigenen Forschungen habe ich mich herauszufinden bemüht, auf welche Weise und aus welchem Grund negative Meldungen eine solche Anziehungskraft auf das Denken und Empfinden ängstlicher Menschen ausüben können. Schon früh fiel mir auf, dass die Kontrollpersonen, also Menschen, die für die Teilnahme an den Versuchen ausgewählt wurden, weil sie weniger ängstlich und ganz allgemein optimistischer veranlagt waren, auch nicht frei von kognitiven Verzerrungen waren. Ich war davon ausgegangen, dass sie mehr oder weniger ausgeglichen wären, das heißt, dem Negativen und dem Positiven ungefähr den gleichen Grad an Aufmerksamkeit entgegenbringen würden. Weit gefehlt. Das überraschte mich damals, da der allgemein anerkannten Theorie zufolge ängstliche Menschen genau deswegen ängstlich waren, weil sie das Positive aussonderten und nur das Negative an sich heranließen, während diejenigen, die nicht unter Angstgefühlen litten, Gutem wie Schlechtem das gleiche Gewicht beimaßen.

Eine Studie nach der anderen ergab jedoch, dass die Nicht-Ängstlichen eine starke Neigung an den Tag legten, negative Informationen abzuwehren.[13] Wenn sie mit einem Wort konfrontiert wurden, das Unangenehmes zum Ausdruck brachte, oder mit einem Bild, das solches zeigte, dann wandten sie ihre Aufmerksamkeit sofort davon ab. Während die notorisch Ängstlichen zu schlechten Nachrichten hingezogen wurden, ignorierten die nur in geringem Maß Ängstlichen sie. Alle unsere Versuchspersonen waren sich dieser ihrer Neigungen in keiner Weise bewusst. Die meisten von ihnen sagten, es sei ihnen aufgefallen, dass ihnen bei der Attentional-probe-Aufgabe sehr viele verschiedene Bilder präsentiert wurden, sie hätten sich aber derart auf das Aufleuchten des Zeichens konzentrieren müssen, dass ihnen keine Beziehung zwischen dem Charakter des jeweiligen Bildes und der Position dieses Zeichens deutlich geworden sei. Sie wollten es erst nicht glauben, als ich ihnen dokumentierte, dass die Geschwindigkeit, mit der sie das Zeichen entdeckten, zweifelsohne und konstant davon beeinflusst worden war, ob die Bilder, die vorher an seiner Stelle zu sehen gewesen waren, etwas Positives oder etwas Negatives zeigten.

Als ich Michael J. Fox diesen Test vorlegte, äußerte er sich genauso: »Mir war klar, dass immer wieder neue Bilder aufleuchteten, aber ich war ganz und gar darauf konzentriert, den Knopf zu drücken und keine Fehler zu machen.« Der Test ergab, dass er sich zum Positiven hingezogen fühlte – was keine Überraschung war. Er benötigte im Durchschnitt 490 Millisekunden, um das Zeichen zu entdecken, wenn es an der Stelle eines positiv besetzten Bildes erschien, hingegen dauerte es ungefähr 560 Millisekunden, bis er es ausmachte, wenn es dort aufleuchtete, wo vorher etwas Unangenehmes oder Abstoßendes zu sehen gewesen war. Wie bei der Mehrheit von uns wurde seine Aufmerksamkeit unbewusst zu Bildern mit angenehmem, ansprechendem Inhalt hingelenkt. Ein Unterschied von 70 Millisekunden scheint im alltäglichen Leben bedeutungslos zu sein, doch auf den Ablauf unserer zerebralen Prozesse bezogen ist es eine beträchtliche Zeitspanne.

Unsere affektive Veranlagung hat nicht nur Einfluss darauf, was wir bemerken, sondern entscheidet auch darüber, was wir erinnern. Um zu überprüfen, ob das stimmt, brauchen Sie nur einen temperamentvollen, glücklichen Freund auffordern, fünf Sachen aufzuzählen, die er vor seinem zwölften Lebensjahr erlebt hat. Es kann sich um alles Mögliche handeln, eine Party, die er besucht hat, ein Haustier, das ihm geschenkt wurde, die Scheidung der Eltern, sein erster Schultag, eben alles. Geben Sie ihm keine Stichworte, suggerieren Sie ihm nichts: Er soll Ihnen einfach von dem erzählen, was ihm in den Sinn kommt. Ich wette mit Ihnen, dass der Optimist sich vor allem an heitere Begebenheiten erinnern wird, der Pessimist hingegen an traurigere, düsterere Ereignisse.

Die Auswirkung von unterschiedlichen Gemütslagen auf das, was wir erinnern, wurde zuerst von dem Psychologen Gordon Bower an der Universität Stanford untersucht.[14] Bei seinen in den 1980er Jahren durchgeführten Experimenten setzte er Hypnose ein, um Versuchspersonen entweder in eine glückliche oder eine traurige Stimmung zu versetzen, und forderte sie dann auf, sich ein Ereignis in Erinnerung zu rufen, zu dem es im Verlauf des Vorjahres gekommen war. Die fröhlich Gestimmten erzählten von einem positiven Geschehnis, die Traurigen hingegen in der Mehrheit von einem eher betrüblichen Vorfall.

Bei der Untersuchung solcher autobiografischen Erinnerungen gibt es jedoch ein offenkundiges Problem. Es handelt sich zwar um die für Wissenschaftler interessantesten Erinnerungen, doch gibt es keine Möglichkeit, festzustellen, ob sie die Realität wiedergeben oder nicht. Wenn eine an Depressionen leidende Patientin zu einem Psychologen sagt, dass für sie immer alles schiefgeht und dass jedes Mal, wenn sie ein Gespräch anzuknüpfen versucht, die Leute mit der Behauptung davonstürzen, sie hätten zu tun, dann weiß man nicht, ob das wirklich stimmt. Diese Ungewissheit in Bezug auf den Wahrheitsgehalt von autobiografischen Erinnerungen verleiht Laborversuchen unter kontrollierten Bedingungen besondere Bedeutung.

Aus diesem Grund versetzte Bower seine Versuchspersonen erneut mithilfe von Hypnose in eine glückliche oder traurige Stimmung und legte ihnen dann eine Liste von Wörtern vor, von denen einige eine positive Assoziation auslösten (Wörter wie »Party«, »glücklich«, »fröhlich«), während sich mit anderen die Vorstellung von etwas Negativem verband (beispielsweise »Krebs«, »Tod«,

»Fehlschlag«).[15] Die Ergebnisse hätten nicht eindeutiger sein können: Die Gruppe der glücklich Gestimmten behielt mehr Wörter der ersten Kategorie im Gedächtnis, die der Traurigen mehr Wörter der zweite Kategorie.

Bowers Experimente verraten uns, dass unser Gedächtnis uns eine höchst subjektive Auswahl aus vergangenen Ereignissen treffen lässt, eine, die im Einklang mit unseren gegenwärtigen Interessen und Aussichten für die Zukunft steht. Die Bedeutung dieser Tatsache lässt sich gar nicht genug betonen. Unsere Erinnerungen werden von unserer aktuellen Sicht der Dinge gefiltert, sodass sie uns kein akkurates Bild unserer Vergangenheit vermitteln können.

Ein solches selektives Erinnern erklärt zum Teil, wieso einige Menschen glücklich und optimistisch sind, während andere zu Niedergeschlagenheit und Traurigkeit neigen. Negative und trübe Erinnerungen fördern die Bildung einer pessimistischen Lebenseinstellung, während positive und heitere Erinnerungen eine optimistische Einstellung entstehen lassen. Es ist jedoch wichtig, der Tatsache eingedenk zu bleiben, dass zum einen unsere Einstellung sich auf unsere Erinnerungen auswirkt, zum anderen aber auch unsere Erinnerungen Einfluss auf unsere Einstellung haben. Eine positive Gestimmtheit kann zu positiven Erinnerungen führen, doch genauso können positive Erinnerungen eine positive Einstellung hervorbringen.

Sie können das an sich selbst feststellen: Versuchen Sie einmal, sich wieder in eine Zeit hineinzuversetzen, in der Sie sich sehr glücklich gefühlt haben – eines bestandenen Examens wegen oder weil Sie gerade geheiratet hatten, weil Sie Ihre erste Anstellung bekommen hatten oder mit jemandem ausgegangen waren, auf den Sie schon lange ein Auge geworfen hatten. Rufen Sie sich alle Einzelheiten so lebhaft wie möglich in Erinnerung, vor allem auch das Gefühl, das Sie damals empfanden. Nach ein paar Minuten werden Sie feststellen, dass Ihre Stimmung sich hebt, weil die Glücksgefühle von damals wieder in Ihnen aufzusteigen beginnen. Viele psychologische Versuche haben ebenfalls erwiesen, dass unsere Erinnerungen sich auf unsere aktuelle Gestimmtheit auswirken, diese Gestimmtheit aber auch Einfluss darauf hat, was uns aus der Vergangenheit wieder in den Sinn kommt. Es ist wie bei der berühmten Frage, was zuerst da war, das Huhn oder das Ei: Man kann eigentlich nicht sagen, was das andere hervorbringt.

Unbewusste Wahrnehmungs- und Erinnerungsneigungen sind vor allem aus zwei Gründen von Bedeutung: Erstens wirken sich diese Präferenzen entscheidend darauf aus, wie wir das Leben insgesamt erfahren. Zweitens ist das, was wir wahrnehmen und erinnern, in einem unverhältnismäßig hohen Grad maßgeblich dafür, was wir glauben oder meinen. Es ist keineswegs so, dass der Optimist alles immer nur rosig sieht, genauso wie der Pessimist nicht immer nur schwarzsieht. Was auf lange Sicht den Unterschied ausmacht, ist das Überwiegen des einen über das andere.

Das, was Psychologen den Bestätigungsfehler (*confirmation bias*) nennen, liefert ein prägnantes Beispiel dafür, wie solche unterhalb der Bewusstseinsebene wirkenden kognitiven Verzerrungen unsere Überzeugungen oder Meinungen prägen können.[16] Wenn man überzeugt ist, dass Frauen schlechtere Autofahrer sind als Männer, dann bestätigt man sich selbst, dass dem so ist, indem man immer wieder konkrete Belege dafür wahrnimmt, dass Frauen nicht gut Auto fahren können. Was einem hingegen entgeht, sind Belege dafür, dass Männer schlecht und Frauen gut fahren. Alles, was der eigenen Grundüberzeugung widerspricht, wird überhaupt nicht wahrgenommen. Unsere Meinungen legen fest, was wir mit Bezug auf die uns umgebende Welt bemerken, gleichzeitig sind aber diese Meinungen überhaupt erst weitgehend durch das geprägt worden, was wir bemerkt haben.

Mark Snyder, Psychologe an der Universität Minnesota, hat viele Untersuchungen durchgeführt, die belegen, dass sich Überzeugungen oder Meinungen als selbsterfüllende Prophezeiungen (*self-fulfilling prophecies*) entpuppen können. Wenn Sie beispielsweise jemanden zum ersten Mal treffen und Ihnen vorher berichtet wurde, dass der oder die Betreffende ein ausgesprochen nervöser Mensch ist, dann werden Ihnen solche Aspekte seines oder ihres Verhaltens ins Auge fallen, die auf Ängstlichkeit oder Angespanntheit hindeuten. Um den Beweis dafür zu erbringen, stellte Snyder Versuchspersonen zu Paaren zusammen und bat einige von ihnen, zu ermitteln, ob der jeweilige Partner extrovertiert war, andere hingegen, ob er introvertiert war.

Wenn man den Auftrag hatte, herauszufinden, ob die andere Person extrovertiert war, und man zu diesem Zweck nur einige wenige Schlüsselinformationen einholen durfte, welche Fragen stellte man dann am besten? Snyders Versuchspersonen entschieden sich für Fragen wie: »Was würden Sie machen, um eine Party anzuheizen?« »Lernen Sie gern neue Bekannte kennen?« Bei näherem Hinsehen zeigt sich, dass man auf solche Fragen keine besonders aufschlussreichen Antworten erhalten kann: Diese können eigentlich nur zur *Bestätigung* des Bildes dienen, das man bereits von seinem Gegenüber hat. Als er die Videoaufzeichnungen von den Interaktionen zwischen seinen Versuchspersonen überprüfte, wurde Snyder deutlich, dass sie immer zu Fragen dieser Art tendierten. Diejenigen in der »introvertierten« Gruppe stellten solche wie: »Wünschten Sie manchmal, kontaktfreudiger zu sein?«

»Wir neigen dazu, nur Beweise zu suchen, die uns eine Bestätigung liefern«, meinte Snyder. Und das tun wir auch dann, wenn wir eigentlich Gegenbeweise benötigten, solche, die etwas widerlegen.

Neigungen und Eigenarten unserer Psyche sind maßgeblich an der Verfestigung unserer Ansichten beteiligt, doch sie wirken sich auch darauf aus, wie glücklich wir uns fühlen und wie gesund wir sind. Kann eine Ansicht, eine Überzeugung tatsächlich physische Veränderungen in unserem Körper verursachen? Psychologische und neurowissenschaftliche Untersuchungen haben ergeben, dass man diese Frage nur mit einem nachdrücklichen Ja beantworten kann. Auch aus der medizinischen Praxis liegen überzeugende

Belege dafür vor, dass das, was wir denken und glauben, uns krank machen kann. Dr. Clifton Meador machte 1955 seinen Abschluss in Medizin und praktizierte danach viele Jahre in Alabama und andernorts. In seinen ersten Berufsjahren akzeptierte er, ohne dies zu hinterfragen, das allgemein als gültig angesehene »biomedizinische« Modell, dem zufolge physische Probleme physische Symptome hervorbrachten und man diese beseitigen könne, indem man das zugrunde liegende körperliche Problem behandelte.

Die Erfahrungen, die der Arzt im Lauf der Jahre mit seinen Patienten sammelte, ließen ihn aber nach und nach zu der Überzeugung gelangen, dass die Medizin mehr als nur den Körper in den Blick nehmen müsse. Immer wieder hatte er mit Menschen zu tun, die krank wurden, weil sie *glaubten*, irgendein Leiden zu haben, obwohl ihnen in Wirklichkeit nichts fehlte. Meador erzählte von einem Patienten, dem man Leberkrebs im Endstadium diagnostiziert hatte und nur noch wenige Monate zu leben gab. Dieser Mann wurde immer schwächer und hinfälliger und starb tatsächlich innerhalb der prognostizierten Zeitspanne. Bei der anschließenden Obduktion stellte man aber fest, dass die Ärzte sich geirrt hatten: Die Leber des Mannes war vollkommen gesund. Er starb, weil er »glaubte, an Krebs zugrunde zu gehen«. Sein Glaube, seine Überzeugung waren so stark, dass sie zum Tod führten.

Meador berichtet auch über den noch dramatischeren Fall eines Patienten seines Doktorvaters Drayton Doherty. Doherty ließ im Frühjahr 1938 einen 60 Jahre alten Afroamerikaner namens Vance Vanders in ein in den damaligen Zeiten der strengen Rassentrennung nur für Schwarze bestimmtes Krankenhaus in einem Vorort von Selma in Alabama einweisen.[17] Vanders war seit einigen Monaten krank; er nahm keine Nahrung zu sich und hatte stark an Gewicht verloren. Es bestand Verdacht auf eine Krebserkrankung, doch ein Test nach dem anderen vermochte nicht die Ursache für sein Leiden aufzudecken. Als er schließlich immer hinfälliger wurde, und sein baldiger Tod so gut wie sicher schien, vertraute seine Frau Dr. Doherty an, dass ihr Mann einige

Wochen zuvor um Mitternacht von einem Hexenmeister des Ortes auf den Friedhof bestellt worden war. Voodoo und schwarze Magie war damals unter der afroamerikanischen Bevölkerung von Alabama stark verbreitet. Aus der Ehefrau nicht genau bekannten Gründen war es zu einem Streit gekommen, und der Zauberer hatte ihrem Mann mit einem Gefäß, das mit einer widerlich riechenden Flüssigkeit gefüllt war, unter der Nase herumgefuchtelt und dabei gesagt, er sei jetzt verhext, sodass er bald sterben müsse. »Du bist dem Tode geweiht, und auch die Ärzte können dich nicht retten«, hatte der Mann verkündet. Vance sei zutiefst erschüttert nach Hause gewankt und habe seitdem keinen Bissen mehr angerührt.

Doherty dachte daraufhin lange darüber nach, was man tun könnte. Er sorgte dafür, dass sich am nächsten Abend die ganze Familie von Vance an seinem Krankenbett versammelte. Zehn oder mehr Verwandte umringten den im Sterben Liegenden. Indem er so viel Autorität in seine Stimme legte, wie er nur konnte, verkündete der Arzt dann, dass er den Hexenmeister mit Tricks erneut auf den Friedhof gelockt und ihn aufgefordert habe, den Fluch von Vance zu nehmen. Zuerst habe der Magier ihn ausgelacht, erzählte er, doch er habe ihn »an der Gurgel gepackt« und gezwungen, preiszugeben, was genau er getan hatte. Der Mann habe gestanden, Eidechseneier in Vances Haut gerieben zu haben, von denen einige es geschafft hätten, bis in seinen Magen vorzudringen, wo dann die jungen Eidechsen ausgeschlüpft seien. Mittlerweile seien aber alle gestorben – bis auf ein besonders großes Exemplar, »das jetzt Ihr ganzes Essen verschlingt und die innere Auskleidung Ihres Körpers frisst«.

Nachdem er das verkündet hatte, rief Doherty die Krankenschwester herbei, die sich mit einer großen Ampulle in der Hand den Weg durch die geschockten Umstehenden bahnte.

»Wir müssen diese Eidechse loswerden«, verkündete der Arzt voller Dramatik, als er etwas von der Flüssigkeit, bei der es sich in Wirklichkeit um ein starkes Brechmittel handelte, in den Arm des

Kranken injizierte. Ein paar Minuten später musste Vance sich heftig übergeben, und genau im richtigen Moment zog Doherty – ohne dass die anderen Anwesenden es merkten – eine große grüne Eidechse aus der Tasche, in der er sie versteckt hatte.

»Schauen Sie bloß mal, schauen Sie, was aus Ihnen rausgekommen ist! Jetzt sind Sie geheilt. Der Voodoo-Fluch ist von Ihnen genommen.«

Der Erzählung zufolge rollte Vance entsetzt mit den Augen, zog sich in Panik bis zum Kopfende des Bettes zurück und sank dann, vom Jammern und Stöhnen seiner Familienmitglieder begleitet, in einen tiefen Schlaf. Nach mehr als zwölf Stunden wachte er hungrig wie ein Wolf auf und schlang eine Menge Brot, Milch und Fleisch hinunter. Er lebte noch weitere zehn Jahre, bis er dann einem ganz normalen Altersleiden erlag.

»Es war vollkommen klar«, schreibt Meador, »dass Vance in seinem Innersten überzeugt davon war, verflucht zu sein und sterben zu müssen.« Ein paar Worte hatten die Kraft besessen, ihn bis an die Schwelle des Todes zu treiben, ein paar Worte hatten aber auch ausgereicht, ihn von dort wieder zurückzuholen.

Menschen fühlen sich besser und ziehen Nutzen aus einem Medikament oder einer therapeutischen Behandlung, wenn sie glauben, dass das eine oder das andere ihnen guttut. Bekanntlich stellt sich sogar dann, wenn ihnen eine Pille verabreicht wird, die gar keinen medizinischen Wirkstoff enthält, ein sogenannter Placebo-Effekt ein. (Das lateinische »placebo« bedeutet »Ich werde gefallen«.) Der weniger bekannte und finsterere Gegenpart zum Placebo-Effekt ist der Nocebo-Effekt; das Wort leitet sich vom Lateinischen für »Ich werde schaden« ab.[18] Genau dieser Effekt war es, der Vance Vanders beinahe tötete. Einfach ausgedrückt: Es gibt Leute, deren Gesundheitszustand sich verschlechtert, weil sie *glauben*, dass er sich verschlechtert. Arthur Barsky, Professor für Psychiatrie an der Universität Harvard, hat die wissenschaftliche Literatur durchforstet und ist zu dem Schluss gekommen, dass sich der Nocebo-Effekt meist in vagen Symptomen äußert, die unmittelbar von der Autosuggestion beziehungsweise dem Glauben verursacht werden, dass etwas schädlich für einen ist.

Eine der ersten wissenschaftlichen Untersuchungen zum Nocebo-Effekt wurde 1981 an der Universität Kalifornien durchgeführt. An den Köpfen von Freiwilligen, denen man sagte, dass man die Auswirkungen eines leichten Stromschlags auf ihre Hirnfunktion studieren wollte, wurde eine Reihe von Elektroden befestigt. Die Versuchspersonen wurden davon in Kenntnis gesetzt, dass der Stromstoß starke Kopfschmerzen verursachen könne, dass aber mit keinen weiteren negativen Folgen zu rechnen sei. Mehr als zwei Drittel der 34 Probanden meldeten starke Kopfschmerzen. Später erfuhren sie aber von den Forschern, dass sie überhaupt keinem Stromschlag ausgesetzt worden waren: Allein die *Erwartung*, sich unwohl zu fühlen, hatte vollkommen gesunde Menschen krank gemacht.

Jon-Kar Zubieta und seine Kollegen von der Molecular und Behavioral Neuroscience Unit an der Universität von Michigan in Ann Arbor haben den unwiderlegbaren Beweis dafür erbracht, dass unsere Überzeugungen tatsächlich eine direkte Auswirkung auf unser Gehirn haben können.[19] Sie bewegten 20 gesunde Personen dazu, sich bei zwanzigminütigen Sitzungen Schmerzreizen auszusetzen. Bei einer Sitzung wurden die Freiwilligen informiert, dass man ihnen ein starkes Analgetikum verabreicht hatte; eine Woche später sagte man ihnen bei einer anderen Sitzung aber, dass es sich bei dem Medikament um eine Pille handelte, die nur Zucker enthielt und die Schmerzen in keiner Weise lindern konnte. Auch im ersten Fall hatte das Mittel keinen Arzneistoff enthalten, die Auswirkungen auf das Gehirn waren aber jedes Mal nicht nur auffallend stark, sondern auch auffallend unterschiedlich: Mehrere der Freiwilligen gaben bei der ersten Sitzung eine starke Placebo-Reaktion zu erkennen und sagten, ihre Schmerzen seien viel geringer geworden, gleichzeitig kam es im Gehirn zu einer starken Ausschüttung von Dopaminen und Opoiden, die beide für Glücksgefühle zuständig sind. In ausgeprägtem Unterschied dazu stellten sich bei der zweiten Sitzung heftige Nocebo-Effekte ein: Die Betreffenden berichteten über eine Zunahme der Schmerzen, und mit diesem subjektiven Empfinden ging eine quantitative Verringerung der freigesetzten Dopamine und Opoide einher. Das ist ein verblüffender Beweis dafür, dass das, was wir erwarten, und das, woran wir glauben, neurochemische Veränderungen in unserem Gehirn verursachen kann.

Allein der Glaube kann also Kopfschmerzen auslösen, doch können unsere Überzeugungen sich in die eine oder andere Richtung auf unsere körperliche Gesundheit auswirken, das heißt, können sie dieser zuträglich oder abträglich sein? Kann es wirklich sein, dass unser Denken Einfluss darauf hat, ob wir am Leben bleiben oder sterben? Können wir wie Vance Vanders wirklich »zu Tode erschreckt« werden? Die Ergebnisse der umfassenden Framingham Heart Study legt nahe, dass alle diese Fragen bejaht werden müssen.[20] Bei dieser Studie, mit der man 1948 begann, wurden die Schicksale von 2873 Frauen und 2336 Männern verfolgt. Einem 1996 von Rebecca Voelker im *Journal of the American Medical Association* veröffentlichten Bericht ist zu entnehmen, dass die Auswertung der gesammelten Daten, wenn man alle bekannten Risikofaktoren für Herzerkrankungen wie Übergewicht, hohe Cholesterinwerte, hohen Blutdruck und andere sorgfältig mit einbezog, eindeutig ergab, dass Frauen, die *glaubten*, anfällig für eine derartige Krankheit zu sein, tatsächlich viermal häufiger an einer solchen starben als andere.

2.
Leben auf der Sonnenseite

Die Erforschung des Optimismus

Ich erinnere mich noch lebhaft an David, einen Jungen, der mit mir zur Schule ging. Aus einem Haufen irischer Gesichter stach das seine heraus, da es von einem üppigen blonden Schopf gekrönt war. Er war auch der erste Mensch, den ich kennenlernte, dessen Lustzentrum immer hyperaktiv zu sein schien. Wenn er einen Raum betrat, schien dieser sich zu erhellen, er steckte alle Anwesenden mit seiner Fröhlichkeit an. Alle mochten ihn. Er war aufgeweckt, attraktiv und ein richtiger Draufgänger, der kein Risiko scheute. Mit 15 Jahren hatte er schon einiges an Erfahrungen vorzuweisen: Er war von einer Klippe gestürzt, hatte das Auto seines Vaters zu Schrott gefahren, mit Drogen und Sex experimentiert und in mehr als einer Hinsicht die Suche nach Nervenkitzel ins Extreme getrieben. Er liebte die Aufregung. Wonach es ihm mehr als nach allem anderen zu verlangen schien, war die Ausschüttung von Adrenalin, und das trieb ihn dazu, Gefahrensituationen regelrecht zu suchen. Er starb mit 17, als er versuchte, in der Innenstadt vom Dach eines hohen Haus zu dem eines anderen hinüberzugelangen, aber zu kurz sprang und auf das Straßenpflaster stürzte. Unsere Eltern und Lehrer fragten sich, ob es nicht Selbstmord gewesen war, doch wir, seine gleichaltrigen

59

Gefährten, wussten, dass David nie auch nur den leisesten Anflug von Depression empfunden hatte; im Gegenteil: Was ihn umbrachte, war seine übergroße Lebensfreude.

Die Geschichte von David gewährt uns ein wenig Einblick in das Leben eines lebensfrohen optimistischen Menschen mit all seinen Höhen und Tiefen. Meiner Theorie zufolge ist es das Lustzentrum tief im Inneren der uralten Regionen unseres neuronalen Geflechts, das die Initialzündung zum Entstehen dieser Wesensart gibt. Wir alle streben nach Vergnügen, doch bei einigen von uns – wie bei David – wird aus dieser Suche fast eine Sucht. Denken Sie an das lustvolle Gefühl der Sättigung, das Sie nach einem vorzüglichen Mahl empfinden, oder an das Hochgefühl nach einem Sieg Ihrer Lieblingsfußballmannschaft. Oder stellen Sie sich einmal vor, wie Sie sich nach einem langen Arbeitstag gemütlich hinsetzen und den Schokoladenriegel auswickeln, an den Sie während des Tages immer wieder denken mussten. Wenn Sie Ihre Zähne in seine glatte und seidige Oberfläche versenken und der Geschmack Ihre Sinne betört, wie nur sahnige, dunkle Schokolade es kann. Solche Gefühle haben ihren Ursprung in unserem Lustzentrum, das es uns ermöglicht, auf die angenehmen Dinge im Leben zu reagieren. Dieses Lustzentrum ist der Maschinenraum, der Prozesse in unserem Gehirn in Gang setzt, die uns – zumindest temporär – zu einem sonnigen Gemüt verhelfen. Und dieses sonnige Gemüt wiederum kann uns eine optimistische Grundeinstellung schenken. Um die Wurzeln von Optimismus zu ergründen, müssen wir genauer begreifen, wie das Lustzentrum arbeitet.

Eine seiner Hauptfunktionen ist es, uns zu Dingen zu verlocken, die in biologischer Hinsicht gut für uns sind. Das ist die Ursache dafür, dass ein – vor allem in Gesellschaft von Verwandten oder Freunden eingenommenes – delikates Mahl einer der großen Genüsse und Freuden ist, die das Leben für uns bereithält. In früheren Zeiten war die regelmäßige Versorgung mit Nahrung von entscheidender Bedeutung nicht nur für unser Wohlbefinden, sondern für unser Überleben. In gewissem Sinn ist das heute noch so. Unser Lustzentrum richtet sich auf alles aus, das unsere Überlebenschancen vergrößert. Die Aufnahme von als angenehm empfundenen Sinneseindrücken aller Art – geschmacklichen, olfaktorischen, visuellen, akustischen oder taktilen – bilden die Basis für unser Wohlgefühl. Die sinnliche Liebkosung durch einen geliebten Menschen, der Geruch nach Kaffee, das Frische einer Meeresbrise können eine Kette von Prozessen auslösen, die unsere Stimmung heben und uns am Ende möglicherweise das ganze Leben rosiger sehen lassen. In biologischer Hinsicht ist es sinnvoll, sich an einem frostigen Tag in die Nähe eines warmen Holzfeuers zu begeben, und unser Lustzentrum nimmt daher eine solche Wärmequelle wahr und löst entsprechende neurale Reaktionen aus, die uns zu ihm hinziehen. Für viele sind es lustvolle Sinneseindrücke dieser Art, die das Leben überhaupt erst lebenswert machen. Wenn sie nicht immer mal wieder innehalten können, um den Duft von Rosen einzuatmen (oder den von Kaffee oder Schokolade), dann fällt es ihnen schwer, sich glücklich oder zuversichtlich oder überhaupt »lebendig« zu fühlen.

Ironischerweise sind es wissenschaftliche Forschungen zu Depressionen, die neues, diese Ansicht stützendes Material liefern. Andy war der Name eines jungen Mannes, der sich mir für meine Studien zu Optimismus und Pessimismus zur Verfügung stellte. Mehrere Jahre lang hatte er unter schweren Depressionen gelitten. Eine Vielzahl diverser medikamentöser Behandlungen wie auch Gesprächstherapien hatte ihn nicht aus seiner andauernden düsteren Stimmung herauszuholen vermocht. Was ihm aber am meisten zu schaffen machte, waren nicht seine permanente Niedergeschlagenheit und sein alles andere dominierender Pessimismus, sondern seine »Unfähigkeit, Freude zu empfinden«. Das bekümmerte ihn mehr als alles andere. »Früher habe ich das Leben genossen«, sagte er. »Einfache, alltägliche Freuden wie eine gute Tasse Kaffee konnten meine Stimmung richtig heben.« Wenn jedoch seine Depressionen wieder schleichend Besitz von ihm ergriffen, dann fiel ihm als Erstes auf, dass er kein Vergnügen mehr empfinden konnte. »Die Dinge verlieren dann ihren Reiz. Ich verliere das Interesse an allem. Das ganze Leben kommt mir öde vor.«

Dass Andy nach und nach das Interesse daran verlor, Freunde zu treffen, Sex zu haben oder auch sich so simplen Vergnügungen hinzugeben, wie ins Kino oder auswärts essen zu gehen, hat seinen wechselnden Partnerinnen Schwierigkeiten bereitet; sie wussten nicht damit umzugehen. Diese Unfähigkeit, Freude oder Lust zu empfinden – der wissenschaftliche Fachausdruck dafür lautet Anhedonie –, ist entscheidend am Entstehen von Depressionen beteiligt und eng mit dem Pessimismus verbunden. Neurowissenschaftliche Forschungen verraten uns, dass bei Menschen mit pathologischer Depression das Lustzentrum nicht aktiv genug, gewissermaßen zu »träge« ist. Man vermag sich nur schwer einen dem Leben zugewandten Optimisten vorstellen, der nicht in der Lage ist, Lust oder Freude zu empfinden. Optimisten sprudeln gemeinhin vor Begeisterung und Energie geradezu über, und es verlangt sie danach, das Leben in vollen Zügen zu genießen, alles »mitzunehmen«, was es zu bieten hat. Freude an etwas empfinden zu können, ob es nun ein unmittelbar sinnlicher Genuss ist, wie ein kaltes Bier an einem heißen Tag ihn bereitet, oder ein abstrakterer, wie ein schönes Gemälde ihn vermitteln kann, ist von zentraler Bedeutung für eine optimistische Einstellung und dafür, dass man sich wohlfühlt.

Das Belohnungs- oder Lustzentrum

Psychologen und Neurowissenschaftler sind dabei, nach und nach mehr über die Regionen des Gehirns herauszufinden, die dafür sorgen, dass einige Erfahrungen und Dinge in ein Licht getaucht werden, das sie glanzvoller, rosiger aussehen lässt.[21] Indem es einige Erfahrungen mit dem überzieht, was man eine »hedonische Färbung«

(*hedonic tone*) nennt, sorgt das Gehirn dafür, dass man sie durch eine rosa Brille betrachtet. Das wurde von der Natur geschickterweise so ersonnen, um zu gewährleisten, dass wir nach jenen Dingen streben, die gut für uns sind, und der »Lustgewinn«, den sie uns vermitteln, ist mit anderen Worten das, was uns dazu veranlasst, nach mehr von derselben Sache zu verlangen.

Vergnügen ist aber nicht bloß eine rein sensorische Erfahrung. Wie der holländische Psychologe Nico Frijda es darstellt, versieht es gewisse, eben positive Empfindungen und Erfahrungen mit einem *niceness gloss*, einer Art »glänzendem Angenehmheitsüberzug«, und dieser setzt uns bestimmte Ziele, er drängt uns dazu, Nützliches zu unternehmen, wie nach Nahrung und Wasser zu suchen oder auch nach Sex zu verlangen. Besäßen wir nicht diese Motivationen, würden wir vermutlich nicht lange überleben. Nach Lustgewinn zu streben, stellt daher eine der großen Antriebskräfte des Menschen dar, zusammen mit dem Gegenpol, nämlich Gefahren oder Schmerzen zu vermeiden. Der antike griechische Denker Epikur (341–270 v. Chr.) definierte »Vergnügen« als das »Nicht-Dasein von Leiden«. Der englische Philosoph Jeremy Bentham (1748–1832) meinte, dass Lust und Schmerz die beiden »Herren der Menschheit« seien, denn die Menschen seien von Natur aus so gemacht, dass sie das Vergnügen suchten und Schmerzen nach Möglichkeit vermieden. Auch die moderne Wissenschaft sieht das eine wie das andere als zwei den Menschen motivierende Kräfte von großer Bedeutung und hat viele Anstrengungen darauf verwandt, Methoden zu erarbeiten, mit denen man Lust untersuchen und ihren Entstehungsort im Gehirn ausfindig machen kann.

Diese Forschungen haben ergeben, dass es sich bei diesem Zentrum um den sogenannten Nucleus accumbens handelt, ein evolutionsgeschichtlich sehr altes, winziges Gebilde, direkt unter der Hirnrinde und an der Vorderseite des Gehirns gelegen. Wie viele grundlegende wissenschaftliche Entdeckungen kam auch die dieses Lustzentrums mehr oder weniger zufällig zustande.

In den 1950er Jahren bemühten sich zwei junge kanadische Psychologen, James Olds und Peter Milner, zu ermitteln, wie das Gehirn den Zyklus von Schlafen und Wachen kontrolliert.[22] Nachdem sie sich einige Zeit mit diesem Problem beschäftigt hatten, erkannten sie, dass es hilfreich sein könnte, Elektroden tief ins Gehirn einzupflanzen. Vorsichtshalber nahmen sie ihre Versuche zunächst an Ratten vor. Wenn die Elektroden aktiviert wurden, gaben sie einen schwachen elektrischen Impuls direkt in den sie jeweils umgebenden Teil des Gehirns ab. Man konnte dann die Auswirkung auf das Verhalten des Versuchstiers beobachten. Die Prozedur war nicht mit Schmerzen verbunden, da das Gehirn keine Schmerzrezeptoren besitzt und der chirurgische Eingriff, mit dem die Elektroden eingepflanzt wurden, nach vorheriger Betäubung erfolgte. Wenn das Tier nach der Operation erwachte, konnte es sich ungehindert bewegen, ohne etwas von den in seinem Kopf sitzenden Elektroden zu bemerken.

Olds und Milner hatten eine ziemlich präzise Vorstellung davon, welche Hirnregionen am »Erwachen« beteiligt waren, und hofften, mithilfe einer Stimulation ebendieser Regionen einen definitiven Beweis erbringen zu können. Sie hatten vor, die Elektroden in die sogenannte retikuläre Formation im Gehirnstamm zu setzen. Frühere Untersuchungen hatten Hinweise darauf geliefert, dass es vermutlich ebendiese Region war, die den Schlaf-Wach-Zyklus kontrollierte.

Zum Glück für die Wissenschaft, die das Zustandekommen von Glücksgefühlen untersucht, zielten sie aber beim Einsetzen der Elektroden ein wenig daneben und pflanzten diese ein kleines Stückchen von der richtigen Stelle entfernt ein. Wenn sie dem Rattengehirn Strom zuführten, änderte sich der Wachheitsgrad der Tiere daher nicht im Geringsten. Stattdessen machte sich ein anderer Effekt bemerkbar: Die Tiere schienen sich zu dem Ort hingezogen zu fühlen, an dem sie sich befanden, als ihr Gehirn stimuliert wurde. Nachdem sie erst in ihrem Käfig herumgesaust war, hielt eine Ratte plötzlich abrupt inne und kehrte zu genau dem Fleck zurück, an dem sie sich befunden hatte, als die Elektroden aktiviert worden waren. Außerdem gaben die Tiere noch andere Anzeichen dafür zu erkennen, dass es sie nach erneuter Stimulation verlangte.

Milner und Olds erkannten, dass sie irgendeinem Geheimnis auf der Spur waren, und führten daher ein weiteres Experiment durch, das weltberühmt werden sollte. Dabei gewährte man den Ratten die Möglichkeit, einen Hebel zu drücken, mit dem sie die Elektrode so oft aktivieren konnten, wie sie wollten. Die Ergebnisse waren verblüffend. Die Ratten konnten gar nicht genug von dem schwachen Stromstoß bekommen und drückten den Hebel immer wieder nieder, einige Tiere sogar bis zu 2000-mal in der Stunde. Sie verzichteten sogar auf Gelegenheiten, zu fressen, zu trinken oder Sex zu haben, um sich einen weiteren Stromstoß zu verpassen.

Olds und Milner fanden schließlich heraus, dass sie die Elektroden nicht wie beabsichtigt in die retikuläre Formation, sondern stattdessen in den Nucleus accumbens implantiert hatten. Dieses kleine Gebilde wurde bald als das Belohnungs- oder Lustzentrum des Gehirns gefeiert, und es dauerte nicht lange, bis man auch in menschliche Gehirne Elektroden einsetzte, um festzustellen, ob die Aktivierung dieses Zentrums Leuten helfen konnte, die mit Depressionen oder Schmerzen kämpften. Wenn man bei Menschen wie Andy, die unfähig waren, Vergnügen oder Freude zu empfinden, das Lustzentrum immer wieder stimulierte, könnte man dieses System vielleicht wieder dauerhaft in Gang bringen, sodass die dunklen Wolken der Depression sich am Ende verflüchtigen würden.

Im Zuge eines Forschungsprogramms, das bald so umstritten sein sollte wie kein anderes im Bereich der Psychiatrie, begann Dr. Robert Heath von der Tulane University Medical School in New Orleans damit, Elektroden tief in die Gehirne von Menschen einzuführen, die an unterschiedlichsten mentalen Problemen litten.[23] Seiner Ansicht nach war eine Funktionsstörung des Lustzentrums, das Ausbleiben einer Reaktion auf Angenehmes, die Grundursache für viele geistige Erkrankungen wie Depression oder Schizophrenie. Wenn es gelänge, das Lustzentrum wieder »einzuschalten«, meinte Heath, könnte man möglicherweise eine Vielzahl solcher Erkrankungen heilen.

Der Fall eines seiner Patienten, der aus Gründen des Persönlichkeitsschutzes nur als B-19 bezeichnet wurde, kann als typisch gelten. Mehrere Jahre lang hatten den inzwischen 24-Jährigen Depressionen gequält; wie er Heath anvertraute, hatte er jeden Tag an Selbstmord gedacht. Von der Arbeit Olds' und Milners dazu angeregt, pflanzte Heath eine Reihe kleiner Elektroden in sein Gehirn ein. Nachdem B-19 sich von dem chirurgischen Eingriff erholt hatte, stimulierte das Forscherteam nacheinander jede der Elektroden und fragte den Mann, was er fühlte. In den meisten Fällen verspürte er nur eine geringe Wirkung, doch als der Nucleus accumbens gereizt wurde, meldete B-19 einen richtigen Treffer. »Es war ein angenehmes warmes Gefühl«, sagte er, das in ihm den Wunsch weckte, zu masturbieren und Sex zu haben. Genau wie die Ratten in dem Experiment von Olds und Milner aktivierte dieser junge Mann diese spezifische Elektrode bei einer dreistündigen Sitzung mehr als 1500-mal und beschwerte sich bitterlich, als man sie ihm wieder entfernte.

Die Nachricht von dem Ergebnis dieses Experiments verbreitete sich rasch. Man setzte die neue Technik auch in anderen Kliniken ein, und die Patienten dort zeigten ähnliche emotionale Reaktionen wie B-19. Der spanische Neurowissenschaftler José Delgado, der an der Universität Yale tätig war, berichtet über diverse Experimente, bei denen Elektroden in die Gehirne von Angehörigen unterschiedlicher Spezies, darunter auch Menschen, eingepflanzt worden waren. Delgado, dessen Bekanntheit wohl vor allem darauf zurückgeht, dass er einen angreifenden Stier durch Stimulation einer solchen Elektrode zu stoppen vermochte, stellte fest, dass man Menschen durch Reizen des Nucleus accumbens von ihren Depressionen befreien konnte – zumindest vorübergehend. Das Abklingen der Wirkung nach einer gewissen Zeit erwies sich aber als ein Problem. Der Nucleus accumbens sprach zwar stark auf eine elektrische Reizung an, doch hielt diese Reaktion nie lange an, weshalb das Implantieren von Elektroden in diese Struktur des Gehirns keine praktikable Methode zur Heilung von Depression lieferte.

Dass man Lust nur kurzfristig verspürt oder empfindet, ist absolut sinnvoll, denn der Drang, zu essen, zu trinken und sich fortzupflanzen, ist von entscheidender Bedeutung für das Überleben unserer Spezies. Doch sobald wir uns gesättigt, unseren Durst gestillt oder Sex gehabt haben, besteht fürs Erste eigentlich keine große Notwendigkeit dazu, dass das Lustzentrum und das ganze Belohnungssystem aktiv bleiben. Der Versuch, einzig und allein durch die Jagd nach Vergnügen in seinen unterschiedlichsten Varianten zu so etwas wie einem Gefühl von »Glück« zu gelangen, erweist sich aus diesem Grund für gewöhnlich als vergeblich. Es besteht jedoch wenig Zweifel daran, dass eine Stimulation des Nucleus accumbens den Menschen dazu veranlasst, nach »mehr« von der guten Sache zu verlangen.

Bevor wir uns ansehen, wie genau das funktioniert, müssen wir ein wenig von unserem eigentlichen Thema abschweifen, um uns ein Bild davon zu machen, auf welche Weise innerhalb unseres Gehirns Kommunikation stattfindet.

Ein bisschen Anatomie

In der Draufsicht betrachtet, besteht unser Gehirn aus zwei Hälften, die sich spiegelsymmetrisch zueinander verhalten. Man kann es aber auch, von unten nach oben vorgehend, in drei Teile gliedern. An seiner Basis, wo es mit dem Rückenmark verbunden ist, befindet sich eine Anzahl von Strukturen, die lebensnotwendig sind: Sie bewirken unter anderem, dass wir atmen und unser Blutdruck und unsere Körpertemperatur ausgeglichen bleiben. Eine

Stufe darüber liegt das Mittelhirn, das viele für Emotionen, Erinnern und anderes zuständige Areale birgt. Man nennt diese oft »subkortikale«, also unter der Hirnrinde gelegene Areale, und sie sind evolutionsgeschichtlich gesehen wesentlich älter als der darüberliegende Kortex. Viele der Strukturen, die wir im Mittelhirn finden – sie haben oft exotische Namen wie Nucleus accumbens, Amygdala oder Hippocampus –, ähneln solchen, die auch in den Gehirnen anderer Geschöpfe vorkommen, die sich mit uns diesen Planeten teilen. Unser Kortex jedoch ist einzigartig: Er hat sich so ausgedehnt, dass er sich immer wieder falten musste, um unter das Schädeldach zu passen: daher das »gewellte« Aussehen der Gehirnoberfläche. Der Kortex umgibt die Mittelhirnregionen und ist für viele der Fähigkeiten und Eigenschaften verantwortlich, die einzig und allein den Menschen auszeichnen, wie das Sprachvermögen, die Fähigkeit, rational zu denken, oder auch sich etwas vorzustellen.

Die verschiedenen Regionen des Gehirns müssen miteinander kommunizieren können, damit wir in der Lage sind, unsere Handlungsabläufe zu koordinieren. Diese Kommunikation findet über dichte Netzwerke statt, die alle Regionen des Gehirns miteinander verbinden und es ihnen ermöglichen, miteinander zu »sprechen«.

Schauen wir uns einmal etwas näher an, wie diese interne Kommunikation vonstatten geht; das zeigt uns auch, wie diese Netzwerke sich entwickeln. Von den verschiedenen Zelltypen, die man im Gehirn findet, sind die Nervenzellen die wichtigsten für das Senden und Empfangen von Botschaften. Sie sind auch als Neuronen bekannt. Jedes Neuron besteht aus drei Teilen. Bei den Dendriten handelt es sich um an die Äste eines Baumes erinnernde Gebilde, deren Hauptfunktion es ist, einen Input von anderen Neuronen entgegenzunehmen. Das Soma, der Zellkörper, beinhaltet alles, was die Zelle am Leben erhält, einschließlich ihrer DNA. Das Axon bildet den dritten Teil; man kann es mit einem elektrischen Kabel oder einer Leitung vergleichen, die elektrische Impulse blitzschnell zu den Dendriten anderer Neuronen befördert. Die meisten Axone im Gehirn sind extrem kurz, während solche in anderen Teilen unseres Körpers, wie die, welche unsere Beinen hinunterlaufen, eine Länge von bis zu 1,80 Metern erreichen können.

Die Schätzungen variieren zwar, die meisten Neurowissenschaftler sind aber der Ansicht, dass im menschlichen Gehirn mehr als 100 Milliarden Neuronen vorhanden sind, und jede dieser Nervenzellen kann mit bis zu zehntausend anderen Verbindung aufnehmen, was ein verwirrend komplexes Kommunikationsnetzwerk ergibt. In den Anfangstagen der Neurowissenschaft glaubte man, dass Neuronen mithilfe von elektrischen Impulsen, die von einer Zelle zur nächsten übersprangen, miteinander sprechen. Diese Auffassung erfuhr eine dramatische Korrektur durch ein 1921 von Otto Loewi durchgeführtes Experiment.[24] Loewi (1873–1961), Professor für Pharmakologie an der Universität Graz, trug um die Osterzeit jenes Jahres in sein Tagebuch ein, dass er mehrere unruhige Nächte verbracht habe, weil ihn der Gedanke, Botschaften würden vielleicht nicht ausschließlich auf elektrischem Wege von einem Neuron ans andere weitergegeben, sondern möglicherweise wären dabei auch chemische Prozesse im Spiel, so sehr beschäftigte. In einer Nacht wachte er auf und hielt auf einem Stück Papier die Idee zu einem Experiment fest, die ihm im Traum gekommen war. Am Morgen darauf konnte er sich aber weder an das Geträumte erinnern, noch seine hastig hingekritzelten Notizen lesen. »Verzweiflung« ergriff ihn, da ihm bewusst war, dass er wichtige Einsichten gehabt hatte. Als er daher in der darauffolgenden Nacht nach einem ähnlichen Traum wieder erwachte, marschierte er unverzüglich in sein Labor, um das Experiment durchzuführen, dasjenige, welches tatsächlich den Beweis erbrachte, dass chemische Substanzen maßgeblich an der Übermittlung von Botschaften im Gehirn beteiligt sind.

Loewi wusste, dass der Vagusnerv (Nervus vagus) die Geschwindigkeit bestimmt, mit der ein Herz schlägt, und dass eine

Stimulation dieses Nervs die Frequenz verringert. Kam das aber durch einen elektrischen Impuls zustande, der von dem Nerv auf das Herz ausging? Oder gab es vielleicht eine chemische Substanz, die vom Vagusnerv zum Organ hinüberfloss? Er führte ein geniales Experiment aus, um diese Fragen zu klären. Dabei operierte er zwei Fröschen das Herz mitsamt dem Vagusnerv heraus und legte eins davon in eine Kochsalzlösung. Dann stimulierte er den Vagusnerv dieses Herzens, und wie erwartet, begann es langsamer zu schlagen. Dann legte er rasch das zweite Herz in dieselbe Lösung, und zu seiner Freude nahm auch dessen Frequenz ab. Für Loewi muss es ein klassisches Heureka-Erlebnis gewesen sein: Er hatte entdeckt, dass chemische Stoffe an der Übertragung von Informationen von einem Neuron zum nächsten beteiligt sein mussten. Aus welchem Grund hätte sonst die Tätigkeit auch des zweiten Herzens sich verlangsamen sollen? Wir nennen das, was Loewi entdeckte, heute Neurotransmission. Der Wissenschaftler erhielt zusammen mit seinem langjährigen Freund und Mitarbeiter, dem Briten Sir Henry Dale, 1936 für seine Verdienste den Nobelpreis.

Wenn Loewi auch schon 1921 herausfand, dass die Neurotransmission auf chemischer Grundlage stattfand, dauerte es weitere zwölf Jahre, bis die daran beteiligte Substanz – Azetylcholin – genau bestimmt werden konnte. Seitdem hat man mehr als 50 weitere Neurotransmitter entdeckt. Wir wissen mittlerweile, dass am Ende jedes Axons kleine Säckchen, die sogenannten synaptischen Vesikel, sitzen, die einen spezifischen Neurotransmitter – wie zum Beispiel Dopamin – enthalten. Wenn ein elektrischer Impuls sich über das Axon bis zu dessen Ende hin fortpflanzt, veranlasst er die synaptischen Vesikel dazu, bis ganz zum Rand der Nervenzelle zu rücken und ihren Inhalt in den winzigen Spalt zu ergießen, der die einzelnen Neuronen voneinander trennt. Diese chemischen Substanzen werden dann von den Rezeptoren in den Wänden der Dendriten der Zelle auf der gegenüberliegenden Seite des Spalts aufgenommen.

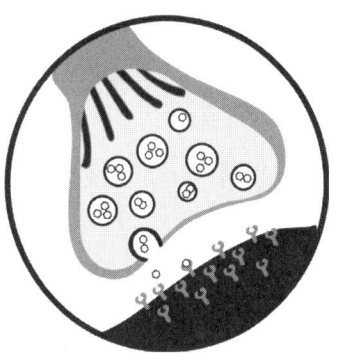

Abb. 2.1: Ein Neuron wird durch einen elektrischen Impuls dazu angeregt, kleine Mengen eines Neurotransmitters in die zwei Nervenzellen voneinander trennende schmale Spalte abzusondern. Wenn sich auf den Dendriten des angrenzenden Neurons entsprechende, das heißt »passende« Rezeptoren befinden, stimuliert der Transmitter – wie z. B. Dopamin – dieses Neuron dazu, zu »feuern«, und die Botschaft wird auf diese Weise weitergegeben.[25]

Ähnlich wie ein Schlüssel in ein Schloss passt, wenn er die entsprechende Form hat, passt der Neurotransmitter, wenn er die richtige Gestalt aufweist, in den Rezeptor des angrenzenden Neurons, und das veranlasst dieses zweite Neuron dazu, seinerseits einen elektrischen Impuls durch sein eigenes Axon auf den Weg zu schicken, der dann am Ende wiederum die Abgabe eines Neurotransmitters auslöst und den Prozess damit fortsetzt. Wenn der Neurotransmitter jedoch nicht die richtige Gestalt hat, kann er das angrenzende Neuron nicht stimulieren.

Die aktivsten Botenstoffe im »sonnigen« Teil unseres Gehirns, dem Belohnungssystem, sind Dopamine und verschiedene Opioide – körpereigene Opiate. Der Nucleus accumbens ist mit Zellen angefüllt, die entweder Dopamine oder Opoide enthalten, und die Ausschüttung und das Fließen dieser Neurotransmitter ermöglicht es uns, Dinge zu genießen, und lässt uns nach einem breiten Spektrum von Erfahrungen verlangen. Meiner Ansicht nach stellen diese chemischen Substanzen eine der Hauptquellen für Optimismus dar.

Wenn eine Ratte etwas Gutes zu fressen oder trinken bekommt, wie zum Beispiel eine Zuckerwasserlösung, dann steigt der Dopaminpegel in ihrem Nucleus accumbens sofort an. So geschieht es auch, wenn sie Sex hat. Beim Menschen ist das genauso. Wenn eine in den Nucleus accumbens eingepflanzte Elektrode aktiviert wird – wie beim Patienten B-19 in dem von Robert Heath durchgeführten Versuch –, dann fließt dieser geradezu über vor Dopamin. Auch andere Aktivitäten, die uns Spaß machen, können diesen Prozess mit Vehemenz in Gang setzen.

Matthias Koepp, Neurowissenschaftler am Londoner Institute of Neurology, führte eine faszinierende Versuchsreihe mit Studenten durch, die sich ihm freiwillig zur Verfügung gestellt hatten.[26] Die Probanden befassten sich mit einem Videospiel, bei dem es darum ging, feindliche Panzer abzuschießen, während sie in einem Hirnscanner lagen. Immer wenn sie einen Panzer des Gegners zerstört oder eine seiner Flaggen erbeutet hatten, kam es in ihrem Nucleus accumbens sofort zu einer Dopaminausschüttung.

Man hat jedoch nachgewiesen, dass beim Empfinden von Lust noch andere Substanzen im Spiel sind als nur Dopamine.[27] Kent Berridge, Psychologe an der Universität Michigan, gelang der Nachweis, dass die Opioide nicht weniger wichtig für das Funktionieren des dafür verantwortlichen Systems sind.[28] Indem er bei einer großen Zahl von Ratten verschiedene Areale des Nucleus accumbens stimulierte, fand er heraus, dass bei einer Aktivierung von Neuronen, die Opioide enthielten, süße Sachen noch süßer schmeckten. Bei anderen Versuchen stellte er fest, dass Ratten sich abrackerten – sie lernten bereitwillig, durch alle möglichen Reifen zu springen –, wenn ihnen zur Belohnung Phenyl-Cyclohexyl-Piperidin (»Angel Dust«), eine Substanz, die ebenfalls Opioid-Rezeptoren aktiviert, direkt in ihren Nucleus accumbens injiziert wurde.

Berridge unternahm dann Versuche mit Personen, die zur Entspannung Kokain schnupften. Kokain steigert die Menge des im Gehirn freigesetzten Dopamins, und man hat das lange für den Grund dafür angesehen, dass die Droge Wohlgefühle auslöst. Indem er die typische Dopaminflut, zu der es beim Schnupfen von Kokain kommt, künstlich unterdrückte, konnte Berridge jedoch eine bemerkenswerte Entdeckung machen: Das Hochgefühl nahm nicht im Geringsten ab. Was sich änderte, war das *Verlangen* nach der Droge, das die Probanden verspürten: Sie fühlten sich immer noch großartig, doch das Verlangen, sich mehr davon zuzuführen, war reduziert. Diese Ergebnisse verhalfen Berridge zu der entscheidenden Erkenntnis, dass Dopamin mit dazu führt, dass jemand *Verlangen* nach etwas hat, aber nicht unbedingt dazu, dass er *Vergnügen* an etwas empfindet.

Etwas zu begehren und etwas zu genießen, sind zwei verschiedene Dinge. Das eine wie das andere ist von einem Lustempfinden begleitet, doch kommen dabei unterschiedliche Neurotransmitter ins Spiel. Die Opioide sind es, die eine bestimmte Erfahrung zu einem Genuss machen, die Dopamine lassen uns nach mehr von derselben Sache verlangen.

Wenn der Nucleus accumbens von einer lustvollen Empfindung – ob diese durch Sex, Drogen, Schokolade, irgendein Spiel oder auch durch eine implantierte Elektrode ausgelöst wird – stimuliert wird, wird er von Dopaminen und Opioiden überschwemmt. Das beweist, dass Zellen mithilfe von Chemikalien kommunizieren, und auf das Fluten und Fließen dieser Substanzen mit ihren Neurotransmittern sind die Schaltkreise in unserem Gehirn angewiesen. Wenn dieselben Neuronen immer wieder miteinander sprechen, bilden sich Pfade aus, die die verschiedenen Areale miteinander verbinden. Genau wie fließendes Wasser nach und nach eine Rinne in den sandigen Untergrund gräbt, kann der Fluss von Synapsen von einer Neuronengruppe zur anderen feste, gewissermaßen »ausgetretene« Pfade schaffen. Sind sie erst einmal entstanden, dann gewährleisten diese Pfade eine raschere Kommunikation zwischen Arealen, die möglicherweise weit auseinanderliegen. Auf diese Weise beginnen sich umfassendere Schaltkreise, wie solche, die für Genuss, Vergnügen, kurz, für ein sonniges Gemüt zuständig sind, zu bilden. Daher kann es tiefgehende Auswirkungen auf den Respons weit gespannter, ausgedehnter Netzwerke und in Folge davon auf unsere Persönlichkeit und unser Temperament haben, wenn man die Aktivität von Neurotransmittern auch nur in ganz geringem Ausmaß modifiziert.

Schaltkreise, die ein sonniges Gemüt ergeben, bestehen aus Neuronen im Nucleus accumbens, die mit Neuronen in bestimmten Zonen des präfrontalen Kortex kommunizieren. Das ist der Teil der Großhirnrinde, der sich an unserer Stirnseite befindet. Diese Kreise beginnen sich auszubilden, wenn der Nucleus accumbens anfängt, Verbindungen zu nahe gelegenen subkortikalen Strukturen herzustellen, die am Empfinden von Emotionen und von Vergnügen beteiligt sind. Nach und nach werden auch Verbindungen zu entfernteren Arealen, wie eben dem präfrontalen Kortex, aufgenommen und gefestigt. Der präfrontale Kortex ist nicht nur für Aufgaben wie Planen, Schlussfolgern und Lösen von Problemen zuständig, sondern er hat auch die wichtige Funktion, ältere Strukturen des Gehirns – wie den Nucleus accumbens – in ihrer Aktivität zu *hemmen*. Um das zu verdeutlichen: Stellen Sie sich vor, Sie würden in Ihre Bäckerei gehen und genießerisch das reichhaltige Kuchenangebot mustern. Ihr Nucleus accumbens wird sofort eine mögliche Belohnung »wittern« und das Signal »Essen!« aussenden. Der präfrontale Kortex jedoch kann die Situation genauer einschätzen und schickt Signale zurück, dass es keinen Grund zur Panik gibt: Sie sind nicht dabei zu verhungern. Der Nucleus accumbens drängt uns also zum Vergnügen hin, während der präfrontale Kortex als Bremse fungiert: Er dämmt unsere viel ursprünglicheren, »primitiveren« Impulse. Informationen laufen über die Pfade zwischen diesen Gehirnarealen hin und her – und zwar wiederholt – und ermöglichen es ihnen, als eine Einheit zu reagieren.

Das Netzwerk von Verbindungen, das sich vom Nucleus accumbens zum präfrontalen Kortex hinauf und vom diesem zum Nucleus accumbens hinunter erstreckt, bildet einen sehr wichtigen Schaltkreis, der unsere Reaktion auf positive und eine Belohnung in Aussicht stellende Situationen reguliert. Die Interaktionen zwischen dem entwicklungsgeschichtlich sehr alten Lust- oder Belohnungszentrum und dem viel jüngeren Kontrollzentrum im Kortex sind von größter Bedeutung: Das eine treibt uns zum Handeln an, das andere dämpft unsere Impulse. Wenn die Wirkung dieser Zentren in einem ausgewogenen Verhältnis zueinander steht, dann führen uns die zwischen ihnen bestehenden Schaltkreise zu Glück und Optimismus.

Ist das Belohnungssystem von Optimisten aktiver als das von Pessimisten?

Die Erfahrungen des jungen Mannes namens Andy, die ich schon geschildert habe, zeigen uns, dass einem die Unfähigkeit, Vergnügen zu empfinden, unter Umständen schwerer zusetzt als die mit Depressionen einhergehende Traurigkeit. Neurowissenschaftler beginnen langsam zu erkennen, dass es sich bei einer solchen Anhedonie, die es einem unmöglich macht, die einfachen Freuden des Lebens zu genießen, um die vergessene, aus dem Blick geratene Seite der Depression handelt. Es gibt aber immer mehr wissenschaftliche Erkenntnisse, die darauf hindeuten, dass das Belohnungssystem jener, die deprimiert sind und keine Freude zu empfinden vermögen, sich von dem solcher Menschen, die fröhlich und optimistisch sind, hinsichtlich seiner Aktivität unterscheidet.

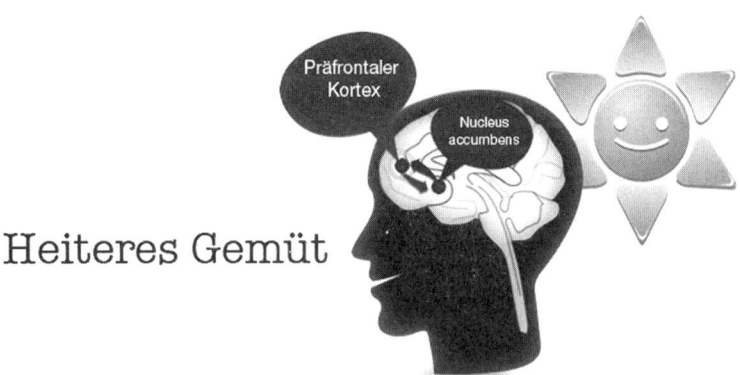

Abb. 2.2: Schematische Darstellung des »Belohnungssystems«, die die zwischen Nucleus accumbens und präfrontalem Kortex bestehenden Verbindungen zeigt.

Richard Davidson, Psychologe an der Universität Wisconsin in Madison, überprüfte dies mithilfe von 27 Patienten, die an Depressionen litten, sowie 19 gesunden und fröhlichen Kontrollpersonen.[29] Um die Höhen und Tiefen des alltäglichen Lebens zu simulieren, zeigte man allen Probanden eine Reihe von Aufnahmen, auf denen Positives oder Negatives abgebildet war, und scannte ihr Gehirn mit einem fMRT-Gerät, während sie sie betrachteten. Jedes Bild wurde auf einem Schirm eingeblendet, der sich direkt über dem Kopf des in der Röhre liegenden Patienten befand. Eine Sitzung dauerte immer um die 40 Minuten, in der ersten Phase zeigte der Nucleus accumbens der Probanden beim Anblick angenehmer, positiver Bilder große Aktivität – was zu erwarten gewesen war. Einigermaßen überraschend war jedoch, dass die Depressiven und die Nicht-Depressiven ganz ähnliche Reaktionen zeigten; das heißt, der Nucleus accumbens der Depressiven wurde ebenso stark aktiviert wie der der Kontrollpersonen.

In der zweiten Hälfte einer Sitzung ließ sich aber ganz anderes verzeichnen. Wenn die nicht-depressiven Kontrollpersonen in dieser Phase positive Bilder betrachteten, blieb ihr Nucleus accumbens weiterhin aktiv, der der Depressiven jedoch glitt nach und nach in einen Ruhezustand, also in Nicht-Aktivität zurück. Die Depressiven waren, mit anderen Worten, nicht in der Lage, das Feuern der entsprechenden Neuronen nach der »Initialzündung« für längere Zeit aufrechtzuerhalten. Lust ist immer eine flüchtige Empfindung, bei Depressiven vergeht sie aber noch schneller als bei anderen Menschen.

Wenn man die Daten dieser Studie näher analysiert, erkennt man, dass nicht nur das Lustzentrum, sondern der gesamte für Lustgefühle zuständige Schaltkreis involviert ist. In der Anfangsphase der Sitzungen reagierte nicht nur der Nucleus accumbens auf positive Bilder, sondern auch der präfrontale Kortex. Als dann in der zweiten Hälfte die Aktivität im Nucleus accumbens abnahm, wurde auch die im präfrontalen Kortex geringer.

Diese Studie deutet darauf hin, dass Depressionen nicht in erster Linie darauf zurückzuführen sind, dass die Betroffenen kein Vergnügen empfinden können, sondern darauf, dass sie solch eine positive Gestimmtheit nicht für längere Zeit aufrechterhalten können. Tatsächlich war es so, dass die von Depressionen Heimgesuchten, bei denen die Aktivität in ihrem Nucleus accumbens am stärksten abnahm, auch die größten Probleme in Bezug auf das Empfinden von Lust- und Glücksgefühlen zu Protokoll gaben. Das ist ein schlagkräftiger Beweis dafür, dass Depressionen darauf zurückzuführen sind, wie das Zusammenspiel von Nucleus accumbens und präfrontalem Kortex funktioniert, und dass dieser Schaltkreis nicht nur verantwortlich dafür ist, dass Gefühle von Vergnügen und Glück aufkommen, sondern auch dafür, ob sie länger anhalten oder nicht.

Gibt es Beweise dafür, dass dieser für das Empfinden von Lust zuständige Schaltkreis auch von Bedeutung für eine optimistische Einstellung ist? Messungen der Gehirnaktivität verraten uns, dass das in der Tat so ist, da dieser Schaltkreis nämlich auch für das Verlangen, sich *Belohnungen zu verschaffen*, zuständig ist – und nach Belohnungen zu streben, ist eine Hauptkomponente von Optimismus. Die elektrische Aktivität des Gehirns lässt sich mithilfe einer Reihe auf der Kopfhaut befestigter Elektroden messen. Diese Elektroden registrieren die Aktivität von Millionen Synapsen, zu der es in unserem Gehirn in einem bestimmten Augenblick kommt. Jedes Mal, wenn ein Neuron feuert, erzeugt es einen schwachen Stromstoß, der von den höchst sensiblen Elektroden erfasst wird. Durch Verwendung solcher elektroenzephalografischer Techniken konnte man herausfinden, dass schon die bloße Annäherung an positive Dinge bei gesunden Menschen mit gesteigerter Aktivität in der linken Hälfte der Großhirnrinde einhergeht.[30] Wenn man also das Bild eines überwältigend schönen Sonnenuntergangs anschaut oder eine Schachtel voll leckerer Pralinen, beginnen die Neuronen in der linken Hälfte der Großhirnrinde heftiger zu feuern als die in der rechten. Wir wissen nicht genau, warum das so ist, aber es ist zweifelsfrei erwiesen, dass die Annäherung an Angenehmes eine solche asymmetrische kortikale Aktivität zur Folge hat.

Die Aktivität unseres Gehirns im Ruhezustand ist von einer ähnlichen Ungleichgewichtigkeit gekennzeichnet. In diesem Zustand findet bei Pessimisten eine beträchtlich geringere Aktivität in der linken im Vergleich zur rechten Zerebralhemisphäre statt, während sich bei Optimisten in der linken Hälfte eine wesentlich höhere Aktivität in Relation zur rechten verzeichnen lässt. Diese Reduktion der neuronalen Prozesse in der normalerweise aktiveren linken Hälfte bei Pessimisten zeugt von dem Mangel an positiven Empfindungen, der typischerweise mit Depression einhergeht.

Die gleichen zerebralen Asymmetrien findet man bei Affen, das heißt, glückliche und gesunde Tiere geben im Unterschied zu verschüchterten und ängstlichen eine relativ größere Aktivität in der linken Gehirnhälfte zu erkennen, während es sich bei Letzteren umgekehrt verhält. Ob diese Asymmetrien ihren Ursprung in subkortikalen oder kortikalen Regionen haben, hat man noch nicht genau ermitteln können, erwiesen ist jedoch, dass sie mit der Neigung, sich Belohnungen zu verschaffen oder aber sie sich zu versagen, in Verbindung stehen und dass Menschen, bei denen die Aktivität in der linken Hemisphäre merklich höher ist als in der rechten, glücklicher und optimistischer sind als die, bei denen es sich umgekehrt verhält.

Fundamentale Unterschiede in Bezug auf das neuronale Geschehen im Gehirn wie dieser zeigen, dass die Wurzeln des Optimismus auf die Abläufe in den Schaltkreisen zurückgeführt werden können, die für unser sonniges Gemüt zuständig sind. Die zwischen Nucleus accumbens und Kortex existierenden anatomischen Bindeglieder sagen uns auch, dass stärkeres Glücksempfinden und eine optimistische Einstellung zu den alten, das Belohnungssystem ausmachenden Schaltkreisen im Gehirn in Beziehung stehen. Es überrascht daher nicht, dass, wie Ruut Veenhoven, Soziologe an der Rotterdamer Erasmus-Universität, bei einer ausführlichen Überprüfung der relevanten Fachliteratur herausfand, die Personen, die das Leben genossen und regelmäßig auch an kleinen alltäglichen Dingen Vergnügen fanden, sich dauerhaft glücklicher fühlten als die, die dem Leben gegenüber eine asketischere Einstellung einnahmen.[31]

Um zu verifizieren, dass Optimisten tatsächlich öfter und stärker um ihr persönliches Vergnügen bemüht sind, führte ich an der Universität Essex eine Studie durch. Dabei ging es sowohl darum, Daten zu Optimismus zusammenzutragen, als auch zu einem Charakterzug, der als *Sensation Seeking* bekannt ist: Damit meint man das Streben einer Person nach sinnlichem Vergnügen und nach Erregung. Menschen mit einem gesteigerten Bedürfnis nach solchen Reizen verlangt es nach besonders intensiven Erfahrungen. Sie sind bereit, Risiken einzugehen, um sich für einen kurzen Augenblick eine starke Empfindung zu verschaffen. Personen, die nur ein geringes Bedürfnis dieser Art kennen, bevorzugen Stimuli, die mit weniger Gefahr verbunden sind und sie emotional nicht in solche Aufwallung bringen: Ein in Gesellschaft eingenommenes Abendessen, bei dem man sich gepflegt unterhalten kann, ist ihnen lieber als eine Party mit lauter Musik, bei der die Post abgeht.

Für *Sensation Seeking* gilt, wie für viele andere Persönlichkeitsmerkmale auch, dass es bei den meisten Menschen weder extrem stark noch extrem schwach ausgeprägt ist, sie also in dieser Hinsicht irgendwo in der Mitte einer Skala liegen.[32] Ungefähr 10 Prozent sind an deren oberen Ende einzustufen, 20 Prozent hingegen am unteren. Bei Männern ist das Bedürfnis nach solchen Empfindungen insgesamt ein wenig höher als bei Frauen, und bei Personen unter 20 Jahren ist es stärker als bei solchen, die das 30. Lebensjahr überschritten haben.

Wenn Sie feststellen wollen, wo Sie selbst auf der Skala einzuordnen wären, füllen Sie doch einmal den unten stehenden Testbogen aus und schlagen Sie dann im Anhang die Anmerkung 33 nach, um ausrechnen zu können, wie viele Punkte Sie erzielt haben. Setzen Sie entsprechend dem Grad Ihrer Zustimmung ein Kreuz in eines der Quadrate, die Sie neben jeder Aussage finden:

Brief Sensation Seeking Scale (BSSS)[33]

	trifft überhaupt nicht zu	trifft nicht zu	trifft teils/teils zu	trifft zu	trifft sehr zu
1. Ich würde gern fremde Orte erforschen.	☐	☐	☐	☐	☐
2. Ich werde unruhig, wenn ich zu viel Zeit zu Hause verbringe.	☐	☐	☐	☐	☐
3. Ich mache gern Dinge, die einem Angst einjagen.	☐	☐	☐	☐	☐
4. Ich mag wilde Partys.	☐	☐	☐	☐	☐
5. Ich würde gern auf eine Reise gehen, ohne vorher meine Route festzulegen oder einen Zeitplan auszuarbeiten.	☐	☐	☐	☐	☐
6. Ich ziehe Freunde vor, die in stimulierender Weise unberechenbar sind.	☐	☐	☐	☐	☐
7. Ich würde gern einmal Bungee-Jumping ausprobieren.	☐	☐	☐	☐	☐
8. Ich bin nicht allzu leicht aus der Fassung zu bringen.	☐	☐	☐	☐	☐
9. Ich rechne selten damit, dass mir etwas Gutes widerfährt.	☐	☐	☐	☐	☐
8. Ich würde gern neue und aufregende Erfahrungen machen, auch wenn diese gegen das Gesetz verstoßen.	☐	☐	☐	☐	☐

Ich ließ diesen Fragebogen wie auch den LOT-R-Test (siehe Kapitel 1, S. 30) von 200 Studenten ausfüllen. Es überraschte mich in keiner Weise, dass Personen, die sich selbst eher als optimistisch einstuften, auch stärker dazu neigten, nach »lustvollen« Erfahrungen zu streben und diese zu genießen. Gespannt sah ich aber der Antwort auf die Frage entgegen, ob die Muster der Hirnaktivität der Probanden mit ihren auf Selbsteinschätzung gründenden Aussagen über ihre Persönlichkeitsmerkmale übereinstimmen würden.

Um dies herauszufinden, stellte ich zwei Gruppen aus Personen zusammen, die bei den beiden vorangegangenen Tests entweder eine sehr hohe oder eine sehr niedrige Punktzahl erreicht hatten. Als ich die Muster der Hirnaktivität der Probanden mithilfe von EEGs maß, stellte ich fest, dass die Gehirne derjenigen, die sich als Optimisten und Menschen mit gesteigertem Verlangen nach erregenden Stimuli zu erkennen gegeben hatten, die zu erwartende Asymmetrie in Bezug auf ihre Hirntätigkeit zeigten: Die Aktivität in der linken Hälfte des Kortex war höher als die in der rechten. Bei den Angehörigen der zweiten Gruppe hingegen – denen mit der niedrigen Punktzahl – war das genaue Gegenteil der Fall.

Andere Untersuchungen haben erwiesen, dass in den Gehirnen von sogenannten HSS-Personen, von *High Sensation Seekers*, der Spiegel der ausgeschütteten Dopamine höher ist als in denen von *Low Sensation Seekers*. Mit anderen Worten: Menschen von ersterem Typus, die auch eher zu den Optimisten zu rechnen sind, besitzen äußerst aktive Belohnungssysteme. Bei einer Versuchsreihe, die unter der Leitung von Jane Joseph an der Universität Kentucky durchgeführt wurde, wurde HSS- und LSS-Personen eine Reihe von Fotos vorgelegt und die Aktivität ihres Gehirns beim Betrachten dieser Bilder mit Scannern registriert.[34] Wenn sie stark stimulierende Fotos vor sich hatten, gerieten die Lustzentren von *High Sensation Seekers* geradezu in Aufruhr, während sich gleichzeitig in ihrem präfrontalen Kortex kaum etwas tat. Bei den *Low Sensation Seekers* war hingegen der präfrontale Kortex der aktivste Teil des ganzen Gehirns, das Areal also, das Emotionen eindämmt und kontrolliert. Dieses Muster neuronaler Aktivität bedeutete, dass bei HSS-Personen entsprechende Reize nicht nur eine stärkere Reaktion auslösen, sondern dass sie auch ihre Erregung weniger gut zu regulieren vermögen.

Diese Neigung, im Höchstmaß empfänglich für Belohnungen zu sein, hat vielfache Vorteile, aber auch einige Nachteile. Weil das Empfinden von Lust etwas Flüchtiges ist, kann das Suchen nach immer neuen Reizen, die solche positiven Gefühle auslösen, leicht außer Kontrolle geraten und manchmal sogar dazu führen, dass der Betreffende dabei lebensbedrohliche Risiken eingeht oder geradezu vergnügungssüchtig wird. Wenn das Lustempfinden aber unter Kontrolle gehalten wird, dann ist es ein Zündfunke, der die Schaltkreise und Netzwerke, die einem sonnigen Gemüt zugrunde liegen, stärkt und festigt. Und eines der großen Vorteile eines solchen Gemüts liegt darin begründet, dass es eine optimistische Einstellung fördert, eine Einstellung, die sich nicht nur darin erschöpft, dass jemand Freude und Glück empfindet, und auch nicht darin, dass er sich gut fühlt oder positiv in die Zukunft blickt, sondern auch darin resultiert, dass er Dinge unternimmt, die sinnvoll und nutzbringend für ihn sind. Diese Schaltkreise helfen uns dabei, auf das fokussiert zu bleiben, das uns Belohnungen, also Vorteile einbringt, und dies wiederum bewirkt, dass wir uns mit Wichtigem beschäftigen.

Das ist eine durch anatomische Befunde zusätzlich untermauerte zentrale Erkenntnis darüber, wie ein sonniges Gemüt funktioniert. Optimismus bewirkt mehr, als dass man sich gut fühlt, er bewirkt, dass man Sinnvolles tut, Resilienz entwickelt und das Gefühl hat, Kontrolle über das eigene Leben zu besitzen. Das wird durch psychologische Studien bestätigt. Laut ihren Ergebnissen gründen die Vorteile von Optimismus darauf, dass man bei einer solchen Veranlagung das Negative zusammen mit dem Positiven zu akzeptieren vermag und bereit ist, kreativ und voller Ausdauer darauf hinzuarbeiten, aus seinem Leben herauszuholen, was man herausholen möchte. Realistische Optimisten, die ich persönlich als die wahren Optimisten ansehe, vertrauen nicht darauf, dass ihnen alles mögliche Gute und Schöne geschehen wird, wenn sie einfach nur »positiv denken«. Sie sind stattdessen ganz tief in ihrem Inneren davon überzeugt, dass sie ein gewisses Maß an Einfluss auf ihr eigenes Schicksal nehmen können.

Die Psychologin Suzanne Segerstrom von der Universität Kentucky formuliert es so: Optimismus führe zu gesteigertem Wohlbefinden, weil er einen dazu veranlasse, sein Leben aktiv anzugehen, und nicht weil Optimisten anders als Pessimisten an einem glücklich stimmenden Zaubertrank genippt hätten.[35] Diese tief verwurzelte Einstellung und Neigung, aktiv zu werden, initiiert eine Folge von Geschehnissen, die am Ende in jenen Vorteilen resultieren, die echter realistischer Optimismus mit sich bringen kann. Wenn sie mit Schwierigkeiten konfrontiert werden, geben Optimisten nicht auf, sondern verdoppeln ihre Anstrengungen und versuchen einen Weg zu finden, diese Probleme aus der Welt zu schaffen.

Dieser Typus von Optimismus unterscheidet sich von jener »Positive Gedanken werden alle unsere Probleme lösen«-Einstellung, die zahlreiche Selbsthilfebücher propagieren. Es spielt eine Rolle, ob man positiv oder negativ denkt, doch erschöpft dispositioneller Optimismus sich nicht in Wunschdenken. In ihrem Buch *Smile or Die – Wie die Ideologie des positiven Denkens die Welt verdummt* übt die Journalistin Barbara Ehrenreich vernichtende Kritik an dem, was sie als den Kult des positiven Denkens ansieht, der von der zeitgenössischen Gesellschaft Besitz ergriffen hat.[36] Sie habe erkannt, wie absurd, ja wie gefährlich dieser Kult sei, als man bei ihr Brustkrebs diagnostiziert hatte und sie daraufhin mit aufmunternden Botschaften überschwemmt wurde, dass ihre Krankheit »sie reifen lassen« und sie ihr »gestatten werde, den Sinn des Lebens zu finden«, ja, ihr sogar dabei helfen könne, »das Göttliche zu entdecken«. Mit einer schrecklichen Krankheit konfrontiert, war die Autorin entsetzt über das Ansinnen, dass sie dankbar dafür sein solle, und die Versicherungen, dass sie den Krebs allein durch positives Denken überwinden könne. Mit klarem Blick verweist Ehrenreich die Vorstellung, dass die Kraft positiven Denkens ausreiche, um alle unsere Probleme zu lösen, in den Bereich des Unsinns. Sie hat natürlich ganz und gar recht. Auch wissenschaftliche Forschungen verraten uns, dass Optimismus oft mehr damit zu tun hat, was Menschen *aktiv unternehmen*, und weniger mit dem, was sie *denken*.

Was vielleicht mehr überrascht, ist, *wie* optimistisch wir sein können. Sogar in finsteren Zeiten sind wir in der Lage, auf eine bessere Zukunft zu hoffen und sie uns positiv auszumalen. Als am 11. September 2001 zwei Verkehrsflugzeuge ins World Trade Center rasten, ging ich gerade in Colchester an der Universität Essex meiner Arbeit nach. Die Leute dort versammelten sich um ein Fernsehgerät, das man in aller Eile auf einem Flur aufgestellt hatte, um den Ablauf der surreal anmutenden Ereignisse mitzuverfolgen. Niemand redete viel. Als wir zusahen, wie die Türme – erst der eine, dann der andere – in sich zusammensackten, machte sich unter uns das Gefühl breit, dass die Welt, wie wir sie kannten, an einem Ende angekommen war. »America under Attack«, verkündeten die Bildunterschriften. Ich machte mir Sorgen um eine meiner besten Jugendfreundinnen, die in der Nähe des Katastrophenorts in Lower Manhattan arbeitete. Viele meiner Kollegen und der Studenten waren Amerikaner, und sie konnten nicht mit ihren Angehörigen und Freunden in der Heimat Verbindung aufnehmen, da die Telefonleitungen zusammengebrochen waren. Die Ereignisse, die man da auf dem Bildschirm sah, gingen einem persönlich nahe, kamen einem aber gleichzeitig fern und unwirklich vor.

Was über die nächsten Wochen hinweg geschah, war bemerkenswert. Das stereotype Bild vom New Yorker als einem »auf sich selbst bezogenen«, »ruppigen«, »ungeduldigen« und »abgebrühten« Menschen schien Risse zu bekommen, da ein viel sanfterer und von Gemeinschaftssinn beseelter New Yorker die Bühne betrat. Eine von CBS und der *New York Times* ein Jahr nach dem Attentat durchgeführte Befragung von 1000 Einwohnern der Stadt ergab, dass 82 Prozent das Gefühl hatten, New York habe eine tiefgehende Entwicklung zum Besseren hin durchlaufen. Zwar herrschten immer noch Angst und Angespanntheit, doch viele der Befragten meinten, dass die New Yorker wesentlich netter miteinander umgingen und weniger arrogant seien als früher. Ihr Gemeinschaftssinn und Zusammengehörigkeitsgefühl seien viel stärker geworden. Viele hatten auch in ihrem Privatleben einschneidende Änderungen vollzogen: Beispielsweise verbrachten sie jetzt mehr Zeit mit ihrer Familie und mit Freunden.

Für den CNN-Reporter Gary Tuchman hatten die Attentate des 11. September den entscheidenden Anstoß zu einer grundlegenden Wandlung des Charakters von New York selbst, der Atmosphäre in der Stadt gegeben. Es herrsche dort jetzt eine viel »menschlichere« und »freundlichere« Stimmung, behauptete er.

Als ich mit Anne, der schon erwähnten Freundin aus Kindertagen, sprach, die sich, wie sich herausstellte, zur Zeit des Angriffs auf das WTC nur wenige Blocks von diesem entfernt aufgehalten hatte, meinte sie, dass das alles voll und ganz zutreffe. »Die Menschen stehen jetzt an den Straßenecken und reden miteinander. Zum ersten Mal, seitdem ich in New York lebe, plaudere ich regelmäßig mit völlig Fremden.«

Eine Erhebung nach der anderen bestätigt, dass Menschen sogar in den dunkelsten Zeiten für gewöhnlich voller Zuversicht in die Zukunft blicken. Ein Beispiel dafür liefern die folgenden Ergebnisse einer 2009 von der Nationalen Lotteriegesellschaft Großbritanniens durchgeführten Umfrage.[37] 75 Prozent der Befragten bezeichneten sich selbst als Optimisten, 58 Prozent gaben an, dass der Optimismus von Menschen um sie herum ansteckend auf sie wirke und in ihnen selbst Glücksgefühle aufsteigen lasse. In den USA verhält es sich genauso. Im Anschluss an die Wahl von Barack Obama zum ersten afroamerikanischen Staatspräsidenten wurde das ganze Land Zeitungsberichten zufolge von einer Welle der Euphorie und Zuversicht erfasst. Obwohl sich das Land in einer der gravierendsten Wirtschaftskrisen seiner Geschichte befand, ergaben landesweite Umfragen, dass 71 Prozent seiner Bürger überzeugt waren, es werde bald wieder einen wirtschaftlichen Aufschwung geben. Auch was ihre eigene finanzielle Situation betraf, glaubten 63 Prozent, dass eine Verbesserung in Sicht sei, und beeindruckende 80 Prozent gaben an, dass sie hinsichtlich der Entwicklung in den kommenden vier Jahren von starkem Optimismus erfüllt seien.

Doch nicht nur in den USA flammte nach der Wahl Obamas neuer Optimismus auf. Bei einer Befragung von 17 356 Menschen in 17 verschiedenen Ländern kam heraus, dass die Bürger in 15 von ihnen mehrheitlich überzeugt waren, dass die Welt ein besserer Ort werden würde, um in ihr zu leben.[38] Im Schnitt waren 67 Prozent überzeugt, dass sich mit der Amtsübernahme Obamas die Beziehungen zwischen den USA und dem Rest der Welt verbessern würden.

Wie kommt es, dass dieser Optimismus – aller Probleme, mit denen wir weltweit zu kämpfen haben, zum Trotz – nicht erlischt? Die Ursachen dafür sind gleichermaßen komplex wie faszinierend. Zum einen gibt es in unserem Gehirn Vernetzungen, die gewährleisten, dass wir mit Blick auf die Zukunft optimistisch bleiben. Wie wir schon erfahren haben, ist das Lustzentrum entscheidend daran beteiligt, dass wir unaufhörlich nach Belohnung streben. Optimismus ist ein ungemein wichtiger, ein unentbehrlicher Überlebensmechanismus, von der Natur so perfektioniert und verfeinert, dass wir auch dann weitermachen, wenn alles schiefzugehen scheint. Psychologen bezeichnen die Tendenz zu übersteigerter, also der Situation nicht angemessener Zuversicht als unrealistischen Optimismus (*optimism bias* oder auch *unrealistic optimism*), und fast alle von uns sind ihm schon einmal zum Opfer gefallen.

Unrealistischer Optimismus

Mit diesem Terminus oder auch mit dem Ausdruck »positive Illusion« bezieht man sich in der Psychologie auf das Phänomen, dass Menschen die Wahrscheinlichkeit des Eintretens von für sie Positivem hartnäckig überschätzen.

Beantworten Sie einmal die folgende Frage: Wie stehen Ihrer Meinung nach Ihre Chancen, nächstes Jahr überdurchschnittlich viel zu verdienen? Seien Sie ehrlich, was glauben Sie wirklich? Wird Ihr Verdienst, auf Ihr gesamtes Leben bezogen, über dem Durchschnitt liegen? Oder vielleicht auch darunter? Oder wird er dem Durchschnitt in ungefähr entsprechen? Die Wahrscheinlichkeit, dass sie »darüber« sagen, ist hoch. Bei genauerem Nachdenken wird Ihnen klar werden, wie unmöglich es ist, dass jedermann überdurchschnittlich viel verdient; doch fast jeder glaubt, dass er in dieser Beziehung eine Ausnahme bildet. Und das trifft auch auf die Überzeugung zu, überdurchschnittlich lange zu leben, eine bessere Ehe zu führen und begabtere Kinder zu haben als die anderen.

In seinem Buch *Irrationality* berichtet der britische Psychologe Stuart Sutherland, dass 95 Prozent der Führerscheininhaber, die man befragte, behaupteten, überdurchschnittlich gute Autofahrer zu sein.

Einen ähnlich irrationalen Optimismus legen wir auch bezüglich schlimmer Dinge an den Tag, die uns passieren könnten – das heißt, wir gehen eben davon aus, dass sie uns nicht passieren können. Wir groß ist die Wahrscheinlichkeit, dass Sie sich eine schlimme Krankheit zuziehen? Die meisten von uns unterschätzen diese Wahrscheinlichkeit beharrlich.

Warum sind unsere Gehirne so eingerichtet, dass wir vieles zu positiv sehen?[39] Ein Grund ist der, dass wir ein derartiges Maß an Zuversicht benötigen, um überhaupt am Morgen aufzustehen, um mit dem Leben weiterzumachen. Es handelt sich im Grunde um einen kognitiven Trick, der uns dabei hilft, uns weniger darüber zu sorgen, was alles schiefgehen könnte, und davor bewahrt, von potenziellen Problemen und Fallgruben in unserem Handeln regelrecht gelähmt zu werden. Die möglichen Nachteile eines solchen unrealistischen Optimismus sind jedoch sehr real: Eine zu rosige Sicht der Dinge könnte dazu führen, dass wir potenzielle Gefahren nicht erkennen. Eine Frau, die einen Knoten in der Brust einfach ignoriert, weil sie überzeugt davon ist, niemals Krebs bekommen zu können, setzt sich einer sehr realen Gefahr aus.

Da unrealistischer Optimismus so weit verbreitet ist, muss er im Höchstmaß adaptiv gewesen sein, und zumindest von einem evolutionären Gesichtspunkt aus muss eine solche Veranlagung in irgendeiner Weise dem Überleben dienlich sein.

Die Wissenschaft vermag uns verschiedene Hinweise darauf zu liefern, wie unrealistischer Optimismus sich vorteilhaft auf unser Überleben auswirken kann. Um zu verstehen, wie seine Adaptation abläuft, können wir als Beispiel die Tendenz von Männern heranziehen, ihre Anziehungskraft auf das weibliche Geschlecht zu überschätzen.[40] Frank Saal, Psychologe an der Kansas State University, bildete Paare aus 49 Männern und 49 Frauen, die sich vorher nicht kannten. Er ließ jedes davon ein paar Minuten lang miteinander plaudern und zeichnete ihre Interaktion auf Video auf. Im Anschluss daran sahen andere männliche und weibliche Versuchspersonen sich die Aufnahmen an. Die weiblichen Personen meinten fast immer, dass die Frauen bei den meisten der Gespräche eine Freundlichkeit genereller Art ausstrahlten, während die männlichen Betrachter gewöhnlich den Eindruck hatten, die Frauen würden sexuelles Interesse bekunden. Bei zwei Folgestudien ließ Saal Manager männlichen Geschlechts mit ihren weiblichen Angestellten beziehungsweise Professoren mit Studentinnen interagieren. Männer, die die Aufzeichnungen davon anschauten, (miss)deuteten weibliche Freundlichkeit beharrlich als sexuelle Avancen.

Martie Haselton, Psychologe an der Universität Kalifornien, meint, dass solche Ergebnisse vorhersehbar sind. Der Fehler-Management-Theorie zufolge, die er zusammen mit David Buss entwickelte, haben Männer, da die Zahl der Frauen, mit denen sie sich paaren können, von einem evolutionären Gesichtspunkt aus begrenzt ist, unbewusst das Gefühl, so gut wie keine Gelegenheit dazu ungenutzt verstreichen lassen zu dürfen; der Preis dafür wäre gewissermaßen zu hoch. Der Versuch aber kostet sie in keinem Fall zu viel; denn der Schmerz, den es bereitet, abgewiesen zu werden, ist nur kurzlebig. Es zahlt sich daher für Männer aus, ihre Anziehungskraft auf Frauen zu hoch einzuschätzen, und so sind die Grundlagen für einen diesbezüglichen Optimismus geschaffen – mag er sich nun in der Praxis als realistisch oder unrealistisch erweisen.

Ein eingebauter überzogener Optimismus bringt uns auch in unserem ganz alltäglichen Leben einige konkrete Vorteile ein. Zum einen sorgt unser Glaube an eine bessere Zukunft dafür, dass wir mit unserer aktuellen Lebenssituation zufriedener und glücklicher sind. Zahllose Untersuchungen wie solche, die von dem Psychologen Edward Diener an der Universität Illinois durchgeführt wurden, haben ergeben, dass die Menschen während der meisten Zeit ihres Lebens mit ihrer Existenz glücklich und zufrieden sind. Diener und Kollegen von ihm entwickelten schon 1985 eine einfache *Satisfaction With Life Scale* (Fragebogen zur Zufriedenheit mit dem Leben); dieser Selbsttest findet heute noch Verwendung: Mit seiner Hilfe kann man ermitteln, wie zufrieden man mit seinem Leben ist.

Machen Sie diesen Test einmal, wenn Sie wissen wollen, wie Sie im Verhältnis zu anderen abschneiden. Errechnen Sie Ihre Gesamtpunktzahl und nehmen Sie eine Auswertung anhand der Angaben im Anhang (S. 291) vor.[41]

Satisfaction with Life Scale (SWLS)

Sie finden hier fünf Aussagen, denen Sie zustimmen oder nicht zustimmen können. Geben Sie den Grad Ihrer Zustimmung oder Nichtzustimmung an, indem Sie die zutreffende Ziffer vor jede der Aussagen setzen:

1 = stimme überhaupt nicht zu; 2 = stimme nicht zu; 3 = stimme eher nicht zu; 4 = stimme teils/teils zu; 5 = stimme eher zu; 6 = stimme zu; 7 = stimme vollkommen zu

_____ 1. In den meisten Bereichen entspricht mein Leben meinen Idealvorstellungen.

_____ 2. Meine Lebensbedingungen sind ausgezeichnet.

_____ 3. Ich bin mit meinem Leben zufrieden.

_____ 4. Bisher habe ich die wesentlichen Dinge erreicht, die ich mir für mein Leben wünsche.

_____ 5. Wenn ich mein Leben noch einmal leben könnte, würde ich kaum etwas ändern.

Wenn Sie ähnlich wie die meisten anderen Menschen veranlagt sind, dann werden Sie bei diesem kurzen Selbsttest eine relativ hohe Punktzahl erreichen. Dieners Ergebnisse stimmen mit denen der meisten Untersuchungen und Umfragen zu Optimismus überein: Die Mehrheit von uns erklärt, recht zufrieden und glücklich zu sein, was die meisten Bereiche ihres Lebens betrifft.

Ganz gleich, mit welcher Methode wir ihn zu ermitteln versuchen, es ergibt sich immer, dass Optimismus sehr verbreitet ist, und die zerebralen Zustände, die einer solchen zuversichtlichen Einstellung zugrunde liegen, haben ihre Wurzeln im Belohnungssystem des Gehirns, dessen Kern der Nucleus accumbens bildet. Bei einer näheren Untersuchung ergibt sich, dass zwei Komponenten für das Empfinden von Lust oder Vergnügen ausschlaggebend sind, nämlich ein generelles Wohlgefühl und das Verspüren von Verlangen. Sich etwas zu wünschen, etwas haben zu wollen, ist die unbesungene Seite des Vergnügens, dieses Streben nach etwas wird von einem komplexen neuronalen Netzwerk koordiniert, das Dopamine enthält, die gewährleisten, dass wir auf Dinge fokussiert bleiben, uns mit Dingen befassen, die von größtem Nutzen für uns sind.

Der Unterschied zwischen »verlangen/wollen« und »mögen« ist von entscheidender Bedeutung für unser Verständnis der Abläufe im zuständigen Teil des Gehirns. Selbsthilfebücher heben für gewöhnlich auf die positive Gestimmtheit ab, die sich einstellt, wenn man etwas »mag«. Außerdem propagieren sie, dass solche positiven Gedanken einem eine Reihe konkreter Vorteile einbringen. Genau diese »Positive-Thinking-Mafia« hat bei Barbara Ehrenreich eine solche Skepsis ausgelöst. Allerdings erschöpft sich das Problem nicht darin, dass diese Ratgeber behaupten, Glücksgefühle seien die Lösung für alle Schwierigkeiten. Es ist alles viel komplexer. »Verlangen« und »Mögen« sind separate und gleichermaßen wichtige Komponenten der Lust, und Ersteres ist es, das meiner Ansicht nach viele der mit Optimismus verbundenen Vorteile entstehen lässt.

Das gibt uns schon eine der augenfälligsten Eigenschaften von Optimisten zu erkennen, die Fähigkeit nämlich, aller Rückschläge zum Trotz nicht von einer Aufgabe abzulassen, sondern an ihr »dranzubleiben«. Wenn man mit Optimisten wie Michael J. Fox spricht, dann fällt einem ihre Entschlossenheit auf, sich nicht von Schwierigkeiten kleinkriegen zu lassen. Optimismus hat nichts damit zu tun, dass man passiv alles hinnimmt, alles gelassen auf sich zukommen lässt, sondern damit, dass man aktiv wird, sein Leben in die eigene Hand nimmt.

Jetzt, da wir besser darüber informiert sind, was Optimismus ausmacht und welche Schaltkreise im Gehirn bei einer solchen Einstellung ins Spiel kommen, können wir im Folgenden untersuchen, ob sich aus Optimismus ein größerer Gewinn für unser Leben ergibt. Was den Nutzen von Optimismus oder zumindest den von positivem Denken betrifft, sind schon verblüffende Behauptungen aufgestellt worden. Angeblich reicht es aus, positive Gedanken zu haben, damit einem alles mögliche Gute geschieht. Ihr

Krebs wird wie durch Zauberhand verschwinden, Sie werden den Job bekommen, nach dem Sie sich schon immer gesehnt haben, der perfekte Partner wird plötzlich vor Ihnen stehen. Wie Barbara Ehrenreich uns in Erinnerung ruft, gleitet das häufig in magisches Denken ab, das absolut nichts mit der Realität zu tun hat.

Während Denken allein nicht eine solche Wirkung hat, wie viele Gurus uns glauben machen wollen, gibt es hieb- und stichfeste Beweise dafür, dass Optimismus mit Handlungen einhergeht, die uns Vorteile bringen. Ein von der Taille abwärts gelähmtes Unfallopfer, das glaubt, weiterhin ein lebenswertes Leben führen zu können, fühlt sich wahrscheinlich motiviert dazu, Übungen zur Kräftigung der oberen Körperhälfte zu machen, um sich dann unter andere Menschen mischen und ein aktives gesellschaftliches Leben genießen zu können. Jemand, der glaubt, dass sein Leben aufgrund einer solchen Lähmung so gut wie vorbei ist, wird wahrscheinlich nicht die Initiative dazu aufbringen. Dass die Lebensqualität des Ersteren höher ist als die des Zweiten, hat nichts mit der Kraft positiven Denkens zu tun, sondern mit der Kraft zuversichtlichen Handelns. Beides steht in Beziehung zueinander, doch die von Optimismus beflügelten Aktionen und nicht die Gedanken sind es, die die Belohnungen einbringen.

Wenn man mit dieser Erkenntnis im Hinterkopf die wissenschaftlichen Belege sorgfältig überprüft, gelangt man zu dem Ergebnis, dass eine optimistische Grundeinstellung zumindest drei größere Vorteile mit sich bringt, nämlich eine robustere Gesundheit und ein gesteigertes Wohlgefühl, die Fähigkeit, sich nach einer Krise wieder hochzurappeln, sowie eine größere Zahl von konkreten Erfolgen im Leben.

Der Nutzen des Optimismus

Zwar gibt es eine Menge völlig unbelegter Behauptungen zu diesem Thema, doch liegt auch eine Fülle wissenschaftlicher Erkenntnisse vor, die darauf hindeuten, dass eine positive Einstellung, wie ein elementarer Optimismus, mit Gesundheit und gesteigertem Wohlbefinden einhergeht. Das ist aber zweifelsohne eher auf die Koppelung einer optimistischen Einstellung mit nutzbringenden Aktionen zurückführen als auf die magische Kraft von Gedanken. Am aufsehenerregendsten ist natürlich die Vermutung der Wissenschaftler, dass Optimisten länger leben.

Bei einer mittlerweile berühmt gewordenen Studie untersuchte Deborah Danner gemeinsam mit Kollegen an der Universität Kentucky die handschriftlichen Tagebuchaufzeichnungen von 180 katholischen Nonnen aus den ganzen USA, in denen diese über ihr Leben berichteten, nachdem sie 1930 ins Kloster eingetreten waren.[42] Das Durchschnittsalter der Novizinnen betrug 22 Jahre, Danners Team schaffte es, nahezu alle von ihnen 60 Jahre später, als diese Frauen um die 80 Jahre alt waren, ausfindig zu machen. Ihre Tagebücher wurden eingehend daraufhin untersucht, wie sie auf Ereignisse in ihrem Leben reagiert hatten. Sie wurden dann mit einem Code versehen, aus dem hervorging, ob die betreffenden Nonnen eine generell pessimistischere oder optimistischere Einstellung gegenüber dem Leben an den Tag legten. Weil dabei auch eine gewisse subjektive Auslegung ins Spiel kommt, ist die Auswertung solcher privaten Aufzeichnungen keine ideale Methode zur Erforschung von mentalen Veranlagungen. Doch es war das Beste, was die Forscher mit den ihnen zur Verfügung stehenden Daten anfangen konnten. Außerdem war es trotz allem eine aussagekräftige Studie, da die Nonnen für die meiste Zeit ihres Lebens allesamt in relativ ähnlichen, behüteten Verhältnissen gelebt hatten und sich sowohl ihre Ernährungsweise als auch ihre Gewohnheiten kaum unterschieden hatten.

Als man in den 1990er Jahren Kontakt mit den Frauen aufnahm, waren 76 der 180 bereits gestorben. Mehr als 50 Prozent der Nonnen hatten die normale Lebenserwartung überschritten, was aber in Anbetracht ihrer asketischen und der Gesundheit förderlichen Lebensweise nicht sonderlich überraschte. Bemerkenswert aber war der Befund, dass diejenigen von ihnen, die eine optimistische Einstellung besaßen, durchschnittlich zehn Jahre länger lebten als ihre negativer eingestellten Schwestern. In Anbetracht der Tatsache, dass man davon ausgeht, dass jemand, der das Rauchen aufgibt, damit seine Lebensspanne um drei bis vier Jahre verlängert, sind zehn zusätzliche Jahre, die man durch eine rosigere Weltsicht hinzugewinnt, wirklich bemerkenswert.

Wie aber kommt das genau zustande? Wenn Optimismus uns wirklich zu einem längeren Leben verhilft, wie könnte dann der Mechanismus aussehen, der das bewirkt? Liegt es daran, dass Optimismus zu einer anderen Lebensweise führt, oder könnte es sein, dass die positiven Gedanken selbst sich lebensverlängernd auswirken?

Die Tatsache, dass Menschen, die über einen unverwüstlichen Optimismus verfügen, auch dazu neigen, bei auftauchenden Problemen und Hindernissen nicht zu verzagen, liefert einen Hinweis darauf, in welcher Weise Optimismus und Langlebigkeit in Beziehung zueinander stehen könnten. Barbara Fredrickson, Psychologin an der Universität North Carolina, hat herausgefunden, dass belastbare Personen, zuversichtliche Gedanken und positive Emotionen einsetzen, um schwierige Situationen zu bewältigen. Wie das funktioniert, erklärt sie mithilfe ihrer sogenannten *Broaden-and-build*-Theorie, die auf der Annahme fußt, dass positive Emotionen das Spektrum der Ideen verbreitern, die einem zur Lösung schwieriger Situationen einfallen.[43] Bei einem typischen Versuch bekam ein Teil der Probanden einen vorübergehenden »Positivitätsschub« verpasst: Man händigte ihnen eine Tüte voller bunter Bonbons aus oder zeigte ihnen lustige Videoclips. Dann ließ man sie aufschreiben, was für Dinge sie gern tun würden, wenn sie eine freie halbe Stunde hätten. Denjenigen, die positiv gestimmt waren, fiel weitaus mehr ein als den Kontrollpersonen, denen man statt lustiger Clips einen Horrorfilm vorgeführt hatte. Das ist nur logisch, da eine der Funktionen negativer Gefühle darin besteht, unseren Blick zu verengen, unsere Aufmerksamkeit auf eine mögliche Bedrohung zu konzentrieren. Im Unterschied dazu sorgen positive Emotionen eher dafür, unsere Aufmerksamkeit zu erweitern, und steigern unsere generelle Kreativität. Wenn man also ein erfolgversprechendes Brainstorming auslösen will, sollte man die betreffenden Personen zunächst in eine entspannte und glückliche Stimmung versetzen: Die Ideen werden dann wie von selbst fließen.

Bestätigung für diese Theorie, dass positive Emotionen einen solchen erweiternden Effekt haben, liefert ein einfaches Experiment, das meine Kollegen und ich bereits mehrfach durchgeführt haben. Wir heben oder senken die Stimmung unserer Studenten, indem wie ihnen kurze Ausschnitte entweder aus einem heiteren oder einem traurigen Film vorspielen. Anschließend bekommt jeder eine Anzahl Rätsel und Denkaufgaben vorgelegt. Denjenigen, die in besserer Stimmung sind, fällt es für gewöhnlich leichter, die Aufgaben zu lösen, als den anderen. Einfacher ausgedrückt: Wenn wir von positiven Gefühlen wie Freude und Glück erfüllt sind, wird unser Denken expansiver, es erweitert sich, und das versetzt uns in die Lage, kreativer zu sein und auch mal »um die Ecke zu denken«.

Dieser erweiternde Effekt positiver Emotionen kann uns also dabei helfen, kreativer mit Schwierigkeiten umzugehen. Das zeigt auch jenes neu erwachte Zusammengehörigkeitsgefühl, zu dem es nach den Attentaten vom 11. September in New York kam. Fredrickson interviewte mehrere Personen unmittelbar im Anschluss an die Ereignisse und fand heraus, dass sie zwar Trauer und Kummer empfanden, gleichzeitig aber auch zutiefst dankbar dafür waren, noch am Leben zu sein. Ihr fiel auf, dass diejenigen, die zumindest einige positive Gefühle zu Protokoll geben konnten, belastbarer waren und weniger in Gefahr standen, in Verzweiflung zu versinken, als diejenigen, die ganz von negativen Gefühlen überwältigt waren.

Von diesen unmittelbaren Vorteilen abgesehen, versetzt Fredrickson zufolge eine derartige positive Gestimmtheit uns auch in die Lage, persönliche Ressourcen anzulegen, die uns auf lange Sicht besser dafür wappnen, mit Schwierigkeiten fertigzuwerden: Wir gewinnen Freunde, legen uns Hobbys zu, schaffen uns ein angenehmes privates Umfeld – und all das stützt uns, wenn dunkle Zeiten heraufziehen. Das ist der Grund dafür, dass optimistisch Veranlagte die Anschläge vom 11. September besser verkrafteten, und – mit größter Sicherheit – auch die Ursache dafür, dass die von Deborah Danner untersuchten optimistischen Nonnen im Durchschnitt zehn Jahre älter wurden als ihre weniger lebensfrohen Schwestern.

Studien, bei denen Personen über eine Zahl von Jahren hinweg untersucht werden, ergeben ebenfalls, dass Optimismus mit größerer physischer Robustheit und höherer Resilienz in einer Krise gekoppelt ist. Im Zuge einer unter der Leitung von Mika Kivimaki an der Universität Helsinki durchgeführten Studie wurde zunächst bei 5000 Personen ihr jeweiliger Grad an Optimismus oder Pessimismus bestimmt, dann verfolgte man drei Jahre lang mit, was diesen Personen geschah.[44] Einige von ihnen erlitten ein größeres Trauma – durch den Tod oder die gravierende Erkrankung eines Familienmitglieds etwa. Der Grad an Optimismus, den die Versuchspersonen *vor* einem solchen ihr Leben verändernden Ereignis zu erkennen gegeben hatten, erwies sich als einer der zuverlässigsten Indikatoren dafür, wie es *danach* um ihre Gesundheit und ihr Wohlbefinden bestellt sein würde. Das Ergebnis ist eindeutig: Je optimistischer wir sind, desto gesünder sind wir auch.

Das wird auch durch viele Berichte bestätigt, wie zum Beispiel der Geschichte von Thomas Alva Edison, der früh am Morgen telefonisch benachrichtigt wurde, dass seine Fabrik im Flammen stand und der Schaden an dem Gebäude und an den Geräten sich bereits auf 120 Millionen Dollar belaufe. Und noch schlimmer: Seine Versicherungsgesellschaft ließ ihn umgehend wissen, dass sie nur für einen kleinen Teil des Schadens aufkommen werde. Der alles andere als am Boden zerstörte Edison lud seine Freunde und

Familienmitglieder ein, zuzuschauen, wie seine geliebte Fabrik in New Jersey mit den Laboratorien in Rauch aufging. Seine Freunde waren fassungslos, dass er angesichts dieser rasch fortschreitenden Katastrophe so gleichmütig blieb. Nachdem er sich vergewissert hatte, dass niemand verletzt worden war, schien er das Schauspiel geradezu zu genießen. In der Tat sah er die Zerstörung der Fabrik als fantastische Gelegenheit an, eine modernere und effizientere Anlage zu entwerfen.

Im Anschluss an die Feuersbrunst stellte der Erfinder umgehend ein Team zusammen, das ihm bei der Planung einer neuen Fabrik und neuer Forschungseinrichtungen zur Hand gehen sollte. Wenige Wochen nach dem Brand wurde mit dem Wiederaufbau begonnen, und innerhalb eines Jahres stand die neue Fabrik, war in Betrieb genommen und warf Gewinn ab. Edison sah also in dem Feuer weniger ein Desaster als eine Gelegenheit, Neues zu schaffen. Resilienz und die Fähigkeit, weiterzumachen im Angesicht eines großen Unglücks, sind Kennzeichen eines Optimismus, der direkt einem sonnigen Gemüt entspringt.

Eine solche affektive Veranlagung hilft einem auch dabei, die ganz normalen Probleme des Alltags zu meistern. In Zeiten eines finanziellen Engpasses, während einer wirtschaftlichen Rezession beispielsweise, fällt es vielen Menschen schwer, grundlegende Entscheidungen zu treffen: Sollen wir unser Haus verkaufen oder warten, ob die Lage sich nicht bessert? Soll ich mich umschulen lassen oder darauf hoffen, dass die Situation auf dem Arbeitsmarkt wieder günstiger für mich wird? Wenn wir zulassen, dass Selbstzweifel und Pessimismus uns überwältigen, stellt sich möglicherweise eine Art von innerer Lähmung ein, und wir sind nicht mehr fähig, irgendetwas zu unternehmen. Optimisten gehen mit solchen Problemen ganz locker um und blicken voller Hoffnung und Zuversicht in die Zukunft.

Die Beweise dafür mehren sich, dass das nicht einfach nur auf positives *Denken* zurückzuführen ist, sondern darauf, dass Optimismus den Betreffenden dazu veranlasst, in einer Weise tätig zu werden, die ihm neue Chancen eröffnet, was ihm wiederum die Kraft verlieht, sich nicht einfach in Niederlagen zu fügen.

Madam C. J. Walker liefert ein Beispiel dafür.[45] Die Tochter früherer Sklaven wurde 1867 auf einer Plantage in Louisiana geboren; im Alter von sieben verlor sie beide Eltern, mit 14 heiratete sie, als sie 20 war, wurde die Ehe wieder geschieden. All dieser Widrigkeiten zum Trotz war sie die erste Amerikanerin, die aus eigener Kraft zur Millionärin aufstieg; außerdem setzte sie sich für verbesserte Lebensbedingungen von Frauen und von Afroamerikanern ein. Sie gründete eine Firma für Haarpflegemittel und war in mehr als einer Beziehung eine Pionierin der modernen Kosmetikindustrie. Wie man der von ihrer Ururenkelin hinreißend erzählten Lebensgeschichte entnehmen kann, verdankte sie diesen Aufstieg von der »Tellerwäscherin zur Millionärin« ihrer »Das Schaffen wir schon«-Einstellung. Musste sie eine Schlappe einstecken, verzagte sie nicht, sondern stürzte sich erneut in den Kampf. Freunde und Kollegen berichteten, dass sie den tief verwurzelten Rassismus und Sexismus, dem sie in ihrem Leben begegnete, einfach beiseitewischte. Was Madam Walker den Weg bereitete, waren ihr unerschütterlicher Glaube an das Gute im Menschen und ihre ebenso unerschütterliche Zuversicht. Ihre Geschichte macht uns bewusst, dass Optimist zu sein nicht nur bedeutet, sich glücklich zu fühlen oder zu glauben, dass alles gut gehen wird, sondern auch, auf eine bestimmte Art und Weise zu reagieren, wenn einem einmal der Wind ins Gesicht bläst. Optimisten haben die Gewohnheit weiterzumachen, selbst wenn es so aussieht, als ob sich alles gegen sie verschworen hätte.

Diese Art von Durchhaltekraft im Labor zu erforschen, zu »messen«, ist sehr schwierig. Suzanne Segerstrom, die als Psychologin an der Universität Kentucky forscht und lehrt, hat jedoch zusammen mit ihrer Doktorandin Lise Solberg eine kluge Methode ersonnen, genau dies zu tun.[46] Unter Zuhilfenahme von LOT-R-Fragebögen bestimmten sie bei 54 Studenten deren Grad von dispositionellem Optimismus; anschließend legten sie ihnen elf Anagramme vor und gaben ihnen 20 Minuten, diese zu lösen, das heißt, das Wort zu finden, das sich in ihnen verbarg. Der Clou bei dem Ganzen war, dass das erste Anagramm – GGAWIL – gar nicht auf einem tatsächlich existierenden sinnvollen Wort beruhte. Ihm folgten zehn Anagramme, deren Schwierigkeitsgrad von mäßig bis sehr hoch reichte. Das steigerte die anfängliche Wahrnehmung von Schwierigkeit. Das sind genau die Bedingungen, unter denen Optimismus sich am nachhaltigsten auf das Durchhaltevermögen auswirken müsste. Die Ergebnisse waren bemerkenswert: Die Pessimisten kämpften mit dem ersten Anagramm ungefähr eine Minute lang, bevor sie aufgaben, die Optimisten mühten sich zweimal so lange damit ab, bevor sie von dieser unlösbaren Aufgabe zur nächsten übergingen.

Interessanterweise fanden die Forscher heraus, dass diese größere Beharrlichkeit mit einer Ausschüttung von Stresshormonen und gesteigerter physischer Erregung, also negativen Begleiterscheinungen, einherging. Wie lässt sich das mit der Annahme vereinbaren, dass Optimismus unserer Gesundheit förderlich ist?

Die Antwort liefert eine weitere von Segerstrom vorgenommene Studie.[47] Indem sie eine große Zahl von Jurastudenten während ihres ersten Jahres an der Universität testete, fand sie heraus, dass Optimisten unter größerem physiologischem Stress und einer Unterfunktion des Immunsystems litten. Wie sich herausstellte, lag das daran, dass sie eher dazu neigten, miteinander widerstreitende Ziele zu verfolgen. Ein Jurastudium verlangt einem sehr viel ab, und jede Form des gesellschaftlichen Kontakts lässt sich manchmal nur schwer mit den Ansprüchen vereinbaren, die das arbeitsintensive Studium an einen stellt. Optimisten versuchten häufiger, beides unter einen Hut zu bringen, und erschöpften sich auf diese Weise, was unvermeidlicherweise negative Folgen für ihre Gesundheit mit sich brachte.

Diese nachteiligen Auswirkungen ihrer optimistischen Veranlagung verschwanden aber in ihrem zweiten Studienjahr, als ihr Immunsystem wieder normal zu funktionieren begann. Aufgrund ihres intensiven Einsatzes im Jahr zuvor strichen die Studenten, die am härtesten gearbeitet – also am meisten »bezahlt« hatten –, jetzt auch die höchsten »Gewinne« ein, nicht nur was ihre Examensnoten betraf, sondern auch das stützende Netzwerk aus Freunden und Kollegen. Der Preis, den sie kurzfristig zahlen mussten, wurde auf lange Sicht durch solche Zugewinne ausgeglichen, sodass Optimismus und robustere physische Gesundheit doch wieder miteinander korrelierten. Das wird auch durch die Resultate einer Metaanalyse gestützt – also einer Studie der Studien –, welche 2009 abgeschlossen wurde. Sie ergab, dass Optimismus langfristig gesehen mit größerer körperlicher Gesundheit einhergeht.[48]

Angesichts der größeren Beharrlichkeit von Optimisten überrascht die Erkenntnis kaum, dass eine derartige Mentalität auch eine Voraussetzung für Erfolg ist. In der Geschäftswelt ist Zuversicht von großem Nutzen, weil man oft Fehlschläge verkraften muss. Weil Optimismus einem über Versagen hinweghilft, wäre es für angehende Unternehmer wohl kaum möglich, ohne ihn ihre Pläne zu verwirklichen. Ein Unternehmen zu gründen, verlangt vor allem auch, nicht den Glauben daran zu verlieren, dass man am Ende erfolgreich sein wird, egal, wie viele Hürden sich anfangs auftun und überwunden werden müssen.

Der ehemalige britische Premierminister Winston Churchill, dem solche Widrigkeiten nicht fremd waren, meinte: »Erfolg beruht auf der Fähigkeit, einen Fehlschlag nach dem anderen wegzustecken, ohne seinen Enthusiasmus einzubüßen.« Das ist der Grund dafür, dass Thomas Edison, dessen Optimismus auf die Menschen um ihn herum geradezu magnetisch wirkte, seine Angestellten dazu ermahnte, niemals zu resignieren. Als ihm einmal klar wurde, dass er vergeblich auf mehr als 10 000 verschiedene Arten versucht hatte, eine elektrische Glühbirne zu entwickeln, tat er den berühmten Ausspruch: »Ich bin nicht gescheitert. Ich habe bloß 10 000 verschiedene Ansätze entdeckt, die zu nichts führen.«

Auf alle diese Charaktermerkmale stößt man auch, wenn man

sich die Geschichte von Jeff Bezos ansieht, dem Gründer von Amazon.com. Er hatte sein Heureka-Erlebnis 1994, als er durch Zufall auf einer Website las, dass die Nutzung des Internets um 2000 Prozent jährlich zunehmen werde. Aus einer solchen Wachstumsrate müsse sich doch irgendwie Geld schlagen lassen, dachte er. Nachdem er in Gedanken verschiedene Möglichkeiten durchgespielt hatte, kam er zu dem Schluss, dass ein Online-Buchhandel die meisten Chancen böte. Während die Zahl der Bücher, die man in einer klassischen Buchhandlung zur Verfügung halten oder die man in irgendeinem Depot lagern konnte, begrenzt war, war ein Online-Store keinen solchen Beschränkungen unterworfen – man könnte Millionen von Büchern über das Internet anbieten und den Interessenten mitsamt Abbildungen und Textauszügen vorstellen. Das war die Geburtsstunde von Amazon.com.

Die Startkosten waren hoch, und bald versammelte sich eine Schar von Schwarzsehern. Obwohl der Online-Handel mit Büchern sofort anlief, dauerte es mehrere Jahre, bevor Amazon Gewinn abwarf. Kommentatoren warnten Bezos, dass sein Unternehmen scheitern werde. Als Barnes & Noble ein paar Jahre später in das gleiche Geschäft einstieg, hielten die meisten das Ende von Amazon für gekommen. Bezos selbst ließ sich durch das Geunke nicht einschüchtern und widmete sich voll und ganz der Aufgabe, Amazon zu einer überaus benutzerfreundlichen und ganz auf den Kunden ausgerichteten Website zu machen: Mit Erfolg, das Unternehmen blühte und gedieh.

Bezos selbst zufolge ist eine seiner wertvollsten Eigenschaften und sein Schlüssel zum Erfolg seine optimistische Grundeinstellung. »Optimismus ist eine unentbehrliche Voraussetzung, wenn man etwas Schwieriges in Angriff nimmt«, sagt er.[49] Optimisten, die besser mit Misserfolgen fertigwerden als andere Menschen, können am Ende oft die größten Erfolge verbuchen.

Eine optimistische Veranlagung bringt nicht nur dem Betreffenden selbst Vorteile ein; sie kann sich auf andere höchst ansteckend auswirken und gibt daher häufig den Anstoß zu umfassenderem, zu sozialem Wandel. Ein angeborener Optimismus treibt Menschen oft dazu, Grenzen zu überschreiten, statt bescheiden und demütig den Weg zu gehen, der einem aufgrund der eigenen Herkunft und des eigenen Hintergrunds vorherbestimmt zu sein scheint. Nelson Mandela, der 27 Jahre in Südafrika im Gefängnis saß, ließ die Hoffnung nie fahren.[50] Er legte einen tief verwurzelten Optimismus an den Tag, ohne dass man ihm hätte nachsagen können, unrealistisch zu sein. Tief in seinem Inneren wusste er, dass die Apartheid nicht ewig bestehen bleiben könnte. In einer Situation, in der die meisten von uns sich entmutigt gefühlt und aufgegeben hätten, verlor er nie den Glauben daran, dass die Gerechtigkeit irgendwann siegen würde. Tatsächlich war es dann eines Tages so weit, und die Welt konnte mit ansehen, wie schwarze Südafrikaner 1994 zum ersten Mal in der Geschichte des Landes zur Abstimmungsurne gehen durften. Am Ende wurde Nelson Mandela vom Parlament zum Präsidenten gewählt.

Noch ein anderer Mann hatte es seinem Optimismus zu verdanken, dass er zu einem der bedeutendsten Staatsmänner der Welt aufstieg: Barack Obama. 2004 sprach er in den USA vor der Nationalversammlung der Demokraten und forderte die Delegierten dazu auf, auf eine Politik der Hoffnung anstatt auf eine Politik des Zynismus zu setzen.

Er brachte seine persönliche Biografie ins Spiel: Niemand habe voraussehen können, dass ausgerechnet er, Barack Obama, es zum Senator bringen würde; sein Vater sei ein kenianischer Ziegenhirte gewesen und später in die USA ausgewandert, um dort zu studieren. In den Vereinigten Staaten habe er die Tochter eines einfachen Arbeiters geheiratet. Obama sagte, dass er keineswegs »blindem Optimismus« das Wort reden wolle und auch absolut nicht auf das mehr oder weniger bewusste Ignorieren von Problemen setze, den Glauben, »dass die Arbeitslosigkeit vergehen wird, wenn wir einfach nicht drüber reden«. Er entwarf ein umfassenderes Bild, indem er auf »die Hoffnung der Sklaven« zu sprechen kam, »die um ein Feuer herumsitzen und Freiheitslieder singen, die Hoffnung der Einwanderer, die sich zu entfernten Ufern aufgemacht haben, die eines jungen Marineoffiziers, der tapfer im Mekongdelta patrouilliert, die des Sohnes eines Stahlwalzers, der aller Widrigkeiten zum Trotz nicht den Mut verliert, die Hoffnung eines mageren Bürschchens mit einem komischen Namen, der glaubt, dass in Amerika auch für ihn ein Platz da ist. Diese Kühnheit, die mit Hoffnung einhergeht!«[51]

Das magere Bürschchen mit dem komischen Namen hat es ins Weiße Haus geschafft. Und es besteht kaum Zweifel daran, dass neben Obamas vielen anderen Fähigkeiten sein Optimismus und seine Zuversichtlichkeit entscheidend daran beteiligt waren, dass er dorthin gelangte, wo er sich heute befindet. Ein Freund von mir war bei der Rede zugegen, die Obama im November 2008 bei seinem Amtsantritt hielt, und er erzählte, dass die Zuhörermenge von einer ungeheuren Energie erfüllt gewesen schien. »Die positive Erregung und die Gefühle von Hoffnung waren deutlich spürbar«, berichtete er mir. »Jeder wurde von einem Gefühl der Zusammengehörigkeit und der realen Zuversicht, dass endlich alles besser werden würde, wie von einer Welle mitgerissen.« Auf internationaler Ebene durchgeführte Befragungen ergaben, dass diese Welle des Optimismus nicht nur die USA, sondern die ganze Welt erfasst hatte.

Optimismus ist ansteckend, weil allen Hindernissen und Rückschlägen zum Trotz die Hoffnung nicht aufzugeben eine der inspirierendsten Eigenschaften des menschlichen Geistes ist. Shirin Ebadis Geschichte beweist das.[52] Sie wuchs in den 1950er Jahren in Teheran auf und zwar in einer Familie, deren Mitglieder, ihren eigenen Worten nach, »von Freundlichkeit und Zuneigung erfüllt« waren. Nachdem sie an der Universität der Hauptstadt Jura studiert hatte, wurde sie als erste Frau im Iran zur Richterin ernannt. Im Anschluss an die Islamische Revolution im Februar 1979 enthob man sie aber wie alle anderen Juristinnen des Landes ihres Amtes, da, dem Revolutionsrat zufolge, Frauen für solche Positionen »ungeeignet« waren. Obwohl sie viele Jahre lang ohne Stelle war, resignierte Shirin Ebadi nie, und 1992 gelang es ihr endlich, eine neue Zulassung zu erlangen, um als Anwältin zu praktizieren. Sie übernahm viele schwierige Fälle und setzt sich nach wie vor unermüdlich für die soziale Gleichstellung von iranischen Frauen und Kindern ein. 2003 wurde ihr der Friedensnobelpreis verliehen, und sie ist heute eine der prominentesten Menschenrechtskämpferinnen der Welt, wenn auch die Regierung ihres eigenen Landes ihren Einsatz noch nicht gewürdigt hat.

Diese so verschiedene Menschen wie Shirin Ebadi, Nelson Mandela, Jeff Bezos, Thomas Edison und Michael J. Fox miteinander verbindende optimistische Einstellung und die damit einhergehende Befähigung zu handeln sind es, die die Menschheit voranschreiten lassen. Wahrscheinlich waren es solche Zuversichtlichkeit und solche Durchhaltekraft, die ihr vor Millionen von Jahren dabei geholfen haben, sich von Afrika aus über die ganze Welt zu verbreiten, die einzige Spezies, die in nahezu jedem Klima überlebt und sich weiterentwickelt. Schwer vorstellbar, wie menschliche Gesellschaften ohne diese Durchhaltekraft nach Katastrophen wieder auf die Füße hätten kommen sollen. Denken Sie an die Verwüstungen, die der Tsunami 2011 in Japan angerichtet hat, oder an die Überflutung von New Orleans 2006; oder führen Sie sich die zerbombten, in Trümmern liegenden Städte nach dem Zweiten Weltkrieg vor Augen. Für die Wiederaufbauarbeiten nach solchen Verheerungen sind Menschen vonnöten, die – von Optimismus und Hoffnung beseelt – die gewaltige Aufgabe zusammen anpacken: Ein solcher Geist ist es, der menschliche Gesellschaften gedeihen lässt.

3.
Das finstere Gemüt

Warum Optimismus flüchtiger ist als Pessimismus

Die Auswirkungen nackter Angst lernte ich erstmals als Heranwachsende im Dublin der 1970er Jahre kennen. Zu jener Zeit nahm unsere Schule immer wieder Mädchen aus Nordirland auf. Das, was wir »The Troubles« (»die Probleme«) zu nennen pflegten, war damals auf dem Höhepunkt angekommen, und man hielt es für ratsam, diese jungen Mädchen vor den Bombenexplosionen und Schießereien in Belfast – nur zwei Autostunden entfernt auf der anderen Seite der Grenze gelegen – und damit in Sicherheit in die friedlichen Vororte Dublins zu bringen. Einmal ging ich mit einer anderen Mitschülerin zum Mittagessen nach Hause. Bei uns war auch noch ein Mädchen aus Belfast namens Sandra, das schon seit ein paar Wochen in unsere Klasse ging. Als meine Freundin und ich miteinander plaudernd über die Straße trotteten, merkten wir plötzlich, dass Sandra nicht mehr neben uns herlief. Wir drehten uns um und sahen sie ungefähr zehn Meter hinter uns flach auf dem Pflaster des Gehwegs liegen. Es stellte sich heraus, dass sie die Fehlzündung eines Autos gehört hatte – was wir beiden überhaupt nicht registriert hatten –, und sie sich daraufhin sofort zu Boden geworfen hatte. Irgendwo tief in ihrem Gehirn war ein Alarmsignal auf den Weg geschickt worden. In Belfast hatten Geräusche, die wie Fehlzündungen klangen, Lebensgefahr bedeutet. Die Angst, die sie daheim durchlebt hatte, war durch einen einfachen, harmlosen Knall wieder entfacht worden. Sandras spontane Reaktion war ein Zeichen dafür, dass das Alarmzentrum im Gehirn auf diesen angsteinflößenden Reiz hin in Aktion getreten war.

Dieses Zentrum wird blitzschnell aktiv, und es prägt gefährliche Geschehnisse unauslöschlich in unser Gedächtnis ein. Sandra dachte mit Sicherheit an alles andere als an Gewehrschüsse, als wir an jenem sonnigen Tag auf dem Heimweg von der Schule waren, doch sobald die Fehlzündung an ihr Ohr drang, wurde ihr Alarmzentrum aktiv und übernahm die Kontrolle. Bei einer schon präsenten oder sich ankündigenden Bedrohung schüttet dieses System, das tief in eine der evolutionsgeschichtlich ältesten Regionen unseres Gehirns eingebettet ist, Adrenalin in unser Blut aus, was dazu führt, dass unsere Atemfrequenz sich erhöht, unser Herzschlag sich beschleunigt und wir zu schwitzen beginnen. Diese physischen Änderungen gestatten es uns, angemessen zu reagieren, wenn wir in Gefahr sind: Sie wappnen uns dafür, entweder die Beine in die Hand zu nehmen und um unser Leben zu laufen oder keinen Fußbreit zu weichen, sondern zu kämpfen – das ist die klassische *Fight-or-flight*-Reaktion (Kampf-oder-Flucht-Reaktion).

Millionen Jahre der Evolution haben uns mit diesem wirksamen System ausgestattet. Es ist der Alarmknopf des Gehirns, der andere Teile von ihm auf drohende Gefahr aufmerksam macht und die mögliche Bedrohung in unser Bewusstsein rückt, sodass sie eingehender analysiert werden kann. Gleichzeitig werden alle anderen Abläufe heruntergefahren, wodurch unsere Aufmerksamkeit ganz auf die Quelle der Gefährdung gerichtet ist, ohne dass weniger Wichtiges für Ablenkung sorgt. Wenn wir mit einer unmittelbaren Bedrohung konfrontiert sind, sorgt unser Alarmzentrum dafür, dass wir dies bemerken, und gibt uns so die Möglichkeit, uns schnell in Sicherheit zu bringen.

Nachdem es einmal aktiviert wurde, dominiert dieses System

alles andere. Vor mehreren Jahren stellte ich mich einmal zu einer Demonstration zur Verfügung, die deutlich machen sollte, wie tief verwurzelt bestimmte Urängste in uns sind. In einem Augenblick geistiger Umnachtung erklärte ich mich bereit, mir einen großen Python um den Hals legen zu lassen, um die Auswirkungen solch uralter Angst am eigenen Leib erfahren zu können. Man brachte an meinen Händen und meinem Brustkorb empfindliche Sensoren an, die meine körperlichen Reaktionen in dem Moment registrieren sollten, in dem mir die Schlange umgelegt wurde. Ich wusste, dass die Schlange aus dem örtlichen Zoo entliehen, ungiftig und an solche Auftritte gewöhnt war. Der für sie zuständige Pfleger hatte mir sogar erzählt, dass das Tier gewöhnlich bei solchen Demonstrationen vor lauter Langeweile einschlief. Das Alarmzentrum in meinem Kopf ließ sich von all dem nicht beeindrucken. Sobald ich die Schlange auch nur zu Gesicht bekam, beschleunigte sich mein Herzschlag, und ich begann auch ein wenig schneller zu atmen. Als man mir das Tier umhängte, konnte ich mein Herz hämmern fühlen, und meine Hände wurden schweißnass. Als der Python sich ein wenig auf meinen Schultern zurechtrückte, war ich einen Augenblick nahe daran, in Panik zu geraten, und die Sensoren zeigten an, dass mein Herz raste. Sogar nachdem man mir die Schlange wieder abgenommen hatte, brauchte es eine Zeit, bis ich mich wieder beruhigt hatte. Obwohl mein Verstand mir sagte, dass ich vollkommen sicher war, war mein Angstzentrum hyperaktiv geworden.

Wenn auch die meisten von uns heutzutage in einem vollkommen sicheren Umfeld leben, bleibt Angst nach wie vor eine so große Triebkraft für uns, und es ist eine interessante Frage, warum das so ist. In höher entwickelten Gesellschaften ist die Gefahr, von einem Tier oder einem anderen Menschen angegriffen zu werden, nur sehr gering. Dennoch machen wir uns Sorgen wegen aller möglichen Katastrophen oder persönlichen Beeinträchtigungen, die uns zustoßen könnten. Nicht nur Urängste wegen der von der Natur ausgehenden Gefahren bedrängen uns, sondern zum Beispiel auch hartnäckige Sorgen darüber, was andere wohl über uns denken könnten. Sind wir beliebt? Werden wir Erfolg im Leben haben? Das sind alles nachvollziehbare Ängste, doch warum leben wir auch noch in Angst vor Dingen, die heute kaum noch eine Bedrohung für uns darstellen?

Die gängige Antwort auf diese Frage lautet, dass die älteren Regionen unseres Gehirns, die die menschliche Spezies mit den meisten anderen gemein hat, sich bei unseren Urahnen zu einer Zeit ausbildeten, als sie von einer großen Zahl natürlicher Gefahren bedroht waren, von tobenden Stürmen ebenso wie von lauernden Raubtieren. Diese uralte Struktur – die Amygdala – ist immer noch höchst lebendig. Es gibt zahlreiche Belege dafür, dass die Gefahren, die unsere Urahnen bedrohten, immer noch dieses vor Millionen von Jahren entstandene Kerngebiet unseres Gehirns aktivieren. Dies wiederum kontrolliert viele andere Regionen und lässt uns mit allem anderen innehalten, damit wir uns auf die Bedrohung konzentrieren. Obwohl wir modernen Menschen in unserem Leben nur selten auf Schlangen stoßen, können diese und andere Tiere sowie Dinge oder Ereignisse, die unsere Vorfahren in grauer Vorzeit akut gefährdeten, immer noch heftige Angstreaktionen auslösen.

Das Angstzentrum bestimmt also nach wie vor zu einem großen Teil, wovor wir uns fürchten. Aus diesem Grund gehören Phobien wie die vor dunklen geschlossenen Räumen oder offenen weiten Flächen, vor Spinnen oder Schlangen immer noch zu den intensivsten und verbreitetsten, wegen derer Menschen psychologische Hilfe in Anspruch nehmen.

Arne Öhman, Professor für Psychologie am Karolinska-Institut in Solna bei Stockholm führte faszinierende Experimente zu diesem Phänomen durch.[53] Er fand heraus, dass unser Gehirn aufgrund der evolutionären Vergangenheit unserer Spezies in besonderem Maße »empfänglich« für Gefahren ist. Er ließ Reihen von Fotos für den Bruchteil einer Sekunde auf einem großen Schirm aufleuchten. Die Probanden mussten einen Knopf zu ihrer Linken drücken, wenn alle zu sehenden Dinge »gleich« waren, hingegen einen zu ihrer Rechten, wenn ein Gegenstand »anders« war. Die Versuchspersonen sollten also so rasch wie möglich reagieren, gleichzeitig aber auch versuchen, nicht allzu viele Fehler zu machen. Wenn also neun Bilder von Pilzen vor ihnen aufleuchteten oder neun Bilder von Schlangen, mussten die Probanden so schnell wie möglich den Knopf zu ihrer Linken betätigen. Am meisten interessierten die Wissenschaftler dabei ihre Reaktionen, wenn ein Bild etwas anderes zeigte als der Rest, wenn sich also zwischen acht verschiedenen Fotos von Blumen eines von einer Schlange verbarg, wenn also der Knopf auf der rechten Seite gedrückt werden musste.

Als Öhman und seine Mitarbeiter die Reaktionszeiten, die bei Hunderten von Sitzungen gemessen worden waren, genau untersuchten, kristallisierte sich ein klares Muster heraus. Wenn es sich bei dem nicht zu dem großen Rest passenden Objekt auf dem Schirm um eine Schlange oder eine Spinne handelte, also nicht um einen weiteren Pilz oder eine weitere Blume, reagierten die Versuchspersonen wesentlich schneller. Sie drückten beispielsweise rascher den richtigen Knopf, wenn sie neun Pilze und eine Schlange vor sich hatten, als beim Anblick von neun Pilzen und einer Blume. Das heißt also, dass das bedrohliche Objekt viel schneller wahrgenommen wurde als ein harmloses. Dieser subtile Unterschied hinsichtlich der Reaktionszeit lässt uns einen Blick in unsere evolutionäre Vergangenheit werfen und belegt, dass das Gehirn auch heute noch den Gefahren, mit denen unsere Ahnen zu kämpfen hatten, gesteigerte Aufmerksamkeit schenkt. Daraus lässt sich schlussfolgern, dass vor allem diejenigen unserer Vorfahren, die wachsam genug waren, um Schlangen und Spinnen zu entgehen, lange genug lebten, um Nachfahren mit besonders effektiven Risikowahrnehmungssystemen zu zeugen. In unseren Gehirnen sind diese alten Erfahrungen noch lebendig. Als die schwedischen Studenten in Öhmans Labor saßen und in Reaktion auf Bilder Knöpfe drückten, wurden ihre Reaktionen vom Scharfsinn ihrer Vorfahren gesteuert, die Tausende von Jahren vor ihnen gelebt hatten.

Um zu begreifen, wie Angst und die Reaktion darauf ablaufen und welche Rolle beidem in unserem »Warnsystem« zukommt, müssen wir dieses eingehender untersuchen.

Die Anatomie der Angst

Genau wie das Belohnungssystem setzt sich auch das Kerngebiet, in der die Angst zu Hause ist, aus einer Reihe von separaten, aber miteinander kommunizierenden Strukturen zusammen. Viele von ihnen sind tief in subkortikalen Bereichen des Gehirns verankert, die sowohl miteinander als auch mit verschiedenen Teilen des Kortex verbunden sind. Zwar sind alle von ihnen daran beteiligt, unsere Reaktion auf Angsteinflößendes zu prägen, doch kann kein Zweifel daran bestehen, dass dem winzigen mandelförmigen Gebilde namens *Amygdala* (Mandelkern) die entscheidende Bedeutung zukommt. Die Amygdala ist nur daumennagelgroß, besteht aber aus mindestens dreizehn separaten Segmenten, von denen wohl jedes eine eigene Funktion erfüllt: Sie ist ein verblüffendes Werk der Bioingenieurskunst. Die Komplexität dieses wundersamen Klümpchens ist durch Hunderte von einfallsreichen und sorgfältigst durchgeführten Experimenten aufgedeckt worden, die generell zu einer explosionsartigen Vermehrung unseres Wissens über Angst geführt haben. Wir wissen heute mehr über Angst als über jede andere Emotion, und weltweite Forschungen bereichern nahezu täglich unser Wissen über die Amygdala, über ihre Rolle bei der Entstehung von Angst und den Einfluss, den sie dadurch auf unser Leben ausübt.[54]

Der Psychologe Joseph LeDoux von der New York University ist ein führender Wissenschaftler auf dem Gebiet der Angstforschung. Seine in erster Linie an Ratten vorgenommenen Studien haben ergeben, dass die Amygdala nicht nur von der Form her den »Kern« des für Angst zuständigen Systems bildet. Bahnbrechend war LeDoux' Entdeckung, dass es zwei eigenständige, separate Routen gibt, auf denen Sinnesreize zur Amygdala gelangen, und zwar auf der einen schneller als auf der anderen. Er nannte die Schnellverbindung *Low Road* und die andere, weniger direkte *High Road*. Um zu verstehen, wie die Reize sich über beide Routen voranbewegen, vergegenwärtigen Sie sich einmal, was in unserem Gehirn abläuft, wenn wir mit einer Gefahr konfrontiert sind. Es beginnt immer alles mit einer sinnlichen Wahrnehmung. Wir sehen etwas Furchteinflößendes wie eine Schlange, hören etwas Beunruhigendes wie eine Feueralarmglocke oder meinen mitten in der Nacht, Rauch zu riechen. Ob es sich nun um etwas handelt, das wir sehen, hören, riechen, fühlen oder schmecken – die Information wird immer zu einer Region des Gehirns befördert, die sich Thalamus nennt und sich mehr oder weniger in der Mitte unseres Kopfes befindet, direkt über dem Hirnstamm. Der Thalamus ist so etwas wie eine Relaisstation: Er sammelt von den Sinnen aufgenommene Informationen über die Außenwelt und schickt diese dann zu einer eingehenderen Analyse weiter in den jeweils zuständigen Teil des Gehirns.

Wenn solche sensorischen Informationen über den Thalamus hereinströmen, ist es die Aufgabe der Amygdala, sie auch auf den leisesten Hauch einer Gefahr hin zu überprüfen. Nimmt sie irgendeine Bedrohung wahr, wird die Amygdala blitzschnell aktiv. Wenn Gefahr droht, darf keine Zeit vergeudet werden, daher gelangen die entsprechenden Informationen auf der »Schnellstraße« ohne Umwege vom Thalamus zur Amygdala: Die Neuronen feuern gewissermaßen, bevor wir überhaupt die Zeit zum Denken haben. Wenn sich möglicherweise eine Schlange vor einem auf dem Pfad verbirgt, kann auch ein nur eine Sekunde dauerndes Nachdenken tödlich sein.

Auch auf der »längeren«, sprich: langsameren, Route sind die Informationen immer noch schnell unterwegs, sie werden aber vom Thalamus zunächst zur Großhirnrinde geschickt, wo sie einer detaillierteren Analyse unterzogen und dann erst zur Amygdala weitergeleitet werden. Aufgrund dieses Umwegs wird eine genauere Einschätzung der Informationen durch die höheren, rationaleren Areale des Gehirns ermöglicht. Der visuelle Kortex beispielsweise, die Sehrinde, kann die potenzielle Gefahrenquelle eingehender überprüfen und feststellen, ob wirklich eine Schlange oder vielleicht doch nur ein harmloses Stück Holz vor einem im Gras liegt.

Die Amygdala handelt also schnell und muss auch unterhalb der Schwelle unserer bewussten Wahrnehmung operieren. Während wir uns mit ganz anderen Dingen beschäftigen, untersucht diese uralte Hirnregion unablässig unsere Umgebung auf eine potenzielle Gefahr hin. Sobald sie eine solche entdeckt – gleichgültig, auf welcher der beiden Routen die Informationen zu ihr gelangt sind –, signalisiert sie dem Rest des Gehirns, mit dem aufzuhören, womit es gerade befasst ist, und sich zu konzentrieren.

Ein Freund von mir, der in einer Bank arbeitet, wurde vor vielen Jahren überfallen und mit vorgehaltener Pistole bedroht; er erinnert sich immer noch, wie er in absoluter Bewegungslosigkeit erstarrte, als er in die Mündung der Waffe blickte.[55] Dieses kleine schwarze Loch zog seine gesamte Aufmerksamkeit auf sich. Als er der Polizei später die Täter beschreiben sollte, konnte er noch nicht einmal sagen, ob sie maskiert gewesen waren oder nicht. Er hatte nur der Hauptquelle der Gefahr, der Pistole, Beachtung geschenkt.

Überzeugende Belege dafür, dass der Amygdala die Hauptrolle bei der Entstehung von Angst zukommt, hat die Arbeit von Ray Dolan geliefert, einem Neurowissenschaftler, der eine Kapazität auf dem Gebiet der Angstforschung ist.[56] Er leitet ein führendes Labor für Neuroimaging am University College im Zentrum Londons. Ihm wurde klar, dass Forschungen mit Tieren zwar ergeben hatten, dass bei ihnen die Amygdala von zentraler Bedeutung für die Entstehung von Angst und die angemessene Reaktion auf die Bedrohung war, dass wir aber immer noch nicht viel über die Biologie der menschlichen Angst wussten. Um Abhilfe zu schaffen, scannte er die Gehirne von Versuchspersonen, während diese sich in beunruhigenden oder furchteinflößenden Situationen befanden, um festzustellen, ob der Mandelkern bei Menschen diesbezüglich eine ebenso bedeutende Rolle spielt. Weil man Menschen aus ethischen Gründen nicht im Labor in Angst und Schrecken versetzen kann, legt man ihnen bei solchen Untersuchungen gewöhnlich eine Reihe »erschreckender« Fotos vor. Dolan zeigte den Probanden verschiedene Gesichter mit unterschiedlichem emotionalem Ausdruck, während sie in einem Hirnscanner lagen. Einige der Gesichter waren freundlich, sie lächelten, während andere wütend, wieder andere traurig oder auch ängstlich aussahen. Als Dolan und seine Mitarbeiter die Fülle der vom Scanner gelieferten Daten analysierten, wurde klar, dass die Amygdala der Probanden dann am aktivsten wurde, wenn sie einen ängstlichen Gesichtsausdruck präsentiert bekamen, und ruhiger war, wenn sie eine fröhlich wirkende Miene vor sich sahen. Interessant war auch die Tatsache, dass die Versuchspersonen selbst keine Angst empfanden, ihre Amygdala dennoch jeden – auch nur schwachen – Hinweis auf Gefahr registrierte.

Wir Menschen sind soziale Wesen mit einer schon unheimlich anmutenden Fähigkeit, die Gefühle anderer blitzschnell wahrzunehmen. Wenn wir jemanden sehen, der verängstigt wirkt, ist das ein recht gutes Indiz dafür, dass eine Gefahr in der Nähe lauert. Mehrere Studien haben mittlerweile bestätigt, dass es die tief in unser Gehirn eingebettete Amygdala ist, durch die wir solche auf eine mögliche Bedrohung hinweisenden Signale auffangen.

Zusammen mit seinem ebenfalls am UCL tätigen Kollegen John Morris und mit Arne Öhman vom Karolinska-Institut ging Dolan der Frage nach, ob die Amygdala auch auf eine von uns *unbewusst* registrierte Gefahr, also auf Signale, die noch nicht einmal in unser Bewusstsein dringen, reagieren würde.[57] In seinem Labor in Stockholm hatte Öhman bereits herausgefunden, dass er bei Personen, denen er Bilder von Schlangen, Pilzen, Blumen oder Spinnen zeigte, aber so rasch, dass sie nicht erkennen konnten, um was für Objekte es sich handelte, Stressreaktionen hervorrufen konnte. An den Handflächen der Probanden angebrachte Sensoren registrierten eine gesteigerte Schweißabsonderung. Diese Technik, die als *Masking*, als Maskieren, bekannt ist, besteht darin, dass man ganz kurz ein Bild zeigt und dieses dann – nur ein paar Millisekunden später – durch planlos hingekritzelte Kringel und Striche ersetzt. Zum Beispiel kann für 14 Millisekunden das Bild einer Schlange gezeigt werden und anschließend eine halbe Sekunde lang die gezeichnete »Maske« – die Kringel und Striche.

Alles, was die Versuchsperson sieht, ist ein kurzes Aufzucken von Farben und dann die Zeichnung – es ist ihr unmöglich, das Bild hinter der Maske zu identifizieren. Verräterisch war die Schweißabsonderung auf der Handinnenfläche. Obwohl die Probanden das Bild einer Schlange oder Spinne nicht bewusst sehen oder erkennen konnten, wurden die Handflächen schweißnass; wenn Bilder von Pilzen oder Blumen vor ihnen aufzuckten, blieben sie trocken. Diese kurzfristige physiologische Reaktion verrät uns, dass die Probanden Gefahr wahrgenommen hatten, obwohl sie diese nicht hatten sehen können, die Signale also nicht in ihr Bewusstsein gedrungen waren.

Die drei Wissenschaftler erkannten, dass das fMRT-Verfahren ihnen eine einzigartige Möglichkeit eröffnete, mitzuverfolgen, was bei diesen Experimenten im Gehirn der Versuchspersonen vor sich ging. Indem man Dolans ursprüngliche Studie aufnahm, projizierte man eine Reihe von Gesichtern mit unterschiedlichem emotionalem Ausdruck auf den Schirm. Jedes Gesicht wurde wie bei Öhmans Experiment »maskiert«. Die Personen, die sich für den Versuch zur Verfügung gestellt hatten, wussten nicht, dass den Kringeln manchmal ein verängstigtes Gesicht, manchmal aber auch eines mit neutralem Ausdruck vorausgegangen war. Obwohl sie die Gesichter als solche nicht erkennen oder sehen konnten, leuchtete die Amygdala auf den Scans auf, wenn für ein paar Millisekunden ein verängstigtes Gesicht erschien – ein eindeutiges Zeichen dafür, dass das Alarmzentrum sogar durch diesen nur ganz schwachen, vagen Hinweis auf eine Gefährdung stimuliert wurde.

Diese Fähigkeit unseres Alarmzentrums, Bedrohungen zu entdecken, kann sogar anscheinend blinde Menschen in die Lage versetzen, Gefahren zu »sehen« und andere emotionale Signale zu empfangen. Ich wurde erstmals auf die verblüffende Fähigkeit von Menschen mit schweren Hirnschädigungen, solche Signale wahrzunehmen, aufmerksam, als ich vor mehreren Jahren eine Reihe von Untersuchungen mit einem sanftmütigen alten Herrn vornahm, den ich hier nur JB nennen will.[58] JB war etwa Mitte siebzig, als ich ihn kennenlernte. Er hatte ein paar Jahre zuvor einen schweren Schlaganfall erlitten, von dem ihm leichte Bewegungsprobleme zurückgeblieben waren. Sein ungewöhnlichstes Problem allerdings war darauf zurückzuführen, dass er den Schlag im rechten Schläfenlappen erlitten hatte; das hatte etwas verursacht, was Neurologen als halbseitige Vernachlässigung (*Neglect*) bezeichnen. Das bedeutet, dass der Patient eine Hälfte seiner Umgebung nicht wahrnimmt. In JBs Fall war es die linke, wie es recht häufig passiert, wenn die rechte Gehirnhälfte geschädigt wird. Bei Tisch wird der davon Betroffene nur Essen zu sich nehmen, das sich auf der rechten Seite des Tellers befindet, und das auf der linken liegen lassen. Oder wenn man so einen Menschen bittet, auf einem Blatt niedergeschriebene Buchstaben auszustreichen, dann wird er nur die rechts stehenden bemerken. Es handelt sich um ein Aufmerksamkeitsproblem, nicht um eine Sehstörung, denn wenn jemand anders mit dem Finger auf die linke Tellerseite klopft, wird die betreffende Person das nicht angerührte Essen wahrnehmen.

Da JB an einer sehr schweren Form von halbseitiger Vernachlässigung litt, bot sich mir die Gelegenheit, mit seiner Hilfe die Hypothese zu überprüfen, dass Gefahrensignale – wie ein ängstlicher Gesichtsausdruck – auch auf einer Ebene unterhalb des

Bewusstseins empfangen werden können. Ich zeigte JB Paare von verschiedenen Objekten, und zwar so, dass sich eines davon rechts, das andere links von ihm befand, und bat ihn dann, mir zu sagen, was er sah. Wenn ich einen Apfel und eine Orange hochhielt, und zwar so, dass der Apfel sich rechts von ihm befand, dann sagte JB »Apfel«. Selbst wenn ich ihn fragte, ob da nicht vielleicht noch etwas anderes sei, antwortete er, obwohl er noch einmal aufmerksam hingeguckt hatte, dass er nur ein Objekt sehen könne – einen Apfel.

Interessant wurde dieser Versuch, als ich ihm Bilder von Gesichtern mit unterschiedlichem Ausdruck vorlegte. Wie schon vorher entging JB im Allgemeinen das, was sich links von ihm befand. Das war aber nicht immer so: Manchmal nahm er das Gesicht auf der Linken ebenso wie das auf der Rechten wahr. Dabei zeichnete sich ein Muster ab. Wenn sich auf dem Gesicht zu seiner Linken eine Gefühlsregung abzeichnete, es glücklich oder ängstlich aussah, dann war die Wahrscheinlichkeit größer, dass er es wahrnahm. Wenn der Gesichtsausdruck hingegen neutral war, dann registrierte er es so gut wie nie. Das verriet mir, dass JBs Hirn auf den Empfang emotionaler Signale eingestellt war, allerdings konnte ich keine Anhaltspunkte dafür entdecken, dass es, wie ich eigentlich erwartet hatte, eher auf ängstlich wirkende als auf glückliche aussehende Gesichter reagierte.

Von der Erkenntnis ausgehend, dass auch die entsprechende Körpersprache, also zum Beispiel die Gestik eines Menschen, auf eine unmittelbare Bedrohung hindeuten kann, führten Marco Tamietto und Beatrice de Gelder von der Universität Tilburg ein ähnliches Experiment mit drei Patienten durch, die ebenfalls an halbseitiger Vernachlässigung litten.[59] Sie legten ihnen aber keine Gesichter mit unterschiedlichem Ausdruck vor, sondern Bilder von Menschen, deren Körpersprache Unterschiedliches signalisierte. Solche von Personen, die sich ängstlich zusammenkauerten, wurden zusammen mit solchen von Menschen gezeigt, die tanzten und sich amüsierten. Eine auf Angst hinweisende Haltung oder Gestik wurde von den Versuchspersonen in ihrem jeweiligen »vernachlässigten« Gesichtsfeld wesentlich häufiger entdeckt als eine solche, die auf positive Gefühle hindeutete.

Das Tilburger Forscherteam untersuchte auch ein noch verblüffenderes Phänomen, das als blindes Sehen (*Blindsight* oder Rindenblindheit) bekannt ist. Die primäre Sehrinde im hinteren Teil des Gehirns ist für bewusstes Sehen zuständig. Bei einer Schädigung dieser Region kann der Betreffende nicht mehr sehen. Auch wenn seine Augen vollkommen in Ordnung sind, lässt diese Schädigung des Gehirns ihn erblinden. Untersuchungen von Patienten mit diesem spezifischen Leiden haben jedoch erbracht, dass sie über bemerkenswerte Fähigkeiten verfügen, »unbewusst« zu sehen. De Gelder befasste sich mit einem von ihr als TN bezeichneten Patienten, dessen primärer visueller Kortex umfassend geschädigt und der in Folge davon blind war.

»Wir waren erstaunt«, berichtete de Gelder, »als TN einen mit Dingen zugestellten Flur hinunterging, ohne an irgendetwas anzustoßen.«

Als das Team TN befragte, erklärte dieser, keine Ahnung zu haben, wie er es schaffte, sich seinen Weg durch so viele Gegenstände zu bahnen, die er nicht sehen konnte.

2009 führten de Gelder und ihre Mitarbeiter weitere Studien mit zwei anderen *Blindsight*-Patienten, DB und GY, durch. Sie lieferten weitere Belege dafür, wie gut emotionale Signale auch bei Schädigungen der eigentlich zuständigen Areale der Hirnrinde verarbeitet werden können.[60] Diese Patienten profitierten dabei von einem Phänomen, das bei Psychologen als Gefühlsansteckung (*emotional contagion*) bekannt ist. Man bezeichnet damit die Tatsache, dass wir instinktiv unseren Gesichtsausdruck auf den anderer abstimmen, ihn mit ihm in Einklang bringen. Mit anderen Worten: Wenn jemand lächelt oder ein finsteres Gesicht macht, neigen wir dazu, ein ähnliches Gesicht zu machen. Das lässt sich aber nur genau überprüfen, indem man auf dem Gesicht kleine Elektroden befestigt, die auch die subtilste Muskelbewegung registrieren, die mit einem Lächeln oder einem Stirnrunzeln einhergehen. Was de Gelder und ihre Kollegen entdeckten, war, dass sowohl GY als auch DB, obwohl sie die Fotos von Gesichtern, auf denen sich bestimmte Emotionen abzeichneten, *nicht sehen konnten*, den jeweiligen Ausdruck nachzuahmen begannen, die Gefühlsansteckung also manifest wurde. Ein Foto von einem lächelnden Gesicht entlockte auch den Patienten den Anflug eines Lächelns, obwohl sie nichts sehen konnten. Das geschah auch, wenn ihnen bestimmte Körperhaltungen oder Gesten gezeigt wurden: Ein furchtsam zusammengekauerter Körper löste eine leichte Verfinsterung ihrer Miene aus. Und erneut lösten Bilder, die auf Angst hindeuteten, eine stärkere Reaktion aus als solche, die auf positive Gefühle hinwiesen, was zeigt, dass Furcht ein *stärkeres* Gefühl ist als Vergnügen. Das uralte Alarmzentrum in unserem Gehirn hilft uns auch ohne Dazutun der Sehrinde, Gefahr blitzschnell wahrzunehmen.

Es ist nicht nur so, dass Menschen trotz einer geschädigten Sehrinde dazu befähigt sind, angstvolle Gefühle bei anderen zu »sehen«. Angst steigert auch das Sehvermögen von Menschen ohne derartige Schädigungen, das heißt, sie lässt sie besser oder genauer sehen. Die geblähten Nasenflügel, weit aufgerissenen Augen und der offene Mund in einem verängstigten Gesicht werden von uns sofort erkannt und richtig gedeutet. Schon zur Zeit von Charles Darwin haben Wissenschaftler vermutet, dass dieser spezifische und eindeutige Gesichtsausdruck mit sozialer Kommunikation zu tun hat. Sobald wir ein solches Gesicht wahrnehmen, wissen wir, dass etwas im Busch ist, und treffen Vorsichtsmaßnahmen.

Adam Anderson, Psychologe an der Universität Toronto, hat eine andere Theorie bezüglich der evolutionären Bedeutung eines ängstlichen Gesichtsausdrucks vorgelegt.[61] Zusammen mit seinem Kollegen Joshua Susskind entdeckte er, dass aufgrund des mit Angst typischerweise einhergehenden »Grimassierens« mehr Luft durch die Nasenlöcher strömen kann und sich gleichzeitig das Gesichtsfeld erweitert. Das periphere Sehen der Probanden besserte sich, wenn sie ein ängstliches Gesicht machten, verschlechterte sich hingegen, wenn sie eine angewiderte Miene aufsetzten. Es scheint so, als würde Angst uns helfen, eine auf uns zukommende Gefahr zu entdecken.

Liz Phelps, Psychologin an der New York University, hat herausgefunden, dass es zur Schärfung der eigenen Sehfähigkeit schon ausreicht, eine andere Person mit einem ängstlichen Gesicht zu erblicken.[62] Ihr Forscherteam legte Versuchspersonen eine schwierige Aufgabe vor: Sie sollten nämlich herausfinden, ob eine Reihe von hellgrauen Strichen schräg oder vertikal verliefen. Die Schwierigkeit entstand dadurch, dass der Kontrast zwischen den einzelnen Linien sehr gering war. Wenn auf dem Schirm 50 Millisekunden vorher ein ängstliches Gesicht aufleuchtete, dann bewältigten die Probanden die Aufgabe aber problemloser, als wenn sie vorher ein Gesicht mit neutralem Ausdruck gezeigt bekommen hatten. Das liegt mit größer Sicherheit daran, dass durch das ängstliche Gesicht, das sie vor Augen gehabt hatten, ihre Amygdala aktiviert worden war, die dann wiederum die Sehrinde stimuliert hatte. Das Wahrnehmen von Angst bei anderen stachelt gewissermaßen die eigene Sehrinde zu höherer Leistung an, sodass unser Blick sich schärft. Angst sorgt also nicht nur dafür, dass wir uns zum Handeln rüsten, sondern auch dafür, dass wir unser Umfeld wachsamer beobachten und genauer wahrnehmen.

Die Amygdala ist von entscheidender Bedeutung für unsere Angstreaktion und bildet das Zentrum unseres Alarmsystems. Dieses System wird aber von weiteren miteinander vernetzten Gehirnregionen gebildet. Eine besonders wichtige Erkenntnis aus der Angstforschung ist, dass sich viel mehr Verbindungen von der Amygdala in verschiedene Teile des Kortex erstrecken, als von dem Kortex in umgekehrter Richtung zur Amygdala führen. Um das zu veranschaulichen, stellen Sie sich ein »Gefecht« mit Wasserpistolen zwischen einem Zehnerteam (Amygdala) und einem Viererteam (Kortex) vor. Es liegt auf der Hand, dass das kleinere Team immer die größere Dusche abbekommen wird; das ist einfach eine anatomische Realität, die auch erklärt, warum wir so leicht von Angstgefühlen überwältigt werden, auch wenn wir wissen, dass wir eigentlich nicht in Gefahr sind. Jemand, der Angst vor weiten, offenen Plätzen hat, kann im Supermarkt plötzlich vor Schreck starr werden, selbst wenn er weiß, dass keine konkrete Gefahr droht.

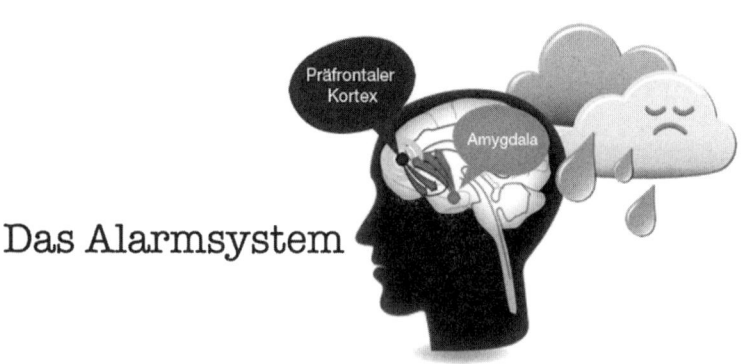

Abb. 3.1: Schematische Darstellung des Alarmsystems.

Dieses Potenzial der Angst, vom gesamten System Besitz zu ergreifen, wird sehr gut durch die Erfahrung von Colin Stafford Johnson veranschaulicht, einem Filmemacher, der für das Naturgeschichte-Ressort der BBC in Indien an einem Dokumentarfilm arbeitete.[63] An einem heißen Tag marschierte Johnson durch ein ausgetrocknetes Flussbett. Hinter einer Biegung stieß er auf eine Tigermutter, die mit ihren Jungen spielte. Die Tigerin raste sofort auf ihn zu, stoppte ungefähr fünf Meter vor ihm und stieß ein ohrenbetäubendes Gebrüll aus. Johnsons Verstand sagte ihm, dass die Raubkatze ihn nicht töten werde, weil er viele Male zuvor gesehen hatte, wie Tiger solche Drohangriffe auf Artgenossen unternahmen. Er wusste, dass das die Art von Tigern war, zu rufen: »Zurück, sonst setzt es was!« Dennoch, wurde er, wie er erzählte, »von einer Urangst erfasst. Ich war im wahrsten Sinne des Wortes wie angewurzelt. Mein Körper brauchte zwei Stunden, um sich zu erholen.«

In Stafford Johnsons Kopf hatte die Amygdala ein Alarmsignal ausgesandt und dem Rest des Gehirns mitgeteilt, dass unmittelbare Gefahr drohte und alle anderen Prozesse zum Erliegen kommen sollten. Obwohl die höheren kortikalen Regionen eine andere Botschaft aussandten – »es ist alles okay. Der Tiger wird nicht angreifen« – konnte er seiner (Ur-)Angstreaktion nicht Einhalt gebieten.

Die bislang angeführten Beispiele zeigen ganz klar, dass die Funktion der Amygdala in erster Linie darin besteht, uns dabei zu unterstützen, eine mögliche Gefahr zu entdecken und in adäquater Weise auf sie zu reagieren. Ob diese Reaktion in Kampf, Flucht oder einem Erstarren besteht, unsere Angst bringt uns so schnell wie möglich außer Gefahr. Solches Erfahren extremer Angst rüstet uns nicht nur zum Handeln, sondern es hinterlässt auch bleibende Erinnerungen, die sich dauerhaft auf unser Denken, Urteilen, Verhalten und Empfinden auswirken und so entscheidend daran beteiligt sind, uns zu dem Menschen zu machen, der wir sind. Wenn ich Vorträge zum Thema Angst halte, werde ich für gewöhnlich gefragt, was für eine Rolle Gefühle bei dem Ganzen spielen. Joseph LeDoux zufolge führen Gefühle einen bei der Erforschung von Furcht in gewisser Weise auf eine falsche Fährte. Er unterstreicht, dass Angst (das heißt alle Prozesse im Gehirn, die an ihrem Entstehen und den Responsen auf sie beteiligt sind), dem Überleben dient und Gefühle nicht wichtiger sind als alles andere, das sie hervorruft oder auslöst, wie schwitzige Hände, erhöhter Adrenalinspiegel, Herzklopfen usw. Gefühle stellen sich erst ein, kommen erst ins Spiel, wenn das Alarmsystem uns schon den besten Weg hat einschlagen lassen, mit der Gefahr fertigzuwerden. LeDoux' Meinung nach hat die Evolution ein System entwickelt, das uns dabei hilft, unmittelbare Bedrohungen zu überstehen, und in solchen Situationen kommt es aufs Handeln an und nicht aufs Denken oder Fühlen.

Natürlich *fühlen* oder *verspüren* wir Angst. Uns allen ist das unerfreuliche Gefühl bekannt, das wir empfinden, wenn ein wütender Hund mit gesträubten Nackenhaaren auf uns zustürmt, oder die Beklemmung, die in uns hochsteigt, wenn wir auf das Ergebnis irgendeiner wichtigen Prüfung warten. Im 19. Jahrhundert stellte William James, der Begründer der wissenschaftlichen Psychologie in den USA, die Theorie auf, dass Gefühle wie Furcht sich nur als Resultat körperlicher Reaktionen einstellen. Daher sein berühmtes Diktum, dass wir Angst haben, weil wir losrennen, nicht losrennen, weil wir Angst haben. Wenn aber unsere Gefühle sich wirklich von solchen körperlichen Reaktionen herleiten, würde das bedeuten, dass unsere Angst desto größer sein müsste, je heftiger unsere körperliche Reaktion ist und je intensiver wir uns dieser bewusst sind.

Ray Dolan überprüfte diese Hypothese mithilfe eines Experiments. Er und seine Mitarbeiter unterzogen Versuchspersonen einem sogenannten Heartbeat Detection Test, also einem Test zur Ermittlung der Herzfrequenz.[64] Während sie in einem Scanner lagen, hörten die Versuchspersonen eine Folge von Tönen, die von ihrem eigenen Herzschlag ausgelöst wurde. Manchmal wurde ein Ton synchron zum Herzschlag hörbar, manchmal aber auch erst nach einer kurzen Verzögerung. Die Aufgabe bestand darin, den Rhythmus des eigenen Herzschlags in Relation zur Abfolge der Töne zu bestimmen. Ich habe es selbst versucht, und es ist nicht einfach.

Dolans Team fand heraus, dass einige Leute diese Aufgabe wirklich hervorragend meistern, während andere sich ungemein schwer damit tun. Das Interessante an dem Ergebnis war, dass diejenigen, die den Rhythmus ihren eigenen Herzschlags gut zu bestimmen vermochten, auch angaben, stärker unter Gefühlen von Beklemmung und Angst zu leiden. Diejenigen, die sich ihrer körperlichen Reaktionen in höherem Maß bewusst waren, empfanden also auch Emotionen in intensiverer Weise – was die von James aufgestellte Theorie stützte. Interessanterweise handelte es sich bei der Gehirnregion, die am aktivsten war, wenn die Probanden sich dieser Aufgabe unterzogen, um eine weitere sehr alte, die als *Insula* oder auch *Inselkortex* bekannt ist. Das impliziert, dass die Amygdala von entscheidender Bedeutung dafür ist, die Verteidigungs- und Schutzmaßnahmen beim Empfinden von Angst aufeinander abzustimmen, die Insula aber eine wichtige Funktion bei der Übertragung dieser primitiven Angstreaktionen in das spielt, was viele unter »Angst« oder »Furcht« verstehen – das *bewusste* Verspüren solcher Gefühle.

Wir wissen heute, dass ebenso wie subkortikale Regionen des Gehirns – die Amygdala und die Insula beispielsweise – auch die entwicklungsgeschichtlich neueren Teile des Gehirns, wie vor allem der Kortex, unsere Angstreaktionen entscheidend prägen. So kann vor allem eine Aktivierung bestimmter Partien des präfrontalen Kortex in einem Wechselspiel zwischen Amygdala und Kortex die Reaktion der Amygdala dämpfen, was an den von Freud hypostasierten epischen Kampf zwischen dem »Es« und dem »Über-Ich« erinnert.

Genau wie in unserem Belohnungssystem gibt es auch in unserem Alarmsystem eine Bremse und einen Beschleuniger. Doch der Kortex kann das Warnsignal des Alarmzentrums nicht einfach ignorieren oder ausschalten, und ein Blick auf die anatomischen Gegebenheiten sagt uns, warum das so ist. Die große Menge von Verbindungen, die von der Amygdala zum Kortex führen – und die in umgekehrter Richtung verlaufenden zahlenmäßig weit übertreffen –, gestattet es dem Alarmzentrum, die höher entwickelten kortikalen Regionen in unangemessen starker Weise zu beeinflussen. Das ist der Grund dafür, dass Stafford Johnson sich nicht mehr vom Fleck rühren konnte, obwohl er wusste, dass der Tiger nicht auf ihn losgehen würde. Und es ist auch der Grund dafür, dass solche Ur-Emotionen wie Angst entscheidend mitbestimmen, was wir bemerken und erinnern.

Unser Alarmsystem bevorzugt naturgemäß Informationen, die auf irgendeine Gefahr verweisen. Dieser Schutzmechanismus ist sehr wichtig, da er unsere Überlebenschancen steigert. Doch solch ein kraftvolles und nur schwer zu kontrollierendes System bringt auch Nachteile mit sich. Die häufige Aktivierung der Amygdala kann alles Übrige unseres Alarmsystems – dieses Netzwerk von Verbindungen zwischen subkortikalen und kortikalen Strukturen – überempfindlich werden lassen und aus dem Gleichgewicht bringen. Und wenn das Alarmzentrum stärker wird und die hemmenden Strukturen schwächer, dann werden wir langsam zu einer pessimistischeren Weltsicht hingedrängt. Wir rechnen dann immer mit dem Schlimmsten. Diese allmähliche Entwicklung negativen Denkens und der Tendenz, das Schlechte anstatt des Guten in den Vordergrund zu rücken, kann letztlich dazu führen, dass man trüben Gedanken nachhängt, oder es kann sich sogar zu hartnäckigen phobischen Störungen auswachsen.

Das ist die Schattenseite dieses Verteidigungssystems. Die Neurobiologie der Furcht erklärt, wie unser Alarmzentrum unseren Geist, unser Denken ganz und gar besetzen kann und warum eine solche Dominanz Pessimismus zu einer verbreiteten – und potenziell gefährlichen – Einstellung gegenüber dem Leben machen kann. Die alten Strukturen in unserem Gehirn stellen sicher, dass wir zu möglichen Gefahren hingezogen werden. Dagegen können wir uns einfach nicht wehren. Es überrascht daher nicht, dass schlechte Nachrichten sich gut verkaufen. Die Anziehungskraft von Gefahr ist dauerhaft und lässt sich nicht leicht überwinden. Zeitungen, Fernsehen, Radio, Internet bombardieren uns mit negativen Meldungen – Börseneinbrüche, Rezessionen, globale Erwärmung, Schweinegrippe, Terroranschläge, Kriege, die Liste ist endlos, und zusammen mit der natürlichen Tendenz unseres Gehirns, sich auf schlechte Nachrichten zu konzentrieren, kann das zu einem erdrückenden Pessimismus führen. Ein flüchtiger Blick in die Zeitung oder auf die Fernsehnachrichten verrät einem schon, dass die Medien gern über Negatives berichten.

Wir wissen jetzt, warum das so ist. Unser Alarmsystem stellt Informationen, die von Gefahren künden, in den Vordergrund und weist potenziell Angenehmem einen niedrigeren Rang zu. Sogar das allerschwächste Anzeichen für Gefahr wird sofort registriert und lässt alle anderen Prozesse zum Erliegen kommen, damit eine Konzentration auf die Bedrohung erfolgen kann.

Solch eine Neigung, eher das Negative als das Positive wahrzunehmen, macht es schwerer, optimistisch zu sein. Wie Politiker und Priester seit Jahrhunderten unter Beweis gestellt haben, ist es einfacher, Leute in Furcht und Schrecken zu versetzen, als sie zu beruhigen. Das Problem besteht daran, dass, ist das Angstzentrum einmal aktiviert, das logische Denken für eine gewisse Zeit aussetzt, und das kann in unserer modernen Zeit zu wirklichen Schwierigkeiten führen. Die Auswirkungen von Furcht machen es nicht nur schwerer, Freude zu empfinden und eine optimistischere Einstellung zu entwickeln, sie können auch tiefer gehende und dauerhaftere Angstgefühle verursachen, die dem Leben seinen Reiz, seinen Glanz nehmen.

Drew Westen, Psychologe und politischer Kommentator an der Emory University in Atlanta, hat anhand der Geschichte von dem berüchtigten »Daisy ad«, dem »Gänseblümchen-Spot«, der 1964 im Zusammenhang mit Lyndon B. Johnsons Präsidentschaftswahlkampf ausgestrahlt wurde, nachgewiesen, wie lange die Aktivierung des Angstsystems noch nachwirken kann.[65] Dieser Werbespot wendete das Blatt zuungunsten des konservativen Kandidaten Barry Goldwater, obwohl er in ihm nicht namentlich genannt und auch seine Politik nicht kritisiert wurde. Der Kalte Krieg befand sich damals auf seinem Höhepunkt, und viele hatten Angst vor einer möglichen atomaren Katastrophe. Goldwater war ein Verfechter der nuklearen Aufrüstung, und Johnson wollte die Botschaft vermitteln, dass man einem solchen Mann nicht die Entscheidung über den Einsatz von Massenvernichtungswaffen überlassen dürfe. Der Spot beginnt damit, dass ein niedliches kleines Mädchen die Blütenblätter von einem Gänseblümchen zupft, eines nach dem anderen, und sich dabei in anrührender Weise verzählt, während im Hintergrund Vögel singen.

Dann wird das alles plötzlich durch eine Männerstimme übertönt, die zu einem Countdown ansetzt: Zehn, neun, acht… Die Kleine schaut mit einem angstvollen Gesicht zum Himmel hoch, und die Kamera fährt schrittweise auf die Pupille ihres Auges zu, über die langsam das Bild eines hoch in die Luft aufsteigenden Atompilzes geblendet wird.

»Das sind die Alternativen«, hört man dazu Johnson mit fester Stimme sagen. »Eine Welt zu schaffen, auf der alle Kinder Gottes glücklich leben können, oder in die Finsternis zu marschieren.« Und am Ende des Spots sieht man den Slogan »Vote for President Johnson on November 3«, mit weißen Lettern vor schwarzem Hintergrund quer über den ganzen Bildschirm geschrieben.

Die Amerikaner stimmten tatsächlich in der Mehrheit für Johnson, und allen Berichten zufolge hatte der Gänseblümchen-Spot maßgeblichen Einfluss auf den Ausgang der Wahl. Weil sich unser Alarmzentrum so leicht stimulieren lässt, konzentrierte sich das Denken der US-Bürger sofort auf die Bedrohung durch einen atomaren Vernichtungsschlag unter gleichzeitiger Ausblendung von allem anderen. Und nachdem es einmal aktiviert worden war, ließen sich die daraus entstehenden Ängste nur schwer wieder »ausschalten«. Diese Ängste waren jetzt aber auf subtile Weise mit Johnsons Rivalen assoziiert. Durch die Manipulation uralter Schaltkreise in ihren Gehirnen, die dazu bestimmt waren, Gefahren zu entdecken, wurden die Leute auf der Ebene des Unterbewusstseins dazu veranlasst, einem bestimmten Kandidaten für das Präsidentenamt ihre Stimme zu verweigern.[66]

Das ist ein typisches Ergebnis, wenn unser Alarmzentrum erregt wird: Die unmittelbar freigesetzte Furcht kann zu anhaltenden Angstgefühlen führen. Darüber hinaus kann man die Erinnerungen, die sich bilden, wenn man von Furcht ergriffen ist, nur schwer abschütteln, und solch ein Besetztsein von Negativem kann einen zu einer pessimistischen Weltsicht hindrängen. Das ständige Erinnertwerden an frühere Gefahren und an Schlimmes, das geschehen ist, macht es unmöglich, die Welt als angenehmen Ort zu sehen. Das ist der Preis, den wir dafür zahlen müssen, dass wir über dieses effiziente Warnsystem für Notfälle verfügen. Ohne es könnten wir nicht lange überleben, doch macht es dies uns auch schwerer, optimistischer durchs Leben zu gehen. Ob wir Angst davor haben, unsere behagliche Umgebung zu verlassen, ein Risiko einzugehen oder einer Sache vielleicht nicht gewachsen zu sein – solche Gefühle hemmen uns oft und bewirken, dass wir uns den Schattenseiten des Lebens zuwenden, dem, was es an Negativem mit sich bringt. Mit anderen Worten: Das, was sich einem Leben voller Zuversicht in den Weg stellt, sind letztlich Angst und Furcht, die von unserem Alarmzentrum freigesetzt werden.

Was wäre, wenn wir dieses Warnsystem ausschalten und die Furcht aus unserem Leben verbannen könnten? Würde uns das ein glücklicheres und erfüllteres Leben bescheren?

Um eine Antwort auf diese Frage zu finden, können wir Menschen untersuchen, deren Amygdala so geschädigt wurde, dass sie keine Angst empfinden.[67] Personen mit einer Schädigung der Amygdala führen für gewöhnlich trotzdem ein bemerkenswert normales Leben. Linda litt von frühester Jungend an schwerer Epilepsie. In einer gewissen Lebensphase wurde sie acht- bis neunmal am Tag von Anfällen heimgesucht. Sie scheute sich deswegen davor, das Haus zu verlassen. Epilepsie ist nichts anderes als ein Aufflammen elektrischer Energie, die sich im ganzen Gehirn ausbreitet, aber für gewöhnlich einen genau lokalisierbaren Ausgangspunkt hat. Dieser Punkt kann bei jedem Epileptiker ein anderer sein, in Lindas Fall handelte es sich aber immer um die linke Hälfte der Amygdala oder deren Umgebung, also den Kern des Alarmsystems.

Im Alter von 30 Jahren stimmte Linda einer operativen Entfernung ihrer Amygdala zusammen mit einem Teil des Hippocampus – einer Region, die für das Erinnern wichtig ist – zu, um ihre Anfälle unter Kontrolle zu bekommen. Der Eingriff war erfolgreich. Als ich Linda zum ersten Mal begegnete, war sie Anfang vierzig und hatte in den zehn Jahren, die seit der Operation vergangen waren, tatsächlich keinen Anfall mehr erlitten. Die Sorgen des Chirurgen, dass der Eingriff eine Amnesie auslösen könnte, hatten sich als unbegründet erwiesen – wahrscheinlich deswegen, weil der rechte Teil des Hippocampus intakt geblieben war. Die Entfernung der linken Amygdalahälfte hatte sie jedoch einer Kernregion ihres Gehirns beraubt, eben des Teils, der für Angst zuständig war.

Wenn man Linda vor sich hat, gibt es eigentlich keine Hinweise darauf, dass irgendetwas mit ihr nicht stimmt, abgesehen von einer gelegentlichen Unbeholfenheit und einer seltsamen Art, Blickkontakt aufzunehmen. Sie ist glücklich verheiratet und führt ein im Großen und Ganzen normales Leben. Es gibt jedoch ein Problem: Wie andere Menschen, deren Amygdala nicht intakt ist, hat sie kein Problem, ein lächelndes Gesicht als »freundlich« einzustufen und ein finsteres als »drohend«. Doch wenn man ihr ein ängstliches Gesicht zeigt, weiß sie es nicht zu deuten, sie reagiert nicht darauf. »Kein Gefühl erkennbar«, sagt sie, »der Ausdruck kommt mir neutral vor.« Ich legte ihr ein Foto nach dem anderen von Menschen mit ängstlicher Miene vor, und sie bemühte sich immer vergeblich, in diesen Gesichtern zu »lesen«. Das ist ein klassischer, sich mit den Ergebnissen anderer Untersuchungen deckender Befund: Personen, deren Amygdala geschädigt ist, büßen anscheinend die Fähigkeit ein, Angst bei anderen zu entdecken.

Ich redete mit Andy Calder über Linda. Er ist als Psychologe bei der Medical Research Council's Cognition and Brain Sciences Unit in Cambridge tätig und hat Untersuchungen mit mehreren Personen durchgeführt, deren Amygdala nicht intakt ist. Als ich ihm von Lindas Schwierigkeiten berichtete, einen ängstlichen Gesichtsausdruck zu erkennen, bestätigte er mir, dass das ein typisches Problem für solche Patienten sei. »Wenn wir ihnen Fotos von Gesichtern zeigen, auf denen sich primäre Emotionen wie Fröhlichkeit, Überraschung oder Abscheu abzeichnen, haben die meisten Menschen, auch solche mit einem Amygdala-Defekt, keine Probleme.« Doch wenn sich auf einem Gesicht Angst oder Wut spiegeln, verhält es sich anders. »Sie können einen ängstlichen Ausdruck einfach nicht als solchen erkennen und oft auch nicht zwischen einem ängstlichen und einem wütend aussehenden Gesicht unterscheiden.«

Calder und sein Team haben auch herausgefunden, dass diese Unfähigkeit, Angst bei anderen wahrzunehmen, sich nicht auf deren Gesichtsausdruck beschränkt.[68] Sie produzierten Klangfetzen, die verschiedene Emotionen widerspiegelten, wie Lachen, das Fröhlichkeit anzeigte, Würgen, das Ekel signalisierte, Schreie, die von Furcht kündeten usw. Der Tabelle unten können Sie entnehmen, wie DR, eine Frau ohne Amygdala, beim Identifizieren emotioneller Signale im Vergleich zu gesunden Kontrollpersonen abschnitt.

Identifizierung von akustischen emotionalen Signalen[69]

Art des Gefühls	Leistung der Kontrollperson (Alter 54–60 Jahre) (von 20 Geräuschen im Durchschnitt korrekt bestimmt)	Leistung von DR (Alter 52 Jahre) (von 20 Geräuschen korrekt bestimmt)
Glücksgefühl	16,33	15
Traurigkeit	16,0	15
Wut	14,33	5
Angst	16,33	6
Ekel	18,25	20
Überraschung	17,58	18

Ich konnte diese Ergebnisse bei weiteren Gesprächen, die ich mit Linda führte, bestätigen; sie erkennt ein breites Spektrum von gewöhnlichen Gefahrensignalen nicht als solche und würde zum Beispiel einem knurrenden Hund fröhlich den Kopf zu streicheln versuchen oder unbekümmert vor ein fahrendes Auto treten oder auch mit bloßen Händen glühende Kohlenstücke aufheben. Ihr Ehemann berichtete, dass sie sich in den ersten zwei Jahren nach der Operation häufig Verletzungen zuzog. Im Lauf der Zeit lernte sie es wieder, sich vor den verschiedenen Gefahrenquellen zu hüten, doch, wie sie selbst angibt, empfindet sie keinerlei Angst vor ihnen.

Lindas Mann berichtet mir auch, dass sie »jetzt zu vertrauensvoll« sei. »Sie kann sich einfach nicht vorstellen, dass jemand versuchen könnte, sie reinzulegen oder ihr etwas zu stehlen. Sie würde einem völlig fremden Menschen ihre Bank-PIN geben, ohne einen Augenblick zu bedenken, wie riskant das ist.«

Ralph Adolphs, Professor für Psychologie und Neurowissenschaft am California Institute of Technology, hat festgestellt, dass eine Schädigung der Amygdala ernsthafte Probleme bezüglich der Beurteilung anderer Menschen hervorbringt, vor allem was deren Vertrauenswürdigkeit betrifft.[70] Wir lesen sehr viel aus Gesichtern heraus. Oft schätzen wir eine Person allein aufgrund ihres Aussehens als zuverlässig oder vertrauenswürdig ein. Alexander Todorov und seine Kollegen an der Universität Princeton haben die Charakteristika ermittelt, die uns dazu veranlassen, solche spontanen Urteile zu fällen.[71] Nach oben gezogene Mundwinkel, weit geöffnete Augen und prononcierte Wangenknochen werden gemeinhin als Zeichen für Zuverlässigkeit gedeutet, während nach unten gezogene Mundwinkel und Augenbrauen, schwach ausgeprägte oder sogar nach innen gewölbte Wangenknochen der betreffenden Person für die meisten von uns etwas Suspektes verleihen (siehe Abb. 3.2).

Ray Dolan und seine Mitarbeiter am Londoner University College haben herausgefunden, dass die Amygdala zusammen mit anderen Gehirnregionen heftig auf solche nicht vertrauenswürdig aussehenden Gesichter reagiert, unser Alarmsystem aktiviert und ein Gefühl der Bedrohung in uns auslöst.[72] Ist die Amygdala jedoch geschädigt, wird diese Warnung nicht mehr gegeben.

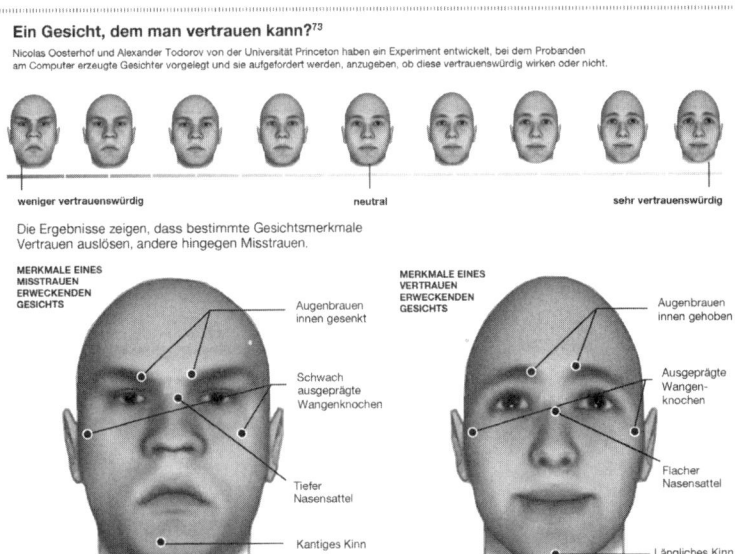

Ein Gesicht, dem man vertrauen kann?[73]

Nicolas Oosterhof und Alexander Todorov von der Universität Princeton haben ein Experiment entwickelt, bei dem Probanden am Computer erzeugte Gesichter vorgelegt und sie aufgefordert werden, anzugeben, ob diese vertrauenswürdig wirken oder nicht.

weniger vertrauenswürdig   neutral   sehr vertrauenswürdig

Die Ergebnisse zeigen, dass bestimmte Gesichtsmerkmale Vertrauen auslösen, andere hingegen Misstrauen.

MERKMALE EINES MISSTRAUEN ERWECKENDEN GESICHTS

Augenbrauen innen gesenkt

Schwach ausgeprägte Wangenknochen

Tiefer Nasensattel

Kantiges Kinn

MERKMALE EINES VERTRAUEN ERWECKENDEN GESICHTS

Augenbrauen innen gehoben

Ausgeprägte Wangenknochen

Flacher Nasensattel

Längliches Kinn

Abb. 3.2

Adolphs untersuchte eine Patientin, die er SM nannte. Während bei den meisten Patienten mit einem Defekt der Amygdala eine Hälfte davon noch funktioniert, ist das bei SM nicht so: Weder die rechte noch die linke Hälfte sind intakt. Sie hat keine Probleme, ihr vertraute Personen zu identifizieren, und weiß auch in vielen Fällen Gefühle richtig zu erkennen, doch ist sie absolut nicht in der Lage, in den Gesichtern anderer Angst wahrzunehmen oder Vertrauenswürdigkeit aus ihnen herauszulesen. Sie ist auch zu freundlich gegenüber anderen und im Umgang mit ihren Mitmenschen, auch mit ihr vollkommen fremden, auf eine leicht gegen die gesellschaftlichen Normen verstoßende Weise offen und intim, sodass in ihrem Gegenüber eine gewisse Unbehaglichkeit aufsteigt. Die natürliche Vorsicht, die sonst unsere sozialen Interaktionen regelt, scheint ihr völlig abzugehen.

Adolphs und seine Kollegen ersannen einen cleveren »Zocker«-

Test, um zu ermitteln, ob die Amygdala uns dabei hilft, Risiken zu erkennen und richtig einzuschätzen. Die meisten von uns würden sich kaum auf ein riskantes Spiel einlassen, wenn die Differenz zwischen einem Gewinn und einem Verlust gering ist oder aber der potenzielle Verlust sehr hoch sein kann. Stellen Sie sich vor, dass Sie bei *Wer wird Millionär?* die 500 000 Euro-Frage richtig beantwortet haben. Sie haben jetzt die Wahl: Sie können, obwohl Sie keinen Joker mehr besitzen, die letzte Frage in Angriff nehmen. Wenn Sie die richtige Antwort geben, gewinnen Sie eine Million; geben Sie die falsche, bleiben Ihnen nur 16 000 Euro. Die meisten von uns würden die 500 000 einsacken und das Risiko nicht eingehen.

Adolphs' Team testete SM und eine weitere Patientin, AP, mit vergleichbarer Amygdala-Schädigung, indem sie sie vor eine ähnlich riskante Wahl stellten.[74] Sie händigten allen Probanden – neben den beiden Patientinnen noch zwölf Kontrollpersonen – zu Beginn des Experiments 50 Pfund aus und forderten sie dann auf, auf das Ergebnis eines Münzwurfs zu wetten. Die Chance, dass Kopf oder Zahl kam, betrug natürlich immer 50 zu 50, bei jedem Wurf variierte aber die Summe, die man gewinnen oder verlieren konnte. Manchmal konnte man 50 Pfund gewinnen oder 10 Pfund verlieren, während ein andermal der potenzielle Gewinn 20 Pfund, der potenzielle Verlust aber 15 Pfund betragen konnte. Wie es bei den meisten von uns ebenfalls der Fall wäre, zeigten die Kontrollpersonen sich recht unwillig, in letzterem Fall das Risiko der Wette einzugehen: Man nennt dieses Phänomen Verlust-Aversion. Beide Amygdala-Patientinnen gaben aber keine solche Aversion zu erkennen. Sie zeigten sich vollkommen unbeeindruckt von dem Missverhältnis zwischen der potenziell zu gewinnenden und potenziell zu verlierenden Summe. SM und AP begriffen zwar vollkommen, was »auf dem Spiel stand«, sie ließen sich aber sogar darauf ein, wenn der potenzielle Verlust höher als der potenzielle Gewinn war. Es sieht also so aus, als käme der Amygdala eine bedeutende Rolle dabei zu, uns an riskantem Verhalten zu hindern, vor allem, wenn das Ergebnis sich zu unserem Nachteil auswirken könnte.

Wie ich bei meinen mit Lindas Hilfe durchgeführten Untersuchungen entdeckte, sind Menschen mit einem Amygdala-Defekt nicht unbesonnen oder waghalsig, aber sie erkennen die typischen Gefahren und Risiken nicht, die im alltäglichen Leben auf uns lauern. Adolphs, dem aufgefallen war, dass SM zu freundlich war und einem bei Begegnungen unangenehm nahe zu rücken pflegte, suchte nach weiteren Beweisen dafür, dass die Amygdala eine wichtige Funktion für die Regelung sozialer Interaktionen hat.[75] Er benutzte dazu etwas, das man Stop-Distance-Technik nennt. Dabei wird eine Versuchsperson aufgefordert, in einer bestimmten Entfernung vom Versuchsleiter Position zu beziehen und dann auf diesen zuzugehen, und zwar bis zu dem Punkt, an dem beide die Annäherung noch nicht als unbehaglich empfinden. Die meisten Menschen halten wie die 20 Kontrollpersonen Adolphs dann inne, wenn sie an die 64 Zentimeter von dem anderen entfernt sind. SM näherte sich bis auf 34 Zentimeter an, ja, sie empfand noch nicht einmal dann Unbehagen, wenn ihre Nasenspitze und die eines Fremden sich praktisch berührten. Ein Amygdala-Defekt lässt auch das Gefühl für die Notwendigkeit eines persönlichen Raums, einer gewisse Freizone um sich herum schwinden.

Ohne Alarm- und Warnsystem sind wir nicht nur physischen Gefahren preisgegeben, sondern auch gesellschaftlichen Risiken ausgesetzt. Ohne das vorsichtige Innehalten, zu der die Amygdala uns veranlasst, könnten wir jedem Betrüger oder Hochstapler zum Opfer fallen. Wenn auch die zuständigen Strukturen im Gehirn uns zu einer pessimistischen Einstellung hindrängen können, scheint ihre Nützlichkeit alle potenziellen Nachteile aufzuwiegen.

Jedes Alarmsystem reagiert anders

Unterschiede hinsichtlich der Reaktivität der für Angst verantwortlichen Gehirnstrukturen legen fest, wie wir auf alle möglichen Arten von Situationen ansprechen, und sie sind bestimmend
für unsere Persönlichkeit, dafür, wer wir sind. Diese fundamentalen Unterschiede beginnen sich früh auszubilden. Einige Kleinkinder sind im Höchstmaß reaktiv, sie lachen und kichern, wenn
man sie kitzelt. Sind sie etwas älter, gehen sie offen auf andere
Menschen zu und spielen gern mit ihnen. Andere sind scheu und
nervös und müssen erst aus der Reserve gelockt werden. Menschen mit höchst reaktivem, sonnigem Gemüt sind sehr empfänglich für positive Stimuli. Diejenigen mit einem sensiblen umwölkten Gemüt – mit einem höchst aktiven Alarmsystem – suchen
Situationen zu vermeiden, die riskant zu sein scheinen, da sie
immer die möglichen negativen Folgen in den Mittelpunkt stellen. Ein Freund von mir traute sich nie, ein Mädchen zu einem
Rendezvous aufzufordern, aus Angst, einen Korb zu bekommen.
Und ganz ähnlich zögern viele Leute, sich einer Herausforderung
zu stellen, weil sie fürchten, versagen oder in physischer oder psychischer Weise verletzt werden zu können.

Psychologen bezeichnen eine solche Veranlagung als *Neurotizismus* oder auch als Eigenschaftsangst (*trait anxiety*). Man muss
davon ausgehen, dass die Art und Weise, wie wir auf unterschiedliche Situation reagieren, bestimmend für gewisse Aspekte unserer Persönlichkeit ist. Wenn ich zum Zahnarzt muss, kann ich auf
seinem Behandlungsstuhl Angst haben, das geht vielen so. Einige
Menschen sind aber auch von Anspannung erfüllt, wenn sie ins
Kino gehen, auf der Autobahn fahren oder sogar schon dann,
wenn sie im Laden an der Ecke etwas einkaufen. Wenn jemand
oft, in den unterschiedlichsten Kontexten solche Zustandsangst
(*state anxiety*) empfindet, dann ist das ein Zeichen für eine hochgradig ausgeprägte, hartnäckigere Ängstlichkeit anderer Art, eben

die »Eigenschaftsangst«. Es ist normal, wenn man in einer Situation, die neu für einen ist oder bedrohlich wirkt, Angst verspürt – also zum Beispiel, wenn man einen Prüfungsraum betritt, in dem man sich einem wichtigen Examen unterziehen muss. Menschen mit stark ausgeprägter Eigenschaftsangst erleben aber eine Steigerung ihrer Zustandsangst in allen möglichen Situationen – von denen viele ganz ungefährlich sind.

Richard Davidson, der bereits erwähnte Psychologe an der Universität Wisconsin, hat die neuronale Grundlage dieses Persönlichkeitszugs mithilfe von EEGs ermittelt.[76] Kleinkinder, die häufig weinen und ängstlich sind, haben eine gesteigerte Aktivität in der rechten Seite ihres Präfrontalkortex zu erkennen gegeben. Eine ebensolche Asymmetrie hat man auch bei Erwachsenen festgestellt. Ich selbst habe mehrere Personen untersucht, die über Eigenschaftsangst unterschiedlicher Intensität berichteten, und bin dabei immer wieder auf diese besondere Art von »Rechtslastigkeit« gestoßen. Sogar bei Affen sind zerebrale Asymmetrien sehr unterschiedlicher Art zu erkennen, und bei denjenigen, bei denen in der rechten Gehirnhälfte eine deutlich höhere Aktivität stattfindet als in der linken, zirkuliert in der Blutbahn auch sehr viel mehr Cortisol als bei Artgenossen, bei denen die linke Hälfte aktiver ist. Cortisol ist ein Hormon, dessen Vorhandensein auf Gefühle von Stress und Angst hindeutet.

Die Gehirnaktivität von Menschen zu messen, ist ein recht schwieriges Unterfangen, es erfordert ganz spezielle Gerätschaften. Die meisten Psychologen bestimmen daher Neurotizismus oder Eigenschaftsangst mithilfe simpler Fragebögen. Mehrere Fragebögen, die diesem spezifischen Zweck dienen, sind entwickelt worden, am häufigsten bedient man sich aber des in den sechziger Jahren von Charles Spielberger, einem Psychologen der Florida State University, erarbeiteten State-Trait-Angstinventars (*State-Trait Anxiety Inventory*; STAI).[77] Es ist auf der ganzen Welt verwendet worden und besteht aus 20 Fragen, mit denen ermittelt wird, wie Menschen sich *akut*, also in der Situation, in der sie sich gerade befinden, fühlen. Dazu kommen 20 weitere Fragen, die Auskunft darüber geben sollen, wie sie sich im Allgemeinen fühlen, wie es also um ihre Eigenschaftsangst bestellt ist.

Eine Aussage lautet: »Mir mangelt es an Selbstbewusstsein«, und die Probanden können darauf eine der folgenden Antworten geben:

So gut wie nie.
Manchmal.
Oft.
Fast immer.

Ich verwende den STAI-Fragebogen routinemäßig bei meinen eigenen Forschungen, um Menschen entweder der Kategorie »stark ausgeprägte Eigenschaftsangst« oder »gering ausgeprägte Eigenschaftsangst« zuzuordnen. Versuchen Sie einmal, den unten stehenden Bogen auszufüllen, um festzustellen, wie neurotisch Sie sind beziehungsweise wie groß Ihre Eigenschaftsangst ist.

Essex Neuroticism Scale

Lesen Sie die folgenden Aussagen sorgfältig durch und kreuzen Sie die auf Sie zutreffende Antwort an. Bitte beantworten Sie alle Punkte und schauen Sie dann im Anhang unter der Anmerkung 78 nach, wie Sie Ihre Punktzahl ermitteln können.

	trifft über- haupt nicht zu	trifft nicht zu	trifft teils/ teils zu	trifft zu	trifft sehr zu
1. Ich habe oft einen Kloß im Hals.	☐	☐	☐	☐	☐
2. Ich fühle mich oft überdreht.	☐	☐	☐	☐	☐
3. Ich bin oft entmutigt und gebe schnell auf.	☐	☐	☐	☐	☐
4. Ich mache mir oft Sorgen.	☐	☐	☐	☐	☐

5. Ich bin ein sehr gelassener Mensch.	☐	☐	☐	☐	☐
6. Manchmal bin ich sehr niedergeschlagen.	☐	☐	☐	☐	☐
7. Sorgen um die Zukunft machen mir gewöhnlich nicht zu schaffen.	☐	☐	☐	☐	☐
8. Ich fühle mich oft sehr nervös.	☐	☐	☐	☐	☐
9. Die meisten Menschen würden mich für zuverlässig halten.	☐	☐	☐	☐	☐
10. Ich habe selten Schlafprobleme.	☐	☐	☐	☐	☐

Menschen, die bei diesem Test eine hohe Punktzahl erreichen, besitzen für gewöhnlich ein sehr aktives Alarmsystem und reagieren stärker auf negative Situationen als diejenigen, die eine niedrige Punktzahl erreichen. Wenn Sie mehr als 35 Punkte erzielen, dann ist es wahrscheinlich, dass die Aktivität in Ihrer rechten Kortexhälfte sehr viel stärker ist als in Ihrer linken und dass Sie mit größer Sicherheit auch bei der Attentional-probe-Aufgabe stärker auf die negativen Bilder oder Wörter ansprechen. Wörter wie »Krebs«, »Überfall«, »Vergewaltigung« würden einen heftigen Respons bei Ihnen auslösen.[78]

Das Angstzentrum stellt sicher, dass wir allen ernsthaft bedrohlichen Situationen höchste Beachtung schenken, sodass wir schnell Abwehrmaßnahmen ergreifen können. Es ist keine gute Idee, ein Raubtier, das sich an einen anschleicht, oder ein Auto, das auf einen zuschleudert, zu ignorieren. Was jedoch Menschen mit hochgradiger Eigenschaftsangst auszeichnet, ist die Tendenz, in Situationen, die nur eine recht leichte Bedrohung darstellen, hyperwachsam zu sein. Karin Mogg und Brendan Bradley, Psychologen an der University of Southampton, haben das mithilfe einer Attentional-probe-Aufgabe nachgewiesen, bei der die Intensität der von den vorgelegten Fotos vermittelten Bedrohung variierte.[79] Einige, wie solche von verstümmelten Körpern und Mordopfern, waren im Höchstmaß negativ und bedrohlich, während von anderen, dem von einem Soldaten mit einem Gewehr beispielsweise, nur eine geringe Bedrohung ausging. Die beiden Forscher hatten Hunderte von Fotos von anderen Personen »einstufen« lassen, sodass sie über Sets von sehr erschreckenden, leicht erschreckenden und keine solche Reaktion auslösenden verfügten. Sie stellten fest, dass jede der Versuchspersonen vor allem auf die Fotos ansprach, von denen eine besonders intensive Aussage oder Wirkung ausging, dass aber nur Personen mit hochgradiger Eigenschaftsangst auch auf solche ansprachen, die nur leicht bedrohlich wirkten. Das verrät uns, dass die *Schwelle* von Bedeutung ist: Jeder von uns reagiert auf massive Bedrohung, doch diejenigen mit hoher Eigenschaftsangst besitzen eine niedrigere Angstschwelle, das heißt, sie schalten früher in den Wachsamkeitsmodus. Ein solches sensibles und im Höchstmaß reaktives Alarmsystem kann leicht bewirken, dass den Betreffenden die Welt am Ende als ein Ort voller Gefahren anmutet, weil er einfach mehr von diesen wahrnimmt.

Bei einer Studie, die an die schon beschriebene Blindsicht-Studie erinnert, habe ich den sogenannten Attentional Blink-Test eingesetzt, um zu ermitteln, ob eine normale Schwankung in der Stärke von Eigenschaftsangst – es geht hier nicht um extreme Angst – sich darauf auswirken kann, wie schnell Menschen verborgene Gefahren entdecken.[80] Wir holten Versuchspersonen ins Labor und legten ihnen einen auf den ersten Blick leicht erscheinenden Test vor. Man sagte ihnen, dass sie nichts anderes zu machen brauchten, als eine Reihe von Gesichtern anzuschauen, die eines nach dem anderen auf einem Computerbildschirm aufleuchteten, und zu sagen, ob ein Emotionen zeigendes Gesicht darunter war oder nicht. Der Ausdruck der meisten Gesichter war neutral, nur hin und wieder war ein fröhlich oder ängstlich wirkendes darunter – gewissermaßen versteckt im Fluss der anderen. Sobald sich die Probanden an die Geschwindigkeit gewöhnt hatten, mit denen 15 oder mehr der Fotos vor ihren Augen vorbeihuschten, bewältigten sie die Aufgabe ohne große Probleme. Manchmal wurde es jedoch kompliziert, weil sie dann zwei Aufgaben ausführen mussten. Erstens: Wenn in die Folge der Gesichter ein Bild eingefügt war, das etwas ganz anderes zeigte – entweder eine Blume oder einen Pilz –, mussten die Versuchspersonen angeben, um welches Bild es sich handelte, und gleichzeitig mussten sie weiter auf ein Gesicht achten, das eine Emotion zum Ausdruck brachte. Wenn ein solches Gesicht weniger als eine halbe Sekunde auf dem Bildschirm erschien, nachdem dort eine Blume oder ein Pilz zu sehen gewesen war, dann entging es den meisten Leuten vollkommen. Ja, alles innerhalb dieses kritischen Zeitfensters von einer halben Sekunde entging ihnen. Unsere Aufmerksamkeit »blinzelt« (*blink*) tatsächlich, sodass wir für einen ganz kurzen Moment blind sind.

Abbildung 3.3 vermittelt Ihnen eine Vorstellung davon, wie ein einzelner Bilderstrom bei diesem Test aussehen kann. Denken Sie daran, dass jedes Einzelbild für nur 110 Millisekunden aufscheint, sodass alle zusammen in weniger als einer Sekunde vor dem Betrachter vorbeiziehen und alle immer am selben Ort sichtbar werden – auf einem Computerbildschirm.

Jede unserer Versuchspersonen musste Hunderte solcher Aufgaben lösen; manchmal war kein Emotionen zum Ausdruck bringendes Gesicht dabei, manchmal eines, das entweder ängstlich oder fröhlich aussah. Wenn ein fröhliches oder ängstliches Gesicht mindestens 550 Millisekunden nach dem Bild von dem Pilz oder der Blume (T1) auf dem Monitor aufzuckte, dann wurde es jedes Mal wahrgenommen. Wenn es hingegen innerhalb eines Zeitraums von einer halben Sekunde (500 Millisekunden) nach T1 aufleuchtete, dann entging es beinahe jedem Probanden – ein klassischer Beweis dafür, dass unsere Aufmerksamkeit kurzfristig aussetzt, weil sie noch von etwas anderem gefangen genommen ist.

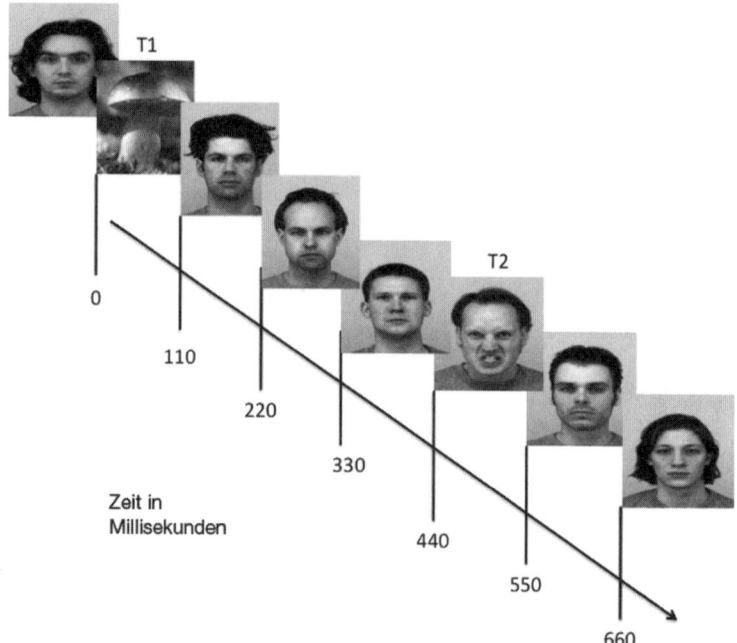

Abb. 3.3: Ein Beispiel für eine Einzelaufgabe beim Attentional blink-Test, bei der ein Emotionen widerspiegelndes Gesicht entdeckt werden soll. Alle Gesichter wurden in rascher Folge hintereinander präsentiert, jedes war nur für 110 Millisekunden zu sehen. Mit T1 ist das erste Ziel (*Target*) bezeichnet, das gemeldet werden sollte (entweder ein Pilz oder eine Blume), mit T2 das zweite (ein Gefühlsregungen widerspiegelndes Gesicht, wenn ein solches vorhanden war). Dieses Gesicht konnte in jedem beliebigen zeitlichen Abstand nach dem Bild von dem Pilz oder der Blume aufleuchten (das heißt maximal bis zu 770 Millisekunden danach).[81]

Wenn wir die Versuchspersonen dann aber auf der Grundlage der Ergebnisse, die sie beim STAI-Test erzielt hatten, in zwei Gruppen aufteilten, nämlich in eine von Menschen mit schwach ausgeprägter und eine von Personen mit stark ausgeprägter Eigenschaftsangst, ergab sich ein anderes, faszinierendes Bild. Die Versuchspersonen mit hochgradiger Eigenschaftsangst entdeckten ein ängstliches Gesicht viel eher als die Mitglieder der zweiten Gruppe. Auch ihnen entgingen viele, doch nahmen sie relativ gesehen mehr der Gesichter mit ängstlichem Ausdruck wahr als die

Personen mit geringerer Eigenschaftsangst – ein Ergebnis, das an die Experimente mit Blindsicht-Patienten denken lässt. Was die glücklich aussehenden Gesichter betraf, ließ sich hingegen kein Unterschied verzeichnen: Sie entgingen den Versuchspersonen der einen wie der anderen Gruppe nahezu jedes Mal. Je höher der Grad der Angst bei einer Person war, desto eher gelang es einem ängstlichen Gesicht irgendwie, das Aufmerksamkeitsblinzeln (*attentional blink*), also jenes kurzfristige Aussetzen der Aufmerksamkeit, außer Kraft zu setzen – ein eindeutiger Beweis dafür, wie ungemein wachsam das Alarmsystem in unserem Gehirn ist.

Weitere direkte Beweise für dieses Phänomen hat eine Studie erbracht, die ich zusammen mit Andy Calder und Mike Ewbank an der Cognition and Brain Sciences Unit (CBU) in Cambridge durchgeführt habe. Wir baten Versuchspersonen, sich in den Hirnscanner zu legen, und zeigten ihnen Bilder von Gesichtern mit wütendem, ängstlichem oder neutralem Ausdruck. Genau wie es bei den Experimenten von Ray Dolan und anderen der Fall gewesen war, leuchtete die Amygdala auf, wenn ein ängstliches oder ein wütendes Gesicht zu sehen war.[82] Das Besondere an unserer Studie war, dass wir den Grad ihrer Eigenschafts- und Zustandsangst maßen, indem wir den Versuchspersonen beim STAI-Test Gesichter zeigten, die sie direkt anschauten oder bei denen der Blick abgewandt war. Die Erkenntnisse von Karin Mogg und Brendan Bradley sagten uns, dass man auf diese Weise den Bedrohlichkeitsfaktor der Gesichter vergrößern oder verringern konnte. Ein wütendes Gesicht, das einem entgegenstarrt, wirkt bedrohlicher als eines, bei dem der Blick einen nicht direkt trifft. Wenn es von einem wegschaut, fühlt man sich weniger gefährdet. Der Grad der Zustandsangst, die bei der Konfrontation mit einem Gesicht der einen oder der anderen Art entsteht, variiert also. Die Zustandsangst wirkte sich entscheidend darauf aus, wie stark die Amygdala – das Alarmzentrum – feuerte, vor allem in Reaktion auf die bedrohlicheren Gesichter. Wenn die wütende Person dem Probanden direkt in die Augen schaute, dann wurden die Amygdala und die mit ihr verbundenen Regionen schlagartig aktiv, und diese Reaktion war umso heftiger, je höher die Zustandsangst war, die die Versuchsperson eigenem Bekunden nach empfand. Wie wir vermutet hatten, spiegelte das von den Probanden selbst angegebene unterschiedlich hohe Niveau von Angst reale Unterschiede bezüglich der Reaktivität des Alarmzentrums wider.

Sonia Bishop und ihre Kollegen und Kolleginnen an der CBU haben auch festgestellt, dass Angst sich darauf auswirkt, wie gut jemand diese Aktivierung einzudämmen weiß.[83] Mithilfe des fMRT-Verfahrens fanden sie heraus, dass diejenigen, die eine hochgradige Eigenschaftsangst zu Protokoll gaben, die hemmenden Regionen ihres Präfrontalkortex nicht so rasch oder so effektiv zu aktivieren vermochten wie die Personen, die geringere Angst empfanden. Das bedeutet, dass bei ängstlichen Menschen die Amygdala nicht nur schneller und stärker feuert, sondern dass auch die inhibitorischen (hemmenden) Zentren im Präfrontalkortex, deren Aufgabe es ist, diese Reaktion einzudämmen, träger reagieren. Das heißt, dass das Alarmsystem von im Höchstmaß ängstlichen Personen gewissermaßen an beiden Fronten stärker auf potenzielle Gefahren anspricht.

Das Alarmsystem in unserem Gehirn soll uns dabei helfen, besser mit Gefahren fertigzuwerden. Seine Reaktivität unterscheidet sich deutlich von einer Person zur anderen: Bei einigen Menschen tritt die Reaktion sofort ein und hält für einen längeren Zeitraum an, während andere eine ruhigere, entspanntere Wesensart besitzen und ein Angstzentrum, das nur bei höchster Alarmstufe aktiv wird. Diese Unterschiede sind zum einen auf die Wechselfälle des Lebens zurückzuführen, denen jeder von uns ausgesetzt ist, zum anderen aber auch auf unsere genetische Veranlagung. Beides beeinflusst einander, interagiert auf eine subtile Weise, die letzten Endes darüber entscheidet, wer und wie wir sind. Das Angstzentrum ist mächtig und kann alle anderen zerebralen Prozesse umgehend zum Erliegen bringen, sobald es eine Gefahr verspürt. Aus diesem Grund lassen sich Sorgen und Ängste so leicht wachrufen (siehe den Gänseblümchen-Spot) und kann das Angstzentrum (beziehungsweise dessen unter Umständen zu rege Aktivität) eine nur schwer zu überwindende Hürde bei dem Versuch sein, eine sonnigere, optimistischere Wesensart zu entwickeln.

4.
Optimismus- und Pessimismusgene

Bestimmen Gene unsere Wesensart?

E s liegt gewiss alles an unseren Genen.« So begann ein Radio-interview, das ich gab, kurz nachdem ich einen Artikel ver-öffentlicht hatte, der in den Medien große Resonanz fand, weil in ihm angeblich von der Entdeckung des »Optimismusgens« die Rede war.[84] Der Interviewer strich mit seinem einleitenden Satz etwas heraus, von dem viele überzeugt sind, nämlich dass es für alles ein Gen gibt und es nur darum geht, dieses zu finden. Sogar unsere affektive Veranlagung – ob wir optimistisch oder pessimis-tisch sind – könnte auf ein einzelnes Gen zurückzuführen sein. In der Tat war es dieser Gedanke – dass in jeder unserer Zellen versteckt ein Optimismus- oder Pessimismusgen lauern könnte –, der mich zu meinen Untersuchungen ermutigte, ob Unterschiede bezüglich spezifischer Gene tatsächlich unterschiedliche Lebens-einstellungen hervorbringen könnten.

Zumindest ist das ein höchst verführerischer Gedanke. Wie ich bei einem Interview nach dem anderen feststellte, finden viele die Vorstellung verlockend, dass unser genetisches Make-up uns zu dem macht, was wir sind. Es scheint, als verspürten wir ein starkes Bedürfnis zu glauben, dass alles auf unsere Gene zurückzufüh-ren ist, und wir deshalb nicht viel an uns selbst ändern können.

Die Techniken der modernen Molekularbiologie gestatten es uns, die biologischen Grundlagen unserer affektiven Veranlagung mit großer Genauigkeit zu erforschen. Wir wissen, dass häufig vorkommende Variationen bei gewissen Genen das Funktionieren bestimmter Schaltkreise im Gehirn beeinflussen, was die Möglichkeit zu eröffnen scheint, die genetische Grundlage unserer Persönlichkeit aufzudecken. Es ist ein aufregendes Forschungsgebiet, und indem man Methoden und Techniken der Genetik, der Neurowissenschaft und der Psychologie miteinander verbindet, kann man den Abläufen in den zerebralen Schaltkreisen auf die Spur kommen und das Fluten und Strömen der Neurotransmitter – der chemischen Botenstoffe –, auf die diese Schaltkreise angewiesen sind, direkt untersuchen.

Diese sich schnell weiterentwickelnde wissenschaftliche Disziplin der Molekulargenetik liefert beinahe täglich neue Fakten. Doch die Frage, ob unsere Persönlichkeit naturgegeben ist oder sich aufgrund bestimmter Einflüsse erst entwickelt, ist eigentlich nicht sehr sinnvoll. Es ist eine ziemlich veraltete Frage, die auch nicht weit genug greift. So wenig uns das auch schmecken mag: Die neueren Forschungen haben uns gezeigt, dass es kein einzelnes Gen gibt, welches für Optimismus oder Pessimismus verantwortlich ist. Stattdessen ergeben sich individuelle Unterschiede hinsichtlich unserer Lebenseinstellung aus einem Meer von komplexen und vielschichtigen Interaktionen, bei denen unser Umfeld Gene freisetzt oder blockiert, aber auch die Gene selbst sich darauf auswirken, was für eine Art von Umfeld wir erfahren. Die Wissenschaft durchschaut diese komplexen Prozesse immer noch nicht genau, doch hat sich unser Wissen darüber, wie sich ein optimistisches oder pessimistisches Gemüt ausbildet, in erstaunlicher Weise vergrößert. Gene spielen eine Rolle, das stimmt, doch ist mittlerweile klar, dass sie nicht in einer Art Splendid Isolation ihre Wirksamkeit entfalten. Das bedeutet, dass nicht sie allein über unsere Persönlichkeitsstruktur entscheiden.

Eine ganze Zahl verschiedener Techniken ist angewandt worden, um zu ermitteln, wie unsere Gene und unser jeweiliges Umfeld bei der Entwicklung unserer Einstellung gegenüber dem Leben zusammenwirken. Zwillingsstudien sind eine Hauptstütze traditioneller genetischer Forschungen gewesen. Wenn wir eine große Zahl eineiiger Zwillinge (deren Gene zu 100 Prozent identisch sind) mit einer ebenfalls großen Zahl zweieiiger Zwillinge (deren Gene sich zu 50 Prozent decken) vergleichen, und zwar in Bezug darauf, wie optimistisch oder wie pessimistisch sie sich fühlen, können wir ermitteln, inwieweit oder in welchem Maß ihre Lebenseinstellung genetisch bedingt ist. Wenn eineiige Zwillinge sich hinsichtlich des Pessimismus, den sie eigener Aussage nach empfinden, mehr ähneln als zweieiige, dann können wir – vorausgesetzt, dass die Bedingungen, unter denen die betreffenden Zwillingspaare aufgewachsen sind, mehr oder weniger identisch waren – darauf schließen, dass dieser Unterschied zwischen den eineiigen und den zweieiigen genetisch bedingt ist.

Bei einer der umfangreichsten Untersuchungen dieser Art wurden knapp 46 000 Zwillinge nach dem Grad ihres »Neurotizismus« – ein Hauptmarker einer pessimistischen Grundeinstellung – befragt.[85] Auch ihre Verwandten wurden in die Befragung einbezogen. Der genetische Beitrag – die Heritabilität, so der Fachausdruck – zu diesem Persönlichkeitszug lag bei den Frauen bei 41 und bei den Männern bei 35 Prozent. Das bedeutet, dass die Neigung zu Neurotizismus oder gesteigertem Angstempfinden zu mehr als einem Drittel auf die Gene zurückzuführen ist.

Ich hatte die Gelegenheit, die Heritabilität, also den Grad der Vererbbarkeit, von Optimismus in Zusammenarbeit mit dem Zwillingsforschungsteam des Kings College in London zu untersuchen. Tim Spector hatte mehr als 8000 Zwillingspaare erfasst, die im ganzen Vereinten Königreich verstreut lebten. Im November 2009 sandten wir beinahe allen dieser von ihm registrierten Personen den LOT-R-Bogen zu. Ungefähr sieben Monate später ergab die Auswertung, dass die eineiigen Zwillinge öfter einen ähnlichen Optimismus-Level gemeldet hatten als die zweieiigen.

Ähnlich wie der Heritabilitätswert für Neurotizismus lag auch der für Optimismus bei zirka 40 Prozent.

Solche Zwillingsstudien verraten uns zwar, dass Gene im Allgemeinen für die Entwicklung unterschiedlicher mentaler Einstellungen (mit-)verantwortlich sind, sagen uns aber leider nicht, welche spezifischen Gene dies sein könnten.

Ein logischer Ansatz, um zu ermitteln, welche Gene genau daran beteiligt sind, besteht darin, Gene zu identifizieren, die sich auf bestimmte Systeme von Neurotransmittern, wie zum Beispiel Dopamin und Serotonin, auswirken, welche, wie wir bereits wissen, in den zerebralen Netzwerken, die für Optimismus beziehungsweise Pessimismus verantwortlich sind, eine entscheidende Rolle spielen. Die Ermittlung dieser Gene ist eine der großen Aufgaben der modernen Psychologie und Neurowissenschaft, und die diesbezügliche Forschung erhielt gewaltigen Auftrieb durch die Sequenzierung oder sogenannte Entschlüsselung des menschlichen Genoms im Jahr 2005. Dieser aufsehenerregende Fortschritt weckte die Hoffnung, dass wir endlich die Gene identifizieren könnten, die uns zu dem machen, was wir sind. Zur Überraschung vieler Wissenschaftler ließ sich jedoch keine Gruppe spezifischer Gene für spezifische Eigenschaften entdecken. Stattdessen ist man auf viel komplexere und faszinierendere Zusammenhänge gestoßen.

Um zu begreifen, was auf diesem Gebiet geschieht, müssen wir zunächst einmal wissen, was genau ein Gen ist. Ursprünglich verstand man darunter eine Einheit von Erbmaterial, doch seit der Entdeckung der DNA durch Francis Crick und James Watson im Jahr 1953 fassen Genetiker ein Gen als eine spezifische DNA-Sequenz auf. In der DNA werden Informationen als Code gespeichert, der sich aus vier Nukleotide genannten chemischen Komplementärbasen zusammensetzt, nämlich aus Adenin (A), Guanin (G), Cytosin (C) und Thymin (T). Diese Nukleinbasen sind die Grundbausteine des Lebens. Wenn sie sich miteinander verbinden (z. B. A mit T und C mit G), ergeben sich Basenpaare, die die

Grundstruktur der DNA bilden. Was wir ein Gen nennen, ist eine bestimmte Sequenz solcher Paare, denen das vorangeht, was als Promotor bekannt ist (siehe Abb. 4.1). DNA wird von Generation zu Generation weitergegeben, die Sequenzen bleiben konstant, von seltenen Mutationen abgesehen.

PROMOTOR-REGION

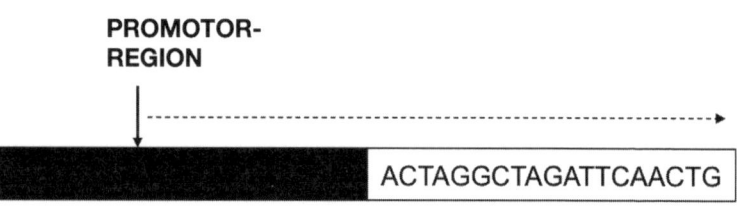

ACTAGGCTAGATTCAACTG

Abb. 4.1: Gene bestehen aus einer DNA-Sequenz, die sich aus den Nukleinbasen A, G, C und T zusammensetzt und der eine Promotor-Region (der schwarze Balken) vorangeht.

Seit der Begründung der Molekulargenetik in den 1980er Jahren haben die Fachwissenschaftler immer mehr Erkenntnisse darüber gewonnen, was genau Gene eigentlich sind, wie sie wirken und wie sie Einfluss auf eine große Zahl menschlicher Wesenszüge und Eigenschaften nehmen. Das ist wissenschaftliche Forschung auf höchstem Niveau, und die vollständige Entschlüsselung des menschlichen Genoms war ein Meilenstein in der menschlichen Geschichte. Wenn wir eine Forschungsreise in die Grundlage unserer Persönlichkeit unternehmen wollen, dann brauchen wir eine Landkarte. Bis zur Sequenzierung des menschlichen Genoms schien es unmöglich, jemals eine solche anzufertigen.

Viele Gene sind normalen Variationen unterworfen, die in Körper und Gehirn unterschiedliche Wirkungen erzeugen. Diese Variationen einzelner Basenpaare, auch Einzelnukleotidpolymorphismen oder *SNPs* (*single nucleotide polymorphisms*) genannt, können entscheidende Hinweise darauf liefern, wie groß der Wahrscheinlichkeitsgrad dafür ist, dass jemand eine bestimmte Krankheit entwickelt, oder sogar dafür, dass jemand einen bestimmten Persönlichkeitszug ausbildet. Solche Variationen (siehe Abb. 4.2) bei Genen, die das Entstehen von Neurotransmitter-

Systemen beeinflussen, wirken sich mit Sicherheit darauf aus, wie hoch die Wahrscheinlichkeit ist, dass jemand sich zu einem Optimisten beziehungsweise zu einem Pessimisten entwickelt.

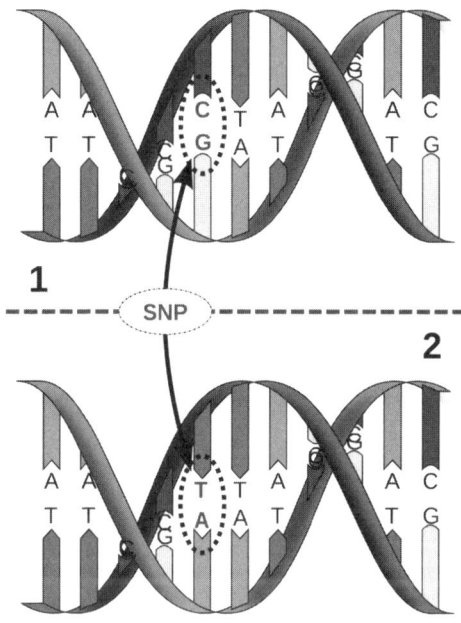

Abb. 4.2: Bildliche Darstellung eines Einzelnukleotidpolymorphismus (SNP).[86]

Es hat sich herausgestellt, dass mehrere Gene SNPs aufweisen können, die sich auf spezifische Neurotransmitter wie Dopamin und Serotonin auswirken, die ja an den affektiven Abläufen in unserem Gehirn beteiligt sind, also unseren Gemütszustand beeinflussen. Das bekannteste ist das als SLC6A4 bezeichnete Gen, das den Serotonintransport regelt, der wiederum den Serotoninspiegel im Gehirn erhöht oder senkt. Das Dopamin-D4-Rezeptor-Gen ist eines, das den Dopaminspiegel im Gehirn beeinflusst; ein bestimmter Einzelnukleotidpolymorphismus dieses Gens wird mit dem Drang in Zusammenhang gebracht, Dinge zu tun, die einem Lustgewinn verschaffen, wie zum Beispiel Alkohol zu trinken oder Schokolade zu essen.

Um zu enträtseln, warum einige von uns unverbesserliche Optimisten und andere ebenso unverbesserliche Pessimisten sind, erschien es mir naheliegend, die neuen Erkenntnisse und Methoden im Bereich der Genetik in meine psychologischen und neurowissenschaftlichen Experimente mit einzubeziehen. Ich stellte jedoch bald fest, dass ich zwischen die Fronten von miteinander im Krieg liegenden Fraktionen von Molekularbiologen geraten war, von denen jede eine andere Ansicht davon vertrat, auf welche Weise man die Genetik weiter voranbringen könnte.

Da beide Lager sich aus Wissenschaftlern zusammensetzen, die sich ihren Forschungen mit Leidenschaft verschrieben haben und überdies ein starkes Selbstbewusstsein besitzen, was auch bedeutet, dass es ihnen widerstrebt, von ihren Ansichten abzurücken, hat sich ein tiefer Graben zwischen ihnen aufgetan.[87] Um es kurz zusammenzufassen: Das eine Lager meint, dass wir uns von der Neurobiologie leiten lassen und bestimmte Gene studieren sollten, von denen wir wissen, dass sie die Neurotransmitter-Systeme beeinflussen. Diese Idee ist als Kandidatengen-Ansatz (*candidate gene approach*) bekannt. Das andere Lager hält dagegen, dass wir nicht genügend Kenntnisse über die verwickelten neurobiologischen Prozesse besitzen, um die Gene eindeutig zu identifizieren, die man eingehender untersuchen müsste. Deswegen müsse man bei einer großen Zahl von Menschen erst jedes einzelne Gen studieren, um diejenigen zu ermitteln, die uns zu Krankheiten und Störungen prädisponieren. Dieses Lager tritt also für eine Genomweite Assoziationsstudie (*genome-wide association study;* GWAS) ein.

Diese Suche nach Vulnerabilitäts- oder Suszeptibilitäts-Genen, also solchen, die uns verwundbar oder empfänglich für physische oder psychische Störungen machen, ist zeitaufwendig, kostspielig und schwierig. Man wird dabei von der Vorstellung geleitet, dass eine bestimmte Variante eines Gens (SNP) die betreffenden Menschen anfälliger für spezifische Krankheiten macht. Jemand mit einem Vulnerabilitätsgen für Lungenkrebs beispielsweise trägt ein höheres Risiko, daran zu erkranken, vor allem wenn er in irgendeiner Weise – aktiv oder passiv – Zigarettenrauch einatmet. Und ähnlich würde ein Vulnerabilitätsgen für Angst die Wahrscheinlichkeit erhöhen, dass die betreffende Person ernsthafte Angststörungen entwickelt, wenn sie ein schwerwiegendes Trauma erleidet.

Einen ersten großen Durchbruch mithilfe des Kandidatengen-Ansatzes erzielte Daniel Weinberger, experimenteller Psychiater am National Institute for Mental Health in Bethesda, Maryland.[88] Er untersuchte ein Gen, das COMT genannt wird und die Entstehung von Dopamin im Gehirn beeinflusst. Wie alle Neurotransmitter erfüllt Dopamin nicht nur eine Aufgabe, sondern ist an vielen Abläufen im Gehirn beteiligt. Eine seiner bedeutendsten Aufgaben besteht darin, das Belohnungssystem, also den Nucleus accumbens und die mit ihm interagierenden Regionen, aktiv zu halten: Dopamin ist also unerlässlich für ein sonniges Gemüt. Wir wissen aber auch, dass zu wenig Dopamin Bewegungsprobleme verursachen kann, wie sie mit der Parkinson-Krankheit einhergehen, während sich bei schizophrenen Personen häufig ein zu hoher Dopaminspiegel feststellen lässt.

Weinberger und sein Team machten sich diese Beziehung zwischen erhöhtem Dopaminspiegel und Schizophrenie zunutze, um ein Gen zu untersuchen, das bei gesunden Menschen von Natur aus variiert. Sie wussten, dass das COMT-Gen die Menge von Dopamin im Gehirn so reguliert, dass ein gesunder Mittelwert erreicht wird, dass aber einige Personen eine besondere Variante dieses Gens aufweisen, die seine Effizienz herabsetzt. Genauer: Bei Menschen mit dieser Variante erfüllt das Gen zwar seine Aufgabe – die Dopaminausschüttung zu dämmen –, aber nicht mit der notwendigen Effizienz, sodass diese einen erhöhten Dopaminspiegel im Gehirn aufweisen; zwar nicht einen so hohen wie Schizophrene, aber doch einen, der über dem Durchschnitt liegt.

Weinberger und seine Mitarbeiter brachten die Kenntnis von den biologischen Effekten des COMT-Gens mit dem Wissen zusammen, dass Schizophrene häufig an Funktionsstörungen des Gedächtnisses leiden, die mit einer verringerten Aktivität im präfrontalen Kortex einhergehen. Sie schlussfolgerten daher, dass Personen mit der ineffizienten Variante des COMT-Gens eine verringerte Aktivität in ihrem präfrontalen Kortex aufweisen und außerdem über ein schlechteres Gedächtnis verfügen müssten – also dieselben Symptome wie Schizophrene aufweisen müssten. Mithilfe von Gehirnscans und kognitiven Tests bestätigten sie diese Hypothese. Sie hatten eine Schar vollkommen gesunder Leute vor sich, die alle eine Variante eines sehr gewöhnlichen Gens in sich trugen, die einen geringfügig erhöhten Dopaminspiegel verursachte, und deren Gehirntätigkeit ein Muster aufwies, das dem von schizophrenen Personen glich. Die Ergebnisse der Studie ließen es als möglich erscheinen, dass die Existenz dieser besonderen Variante des COMT-Gens ein nützliches frühes Warnsignal – ein biologischer Marker – für eine Prädisposition für Schizophrenie sein könnte. Durch Weinbergers bahnbrechende Entdeckung wurde dem Kandidatengen-Ansatz starker Vorschub geleistet und beflügelte eine eifrig und leidenschaftlich betriebene Suche nach spezifischen Genen, die mit einer Vielzahl von mentalen Störungen in Zusammenhang stehen könnten.

Dem Kandidatengen-Ansatz zufolge ist es besser, einen spezifischen kognitiven Prozess oder die Aktivität eines bestimmten Schaltkreises im Gehirn zu ermitteln beziehungsweise zu messen, als sich auf eine klinische Diagnose zu stützen, wenn wir verstehen wollen, wie ein Gen unseren »Geist«, unsere Psyche beeinflusst. Das ist deswegen so, weil Leiden wie Schizophrenie oder Depression sich auf so vielfältige Art äußern und es sehr unwahrscheinlich ist, dass ein einziges Gen für eine solche Vielfalt von Erscheinungsformen verantwortlich sein kann. Nehmen Sie zum Beispiel die Depresssion, die sich ja auf Gefühle, Motiviertheit, Sexualtrieb und Physiologie auswirken kann. Mit Sicherheit spielen viele Gene und Umfeldfaktoren dabei eine Rolle.

Der Kandidatengen-Ansatz verlangt, dass wir das unter die

Lupe nehmen, was Wissenschaftler intermediäre Phänotypen nennen; das sind Charakteristika und Mechanismen, die eine Art Mittelstellung zwischen den Genen und den klinischen Phänotypen einnehmen, den Genen also einen Schritt näher sind als letztere. Wie in dem 2010 erschienenen Buch zur Genetik mit dem Titel *How Genes Influence Behavior* (»Wie Gene das Verhalten beeinflussen«) zu lesen ist, ähnelt die Suche nach einem Kandidatengen ein wenig der nach der Quelle eines Stromes, wenn man sich noch ziemlich weit an dessen Unterlauf befindet.[89] Aus der Ferne kann man nicht bis dorthin blicken, wo der Fluss entspringt. Je näher man an die Region seines Ursprungs herankommt, desto wahrscheinlicher wird es, dass man einen Blick auf die Quelle erhaschen kann. Eine klinische Diagnose bringt einen bei der Suche nach dem Kandidatengen nicht nahe genug an dieses heran, man ist bildlich gesprochen noch Meilen von den Hügeln, in denen der Fluss entspringt, entfernt – aber auch von dem Ort, an dem die Gene ihre Wirkung ausüben. Intermediäre Phänotypen lassen sich mit Wegstationen an dem Flusslauf vergleichen: Sie bringen uns näher und näher an die Quelle, also an das verursachende Gen, heran.

Die zentrale Vorstellung ist dabei die, dass es eine lange Folge von Ereignissen gibt, welche damit beginnt, dass ein Gen ein Protein erzeugt, das dann eine Zelle aufbaut, die dazu beiträgt, einen Schaltkreis im Gehirn herzustellen, der uns am Ende in die Lage versetzt, etwas zu hören, zu sehen, zu fühlen oder zu erinnern. Alle diese Vorgänge führen schließlich zu der Ausbildung eines bestimmten Temperaments oder einer bestimmten Persönlichkeit und, wenn etwas schiefläuft, vielleicht auch zu einer klinischen Störung. Man kann also folgendermaßen argumentieren: Wenn man weiß, wie die dafür verantwortlichen zerebralen Schaltkreise eines Menschen auf eine Bedrohung reagieren, kann man der Funktionsweise eines Gens ein wenig näher kommen, als wenn man lediglich weiß, dass bei dem Betreffenden eine depressive Erkrankung diagnostiziert worden ist.

Helle Larsen, Psychologin am Behavioral Science Institute der Universität Nijmegen wandte den Kandidatengen-Ansatz mit großen Erfolg bei einem Experiment an, das dazu diente, die Rolle eines bestimmten Gens bei der Entstehung von Alkoholismus zu überprüfen.[90] Sie erkannte, dass eine Untersuchung bestimmter Verhaltensweisen – wie etwa Rauchen oder Alkoholkonsum – mehr über das Wirken von Genen aussagen kann als eine Diagnose wie zum Beispiel Alkoholismus. Den meisten von uns dürfte schon aufgefallen sein, dass wir dazu neigen, mehr Alkohol zu trinken, wenn wir von anderen Menschen umgeben sind, die ihm kräftig zusprechen. Einige Personen, die das Dopamin-D4-Rezeptor-Gen mehr als siebenmal in sich tragen, werden von den Trinkgewohnheiten der Menschen um sie herum besonders stark mitgerissen.

Larsen testete 100 Studenten, von denen einige die lange Version (die mit den sieben Wiederholungen) des Gens in sich trugen und andere nicht. Sie brachte alle in einer Bar mit heimlichen »Verbündeten« von ihr, der Experimentleiterin, zusammen – ein alter Trick der Sozialpsychologen. Diese Verbündeten nahmen entweder alkoholfreie Getränke (kontrolliertes Verhalten), Mischgetränke mit Alkohol (gemäßigtes Trinken) oder ausschließlich pure alkoholische Getränke (starkes Trinken) zu sich, während sie angeblich darauf warteten, dass der nächste Teil der Untersuchung begann.

Die Ergebnisse hätten nicht klarer ausfallen können. Wie man Abbildung 4.3 entnehmen kann, konsumierten diejenigen mit der kritischen Gen-Variante (SNP) in der Tat weit mehr Alkohol als diejenigen, die frei von ihr waren, aber *nur* wenn sie sich in Gesellschaft anderer befanden, die ihm kräftig zusprachen. Das zeigt sehr deutlich, wie Gene mit dem jeweiligen Umfeld interagieren: Diese Variante des DRD4-Gens »schaltet« die Betreffenden so, dass sie sich beim Trinken an die Vorgaben ihrer Mitmenschen anpassen; sie macht es für sie also besonders schwer, in Gesellschaft mit dem Alkoholkonsum aufzuhören.

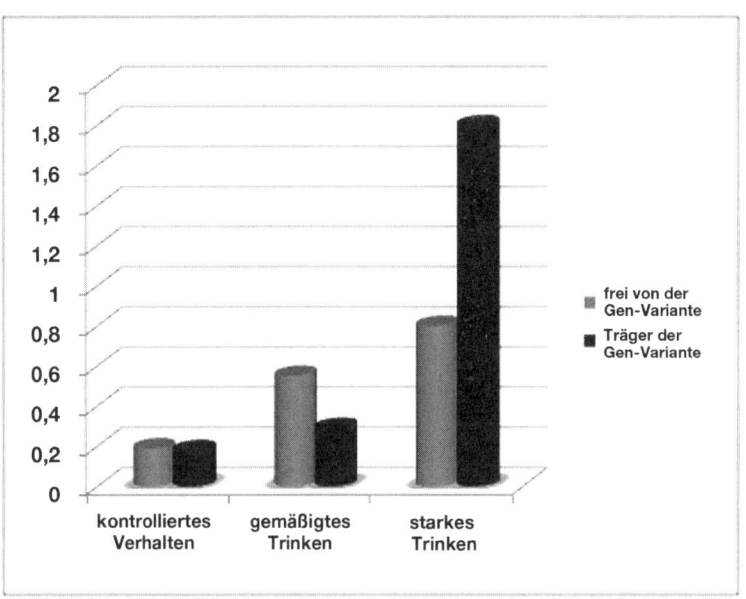

Abb. 4.3: Ergebnisse einer von Helle Larsen u. a. durchgeführten Studie.[91]

Obwohl viele Kandidatengen-Studien so erfolgreich gewesen sind, ist das andere Lager von diesem Ansatz nicht überzeugt. Jemand, der mit seiner Kritik nicht zurückhält, ist Jonathan Flint vom Wellcome Trust Center for Human Genetics an der Universität Oxford.[92] Seiner Ansicht nach besteht das Hauptproblem der Kandidatengen-Studien darin, dass spezifische Gene nur in sehr geringem Ausmaß die Persönlichkeitszüge beeinflussen.[93] Bei Studien zu Neurotizismus können ungefähr zwei Prozent der Unterschiede zwischen den untersuchten Personen auf ein einzelnes Gen zurückgeführt werden.

Oder nehmen Sie zum Beispiel das COMT-Gen, von dem Daniel Weinberger meint, dass es das Risiko erhöht, an Schizophrenie zu erkranken. 1996 untersuchten ein Genetiker namens Michael J. Owen und seine Kollegen am Department of Psychological Medicine der University of Wales in Cardiff dieses Gen bei an Schizophrenie Erkrankten. Sie testeten 78 Schizophrenie-

Patienten und ebenso viele Gesunde derselben Altersgruppe. Es stellte sich heraus, dass 51 Prozent der Schizophrenen die ineffiziente Variante des COMT-Gens aufwiesen, welches das Risiko vermutlich erhöht, 53 Prozent der Personen aus der Kontrollgruppe besaßen aber ebenfalls dieses Gen. Flint weist nachdrücklich auf dieses Ergebnis hin: »Die ineffiziente Form des Gens kam bei den Personen, die an Schizophrenie leiden, keineswegs häufiger vor.«

Flint und andere glauben einfach nicht, dass wir genügend über die zugrunde liegenden biologischen Bedingungen wissen, um das richtige Kandidatengen ermitteln zu können. Steven Hyman, Genetiker an der Universität Harvard, meint: »Kandidatengene zu bestimmen, das ist so, wie selbst etwas zum Essen einzupacken, um dann nachzuschauen, was man eigentlich mitgenommen hat.« Ein Problem ist auch, dass man, wenn man dem falschen Gen nachspürt, eine Menge Zeit und Geld verschwendet. Wissenschaftlern wie Flint und Hyman zufolge kommt man nur mit umfassenden Genomweiten Assoziationsstudien (GWAS) weiter voran, bei denen jedes einzelne Gen und jede einzelne SNP-Variante bei einer riesigen Zahl von Menschen untersucht werden. Solche Studien sind zeitaufwendig, und ihre Durchführung kostet Millionen von Dollar, sie bieten aber auch viele Vorteile.

Weil Genomweite Assoziationsstudien auf so breiter Basis durchgeführt werden – für gewöhnlich sind Tausende von Personen einbezogen – kann man den Ergebnissen mehr vertrauen. Das ist eine einfache statistische Realität: Je mehr Leute man untersucht, desto besser. Wenn Sie zum Beispiel wissen wollten, ob der Verzehr von Orangen die Gefahr, an Grippe zu erkranken, reduziert, und ich Ihnen erzählte, dass ich zwei Gruppen von Menschen mehr als ein Jahr lang beobachtete hätte, und der einzige Unterschied zwischen den Angehörigen der beiden Gruppen darin bestand, dass die der einen jeden Tag eine Orange aßen, die der anderen nicht, während sie sich ansonsten völlig gleich ernährten und sich auch körperlich in gleicher Weise fit hielten, und wenn ich Ihnen dann weiter berichtete, ich hätte am Ende herausgefunden, dass 30 Prozent aus der Gruppe der Orangen-Esser innerhalb dieses Zeitraums an der Grippe erkrankt seien und 50 Prozent aus der anderen Gruppe, dann könnten Sie sehr gut zu dem Schluss kommen, dass es ratsam sei, mit dem Beginn der nächsten Grippesaison möglichst viele Orangen zu verzehren. Wenn ich Ihnen jedoch mitteilte, dass jede der Gruppen aus nicht mehr als zehn Personen bestand, also drei aus der ersten und fünf aus der zweiten die Grippe bekommen hatten, dann wären Sie möglicherweise weniger beeindruckt. Hätte jede Gruppe aus 1000 Personen bestanden, wären Sie sicher überzeugter von dem Ergebnis, wären es 10 000 gewesen, würden Sie sofort losziehen und sich mit Orangen eindecken.

Der Sinn von statistischen Erhebungen besteht darin, von dem, was die Untersuchung oder Befragung einer zahlenmäßig begrenzten Gruppe erbracht hat, auf die Gesamtbevölkerung zu schließen. Es ist so gut wie unmöglich, jeden in eine Erhebung einzubeziehen, doch sollte die Gruppe so groß wie möglich sein, weil sich dann das Ergebnis umso zuverlässiger auf die Gesamtzahl ähnlich situierter Personen übertragen lässt. Das ist der Grund dafür, dass eine Genomweite Assoziationsstudie auf sehr breiter Basis zweifelsohne den Sieg über eine Kandidatengen-Studie davonträgt.

Jonathan Flint gehörte einem vom Wellcome-Trust finanzierten Wissenschaftlerteam an, das eine der ersten groß angelegten Genomweiten Assoziationsstudien zu den genetischen Ursachen für menschliche Erkrankungen durchführte. Sie wählten sieben verbreitete, »gewöhnliche« Krankheiten aus und studierten sie eingehend. Zu diesem Zweck zogen sie jeweils 2000 an ihnen leidender Personen heran, sodass insgesamt 14 000 Menschen im Zuge dieser Studie untersucht wurden. Alle Genvarianten eines jeden von ihnen wurden per Analyse ermittelt. Dann wurden weitere 3000 Kontrollpersonen ausgewählt, die, was eine Reihe wichtiger Faktoren wie Alter, Geschlecht, Lebensweise und anderes betraf, den Patienten so weit wie möglich entsprachen. Auch deren Gene wurden ermittelt; es handelt sich also um ein wahres Mammutprojekt.

Als alle Daten vorlagen und analysiert waren, schien es so, als gäbe es für zumindest einige der Krankheiten genetische Marker. Was Erkrankungen der Herzkranzgefäße anbelangte zum Beispiel, unterschieden die Patienten sich hinsichtlich eines einzelnen Gens von den Kontrollpersonen. Was Erkrankungen wie Morbus Crohn betraf, waren es acht Gene. In keinem Fall aber waren diese Gene determinierend für die Krankheit, das heißt, wenn man Träger der Variante war, erkrankte man nicht zwangsläufig an dem einen oder anderen Leiden, sondern es erhöhte sich einfach nur die statistische Wahrscheinlichkeit, dass man es sich zuzog, doch – und da lag der Hase im Pfeffer – lediglich um 2 bis 5 Prozent. Jonathan Flints Resümee lautete, dass die meisten Krankheiten von vielen Genen beeinflusst zu sein scheinen, dass aber jedes Gen für sich genommen nur ganz wenig dazu beiträgt. Verständlicherweise ist er nicht davon überzeugt, das Studium eines einzelnen Gens könnte uns sehr viel weiterbringen.

Genomweite Assoziationsstudien haben aber ebenfalls Nachteile. Viele Wissenschaftler weisen darauf hin, dass der Ansatz zu unkonkret ist, man zu plan- und wahllos vorgeht, man eigentlich im Trüben fischt und gewissermaßen das Netz so weit wie möglich auswirft, um einfach mal zu sehen, was man an Land zieht. An diesem Verfahren ist nicht unbedingt etwas falsch, vor allem, wenn wir gar nicht wissen, wonach wir eigentlich fahnden (oder fischen), doch es bedeutet eben, dass wir nicht von einer klaren Hypothese ausgehen, was aber normalerweise eine Grundvoraussetzung für wissenschaftliches Forschen ist. Ein noch gravierenderes Problem besteht aber darin, dass man, da diese Studien so groß angelegt sind, in der Regel nicht die Abläufe im Gehirn aller Versuchspersonen genau ermitteln oder ihre kognitiven Verzerrungen, also ihre Wahrnehmungspräferenzen, genau bestimmen kann. Stattdessen besteht das gebräuchlichste Verfahren darin, sie telefonisch zu interviewen und Fragebögen zur Ermittlung ihrer

Persönlichkeitsstruktur ausfüllen zu lassen. Die Untersuchungen gehen also bei Weitem nicht so sehr in die Tiefe wie bei Kandidatengen-Studien, die Methoden sind einfach gröber.[94]

Während wir nicht immer genug wissen, um die richtigen Gene ausfindig zu machen, hat man enorme Fortschritte erzielt, was die Aufdeckung der neurobiologischen Grundlagen verschiedener affektiver Veranlagungen betrifft. Je mehr wir über die Neurotransmitter in Erfahrung bringen, auf denen geistige Gesundheit basiert, desto vielversprechender wird der Kandidatengen-Ansatz. Wenn wir wissen, dass Dopamin an Schizophrenie beteiligt ist und am Konsum von Alkohol, dann werden Varianten von Genen, die sich auf Dopamin auswirken, mit ziemlicher Sicherheit die Charakterzüge beeinflussen, von denen wir wissen, dass sie mit Schizophrenie oder Alkoholismus einhergehen. Das war der Ansatz von Weinberger und Larsen: Man stellt eine Hypothese auf und macht sich dann daran herauszufinden, ob es etwas gibt, das diese stützt. So stellte zum Beispiel Larsen die Hypothese auf, dass diejenigen Personen, bei denen das DRD4-Gen siebenmal vorhanden war, mehr trinken würden, wenn sie sich in Gesellschaft anderer befanden, die dem Alkohol stark zusprachen. Und das war tatsächlich so.

Letztlich ergänzen der Kandidatengen- und der GWAS-Ansatz einander. Genomweite Assoziationsstudien können sehr gut potenzielle Kandidatengene zutage fördern, die sich dann durch Tests mit einer kleineren Zahl von Personen eingehender untersuchen lassen.

Bei meiner eigenen Arbeit habe ich mich vorwiegend auf den Kandidatengen-Ansatz gestützt, weil er bei der Suche nach Genen, die sich auf emotionale Resilienz beziehungsweise Vulnerabilität auswirken, besonders hilfreich ist. Ich habe mich auf das sogenannte Serotonintransporter-Gen konzentriert, und zwar aus zwei Gründen: Erstens weiß man heute relativ viel über die neurobiologischen Effekte diese Gens, und zweitens ist eine bestimmte Variante von ihm den neuesten Erkenntnissen nach wahrscheinlich für Angst und Depressionen mitverantwortlich.[95] Meine dieses Gen betreffenden Forschungsresultate wurden – fälschlicherweise, wie sich herausstellte – als Entdeckung des Optimismusgens gefeiert.

Das Serotonintransporter-Gen ist eines der von der Neurowissenschaft und der Psychiatrie am intensivsten erforschten Gene. Wie alle Neurotransmitter zeigt Serotonin im Gehirn eine vielfältige Wirkung, aber eine seiner wichtigsten Aufgaben ist es, unsere Stimmungen zu regulieren. Es wird oft auch »Glückshormon« genannt. Wenn seine Aktivität abnimmt, können Angst und Depressivität die Folge sein.

Das Serotonintransporter-Gen sorgt dafür, dass der Serotoninspiegel im Gehirn ausgeglichen ist, und ist daher eng in die Regulierung von Gefühlen involviert – es kontrolliert unsere emotionalen Höhen und Tiefen. Wir alle besitzen es; es steckt in unserer DNA, doch jeder von uns trägt eine andere Version in sich. Da wir von unseren Eltern entweder eine *lange* oder eine *kurze* Fassung von ihm erben, sind drei Genotypen möglich. Wir können entweder zwei kurze (SS), zwei lange (LL) oder einen von jeder Art (SL) aufweisen. In biologischer Hinsicht besteht die Aufgabe dieses Gens darin, überschüssiges Serotonin von den Gehirnzellen weg zu transportieren. Die kurze Version ist nicht sonderlich effizient und benötigt im Anschluss an eine Synapse viel länger zum Abtransport des Serotonins. Das heißt, dass bei Personen mit zwei kurzen Versionen (SS) das Gen nur »niedrig exprimiert« ist und in ihren Gehirnen ein viel höherer Serotoninspiegel bestehen bleibt. Menschen mit zwei langen Versionen (LL) besitzen einen äußerst effizienten oder »stark exprimierten« Genotyp, und überschüssiges Serotonin wird in ihren Gehirnen sehr schnell und gründlich recycelt. Personen mit einer kurzen und einer langen Version besitzen eine »intermediär exprimierte« Form des Gens.

Das Serotonintransporter-Gen stand gleich bei der allerersten Studie zur Interaktion von Genen und Umfeld und ihres Einflusses auf die Resilienz eines Menschen im Rampenlicht.[96]

Unter Leitung von Terrie Moffitt und ihrem Partner Avshalom Caspi führte ein Forscherteam am Institute of Psychiatry in London eine mittlerweile klassisch gewordene Studie durch. Herausgefunden werden sollte, ob dieses Gen mitverantwortlich dafür ist, dass Menschen, die Stress ausgesetzt sind, depressiv werden. Im Zuge dieser Dunedin Health and Development Study (Dunedin ist der Ort in Neuseeland, in dem sie durchgeführt wurde) wurden 847 Personen über einen Zeitraum von 23 Jahren untersucht. Jeder der Teilnehmer wurde über diese lange Periode hinweg in regelmäßigen Abständen befragt und getestet, und zwar von seinem dritten Lebensjahr an. In den letzten fünf Jahren, als die Probanden zwischen 21 und 26 Jahre alt waren, wurden die Lebensereignisse, die jedem von ihnen Stress bereitet hatten, mit besonderer Sorgfalt erfasst. Alle derartigen Erfahrungen – wie der Tod eines nahestehenden Menschen, eine ernsthafte Erkrankung oder eine gescheiterte Liebesbeziehung – wurden genauestens festgehalten. Bei dem abschließenden Gespräch mit den Teilnehmern (die jetzt alle mindestens 26 Jahre alt waren) wurden alle daraufhin überprüft, ob sie im Verlauf der vergangenen zwölf Monate eine ernsthafte Depression durchlebt hatten – mit dem Ergebnis, dass man bei 147 von ihnen eine klinische Depression diagnostizieren konnte.

Besonders interessierte die Forscher, ob Genotypen dabei eine Rolle gespielt hatten. Oder genauer, ob das niedrig exprimierte Gen bei den Personen mit Depression häufiger vorkam als bei den anderen. Zunächst schien die Antwort auf diese Frage überraschend: Bei denjenigen, die angaben, unter keinem größeren Stress gelitten zu haben, war das Risiko, depressiv zu werden, unabhängig davon, ob das Gen niedrig, stark oder intermediär exprimiert war, immer gleich hoch. Das heißt, was die Vulnerabilität für Depressivität betraf, schien es keinen Unterschied zu machen, welche Form des Gens sie in sich trugen.

Ein völlig anderes Bild ergab sich aber bei der Untersuchung der Angehörigen der anderen Gruppe, vor allem als die Häufigkeit von Stress, der die Personen im Lauf ihres bisherigen Lebens ausgesetzt gewesen waren, mit in die Auswertung einbezogen wurde. Bei denjenigen, die vier oder mehr Situationen durchlebt hatten, in denen sie hochgradigem Stress ausgesetzt gewesen waren, war die Wahrscheinlichkeit, depressiv zu werden, steil angestiegen, nämlich um 43 Prozent, wenn sie Träger des Gens in seiner niedrig exprimierten Form waren. Wenn jemand mehr als vier solcher Erlebnisse gehabt hatte und die stark exprimierte Variante aufwies, sank aber die Wahrscheinlichkeit, an Depressionen zu erkranken, um nahezu die Hälfte. Das verrät uns, dass es in Bezug auf das Risiko, eine klinische Depression zu entwickeln, eine echte Wechselbeziehung gibt zwischen unserem genetischen Make-up und dem Umfeld, in dem wir leben, den Erfahrungen, die wir machen. Für sich genommen haben die Gene keine so große Wirkung, doch im Verein mit erschütternden Erlebnissen können sie eine höchst gefährliche schädliche Mischung bilden. Menschen mit der SS-Variante des Serotonintransporter-Gens sind weit verletzlicher als die mit der LL-Variante, welche alle Klippen des Lebens zu umschiffen scheinen, ohne allzu großen psychischen Schaden zu nehmen.

Terrie Moffitt meint, wir sollten nicht allzu verblüfft darüber sein, dass Gene sich nur in Verbindung mit dem, was das Leben uns an Unangenehmem beschert, auf unsere geistige Gesundheit auswirken. »Es ist wenig wahrscheinlich, dass wir ein Gen für Malaria entdecken«, schreibt sie, »wenn wir nur Leute untersuchen, die in von Malaria freien Regionen leben.« Und so müssen wir, wenn wir Gene finden wollen, die für Depression und Angst oder noch ernsthaftere Störungen wie Schizophrenie verantwortlich sind, unseren Blick auf Menschen richten, die starkem Stress ausgesetzt sind.

Vulnerabilitätsgene mögen eine gewisse Anfälligkeit schaffen, diese wird aber erst offenbar, wenn unser Leben eine Wende zum Schlechteren hin nimmt. Bei Genomweiten Assoziationsstudien wird dieser Aspekt der Vulnerabilität für gewöhnlich nicht aufgedeckt, weil man sich bei ihnen kein detailliertes Bild davon machen kann, was für ein Leben die Versuchspersonen führen. Es ist daher möglich, dass einzelne Gene einen viel größeren Einfluss haben, als diese Studien vermuten lassen.

Wissenschaftler wenden sich jetzt vermehrt der Erforschung von Optimismus und geistiger Gesundheit zu, um herauszufinden, was uns »blühen und gedeihen« oder – wie sie es bisweilen nennen – »florieren« lässt. Mit anderen Worten hat jetzt zusätzlich zu der Suche nach Vulnerabilitätsgenen auch die nach »Resilienz-« oder »Optimismusgenen« begonnen. Der wiedererwachte Enthusiasmus für die positiven Seiten des Lebens führt dazu, dass wir nach und nach genauso viel darüber in Erfahrung bringen, was uns hoffnungsvoll und zuversichtlich macht, wie darüber, was uns zagen und verzweifeln lässt.

Erneut waren es Avshalom Caspi und Terrie Moffitt, die den Weg wiesen. In einem 2002 in *Science* erschienenen Artikel schildern sie eine von ihnen vorgenommene Studie, bei der sie Gespräche mit Kindern führten, die entweder schwerer Misshandlung ausgesetzt gewesen waren oder aber keine solchen schlimmen Erlebnisse gehabt hatten.[97] Es überraschte nicht, dass die misshandelten Kinder später ernsthafte psychische Probleme entwickelten. Sie waren oft in gewalttätige Auseinandersetzungen verwickelt, und viele von ihnen wurden wegen antisozialen Verhaltens festgenommen. Interessant war aber, dass zahlreiche der Kinder, die Misshandlung kennengelernt hatten, keinerlei derartige Probleme entwickelten. Was war die Erklärung dafür? Was machte diese Kinder mental stabiler, belastbarer und widerstandsfähiger?

Die Forscher stellten fest, dass die Reaktion der Kinder auf die Misshandlung stark von einem bestimmten Gen geprägt war, dem Monoaminoxidase A-Gen (MAOA-Gen). Jeder von uns besitzt es entweder in niedrig oder in stark exprimierter Form. Bei Personen mit der LL-Variante wird der Fluss von bestimmten Neurotransmittern besser geregelt. Es zeigte sich, dass Kinder, die Träger dieser Version des Gens waren, besser mit Misshand-

lungen zurechtkamen. Es war, als würde die LL-Variante vor den
negativen psychischen Auswirkungen der Misshandlung schützen,
die Opfer in irgendeiner Weise unempfindlich machen. Kinder,
die die niedrig exprimierte Variante aufwiesen, landeten im Lauf
ihres Lebens viel eher wegen gewalttätigen oder antisozialen Verhaltens vor Gericht. Diese Studie machte erneut deutlich, dass
unser genetisches Make-up und die Art von Situationen, in die wir
geraten, zusammenwirken und gemeinsam bestimmen, auf welche Weise unser Leben sich entfaltet.

Dieses Ineinandergreifen von Genen und Umfeldfaktoren ist
auch wichtig dafür, wie unser Belohnungszentrum und die damit
in Verbindung stehenden Strukturen funktionieren, vor allem hat
es großen Einfluss darauf, wie leicht wir uns zu Risiken verfüh-
ren lassen. Psychologen von der Kellogg School of Management
an der Northwestern University in Evanston, Illinois, entdeckten
eine Verbindung zwischen zwei Genen, die den Serotonin- und
Dopaminspiegel im Gehirn regulieren, und dem Fällen riskan-
ter finanzieller Entscheidungen.[98] Jede der Versuchspersonen erhielt eine kleine Summe Geldes ausgehändigt, die sie entweder
in riskante oder in sichere »Geschäfte« investieren konnte, und
je nach Entwicklung ihres von ihr gewählten Portfolios wurde
sie mit mehr Geld belohnt oder nicht. Diejenigen mit der SS-
Variante des Serotonintransporter-Gens waren um 28 Prozent weniger waghalsig als die anderen, was mit der Rolle übereinstimmt,
die dieser Version des Gens bei der Vermeidung von Risiken zukommt. Personen mit der längeren Version des DRD4-Gens – die
mit einem höheren Dopaminspiegel im Gehirn einhergeht – gingen um 25 Prozent häufiger Risiken mit ihrem Geld ein als die
anderen Probanden. Diese Ergebnisse sind bemerkenswert, wenn
wir bedenken, dass die Teilnehmer an der Studie normale Menschen mit normalen, das heißt verbreiteten genetischen Varianten
waren, dennoch aber die Unterschiede bezüglich ihres Verhaltens – konkret: ihrer Risikobereitschaft – sehr deutlich ausgeprägt
waren.

Ahmad Hariri, ein energischer Befürworter des Kandidaten-gen-Ansatzes, führte eine Studie durch, um zu ermitteln, ob die kurze oder die lange Version des Serotonintransporter-Gens sich darauf auswirkt, wie die Amygdala – das Alarmzentrum – auf eine Bedrohung anspricht.[99] Sein Team stellte eine vierzehnköpfige Gruppe zusammen, deren Mitglieder Träger zumindest einer kurzen Version – also SS oder SL – waren, und eine weitere ebenso große Gruppe, die aus Trägern der langen Version – also LL – bestand. Jeder der Freiwilligen sah sich in einem Hirnscanner liegend eine Reihe von Gesichtern an, von denen einige einen ängstlichen, andere einen fröhlichen Ausdruck zeigten, während sich auf wieder anderen überhaupt keine Gefühlsregung abzeichnete. Wie man aufgrund der früher von Ray Dolan angestellten Studien erwarten konnte, lösten die Gesichter mit ängstlichem Ausdruck eine starke Reaktion in der Amygdala aus. Ihre Aktivierung fiel aber bei jenen Personen, die Träger der kurzen Version des Gens waren, viel heftiger aus. Um diese Befunde zu bestätigen, führten die Wissenschaftler genau das gleiche Experiment mit zwei weiteren Gruppen durch, und erneut reagierte die Amygdala viel stärker bei Personen mit der SS-Variante.

Personen, die Träger der kurzen Version des Serotonintransporter-Gens sind, besitzen also ein Angstzentrum, das viel heftiger auf Gefahren reagiert – das ist aber auch der Grund dafür, dass sie psychisch viel anfälliger sind, wenn etwas nicht so läuft, wie es sollte.

In meinem eigenen Labor haben wir erforscht, ob dieses Gen sich auf die Aufmerksamkeitspräferenzen oder kognitiven Verzerrungen auswirkt, die, wie wir wissen, die Grundpfeiler des sonnigen oder umwölkten Gemüts bilden.[100] Unter Verwendung unserer standardisierten Attentional-probe-Aufgabe, mit der wir testen, in welchem Grad jemand eher positiven oder aber negativen Bildern Aufmerksamkeit schenkt, schätzten wir auch ein, ob eine Versuchsperson Träger einer SS-, LL- oder SL-Variante des Serotonintransporter-Gens war.

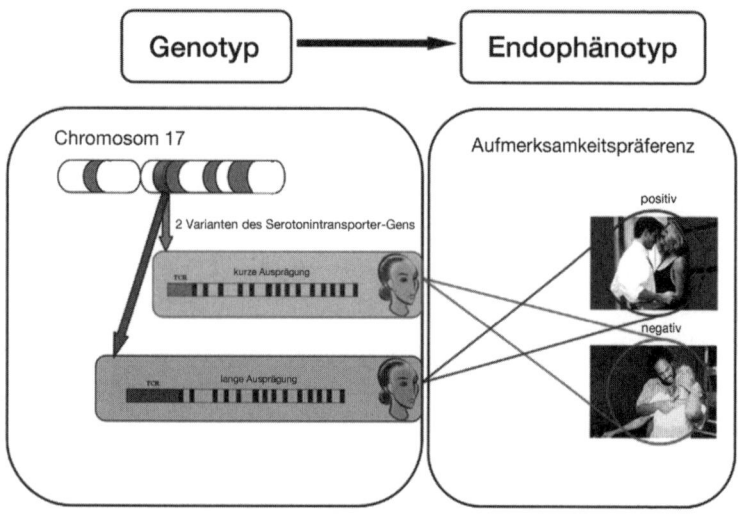

Abb. 4.4: Bildliche Veranschaulichung der Ergebnisse einer unter Leitung von E. Fox durchgeführten Studie.[101]

Die Ergebnisse (siehe Abb. 4.4) gaben einen deutlichen Unterschied zwischen den Trägern der verschiedenen Genotypen zu erkennen. Diejenigen mit der langen Ausprägung fühlten sich von positiven Bildern angesprochen, diejenigen mit einer kurzen – SS oder SL – wurden automatisch zu negativen Bildern hingezogen. Ganz unerwartet stießen wir noch auf eine zusätzliche Präferenz – nämlich die, den Anblick bestimmter Arten von Bildern zu meiden. Menschen mit einem LL-Genotyp wurden nicht nur von positiven Bildern angezogen, sondern auch von negativen abgestoßen. Wenn man die starke Ausprägung des Gens besaß, wurde man also nicht nur automatisch von positiven Bildern angesprochen, sondern man versuchte auch gleichzeitig, nicht mit negativen konfrontiert zu werden. Diejenigen mit der kürzeren Ausprägung des Gens zeigten nicht diese Neigung zum Selbstschutz, stattdessen nahmen sie das Negative in den Blick und ignorierten das Positive.

Diese Studie ließ es möglich erscheinen, dass die LL-Variante des Gens die betreffende Person auf Optimismus hin programmierte. Der Bericht über sie erregte die Aufmerksamkeit von Michael J. Fox, der mich daraufhin nach New York einlud, um an dem Dokumentarfilm über Optimismus mitzuwirken, den er für das Fernsehen drehte.

Der Produzent drängte darauf, dass Michael J. Fox sich der Attentional-probe-Aufgabe unterzog und zudem seinen Genotyp bestimmen ließ. Ich besorgte mir daher eine Probe seiner DNA, indem ich mit einem Wattestäbchen ein paarmal über die Innenseite seines Mundes und seiner Wangen rieb – »ziemlich grob«, lautete sein Kommentar –, und schickte sie an ein Genetiklabor. Einen Tag später lagen die Ergebnisse vor: Fox war in der Tat Träger der langen Version des Gens.

An nächsten Tag war alles dafür bereit, dass er unsere Attentional-probe-Aufgabe durchführen konnte. Wie wir erwartet hatten, wies er genau die kognitiven Präferenzen auf, die wir vorhergesagt hatten: eine starke Tendenz zum Wahrnehmen positiver Bilder unter gleichzeitigem Ausblenden negativer. Das heißt, dass er nicht nur immer die Sonnenseite von allem sah, sondern auch die Schattenseite zu ignorieren suchte.

Unserer unter Teilnahme von mehr als hundert Personen – einschließlich des Schauspielers – durchgeführten Studie zufolge war dieses Muster der Aufmerksamkeitspräferenz bei Trägern der stark exprimierten Version des Serotonintransporter-Gens weitaus verbreiteter als bei anderen Menschen. Die Vorstellung, dies könne also das »Optimismusgen« sein, war reizvoll – doch dann stellte sich heraus, dass die ganze Sache einen Haken hatte.

Ein paar Tage nach meiner Rückkehr aus New York rief mich der Genetiker an, der Michael J. Fox' Genotyp bestimmt hatte. Er hatte ein paar Neuigkeiten für mich: »Michael ist Träger der LL-Version des Gens«, sagte er, »doch hat man vor Kurzem entdeckt, dass es zwei Varianten des LL-Genotyps gibt.« Die eine, die man L_a nennt, reguliert den Serotoninspiegel im Gehirn mit größter Effizienz, die andere, viel seltenere, L_g genannt, ist ineffizient und wirkt ähnlich wie die kurze Version des Gens. Mit anderen Worten: Menschen mit einem L_gL_g-Genotyp unterscheiden sich, was die Regulierung des Serotoninspiegels in ihrem Gehirn anbelangt, in biologischer Hinsicht nicht von solchen mit dem SS-Genotyp. Der höchsteffiziente Genotyp ist L_aL_a. Weitere Analysen ergaben dann, dass Michael J. Fox die rarere Version in Verbindung mit der verbreiteteren aufwies, mithin also den mäßig effektiven Genotyp L_aL_g besaß und nicht den höchsteffektiven L_aL_a, wie wir angenommen hatten.

Ich war nicht sonderlich bekümmert über diese Entdeckung, denn es ist ziemlich unwahrscheinlich, dass man durch Untersuchung einer einzelnen Person ein perfektes Ergebnis erzielt, doch sie warf die Frage auf, ob schon der Besitz *einer* langen Version des Gens mit einer optimistischeren Sichtweise gekoppelt ist. Oder war für eine solche Sichtweise die höchsteffiziente Ausprägung des Gens erforderlich, die jetzt als L_aL_a bekannt war? Biologisch gesehen wäre das logischer.

Kurze Zeit später erschienen einige Artikel, die alles noch geheimnisvoller machten. Danny Pine, Psychiater am National Institute of Mental Health, brachte eine der unseren ähnelnden Studie zum Abschluss, die ergab, dass bei der Attentional-probe-Aufgabe die Aufmerksamkeit von Personen mit der niedrigen Ausprägung des Serotonintransporter-Gens, also SS oder L_gL_g, von Gesichtern mit wütendem Ausdruck gefangengenommen wurde, die von Personen mit der starken Ausprägung hingegen von fröhlichen, lächelnden Gesichtern. Diejenigen, die wie Fox Träger der L_aL_g-Variante waren, zeigten die Präferenz für positive Mienen nicht in gleich hohem Maß.

Bei einer anderen von Chris Beevers, einem Psychologen an der University of Texas in Austin, durchgeführten Studie wurde unser Ergebnis, dass Personen mit zwei langen Versionen des Serotonintransporter-Gens, Negatives auszublenden versuchten, bestätigt. Das traf aber nur auf diejenigen zu, die die stark exprimierte Form L_aL_a aufwiesen, und nicht auf die Träger der intermediären Form L_aL_g. Es schien so, als könne nur die L_aL_a-Version eine Person dazu bringen, einen optimistischeren kognitiven Stil zu entwickeln, und im Fall von Michael J. Fox muss es einfach Glück für uns – und für ihn – gewesen sein, dass er ein solcher Optimist war.

Jedoch wurde alles noch komplizierter, als ich an meiner Universität eine Gruppe Studenten den LOT-R-Fragebogen ausfüllen ließ und feststellte, dass diejenigen von ihnen, die wie Michael J. Fox den L_aL_g-Genotyp in sich trugen, den Antworten zufolge optimistischer waren als jene mit dem L_aL_a-Typus. Die wirkliche Überraschung bestand aber darin, dass diejenigen mit dem SS-Genotyp die optimistischsten von der ganzen Bande zu sein schienen. Wie war das möglich? Wie konnten die Träger des sogenannten Vulnerabilitätsgens die positivsten und zuversichtlichsten von allen sein? Der Versuch, ein solches Rätsel zu lösen, kann für einen Wissenschaftler die helle Freude sein, ihn aber auch in tiefste Frustration stürzen.

Nicht lange nachdem wir diese rätselhaften Ergebnisse erhalten hatten, lagen die Resultate einer anderen Studie vor, die wir ein Jahr lang durchgeführt hatten. Diese waren es, die die Annahme, der L_aL_a-Genotyp könne zu einer Prädisposition für Optimismus führen, ein für alle Mal nicht nur als naiv, sondern als irrig entlarvten.[102] Im Zuge dieser neuen Studie hatten wir sowohl Personen mit der niedrigen Ausprägung des Gens – also der SS- oder der L_gL_g-Variante – als auch mit der starken Ausprägung – L_aL_a – getestet und zwar mit einer Aufgabe, die darauf abzielte, eine Modifikation ihrer kognitiven Verzerrungen (*cognitive bias modification; CBM*) herbeizuführen. Bei dieser Lernaufgabe wurden Paare von Bildern – negativen und positiven – gezeigt, denen ein »Target« folgte, auf das die Personen reagieren sollten. Der Clou der Aufgabe bestand darin, dass bei einigen Versuchspersonen das »Target« stets im Anschluss an unangenehme Bilder aufschien, während es für andere immer mit fröhlichen, positiven Bildern verbunden war. Es dauerte nicht lange, bis die Personen ausgeprägte Präferenzen entwickelten, die von den Anforderungen abhingen, die wir an sie stellten. Wenn das Target mit negativen Bildern verbunden war, dann lernten sie es schnell, ihre Aufmerksamkeit auf solche Bilder zu konzentrieren statt auf positive.

Probanden mit der niedrig exprimierten Form des Gens lernten es viel schneller, Bilder erschreckenden Inhalts zu lokalisieren, als diejenigen mit der stark exprimierten Form. Das war nur logisch, denn Menschen mit dem mutmaßlichen Vulnerabilitätsgen waren stärker auf das Wahrnehmen von Bedrohungen eingestellt. Das interessanteste Ergebnis erhielten wir, als wir uns mit den Gruppen befassten, die wir darauf trainierten, ihre Aufmerksamkeit auf positive Bilder auszurichten. Würden Personen mit dem L_aL_a-Genotyp, wenn sie wirklich optimistischer waren, empfänglicher für Positives sein und es daher schneller lernen, angenehme Bilder wahrzunehmen? Es stellte sich heraus, dass diejenigen mit der SS- und der L_gL_g-Variante auch positive Bilder schneller ausfindig zu machen lernten als die aus der L_aL_a-Gruppe. Das hieß also, dass die Träger des Vulnerabilitätsgens auch auf positive Ereignisse und Objekte stärker ansprachen.

Menschen mit der niedrig exprimierten Form des Serotonintransporter-Gens waren also sensibler für negative wie auch für positive Bilder. Wie kann man das erklären? Wie können Personen mit einem Vulnerabilitätsgen empfänglicher für positive Bilder sein? Oder umgekehrt gefragt: Wie kann es sein, dass Personen mit dem sogenannten Optimismus-Genotyp weniger stark auf Positives ansprechen?

Mir wurde bald klar, dass diese Ergebnisse in völligem Einklang mit einer radikalen neuen Theorie standen, die gerade von Jay Belsky aufgestellt worden war, einem Psychologen am Londoner Birkbeck College.[103] Belsky hatte sich eingehender mit verschiedenen Gen-Umfeld-Interaktions-Studien befasst und war auf ein Geheimnis gestoßen, auf das noch niemand aufmerksam geworden war. Belsky fiel auf, dass die niedrig ausgeprägte Form des Serotonintransporter-Gens sowie verschiedene andere Gene, die sich auf Neurotransmitter auswirken, die Betreffenden stärker sowohl auf ein *günstiges* als auch auf ein *ungünstiges* Umfeld reagieren lässt. Bei den meisten Studien zur Interaktion von Genen und Umfeldfaktoren wie der berühmten von Caspi und Moffitt werden nur negative Ereignisse in den Blick genommen und daraufhin untersucht, was für eine nachteilige Auswirkung sie haben. Wenn sich herausstellt, dass Personen mit einer besonderen Genversion wie dem SS-Genotyp von Stress stärker in Mitleidenschaft gezogen werden, dann wird dieses Gen als Vulnerabilitäts- oder Suszeptibilitätsgen etikettiert. Belsky weist darauf hin, dass wir auch untersuchen müssen, wie Menschen auf positive Ereignisse reagieren. Als er mehrere Gen-Umfeld-Interaktions-Studien einer kritischen Überprüfung unterzog, stellte er fest, dass sie in den Daten versteckt die Entdeckung erhielten, dass genau dieselben Gene, die ihre Träger intensiver eine Gefahr empfinden lassen, wenn etwas falsch läuft, sie auch intensiver einen Vorteil empfinden lassen, wenn etwas richtig läuft.

Die klassische Studie von Caspi und Moffitt erbrachte das Ergebnis, dass misshandelte Kinder mit der weniger effizienten Version des Monoaminoxidase A-Gens als Erwachsene zu stark antisozialem Verhalten neigten. Allerdings nicht bemerkt worden war die Tatsache, dass die Kinder mit diesem Genotyp, die keine Missbrauchserfahrungen machten, später viel weniger zu solchem Verhalten neigten. Ähnlich ergab eine andere Studie, die von Kathleen Gunthert und Kollegen an der American University in Washington durchgeführt wurde, dass Studenten mit dem SS- oder dem L_gL_g-Genotyp weit öfter zu Protokoll gaben, nach einem besonders anstrengenden Tag abends an Ängsten zu leiden, als Kommilitonen mit dem L_aL_a-Genotyp.[104] Wenn sie einen besonders angenehmen oder erfolgreichen Tag hinter sich hatten, meldeten dieselben Personen aber bedeutend weniger Stressgefühle am Abend als die Angehörigen der anderen Gruppe. Belsky ist der Meinung, dass die Träger der niedrig exprimierten Form des Serotonintransporter-Gens sensibler und intensiver auf Widrigkeiten reagieren, gleichzeitig aber auch stärker von einem sie bereichernden oder fördernden Umfeld profitieren.

Die Ergebnisse meines Lernexperiments bestätigen insofern Belskys Theorie, als sie gezeigt haben, dass Personen mit der niedrig exprimierten Form des Serotonintransporter-Gens viel sensibler als die Träger der stark exprimierten Form auf den emotionalen Background reagieren, ob dieser nun gut oder schlecht ist. Wenn das Serotonintransporter-Gen überhaupt ein Gen »für« irgendetwas ist, dann ist es also wohl eher ein »Plastizitäts«- als ein Optimismus- oder Vulnerabilitätsgen: Es macht diejenigen, die es in seiner niedrig exprimierten Form besitzen, offener und empfänglicher für ihr Umfeld, lässt sie stärker auf dieses ansprechen; deswegen profitieren diese Personen in höherem Maß von günstigen Bedingungen und Unterstützung, leiden aber auch mehr unter schlechter Behandlung und Mangel an Unterstützung.

Diese neuen Ergebnisse erklärten besser, was wir bei Michael J. Fox festgestellt hatten. Sein Gehirn reagierte auf äußerst optimistische Weise bei unserem Aufmerksamkeitstest, und er besaß zumindest eine Version der niedrig exprimierten Form – also L_g – des Serotonintransporter-Gens. Das bedeutete, dass er im Höchstmaß empfänglich für sein Umfeld war, sowohl auf Belohnungen wie auf Bedrohungen sehr intensiv reagierte.

Ungefähr ein Jahr nach Fertigstellung des Fernsehdokumentarfilms erklärte er sich bereit, erneut mit mir zusammenzutreffen, damit ich ihm auf der Basis der neuen Ergebnisse erläutern konnte, wie sein spezifisches genetisches Make-up sich auswirkte, und er mir etwas mehr über die Wurzeln seines Optimismus erzählen konnte. Es war ein feucht-kalter Herbsttag, als ich mich durch den Central Park zu seinem Büro an der Upper East Side aufmachte. Gus, ein riesiger, aber Gott sei Dank freundlicher Hund, war der Erste, der mich bei meinem Eintreten begrüßte. Fox war braun gebrannt und wirkte sehr fit, als er mich über einen schmalen Flur zu einem geräumigen und gemütlichen Zimmer führte. Von Bildern und Golden-Globe-Trophäen umgeben, erzählte er mir, dass er »schon so gut wie immer« ein Optimist gewesen sei. Sein Vater hatte beim Militär gedient, und die ganze Familie war ziemlich konservativ eingestellt gewesen. Als er noch ein Kind gewesen war, hatte sie sich ständig seinetwegen Sorgen gemacht: »Ich war anders. Ich schrieb Geschichten, zeichnete Comics, trat als Schauspieler auf, spielte in einer Band.« Er war überhaupt nicht wie sein Vater.

Einmal kam dieser zu einem seiner Auftritte mit der Band. Nachher fragte er Michael ziemlich beeindruckt. »Hast du Geld dafür gekriegt?«

»Ja, zweihundert Dollar.«

»Toll!«, sagte sein Vater. »Was wirst du damit machen?«

»Wir haben vierhundert für einen Verstärker hingelegt, wir werden damit anfangen müssen, sie zurückzuzahlen.«

Sein Vater wirkte einigermaßen verzweifelt, als er sich von ihm verabschiedete.

Fox erzählte mir, seine Großmutter sei diejenige gewesen, die ihn vor einer Familie rettete, welche ihn nicht »wirklich kapierte«.

»Wenn Sie wirklich wissen wollen, von wem ich meine Weltsicht habe, dann brauchen Sie sich nach niemand anderem umzuschauen als nach meiner Großmutter. Sie war das Familienmedium. Wenn sie sagte, dass es Regen geben würde, dann holten alle Schirme und Regenmäntel heraus.«

Fox erinnerte sich, wie seine Großmutter einmal in seiner frühen Jugend, als er sich Stunden damit vergnügt hatte, Comics zu zeichnen, zu seinen Eltern sagte: »Macht euch um Mike keine Sorgen. Er wird einmal berühmt werden, und man wird ihn auf der ganzen Welt kennen.«

Von jenem Tag an ließ man ihm den Freiraum, seinen eigenen Interessen nachzugehen. »Das hat mir wirklich meine Familie vom Hals gehalten«, erinnerte Fox sich, »sodass ich das machen konnte, was mir am Herzen lag.«

Ich berichtete ihm von den neuen Indizien dafür, dass der L_gL_g-Genotyp mehr dem SS-Genotyp ähnelte und Menschen mit diesem genetischen Make-up wesentlich stärker auf ihr Umfeld reagierten, gleichgültig, ob dieses ihnen zuträglich war oder nicht. Er stimmte mir zu, dass seine Großmutter prägend für sein familiäres Umfeld gewesen sei und dafür gesorgt habe, dass es fördernd auf ihn gewirkt hatte. Obwohl die anderen kein wirkliches Verständnis für das aufgebracht hatten, was er trieb, hatte ihre Unterstützung ihm den nötigen Freiraum verschafft, damit Michael er selbst sein konnte.

Dieses positive familiäre Umfeld hatte es ihm ermöglicht, seinen Genotyp zu maximieren, was ihm zu einer zuversichtlichen und optimistischen Einstellung gegenüber dem Leben verhalf.

Jenseits von Natur und Umfeld

Es besteht kaum Zweifel daran, dass unsere uns eigentümliche DNA-Sequenz – unser Genotyp – sich auf physische Merkmale wie unsere Haarfarbe und unsere Körpergröße ebenso auswirken kann wie auf unsere Persönlichkeit und unsere emotionale Veranlagung. In jüngerer Vergangenheit ist es aber in der Genetik zu einer Art Erdbeben gekommen, durch das die bislang vorherrschende Ansicht, der DNA komme die größte Bedeutung zu, stark ins Wanken geraten ist. Die rasch wachsende wissenschaftliche Disziplin der Epigenetik zeigt uns, dass sich die Wirkungsweise unserer Gene aufgrund von Dingen, die uns im Leben zustoßen, wandeln kann. Die große Überraschung besteht darin, dass diese Änderungen dann an die Angehörigen der nächsten Generation weitergegeben werden können, ohne dass die DNA-Sequenz selbst davon betroffen ist.

Diese bahnbrechende Entdeckung wurde in einer fernen Region Nordschwedens gemacht. Ich unternahm dort vor einigen Jahren einmal eine Fahrradtour, ohne zu ahnen, dass ich in einer Gegend unterwegs war, die ein Geheimnis barg, dessen Aufdeckung zu einer Revolution auf dem Gebiet der Genetik führen würde. Die Region Norbotten in der nördlichsten Provinz Schwedens ist so abgeschieden, dass dort noch im 19. Jahrhundert nach Missernten schwere Hungersnöte ausbrachen, die viele Opfer forderten. Die Kirchenbücher und andere Chroniken zeigen, dass solche Hungersnöte in den Jahren 1800, 1812, 1821, 1836 und 1856 wüteten. In krassem Gegensatz dazu waren 1801, 1822, 1844 und 1863 Jahre der Fülle, in denen die Einwohner nach Herzenslust schwelgen konnten – und dies auch taten. Lars Olov Bygren, Facharzt für Präventivmedizin, mittlerweile am Karolinska-Institut in Stockholm tätig, machte sich diesen Wechsel von mageren und fetten Jahre zunutze, um den Einfluss zu erforschen, den solche extremen äußeren Bedingungen auf die dort lebenden Menschen hatten.

Indem er die in Schweden seit dem 19. Jahrhundert mit Sorgfalt geführten Bevölkerungsregister heranzog, wählte er nach dem Zufallsprinzip 99 Personen aus, die 1905 in der kleinen Stadt Överkalix gelebt hatten.[105] Als er junge Personen männlichen Geschlechts untersuchte, die in einem Winter Hunger gelitten, im nächsten aber reichlich zu essen gehabt hatten, stellte er fest, dass die Lebensspanne von ihren Kindern und sogar noch von ihren Enkeln viel kürzer als normal gewesen war. Als alle anderen Faktoren, die sich auf die Lebenszeit auswirken, mit in die Berechnung einbezogen waren, ergab sich, dass die Differenz verblüffende 32 Jahre betrug. Die Daten legten also eine erstaunliche Tatsache offen: Wenn jemand in einem Winter gedarbt, im darauffolgenden aber geprasst hatte, war dadurch ein biologisches Geschehen in Gang gesetzt worden, das sich über Generationen hinweg auswirkte, sodass noch die Kindeskinder des Betreffenden Jahre früher als ihre Altersgenossen starben.

Diese Befunde stellen die traditionellen Theorien des Darwinismus infrage, denen zufolge sich Gene nur langsam über viele Generationen hinweg wandeln. Bygren hat das Vorkommen solcher schnellen epigenetischen Vererbungsprozesse durch Untersuchungen einer zeitgenössischen Population bestätigt, für die viel detailliertere biologische Aufzeichnungen und Zeugnisse vorliegen.

Die Avon Longitudinal Study of Parents and Children (ALSPAC) wird unter Leitung von Jean Golding, Epidemologin an der Universität Bristol, durchgeführt. Ihr Ziel ist es, zu zeigen, wie sich der Genotyp einer Person mit deren äußeren Lebensbedingungen verbindet und das Zusammenwirken von beidem deren Gesundheit und Wohlbefinden beeinflusst. Für die Studie wurden 1991 und 1992 14 024 schwangere Frauen im Raum Bristol – was 70 Prozent aller Schwangeren in jener Region zu jenem Zeitpunkt entsprach – gewonnen. Seit damals wurden diese Mütter sowie deren Ehemänner und die gemeinsamen Kinder kontinuierlich untersucht. Bygren und Golding – zu denen sich noch Marcus Pembrey gesellte, ein Genetiker vom Londoner University College – fanden heraus, dass 166 der Väter ihrer eigenen Aussage nach vor dem elften Lebensjahr, also mit dem Eintritt in die Pubertät, als sie in physischer Hinsicht reif für einen epigenetischen Wandel waren, mit dem Rauchen begonnen hatten.[106] Als sie die Kinder dieser 166 Väter untersuchten, stellten sie fest, dass die Söhne, nicht aber die Töchter einen signifikant höheren Body Mass Index (BMI) aufwiesen als andere Neunjährige. Das heißt, dass ihr Risiko, an Fettleibigkeit und Diabetes zu erkranken, höher ist und daher ihre Lebensspanne wahrscheinlich kürzer sein wird – so wie die derjenigen Jungen, deren Väter in Överkalix abwechselnd hungerten und sich die Mägen vollschlugen.

Das beweist, dass wir, wenn wir in unserer Jugend eine ungute Entscheidung treffen, nicht nur uns selbst schädigen, sondern auch unsere Kinder. Das, was wir aufgrund unserer Ernährungs- und unserer Lebensweise erfahren, kann sich auf unsere Gene auswirken, und diese Veränderungen können an die nachfolgende Generation weitergegeben werden.

Die Lehre von der Genetik wird dadurch um eine neue Dimension erweitert, und es eröffnet sich eine ganz neue Sicht. Nicht allein seine ererbte DNA scheint prägend für das Verhalten und die Denkweise eines Menschen zu sein. Es scheint jetzt möglich, dass Personen wie Michael J. Fox kein Optimismusgen in sich tragen, sondern vielmehr in ihrem Leben Erfahrungen machen, die eine Kette von epigenetischen Veränderungen auslösen, welche wiederum wichtige Schaltkreise im Gehirn subtil beeinflussen und so am Ende zur Konsolidierung einer bestimmten Weltsicht führen.

Kann es wirklich sein, dass ein gelungener Start ins Leben zu einer Kaskade von epigenetischen Veränderungen führt, die uns sachte zu Optimismus hinlenken? Es liegen klare und deutliche Beweise dafür vor, dass nicht nur physische Merkmale wie die Augenfarbe, sondern auch psychische Prozesse wie das Erinnern, von epigenetischen Wandlungen beeinflusst werden können.

Renato Paro ist Leiter des Department of Biosystems Science and Engineering an der ETH Zürich. Sein Forschungsteam stellte fest, dass sich allein durch kurzfristige Anhebung der Umgebungstemperatur der Embryonen einer weißäugigen Unterart der Fruchtfliege Drosophila melanogaster von 25 auf 27 Grad Celsius die Augenfarbe der Insekten ändern lässt: Obwohl die Fliegen genetisch auf weiße Augen programmiert sind, schlüpfen dann Exemplare mit roten Augen. Als die Wissenschaftler diese rotäugigen Exemplare mit den »normalen« weißäugigen kreuzten, traten – und das war das bemerkenswerteste Ergebnis dieses Versuchs – bis zu sechs Generationen später immer noch einzelne rotäugige Individuen auf. Sie müssen bedenken, dass die DNA-Sequenz der Fliegen mit den weißen und den roten Augen identisch war – sie hatte sich nicht verändert –, doch eine leichte und vorübergehende Anhebung der Temperatur, die den ersten rotäugigen Stamm im Embryonalstadium umgeben hatte, hatte zu einer biologischen Änderung geführt, die sich in mehreren aufeinanderfolgenden Generationen manifestierte.[107]

Entdeckungen dieser Art unterstützen ein radikales Umdenken in Bezug auf molekularbiologische Abläufe, das heißt vor allem auch in Bezug auf die Funktion und die Rolle der DNA.

Epigenetische Vererbung kommt nicht nur bei Fruchtfliegen vor: Pflanzen betreiben sie, ebenso Tiere und Pilze – und eben auch der Mensch.[108] Ist es wirklich möglich, dass die äußerst fettreiche Ernährung meiner Großmutter mich zu Fettleibigkeit neigen lässt? Die Antwort darauf ist anscheinend ein klares Ja.

Im Zuge von Forschungen, die unter der Leitung der Neurowissenschaftlerin Tracy Bale an der University of Pennsylvania durchgeführt wurden, erhielten trächtige Mäuse besonders fetthaltiges Futter, und ihre Nachkommen wiesen, was nicht überraschte, eine größere Körperlänge und ein höheres Körpergewicht auf. Außerdem sprachen sie weniger stark auf Insulin an – alles Faktoren, die bekanntlich das Risiko erhöhen, an Fettleibigkeit und Diabetes zu erkranken.[109] Und obwohl die Mäuse der zweiten Generation normales Futter erhielten, brachten auch sie Nachkommen hervor, die die genannten Risikofaktoren in sich trugen. Sogar die Individuen der nächsten und übernächsten Generation waren noch größer und auch größere Fresser als normale Mäuse. Wie Bale es 2008 auf einer Konferenz der Society for Neuroscience aperçuhaft formulierte: »Man ist nicht nur das, was man isst, sondern auch das, was die eigene Großmutter aß.«

Auch psychische Prozesse wie das Erinnern sind von epigenetischem Wandel betroffen. Larry Feig, Biochemiker an der Tufts University, setzte Mäuse, die gentechnisch herbeigeführte Gedächtnisprobleme hatten, bei einem Experiment einem Umfeld aus, in dem es eine Fülle von Dinge zum Spielen für sie gab, sie diverse Übungen absolvieren mussten und besonders umhegt wurden. Es überraschte nicht, dass sie eine starke Verbesserung ihres Erinnerungsvermögens zeigten wie auch Veränderungen in Bezug auf einen Ablauf im Gehirn, den man Langzeit-Potenzierung (*long term potentiation; LTP*) nennt, und der von entscheidender Bedeutung für das Ausbilden neuer Erinnerungen ist. Dieselben Veränderungen ließen sich auch bei ihren Nachkommen nachweisen, obwohl diese keine so bevorzugte Behandlung genossen.

Diese Entdeckungen sind der Schlüssel zu vielen Fragen, die sich die traditionelle Genetik mehr oder weniger vergeblich zu beantworten bemüht. Zum Beispiel, warum von einem Zwillingspaar eines der beiden Geschwister schwere Angststörungen entwickelt, während das andere nicht daran erkrankt. Oder warum einschneidende Veränderungen hinsichtlich der Ernährungsweise in einer kleinen schwedischen Stadt die Lebensdauer der Einwohner dramatisch verkürzen oder verlängern können. Genetiker gewinnen ständig neue Erkenntnisse über diese epigenetischen Veränderungen und darüber, wie sie sich auf biologische und psychische Prozesse auswirken.

Wie also funktioniert das Ganze?

Frances Champagne und Rahia Mashoodh von der Columbia University fordern uns auf, uns unsere DNA einmal als Bücher vorzustellen, die auf den Regalen einer Bibliothek in geordneten und durchdachten Folgen aufgestellt sind.[110] Wie die DNA-Sequenzen enthalten diese Bücher eine große Fülle an Informationen und Anregungen für jeden, der sie liest. Wenn sie nicht geöffnet, das heißt nicht gelesen werden, üben sie aber keine Wirkung auf die Benutzer der Bibliothek aus. Ähnlich wie diese Bücher sitzt die DNA in unseren Zellen und wartet darauf, »gelesen« zu werden – in diesem Fall von einem Enzym, das RNA-Polymerase heißt. Das führt zur Produktion einer Boten-RNA, in einem Prozess, den man Transkription nennt und der von entscheidender Bedeutung ist. Diese Boten-RNA ist eine exakte, in ein Protein übertragene Kopie der DNA-Sequenz. Die Transkription stellt die essenzielle Expression eines Gens dar, die dann eine unbegrenzte Zahl von Folgen haben kann.

Ohne den aktiven Prozess, der zur Expression des Gens führt, würde dieses Potenzial möglicherweise nie verwirklicht. Wie ein Buch, das hoch oben auf einem Regalbrett steht und immer mehr Staub ansetzt, wäre es vorhanden, würde aber keine Wirkung zeitigen. Nur wenn ein Gen aktiv exprimiert wird, ist seine Wirkung zu spüren.

Die Promotor-Region der DNA ähnelt dem Katalog einer Bibliothek: Wird dieser geöffnet, können alle vorhandenen Bücher gelesen werden, bleibt er geschlossen, werden auch die Bücher nicht aufgeschlagen. Ein DNA-Methylierung genannter Prozess hält die Gene unter Verschluss. Die Methylgruppen, die in der Nähe seiner Promotor-Region lauern, bringen das Gen gewissermaßen zum Schweigen, sie blockieren es. Wie aus Abbildung 4.5 hervorgeht, kommt es, falls die RNA die Promotor-Region eines Gens problemlos lesen kann, zur Transkription, und das Gen erwacht dann zum Leben. Wenn aber die Methylgruppen die Promotor-Region blockieren, kann die RNA das Gen nicht sehen, das aus diesem Grund unexprimiert bleibt.

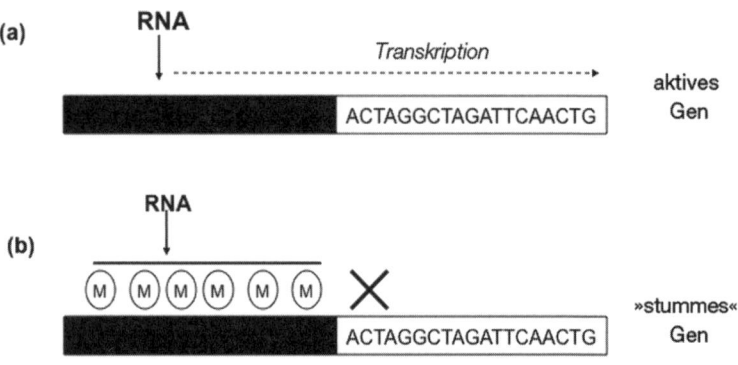

Abb. 4.5: Veranschaulichung der epigenetischen Kontrolle über Genexpression. Wie oben unter a) gezeigt, bestehen Gene aus einer DNA-Sequenz, die sich aus C-, T-, A- und G-Nukleotidbasen zusammensetzt und der eine Promotor-Region vorgelagert ist. Damit es zu Transkription kommen kann, muss die RNA mit der Promotor-Region in Verbindung kommen; auf diese Weise kann das Gen aktiv werden. Wie unter b) gezeigt, wird die RNA blockiert, wenn sich eine Methylgruppe (M) an die Promotor-Region heftet; das Gen wird dann »stumm«. Der genetische Code ist noch vorhanden, aber er kann nicht gelesen werden.

Das Umfeld der DNA ist also ausschlaggebend dafür, ob ein Gen gelesen werden kann oder nicht, und natürlich ist es das Umfeld um eine Person, welches das Umfeld um die DNA prägt. Das ist der Grund dafür, dass Gene sich nur selten direkt auf komplexes Verhalten auswirken. Der Weg, den ein einzelnes Gen zurücklegen muss – angefangen bei einer Veränderung der Erregungsübertragung zwischen den Nervenzellen über eine Feinabstimmung der neuronalen Schaltkreise bis zur Ausbildung eines sonnigen Gemüts –, ist ein langer, und *en route* wirken viele andere Faktoren ein, darunter andere Gene, biografische Ereignisse und epigenetische Faktoren. Die Epigenetik ist dabei, aufzudecken, wie sich das Zusammenspiel zwischen genetischer Veranlagung und Umfeld im Lauf der Zeit entwickelt. Ausschlaggebend sind mit anderen Worten nicht so sehr die Gene, mit denen man geboren wird, sondern entscheidend ist, welche dieser Gene exprimiert werden und welche stumm bleiben. Ihr Kind kommt mit einer bestimmten Reihe von Genen auf die Welt, aber was dann in seinem Leben geschieht, kann Einfluss darauf haben, welche spezifischen Gene exprimiert werden und welche nicht.

Können epigenetische Veränderungen uns wirklich optimistischer oder weniger optimistisch machen? Es gibt reichlich Belege dafür, dass dem so ist. Experimente mit Ratten haben ergeben, dass die Art der mütterlichen Fürsorge eine tiefe Auswirkung auf das Gehirn haben kann und darauf, wie dieses auf Stress reagiert. Eine liebevolle, fürsorgliche Rattenmutter verbringt viele Stunden damit, ihr Junges zu lecken und es an sich zu drücken; falls es einmal aus dem Nest rollt, trägt sie es rasch wieder hinein. Eine gefühlskältere Mutter verbringt wesentlich weniger Zeit mit solchen Handlungen. Bei Untersuchungen von jungen Ratten, die diese unterschiedlichen Typen mütterlicher Fürsorge erfahren haben, zeigten sich verblüffende Divergenzen hinsichtlich der Genexpression.

Ian Weaver und seine Kollegen haben im Rahmen des McGill Program for the Study of Behaviour, Genes and Environment in Montreal eine faszinierende Versuchsreihe durchgeführt. Diese hat ergeben, dass sich die Art der Bemutterung, die man in der Jugend erfährt, entscheidend auf die Expression von Genen auswirken kann, die mit unserer Fähigkeit, Stress zu bewältigen, in Zusammenhang stehen.[111] Tief im Innern des Hippocampus, einer Region des Gehirns, die für Lernen und Erinnern wichtig ist, finden sich große Mengen von sogenannten Glukokortikoidrezeptoren (GR). Sie fungieren ein wenig wie Schalter, die die Reaktion auf Stress an- oder ausknipsen können. Eine unterhalb der Norm liegende Menge an diesen Rezeptoren führt zu einer verlängerten Reaktion, das heißt, die betreffende Person wird innerlich nicht so schnell mit Problemen fertig, sondern neigt dazu, sich längere Zeit mit ihnen zu beschäftigen.

Wenn sich in unserem Hippocampus viele Glukokortikoid-Rezeptoren befinden, können wir offenbar viel leichter mit Stress fertig werden. Weaver untersuchte die Hippocampus-Region von jungen Ratten und stellte fest, dass mangelhafte mütterliche Fürsorge in erhöhter DNA-Methylierung in der Promotor-Region der GR-Gene resultierte. Das ist ein Prozess, der ein Gen »stumm« werden lässt. Seine Implikationen sind weitreichend. Ein klassischer äußerer Faktor – mütterliche Fürsorge – hat starken Einfluss darauf, wie die Jungen mit Stress umgehen. Was eine direkte Auswirkung einer bestimmten Art von Aufzucht zu sein scheint, ist in Wirklichkeit darauf zurückzuführen, dass diese Art von Aufzucht die Genexpression verändert.

Epigenetische Forschungen sind überwiegend mit Nagetieren durchgeführt worden, doch wie die von Bygren gesammelten Daten belegen, sind die Ergebnisse auf Menschen übertragbar. Tim Oberlander von der Abteilung für Pädiatrie an der University of British Columbia in Kanada hat mit größter Sorgfalt Zellen aus dem Nabelschnurblut von schwangeren Frauen extrahiert.[112] Einige dieser Frauen litten unter Depressionen, andere hingegen nicht. Die fetalen Zellen wurden genaustens auf Anzeichen für DNA-Methylierung, den Prozess also, der Gene ausschaltet, untersucht. In der Tat führten Depressionen und Angstzustände der Mutter im letzten Schwangerschaftsdrittel zu erhöhter DNA-Methylierung. Eine solche erhöhte Methylierung in der Promotor-Region der GR-Gene ist ausschlaggebend dafür, dass Gene im

Hippocampus »verstummen«, was die betreffenden Kinder anfällig für Stress werden lässt.

Als die Wissenschaftler sich drei Monate später mit den Kindern der Frauen befassten, die an pränataler Depression gelitten hatten, zeigte sich, dass diese tatsächlich wesentlich deutlichere Symptome für Stress zeigten als die Babys der Frauen, die nicht oder nicht in so großem Maß von Depressionen heimgesucht worden waren. Selbst wenn man die reduzierten Mutter-Kind-Interaktionen mit berücksichtigte, die typischerweise mit Depressionen der Mutter einhergehen, war der Zusammenhang zwischen DNA-Methylierung und Stressrespons noch eindeutig erkennbar. Was uns in unserer allerfrühesten Lebensphase zustößt, kann also dauerhafte Auswirkungen haben. Ursächlich gehen diese Auswirkungen auf unser Umfeld zurück, das seinen Einfluss aber *über die Gene* ausübt.

Ironischerweise haben Wissenschaftler schon seit langer Zeit über epigenetische Effekte Bescheid gewusst. Zellen in der Leber und im Gehirn weisen die identische DNA auf, erfüllen aber ganz verschiedene Aufgaben. Die Bedeutung dieser Flexibilität hat man erst vor Kurzem erkannt. Und die Möglichkeit epigenetischer Veränderungen eröffnet uns eine ganz neue Welt, in welcher die Entscheidungen, die wir im Leben treffen, sich nicht nur darauf auswirken, welche von unseren Genen nur flüstern oder aber schreien, sondern auch die Genexpression unserer Kinder und Kindeskinder beeinflussen.

5.
Der geschmeidige Geist

Die bemerkenswerte Formbarkeit des menschlichen Gehirns

Das menschliche Gehirn ist von beeindruckender Wandlungsfähigkeit. Viele Jahre lang waren Neurowissenschaftler der Ansicht, dass das Gehirn eines Menschen von einem bestimmten Alter an – möglicherweise schon ab dem siebten Lebensjahr – unflexibel wird und alle Vorgänge in ihm nach etabliertem Muster, in »eingefahrener« Weise ablaufen. Forschungen auf dem zunehmend an Bedeutung gewinnenden Gebiet der Neuroplastizität haben jedoch diese Annahme als irrig entlarvt und den Beweis erbracht, dass sogar alte Gehirne von bislang ungeahnter Flexibilität sind. Mit Flexibilität ist hier kein oberflächlicher flüchtiger Wandel des Denkens gemeint, sondern eine konkrete Veränderung der physischen Struktur. Neuronen und die Verbindungen zwischen ihnen werden von dem beeinflusst, was wir tun, und sogar von dem, was wir denken; das eine wie das andere wirkt sich verändernd auf die Art und Weise aus, in der die Schaltkreise in unserem Gehirn operieren. Diejenigen, die mit Angst- und Lustempfinden in Zusammenhang stehen – die ein umwölktes oder ein sonniges Gemüt hervorbringen –, sind in einem besonders hohen Maß formbar. Das bedeutet, dass unsere persönlichen Erfahrungen mit Angst oder Lust uns ein einzigartiges Gehirn mit einem im Höchstmaß individuellen System von neuronalen Schaltkreisen und Verbindungen verleihen. Jeder von uns reagiert auf Angst einflößende oder Vergnügen bereitende Dinge oder Situationen auf seine ganz eigene Weise, und der fundamentale Unterschied hinsichtlich unserer affektiven Reaktion bestimmt unsere Interpretation der uns umgebenden Welt. Wir wissen jetzt, dass wir, wenn wir unsere kognitive Wahrnehmung ändern, auch unsere Gehirne verändern können.

In London gibt es mehr als 25 000 Straßen, die ein kompliziertes, im Lauf von Jahrhunderten entstandenes Geflecht bilden. Sie sind nicht in einem so überschaubaren Raster angeordnet wie in New York City, in dem die Avenues die vertikalen und die Streets die horizontalen Achsen bilden und überdies größtenteils von links nach rechts und von unten nach oben nummeriert sind, sodass man sich problemlos orientieren kann. Wenn man irgendwo in der Londoner City in eines der typischen schwarzen Taxis steigt und dem Fahrer eine Adresse nennt, wird der einen dennoch auf dem kürzesten Weg dorthin bringen. Diese Ortskenntnis muss mühsam erworben werden, und nur wenn man einen »The Knowledge« genannten Test besteht, mit dem die Fähigkeit des Bewerbers überprüft wird, sich jede der 25 000 Straßen einzuprägen und sie räumlich zu verorten, erhält man die Lizenz, mit einem *Black Cab* Passagiere zu befördern. Diese Prüfung ist so schwer, dass nur die Hälfte der Aspiranten sie erfolgreich absolviert.

Im Jahr 2000 testete Eleanor Maguire, Professorin für kognitive Neurowissenschaft am Londoner University College 16 Taxifahrer der Stadt mithilfe eines fMRT-Hirnscanners.[113] Sie stellte fest, dass der hintere Teil ihres Hippocampus beträchtlich größer als bei anderen Leuten war. Das ist der Teil des Gehirns, der bei Vögeln und anderen Tieren, aber auch bei Menschen mit räumlicher Orientierung in Verbindung steht. Noch bemerkenswerter war aber die Erkenntnis, dass das quantitative Ausmaß dieser Vergrößerung mit der Zeitspanne korrelierte, in der ein Fahrer bereits in diesem Beruf tätig war.

Im Rahmen einer Folgestudie untersuchte Maguire den Fortschritt, den angehende Taxifahrer beim Erwerb der für »The Knowledge« notwendigen Kenntnisse machten. Wiederum mithilfe von fMRT scannte sie die Gehirne der Probanden, als sie mit dem Lehrgang begannen, und dann später noch einmal kurz vor dessen Abschluss. Sie und ihr Team stellten fest, dass diejenigen der Bewerber, die die stärkste Veränderung des Hippocampus aufwiesen, die größten Chancen hatten, die Prüfung mit Erfolg zu absolvieren. Das ist ein deutlicher Beleg dafür, dass unsere individuelle Erfahrung tatsächlich zu einem konkreten und einschneidenden Wandel der physischen Struktur unseres Gehirns führt.

Eine noch stärkere Bestätigung dafür liefern mit Berufsmusikern durchgeführte Studien. Musik darzubieten ist eine komplexe Tätigkeit. Hunderte von Noten pro Minute erklingen zu lassen, ist eine der eindrucksvollsten menschlichen Leistungen überhaupt. Forschungen mithilfe von hochauflösenden MRT-Gehirnscans offenbaren, dass die Gehirne von Musikern und Nicht-Musikern sich auf signifikante Weise voneinander unterscheiden. Bei Musikern sind Gehirnareale, die für komplexe Geräusche sowie für eine subtile und genaue Motorik zuständig sind, auffallend vergrößert.[114] Man könnte annehmen, dass das eine Grundbedingung dafür ist, dass jemand Musiker wird, die Vergrößerung also schon vorhanden ist, bevor er damit beginnt, dieses Metier zu erlernen und auszuüben – dass solche Menschen also mit einem Gehirn geboren werden, das ihnen das besondere Talent zum Musizieren verleiht. Das ist aber nicht der Fall. Weitere Forschungen haben gezeigt, dass das Ausmaß der Vergrößerung dieser Gehirnareale mit der Intensität korreliert, mit der der Betreffende auf seinem Instrument geübt hat: Je öfter und ausdauernder er Musikstücke gespielt hat, desto größer sind diese Areale.

Die Schattenseite dieses physischen Wandels im Gehirn von Musikern – der zugrunde liegenden Plastizität dieses Organs also – bildet eine als fokale Dystonie bekannte Störung. Sie äußert sich zum Beispiel in der Unfähigkeit des Spielers eines Saiteninstruments, einen Finger unabhängig von einem anderen zu bewegen. Zu dieser Störung kommt es aufgrund der Art und Weise, in der verschiedene Teile des Körpers auf einem schmalen Streifen des Gehirns, den man somatosensorischen Kortex nennt, repräsentiert sind. In dieser Schicht der Großhirnrinde findet man eine Art topografischer Karte aller Körperteile, das heißt, den Lippen, Armen, Händen, Fingern und so weiter ist dort jeweils eine kleine, umgrenzte Menge kortikalen Gewebes vorbehalten, um sicherzustellen, dass alle diese Teile einwandfrei funktionieren. Normalerweise kommt jedem Finger ein eigenes kleines Areal zu, das sauber von den benachbarten separiert ist. Wenn jedoch zwei Finger ständig zusammen benutzt werden, wie beim Gitarrenspielen zum Beispiel, dann dehnen sich die entsprechenden kortikalen Areale allmählich aus und können unter Umständen miteinander verschmelzen. Der somatosensorische Kortex fasst im Lauf der Zeit die beiden Finger als Einheit auf, und sie werden daher auf der »Karte« als ein einziges zusammenhängendes Gebiet geführt. Das aber beraubt den Gitarristen der Fähigkeit, jeden der beiden Finger unabhängig vom anderen zu bewegen.

Mittlerweile haben wir erkannt, dass das menschliche Gehirn zu einem viel stärkeren Wandel fähig ist, als zuvor gedacht.[115] Unser Gehirn hört nie auf, auf Neues zu reagieren, es lernt und wandelt sich vom Augenblick unserer Geburt bis zu unserem Tod. Die komplexen neuronalen Schaltkreise und Nervenstränge in unseren Köpfen reagieren unablässig auf neue Einflüsse, passen sich an und ordnen sich neu, und diese Flexibilität eröffnet uns fantastische Möglichkeiten, unsere Lebenseinstellung zu ändern.

Neuronale Plastizität ist jedoch eine zweischneidige Sache, denn wenn wir unsere Gehirne nicht unablässig mit Neuem konfrontieren, dann tendieren Überzeugungen, Ansichten und auch Handlungsweisen dazu, sich »festzusetzen«, und es fällt schwer, sich von ihnen zu lösen. Wenn wir bestimmte Teile unseres Gehirns nicht verwenden, dann werden diese nach und nach zur Erfüllung anderer Funktionen herangezogen. Wenn wir uns aber wirklich darum bemühen, dann wohnt sogar zutiefst »eingefahrenen« Schaltkreisen das Potenzial inne, sich zu wandeln.

Mehrere Studien bestätigen heute die grundlegende Wahrheit der alten Behauptung, dass Blinde über ein gesteigertes Hörvermögen verfügen.[116] Scans der Gehirne von blinden Probanden zeigen, dass das Areal der Großhirnrinde im hinteren Teil des Gehirns, der normalerweise nur auf visuelle Informationen reagiert – und entsprechend als Sehrinde bezeichnet wird – ebenfalls für akustische Reize empfänglich ist. Neuronengruppen, die normalerweise aktiv werden, wenn wir etwas *sehen*, beginnen bei Blinden zu feuern, wenn sie etwas *hören*. Kortikales »Terrain« liegt nicht einfach »brach«, wenn keine Signale aus der Außenwelt auf es treffen; stattdessen wird es für andere Sinneswahrnehmungen und Aktivitäten herangezogen: Die frei gewordenen Flächen, das heißt die überschüssigen Ressourcen, werden konsequent genützt. Im Fall einer blinden Person wird also das Areal, das einst der optischen Wahrnehmung vorbehalten war, von der akustischen okkupiert.

Alexander Stevens und seine Kollegen an der Health and Science University in Portland, Oregon, spielten Blinden, die in einem Hirnscanner lagen, Signale zu, mit denen sie aufgefordert wurden, konzentriert auf ganz schwache Klänge oder Geräusche zu achten. Die Forscher fanden heraus, dass bei ihnen beim Ertönen des Signals Blut in die hintere Gehirnpartie strömte, also in das normalerweise für das Sehen zuständige Areal. Musik oder Sprache stimulierte nicht nur den auditiven Kortex – das Hörzentrum –, sondern aktivierte auch Hirnzellen, die früher nur durch visuelle Reize stimuliert wurden. Klänge rufen daher im Gehirn von Blinden eine verstärkte Wirkung hervor.

Das Gegenteil trifft aber auch zu. Die Neurowissenschaftlerin Helen Neville, die ebenfalls an der University of Oregon tätig ist, ging der Frage nach, ob taube Menschen vielleicht ein gesteigertes Sehvermögen entwickelten.[117] Konkret untersuchte sie, ob sich das Gesichtsfeld von Tauben erweiterte, sodass sie Dinge am Rand dieses Feldes besser wahrzunehmen vermochten und dadurch ihre Unfähigkeit, von links oder rechts zu ihnen dringende Geräusche zu hören, kompensierten. Sie ließ zu diesem Zweck Lichter an der Peripherie des Gesichtsfelds von Menschen aufleuchten, die ihr Hörvermögen in der frühen Kindheit eingebüßt hatten. Außerdem stellte sie eine Kontrollgruppe aus Probanden zusammen, deren Gehör normal funktionierte. Als sie die Reaktion verschiedener Gebiete des Kortex auf diese Lichtblitze maß, stellte sie fest, dass Teile des auditiven Kortex jetzt auf visuelle Reize reagierten. Bei den tauben Personen hatte sich das Gesichtsfeld tatsächlich erweitert, das heißt, sie nahmen das, was an dessen linkem oder rechtem Rand lag, besser wahr. Daraus ist der faszinierende Schluss zu ziehen, dass Neuronen in Regionen des Gehirns, die nicht länger benötigt werden, bei Menschen, die einen der Hauptsinne verloren haben, zur Erfüllung anderer Aufgaben herangezogen werden.

Ironischerweise hat William James bereits 1890 die »moderne« Erkenntnis von der Wandlungsfähigkeit des Gehirns vorweggenommen, als er konstatierte, dass das Gehirn »mit einem außergewöhnlichen Maß an Plastizität ausgestattet« sei.[118] Da er aber keine konkreten Beweise dafür anführen konnte, geriet seine Theorie im Lauf der Zeit in Vergessenheit – jedenfalls bis zwei britische Neurowissenschaftler eine Reihe bahnbrechender Experimente vornahmen, die schon früh darauf zu verweisen schienen, dass die Art und Weise, in der die Neuronen in unserem Gehirn vernetzt sind, so individuell verschieden und einmalig sein könnte wie unsere Fingerabdrücke. Thomas Graham Brown und Charles Scott Sherrington wollten 1912 ermitteln, ob die für Bewegungen zuständigen Partien des Kortex relativ rigide, also unveränderlich sind oder ob sie von den individuellen Erfahrungen eines Menschen geprägt werden können. Sie fragten sich also, ob sich die Art und Weise, in der wir bestimmte Dinge tun, darauf auswirken kann, wie unser Gehirn arbeitet.

Stellen Sie sich einmal vor, dass ein Affe am liebsten seinen Daumen und seinen Zeigefinger benutzt, um etwas vom Boden aufzuheben, ein anderer hingegen den Daumen und den Mittelfinger dazu benutzt. Könnte es sein, dass bei diesem geringfügig unterschiedlichen Einsatz der Hand auch geringfügig unterschiedliche Bereiche des motorischen Kortex aktiv sind? Brown und Sherrington benutzten Elektroden, um bei ihren Versuchsaffen verschiedene Areale des motorischen Kortex zu stimulieren, und hielten fest, welcher Muskel nach jeder elektrischen Reizung zuckte. Wenn das Areal, das eine Handbewegung auslöste, unveränderlich festlag, dann müsste eine Stimulation ebendieses Areals bei allen Affen eine Bewegung in der Hand auslösen. Falls aber die spezifischen Erfahrungen eines Individuums die neuronale Vernetzung in seinem Gehirn verändert hatte, dann müsste bei jedem einzelnen Affen eine geringfügig andere Region des Kortex für die Bewegung der Hand verantwortlich sein. Und tatsächlich stellten die beiden Forscher fest, dass jeder Affe ein eigenes, ihm eigentümliches für Handbewegungen zuständiges Areal des motorischen Kortex besaß. Das war ein deutliches Indiz dafür, dass die Organisation des Gehirns die individuelle Lebensgeschichte eines jeden Tieres und seine spezifischen Erfahrungen widerspiegelte.[119]

Nur wenige Jahre später, 1916 nämlich, machte der amerikanische Psychologe Shepherd Ivory Franz eine ähnliche Entdeckung.[120] Aufgrund seiner ebenfalls an Affen vorgenommenen Untersuchungen kam er zu dem Schluss, dass bestimmte Funktionen nicht, wie jedermann angenommen hatte, in spezifischen Regionen des Kortex lokalisiert waren, das heißt, dass sie bei unterschiedlichen Individuen von unterschiedlichen Stellen der Hirnrinde aus gesteuert wurden. Seine Entdeckung wurde aber von der Wissenschaft weitgehend ignoriert: Man war noch nicht reif genug für diese Botschaft. Außerdem äußerten Franz' Kollegen ein grundlegendes Bedenken: Könnte es nicht sein, dass die von ihm untersuchten Affen von Geburt an diese Unterschiede aufwiesen, das heißt, dass der genetische Code eines jeden von ihnen einen geringfügig variierenden motorischen Kortex hervorgebracht hatte, der dann für das gesamte Leben des betreffenden Tieres mehr oder weniger unverändert blieb? (Man darf nicht vergessen, dass sich dies alles lange vor der Entdeckung der Epigenetik abspielte.) Falls das so war, sagten Franz' Forschungsergebnisse keineswegs etwas über die Plastizität des Gehirns aus.

Sieben Jahre später wurde aber mehr oder weniger zweifelsfrei bewiesen, dass jeder von uns individuelle, auf seinen ureigenen Lebenserfahrungen basierende neuronale Schaltkreise entwickeln kann. Karl Lashley, einer der einflussreichsten frühen amerikanischen Psychologen, hatte mit Franz bei seinen an Insassen des Government Hospital for the Insane in Washington, D. C., vorgenommenen Forschungen zusammengearbeitet. Lashley ist heute vor allem für die Besessenheit bekannt, mit der er das *Engramm*, die physiologische Spur einer Erinnerung, im Gehirn ausfindig zu machen versuchte. Überzeugt davon, dass Erinnerungen in spezifischen Arealen des Gehirns gespeichert sein müssen, verbrachte er Jahre mit der Suche nach ebendieser Stelle. Er fand sie nie, was ihn zu der Vermutung führte, dass das Gedächtnis und vielleicht auch andere Funktionen möglicherweise gar nicht in spezifischen Bereichen des Gehirns lokalisiert sind.

Im Rahmen einer wichtigen Versuchsreihe stimulierte Lashley über einen Zeitraum von mehreren Monaten hinweg wiederholt das Gehirn desselben Affen mithilfe einer Elektrode und stellte fest, dass spezifische Muskeln zu verschiedenen Zeiten von unterschiedlichen Stellen des motorischen Kortex aus aktiviert wurden. Diese Ergebnisse befanden sich in Übereinstimmung mit und ergänzten die von Brown und Sherrington erzielten wie auch die von Franz, der ja mit seiner Arbeit nachgewiesen hatte, dass sich der Kortex bei unterschiedlichen Individuen auch unterschiedlich entwickelte. Ihre Implikationen waren aber noch weitreichender, insofern sie nämlich den gegen Franz' Theorie vorgebrachten Einwand entkräfteten, dass unterschiedliche Individuen vielleicht schon mit unterschiedlich strukturierten oder organisierten Großhirnrinden auf die Welt gekommen waren.

Durch seine Entdeckung, dass im Lauf der Zeit bei einem Individuum unterschiedliche Partien des motorischen Kortex für einen identischen Bewegungsablauf zuständig waren, wies Lashley nach, dass Prozesse im Gehirn nicht ein für alle Mal »festzementiert« sind.[121] Im Gegenteil: Sie sind im Höchstmaß variabel und fließend. Spätere Erkenntnisse um viele Jahre vorausnehmend, entwickelte er die Theorie von der »Massenaktion«; diese besagt, dass der Kortex als Ganzes agiert und dass, wenn ein Teil von ihm geschädigt wird, ein anderer Teil dessen Aufgabe übernimmt. Wie wir mittlerweile wissen, ist es genau das, was in dem Gehirn von Blinden oder Tauben vor sich geht.

In ein übergreifendes konzeptuelles Rahmenwerk wurden Lashleys Ideen erst Jahre später eingeordnet, 1949 nämlich, als der kanadische Psychologe Donald Hebb sein zu einem Klassiker gewordenes Werk *The Organisation of Behaviour* veröffentlichte. Hebb interessierte sich dafür, wie Lernen und Erinnern vonstattengehen, und erkannte, dass es zwischen Neuronen zu einer strukturellen Änderung kommen muss, damit etwas gelernt wird. Wenn wir eine neue Fähigkeit erwerben, wie Fahrradfahren zum Beispiel, muss in unserem Gehirn irgendein Wandel stattfinden. Hebb meinte, wenn eine Gruppe von Neuronen wiederholt zur gleichen Zeit stimuliert werde, könne sich ein aktiver Schaltkreis – er nannte es »a cell assembly«, eine Zellenanordnung – ausbilden. Wenn dieser Schaltkreis immer und immer wieder aktiviert werde, gewinne er im Lauf der Zeit immer mehr an Stärke und Festigkeit. Stellen Sie sich ein Kind vor, dass auf einem Klavier eine bestimmte Taste anschlägt und eine bestimmte Note hört. Je öfter das Hinunterdrücken der Taste und das Hören des spezifischen Klangs miteinander gekoppelt werden, desto fester wird das neuronale Netz, das am Hören des Klangs und am Initiieren der Handlung beteiligt ist. Wenn ein Neuron feuert, ist die Wahrscheinlichkeit groß, dass andere, mit ihm assoziierte Neuronen ebenfalls feuern. Wie spätere Kommentatoren es formuliert haben: »Zellen, die gemeinsam feuern, werden miteinander verdrahtet.«[122]

Mit anderen Worten, Hebb stellte die Theorie auf, dass die Effizienz einer synaptischen Verbindung gesteigert wurde, je öfter diese zustande kam. Das Gegenteil traf auch zu: Wenn Schaltkreise nicht regelmäßig benutzt wurden, dann verkümmerten sie allmählich. Das leuchtet uns heute unmittelbar ein, damals war es aber eine revolutionäre Idee, die praktisch die Grundlagen für die moderne Wissenschaft der Neuroplastizität schuf. Angesichts der rasch zunehmenden Beweise für sie, überrascht es doch ein wenig, dass es mehr als 30 Jahre dauerte, bis die Plastizität des Gehirns zu einer von Psychologie und Neurowissenschaft auf breiter Basis anerkannten Tatsache wurde.[123]

Als ich in den 1980er Jahren Neurowissenschaft studierte, lautete die gängige Lehrmeinung, dass die zerebralen Schaltkreise nur in frühester Jugend noch veränderbar waren. Wenn es nach dem siebten Lebensjahr zu einer Läsion kam, bestand wenig Hoffnung – so hieß es –, dass die betroffene Person wieder in den Besitz der aufgrund der Schädigung verloren gegangenen Funktion gelangte. Man erzählte uns etwas über die wundersame Plastizität des jugendlichen Gehirns, wie sie zum Beispiel die berühmten Studien von Hubel und Wiesel zu erkennen gegeben hatten, die in den sechziger Jahren publiziert worden waren. Torsten Wiesel war am schwedischen Karolinska-Institut tätig gewesen, bevor er 1958 in einem großen neurophysiologischen Institut der Universität Harvard mit Forschungen begann, an denen sich auch der Kanadier David Hubel beteiligte. Ihre gemeinsame Arbeit brachte ihnen 1981 den Nobelpreis für Medizin ein.[124] Im Zuge ihrer Experimente nähten sie bei drei bis fünf Wochen alten Katzen vorsichtig Ober- und Unterlid eines Auges zusammen, sodass dieses Auge keine visuellen Reize mehr aufnehmen konnte. Wenn die Kätzchen sechs Monate alt waren, wurde das zugenähte Auge wieder geöffnet. Es zeigte sich, dass die *gewöhnliche* Aktivität in jenem Bereich der Sehrinde, der für das geschlossen gewesene Auge zuständig war, zum Erliegen gekommen und das Versuchstier auf diesem Auge vollkommen blind war. Die Katzen waren alle mit zwei perfekt funktionierenden Augen und einem vollkommen intakten visuellen Kortex geboren worden, doch es war so, als ob sie noch lernen müssten, auf dem zweiten Auge zu sehen.

Diese Forschungsergebnisse erbrachten den eindeutigen Beweis dafür, dass ein Bereich des Kortex, der nicht genutzt wurde, seine Funktionsfähigkeit bald einbüßte. Diese Entdeckung einer entscheidenden, kritischen Phase für den Erwerb der Sehfähigkeit revolutionierte die Augenheilkunde. Ärzte kamen zu der Erkenntnis, schon früh einzugreifen, wenn Kinder an Glaukomen oder anderen Erkrankungen des Auges litten. Was unser Thema betrifft, war eine andere Entdeckung wichtig, nämlich die weniger bekannte Tatsache, dass der für das zugenähte Auge zuständige Teil des visuellen Kortex keineswegs inaktiv war. Er hatte vielmehr angefangen, Signale, die von dem offenen Auge an ihn weitergeleitet wurden, zu verarbeiten. Es war ein klassisches Nachweis neuronaler Plastizität: Die Gehirne der Versuchstiere hatten neue neuronale Netze ausgebildet, sodass kein Bereich des kortikalen Terrains »brachliegend« blieb; die Fläche, die mit dem offenen Auge in Verbindung stand, war viel größer als gewöhnlich.

Diese Experimente enthüllten zwei wichtige Fakten in Bezug auf die Arbeitsweise des Gehirns. Erstens: Es gibt eine kritische Phase in der Entwicklung eines Lebewesens, in welcher sensorische Stimulation nötig dafür ist, dass sensorische Systeme sich normal ausbilden. Zweitens: Das Gehirn ist während dieser kritischen Phase im Höchstmaß flexibel und plastisch. Neurologen hatten lange Zeit angenommen, dass, falls es innerhalb dieser wichtigen Periode zu einer Schädigung des Gehirns kam, die Chancen für eine Wiederherstellung recht gut waren, dass aber am Ende dieses Zeitraums, wenn die zerebrale Vernetzung abgeschlossen war, keine Änderung mehr möglich war. Ironischerweise gehörten Hubel und Wiesel selbst zu denen, die die These vertraten, dass neuronale Plastizität im Erwachsenenalter oder sogar schon in der späten Kindheit so gut wie unmöglich war.

Wir wissen heute, dass das eine irrige Annahme ist. Bei einer viel beachteten Versuchsreihe stellte die Neurowissenschaftlerin und Psychologin Teija Kujala von der Universität Helsinki fest, dass sogar in älteren Gehirnen in Reaktion auf Klänge größere Veränderungen im visuellen Kortex stattfinden.[125] Die von Helen Neville und Alexander Stevens durchgeführten Studien hatten ergeben, dass es im Kortex zu einer sogenannten kreuzmodalen Reorganisation kommt: Wenn Blinde akustische Reize aufnehmen, reagieren Teile des visuellen Kortex; wenn Taube optische Reize aufnehmen, werden Teile ihrer Hörrinde aktiv. Alle Probanden bei diesen Versuchen waren jedoch von einem sehr frühen Lebensalter an blind oder taub, sodass die »Neuverkabelung« möglicherweise innerhalb des kritischen Zeitraums stattgefunden hatte. Teija Kujala und ihr Team wollten nun ermitteln, ob eine solche Reorganisation des Gehirns bei Verlust eines Sinnes auch noch nach Ablauf der kritischen Phase möglich war.

Als sie Probanden, die als Erwachsene erblindet waren, aufforderten, zwischen bestimmten Geräuschen zu unterscheiden, maßen sie starke Aktivität in der Sehrinde; das heißt, Teile des Gehirns, die dem Sehen dienten, reagierten jetzt auf Klänge. Das bedeutete, dass auch Personen, die in fortgeschrittenem Alter ihr Sehvermögen verloren, noch ein schärferes Gehör entwickelten. Die Teile des Gehirns, die normalerweise mit dem Sehen zu tun hatten, standen zur freien Verfügung und konnten beim Hören mit genutzt werden. Kujalas Ergebnisse sind aber umstritten, und viele Wissenschaftler sind nicht überzeugt, dass diese kreuzmodale Reorganisation in höherem Alter wirklich möglich ist.

Ich habe über die Arbeit der finnischen Professorin mit Alvaro Pascual-Leone diskutiert, Neurologe an der Universität Harvard und einer der führenden Wissenschaftler auf dem Gebiet der neuronalen Plastizität. Ich lud ihn 2009 nach England ein, um unser neues Centre for Brain Science an der Universität Essex zu eröffnen. Pascual-Leone ist ein jugendlich wirkender Mann, der immer dann sehr enthusiastisch wird, wenn das Gespräch auf

Hirnforschung, neuronale Plastizität, spanische Küche und spanischen Wein kommt. Der aus Valencia gebürtige Wissenschaftler studierte in Deutschland Medizin und Neurophysiologie, bevor er einem Ruf an die Universität Minnesota folgte, um Neurologie zu unterrichten. Sein innovatives Forschungsprogramm hat einige der eindeutigsten Beweise dafür geliefert, dass die Art neuronaler Plastizität, die sich bei Affen feststellen lässt, auch im menschlichen Gehirn vorkommen kann.[126]

Im Anschluss an einen brillanten Vortrag Pascual-Leones vor einer gebannt lauschenden Zuhörerschaft gaben wir in unserer neuen Einrichtung einen Empfang. »Was sagen Sie zu dieser Behauptung, dass Neuroplastizität auch im Erwachsenenalter möglich ist?«, fragte ich ihn bei diesem Anlass.

Pascual-Leone war nicht nur der Ansicht, dass die Forschungsergebnisse Kujalas zuverlässig waren, sondern stellte seinerseits die noch verblüffendere Behauptung auf, dass bei Personen, denen man für nur eine einzige Woche die Augen verbunden hatte, der visuelle Kortex in Reaktion auf taktile Reize aktiv werden kann. Er erzählte von einem entsprechenden Experiment, das am Beth Israel Deaconess Medical Center in Boston durchgeführt worden war. Eine kleine Gruppe von Probanden hatte sich bereit erklärt, von einem Montagmorgen bis zum Abend des darauffolgenden Freitags eine Binde um die Augen zu tragen – und zwar ohne sie in diesem Zeitraum auch nur ein einziges Mal abzulegen. Während dieser Tage nahmen sie überdies an unterschiedlichen Experimenten teil – wie Braille zu lernen und andere kognitive, also dem Erkennen und Verstehen von Informationen gewidmete Aufgaben zu lösen; gleichzeitig sollten sie versuchen, ein möglichst normales Leben zu führen, zu essen, zu trinken, zu schlafen und so weiter.

Vor dem Beginn dieser Studie reagierte die Sehrinde dieser Versuchspersonen erwartungsgemäß nicht, wenn sie über ein Gedicht nachsannen, etwas anfassten oder Musik lauschten. Fünf Tage später verhielt es sich ganz anders. Wenn sie jetzt zwischen zwei Tönen zu unterscheiden versuchten oder etwas berührten, wurde ihr visueller Kortex sofort aktiv. Eine nur wenige Tage während »Blindheit« hatte sich auf die neuronale Vernetzung in ihrem Gehirn ausgewirkt. Pascual-Leone selbst war von diesen Ergebnissen überrascht gewesen.

»Es ist kaum wahrscheinlich, dass sich in nur einer Woche neue Verbindungen ausbilden«, meinte er zu mir. Es sei eher zu vermuten, dass wenig genutzte Verbindungen wiederbelebt und wieder eingesetzt worden waren. Diese Forschungsergebnisse sind bislang nicht publiziert worden, und Pascual-Leone ist der Ansicht, dass weitere Studien nötig sind, um die durch die einwöchige Blindheit in Gang gebrachten Mechanismen eingehender zu untersuchen. Wenn die Ergebnisse der ersten Versuchsreihe bestätigt werden können, dann sind diese wirklich bemerkenswert: Sie würden darauf hindeuten, dass solche Reorganisationen des Kortex sehr schnell vonstattengehen können.

Die Belege für die Existenz neuronaler Plastizität, sogar in den Gehirnen von Erwachsenen, mehren sich. Die wissenschaftliche Erforschung dieses Phänomens wird es wahrscheinlich ermöglichen, für eine ganze Reihe degenerativer Erkrankungen des Gehirns, wie Parkinson und Alzheimer, neue effiziente Behandlungsmethoden zu entwickeln. Meine persönliche Vermutung ist, dass eines Tages das Potenzial, das dieser Plastizität innewohnt, auch bei mentalen Störungen wie Angstzuständen und Depressionen eine große Hilfe sein wird.

Und als ob dies alles noch nicht dramatisch genug wäre, hat man auch die sensationelle Entdeckung gemacht, dass sogar in fortgeschrittenem Lebensalter völlig neue Gehirnzellen produziert werden können. Die Modifikation eingefahrener neuronaler Pfade ist eine Sache, die Produktion neuer Hirnzellen eine ganz andere, die man jahrhundertelang für vollkommen ausgeschlossen gehalten hat. Ist sie tatsächlich möglich? In den 1980er Jahren lehrten meine Dozenten im Fach Neurowissenschaft nicht nur, dass das Gehirn von seiner Struktur her festliegt, sobald die kritische Phase vorüber ist, sondern verkündeten mit noch mehr Überzeugung, dass Gehirnzellen niemals regeneriert werden könnten. »Wenn eine Gehirnzelle abstirbt, wird sie nicht ersetzt«, paukte man uns immer wieder ein. Das sei der Grund dafür, dass jede Läsion des Gehirns eine so schwerwiegende und anhaltende Auswirkung habe. Alle diese Lehrmeinungen werden heutzutage infrage gestellt, da die rasch voranschreitende Entwicklung im Fach Neurowissenschaft aufregende neue Forschungsgebiete eröffnet. Die Ergebnisse und neuen Thesen sind allerdings oft noch umstritten, so auch die, ob Neurogenese, die Hervorbringung *neuer* Neuronen, wirklich möglich ist.

Fred Gage leitet ein großes neurowissenschaftliches Labor am Salk Institute im kalifornischen La Jolla. Ihm zufolge sind wir »nicht auf die Neuronen beschränkt, mit denen wir auf die Welt kommen«. Stattdessen könne »sogar das Gehirn eines Erwachsenen neue Gehirnzellen bilden«. Zu diesem Schluss kam Gage auf der Basis von Experimenten, die er an jungen Mäusen vornahm.[127] Für Mäuse gibt es nichts Schöneres, als eine Welt voller Tunnels, Spielsachen und Laufräder zu erkunden. Es war bereits bekannt, dass Mäuse, die in einem solchen stimulierenden Umfeld aufwuchsen, verdickte Hirnrinden besaßen, was vor allem auf die größere Dichte von synaptischen Verbindungen in ihren Gehirnen zurückzuführen war.[128]

Gage teilte seine Versuchstiere in zwei Gruppen auf: Die eine lebte 45 Tage lang in dem interessanten Vergnügungspark, während die andere dieselbe Zeitspanne in behaglichen, aber recht karg ausgestatteten Käfigen verbrachte. Die Ergebnisse waren verblüffend: Die Mäuse, die man in der stimulierenden Umgebung untergebracht hatte, entwickelten in ihrem Hippocampus ungefähr dreimal so viele Zellen wie ihre Artgenossen, die man in einer normalen Umgebung belassen hatte. Man weiß noch nicht genau, ob diese Neurogenese auf gesteigerte Aktivität und Fitness oder vermehrte soziale Interaktion zurückzuführen ist. Vielleicht ist auch die Verringerung von Stress ausschlaggebend. Doch welches auch immer die Ursache ist, die wirklich faszinierende Frage lautet: Könnte so etwas auch im wesentlich komplexeren menschlichen Gehirn vor sich gehen?

Fred Gage war sich bewusst, dass dies die entscheidende Frage war, und so verbrachte er viel Zeit damit, eine Methode auszuklügeln, mit der sich die Antwort finden ließe. Der Durchbruch stellte sich während einer Kaffeepause in seinem Labor ein, als er nämlich mit dem schwedischen Neurologen Peter Eriksson, der während eines Sabbatjahres als Gast am Salk Institute arbeitete, über das Problem plauderte. Eriksson entsann sich, dass Krebsspezialisten oft eine Substanz in die Gehirne von schwerkranken Patienten injizieren, die neue maligne Zellen, die dort eventuell produziert wurden, aufleuchten ließ. Diese Substanz differenzierte aber nicht zwischen kanzerösen und gesunden neuen Zellen. Das heißt, dass jede neue Gehirnzelle, die sich bildete, in fluoreszierendem Grün aufleuchten würde. Das Problem bestand jedoch darin, dass die Krebsspezialisten nur Biopsien der Krebszellen vornahmen, man würde also nur feststellen können, ob auch neue gesunde Zellen produziert worden waren, indem man nach dem Tod des Patienten dünne Segmente von dessen Hirngewebe untersuchte.

Genau das tat Eriksson nach seiner Rückkehr an die Universität Göteburg. Im Sahlgrenska-Krankenhaus erklärte er einer Reihe von an unheilbaren Gehirntumoren erkrankten Patienten, was er zu erforschen beabsichtigte. Einige willigten daraufhin ein, nach ihrem Tod ihr Gehirn für diese wissenschaftlichen Zwecke zur Verfügung zu stellen. Insgesamt fünf von ihnen, die von Ende fünfzig und bis über siebzig Jahre alt waren, starben in dem Zeitraum, in dem Eriksson seine Studien vornahm, und das ihnen entnommene Hirngewebe lieferte möglicherweise die Antwort auf die Frage, ob auch bei Menschen neue Neuronen produziert werden können.

Eriksson und seine Mitarbeiter entnahmen dem Hippocampus dieser Personen dünne Gewebesegmente. Diese Proben wurden dann über den Atlantik hinweg zu Gages Labor in Kalifornien geflogen. Dort müssen die Anspannung und Aufregung deutlich spürbar gewesen sein, als die Präparate zum ersten Mal unter das Mikroskop gelegt wurden. Tatsächlich sah man, als eine Probe nach der anderen untersucht wurde, immer wieder die Anzeichen für neue Zellen grün aufleuchten. Wie Gage 2004 bei einer kleinen Konferenz erklärte[129]: »Alle untersuchten Gehirne enthielten Belege für neu gebildete Zellen in genau dem Gebiet, wo wir bei den Vertretern anderer Spezies bereits Neurogenese nachgewiesen hatten.«

Obwohl einige der Patienten, von denen die Proben stammten, über 70 Jahre alt und unheilbar an Krebs erkrankt waren, waren also Teile ihres Gehirns immer noch damit beschäftigt gewesen, neue Zellen zu produzieren. Das bedeutet mit anderen Worten, dass unser Gehirn niemals aufhört, sich zu ändern und zu reagieren. Wie es aussieht, kann Hans doch noch das lernen, was Hänschen nicht gelernt hat.

Ein großer Teil dieser Studien zur neuronalen Plastizität haben sich auf solche kognitiven Fähigkeiten wie die Verbesserung des Erinnerungsvermögens und der Aufmerksamkeitsspanne sowie motorische Fähigkeiten konzentriert, doch eröffnen sie die aufregende Möglichkeit, dass die neuronalen Pfade, die Pessimismus und Optimismus zugrunde liegen, ebenfalls modifiziert werden können.

Die Abläufe und Reaktionen in den Netzwerken, die am Entstehen sowohl eines sonnigen als auch eines umwölkten Gemüts beteiligt sind, verraten uns, dass wir alle eine natürliche Tendenz besitzen, nach Vergnügen zu streben und Gefahr zu scheuen. Sogar ein bescheidenes, niedriges Geschöpf wie der Regenwurm bewegt sich auf das Gute (Wärme) zu und vom Schlechten (Kälte) weg. Darüber hinaus wissen wir, dass jeder von uns sich hinsichtlich der Intensität, mit der er sowohl auf Furchterregendes wie auf Lustbereitendes reagiert, in ausgeprägter Weise von anderen unterscheidet. Einige werden ungeachtet der möglichen Gefahren so gut wie alles tun, um sich eine Belohnung zu verschaffen, während andere Risiken um jeden Preis zu vermeiden suchen. Diese Unterschiede sind bestimmend für unsere affektive Veranlagung, und letztlich sind sie es, die uns dazu veranlassen, einen bestimmten Lebensweg einzuschlagen. Falls diese affektiven Schaltkreise in unserem Gehirn ebenfalls veränderbar, formbar sind, dann besitzen wir die Möglichkeit, unsere Lebenseinstellung radikal zu ändern.

Es gibt nicht nur eine Reihe von subtilen Hinweisen darauf, dass die affektiven Schaltkreise offen für Veränderungen sind, sondern es liegen auch unzweideutige Beweise dafür vor. Absolut unbestritten ist die Tatsache, dass das Gehirn eines jeden von uns einzigartig ist. Wenn ich auch als Wissenschaftlerin gerade an solchen individuellen Unterschieden interessiert bin, überraschte diese Entdeckung sogar mich. Wenn man sich Scans von Gehirnen anschaut, fällt einem als Erstes auf, dass einige größer sind als andere, dass sie alle eine leicht unterschiedliche Gestalt aufweisen und dass keines wie jene sauberen symmetrischen Querschnittdarstellungen aussieht, die man in medizinischen Zeitschriften findet. Diese Darstellungen basieren auf der Kombination von bis zu 20 verschiedenen Scans und zeigen ein »typisches« Gehirn ohne störende individuelle Einzelheiten.

Individuelle Gehirnscans hingegen erzählen eine andere Geschichte. Nicht nur die Gestalt und die Größe, sondern auch die Position und die Zahl wichtiger chemischer Rezeptoren unterscheiden sich drastisch von einer Person zur nächsten, von einem Gehirn zum anderen. Bei einigen Menschen überwiegen die Dopaminrezeptoren im Belohnungszentrum in einem weitaus stärker als normalen Maß, andere besitzen eine Amygdala, die auf das schwächste Anzeichen von Gefahr hin reagiert, während sie bei wieder anderen nur auf eine ernsthafte und akute Gefahr hin aktiv wird.

Die Netzwerke, die unseren emotionalen Respons bestimmen, entwickeln sich im Gehirn eines jeden von uns auf höchst individuelle Weise. Alle unsere Gefühle von Freude und Angst, Gedanken und Träume kommen im Lauf der Zeit zusammen, um unseren affektiven Geist zu prägen; sie bringen ein einzigartiges System von neuronalen Schaltkreisen hervor, das uns zu dem macht, was wir sind. Während diese Schaltkreise sich bei allen von uns an mehr oder weniger den gleichen Stellen befinden und die gleichen Strukturen einbeziehen – den präfrontalen Kortex, die Amygdala, den Nucleus accumbens –, variiert der Grad, in dem sie auf Ereignisse, gute wie schlechte, reagieren, von einer Person zur anderen dramatisch. Diese höchst reaktiven und flexiblen Schaltkreise sind es, die unsere Persönlichkeit und unsere Lebenseinstellung prägen.

Die Schaltkreise, die unser Belohnungssystem und unser Warnsystem ausmachen, heben für uns das hervor, was wichtig ist, sie lassen uns das wahrnehmen, machen uns empfänglich für das, was unsere Umgebung an negativen wie positiven Reizen bereithält. Das aus Amygdala und Nucleus accumbens bestehende Duo hilft uns dabei, festzustellen, was in unserem Umfeld schlecht oder gut für uns ist. In einer sich ständig wandelnden Welt kann auch das geringste Ungleichgewicht, die winzigste Verlagerung unseres Fokus eher auf die negativen oder die positiven Aspekte der Stimuli an uns aussendenden Umgebung, sich verändernd auf eine Myriade von neuronalen Schaltkreisen auswirken, Verbindungen festigen oder lockern. Diese Veränderungen liegen der Ausbildung einer negativen oder positiven Mentalität zugrunde, jener berühmten »Das Glas ist schon halb leer«- oder »Das Glas ist noch halb voll«-Einstellung, die so tiefe Auswirkungen auf unser ganzes Leben haben kann.

Im Lauf unserer Evolutionsgeschichte vergrößerte sich unser Kortex exponentiell, während er gleichzeitig zahlreiche Verbindungen mit uralten subkortikalen Regionen des Gehirns entwickelte. Es bildete sich eine unvorstellbar große Menge an Verbindungen aus, die den erweiterten und verdickten Kortex mit jenen älteren Strukturen verknüpften, die unsere Gefühle steuern, wie auch unsere Reaktionen auf Angenehmes oder auf Bedrohliches bestimmen. Das bedeutet aber, dass die Amygdala und der Nucleus accumbens nicht unverändert geblieben sind, seitdem sie sich vor Millionen von Jahren auszubilden begannen; sie sind nicht mehr so »steinzeitlich«, wie oft angenommen. Dichte Geflechte von Neuronenpfaden führen von den höheren kortikalen Regionen zu unserem Angst- und Lustzentrum herunter, Neurotransmitter strömen zu ihnen herab, was einen gewissen Grad an Kontrolle über diese Gebiete ermöglicht. Das heißt, dass wir lernen können, unsere Ängste und Gefühle von Erregung in einem weit höheren Maß in den Griff zu bekommen als andere Lebewesen. Während es für eine Katze so gut wie unmöglich ist, nicht hinter einer Maus herzujagen, können wir für gewöhnlich unsere Urtriebe unterdrücken oder zügeln, wenn die Situation es verlangt.

Dennoch stellen die mit der Amygdala und dem Nucleus accumbens assoziierten Schaltkreise dominante Kräfte in unserem Gehirn dar. Vor allem Erstere offenbart ihre Plastizität durch ihre unvergleichliche Fähigkeit, in atemberaubend kurzer Zeit Angst in uns auszulösen. Furchterregende Dinge lernt man schnell kennen, und es fällt einem leicht, sie sich einzuprägen. Die Natur hätte ein System erschaffen können, bei dem alle existierenden Gefahren fest in unser Gehirn einprogrammiert sind, sodass die Reaktion auf jede von ihnen unverzüglich erfolgen könnte, ohne dass eine vorhergehende gründliche Analyse nötig wäre. Ein solches System leistet einigen Geschöpfen gute Dienste, sein Nachteil besteht aber darin, dass es höchst unflexibel ist. Wenn die Welt sich wandelt, auch nur ganz geringfügig, dann gerät man mit einem solchen System in große Schwierigkeiten.

Stattdessen verleiht die große Lernfähigkeit unseres Angstzentrums im Verein mit der großen Flexibilität, die unsere Großhirnrinde ermöglicht, uns Menschen einen wirklichen Vorteil gegenüber allen anderen Lebewesen. Wenn die Welt sich ändert, dauert es nicht lange, bis wir in der Lage sind, mit diesem Wandel fertigzuwerden. Das ist zum Beispiel der Grund dafür, dass wir die einzige Spezies auf der Welt sind, die in so gut wie jedem Klima existieren kann. Die Verknüpfung neuerer kortikaler Regionen mit alten, Angst auslösenden Schaltkreisen ermöglicht ein rasantes Lernen.

Doch auch wenn das Gehirn über eine signifikante Lernfähigkeit verfügt, ist es immer noch die Evolution, die die Fäden in der Hand hält. So ist unser Gehirn bereit, einige Dinge schneller zu lernen als andere, es lernt nicht alles in gleichem Maß. Das Angstzentrum mischt die Karten zugunsten alter Gefahren. Diese Prädisposition spielt eine wichtige Rolle für die Art und Weise, in der wir die Welt wahrnehmen und einschätzen. Das gilt aber auch für unser Belohnungszentrum; es ist ebenfalls in starkem Maße prägend für unsere Erfahrung der Welt und unser davon abhängiges Verhalten. Weil aber Angst uns stärker beeinflusst als Lustgefühle und weil die Wissenschaft viel mehr über die Schaltkreise weiß, die ihr zugrunde liegen, als über die, die bei allen anderen Gefühlen aktiv sind, wollen wir uns hier auf das Angstsystem konzentrieren, um zu verdeutlichen, wie unsere mentale oder affektive Ausrichtung unser ganzes Leben bestimmt.

Angst steuert und prägt eine breite Palette unserer Verhaltens- und Denkweisen. Dazu gehören soziales Lernen – der Erwerb sozialer Kompetenzen –, unsere Ansichten über die Welt, unsere Erinnerungen an Geschehenes sowie unsere Vorurteile, und sie wirkt sich auch auf unsere Gesundheit und unser Wohlbefinden aus. Psychologen haben ungeheuer viel darüber in Erfahrung gebracht, wie Ängste erlernt oder abgelegt werden können, und ein großer Teil dieses Wissens hat uns ein überraschend simples experimentelles Verfahren geliefert. Experimente zur sogenannten Angstkonditionierung (*fear conditioning*) haben offenbart, wie hochgradig reaktiv das Erlernen von Angst ist und wie flexibel es sein kann, aber auch, warum es einen solch maßgeblichen Einfluss auf unser Leben ausüben kann.[130]

Bei dem berühmten Little-Albert-Experiment zeigten der

Verhaltenspsychologe John B. Watson und seine Doktorandin Rosalie Raynor einem neun Monate alten Jungen namens Albert nacheinander eine brennende Zeitung, einen Affen, ein Kaninchen, eine Ratte und Ähnliches mehr.[131] Albert legte dabei nie Furcht an den Tag. Die Psychologen ließen dann jedes Mal, wenn er die weiße Ratte zu Gesicht bekam, hinter Albert ein lautes Geräusch erklingen, und das jagte dem Jungen eindeutig Angst ein. Es dauerte nicht lange, bis er tiefe Furcht vor der Ratte empfand. Watson und Raynor hielten fest: »In dem Moment, in dem es die Ratte gezeigt bekam, begann das Kind zu weinen.«

Heutzutage scheuen Psychologen davor zurück, Kleinkinder zum Weinen zu bringen, stattdessen erschrecken sie Laborratten und -mäuse zu Tode, um das Wesen von Furcht zu ermitteln. In der Abbildung 5.1 ist das typische Szenarium bei einem Experiment zur Angstkonditionierung zu sehen. Eine Ratte wird erst an die Testkammer gewöhnt, und sie wird keinerlei Reizen ausgesetzt. Sobald die Ratte entspannt und an ihre Umgebung gewöhnt ist, wird sie etwas nicht Erschreckendem wie einem bestimmten Geräusch ausgesetzt. Für gewöhnlich zeigt das Tier keine stärkere Reaktion auf diesen Reiz, den man bedingter Reiz (*conditioned stimulus;* CS) nennt.

In der nächsten Phase erklingt dann der bedingte Reiz zusammen mit einem Reiz, der von Natur aus verängstigt – das kann zum Beispiel ein schwacher Stromschlag an den Füßen sein. Ein solcher Schlag ruft bei Ratten ihre typische Angstreaktion hervor: ein Erstarren. Man nennt diese Art von Reiz einen unbedingten Reiz (*unconditioned stimulus;* US). Nachdem eine Ratte einen unbedingten und einem bedingten Reiz wiederholt zur gleichen Zeit empfangen hat, ist sie so konditioniert, dass sie allein schon beim Erklingen des Geräusches erstarrt. Genau wie Little Albert Angst vor ihren weißen Artgenossen entwickelte, entwickelten die Versuchstiere bei diesen Konditionierungsstudien rasch Angst vor dem Klang selbst – es handelt sich also um eine durch Konditionierung entstandene Angst.

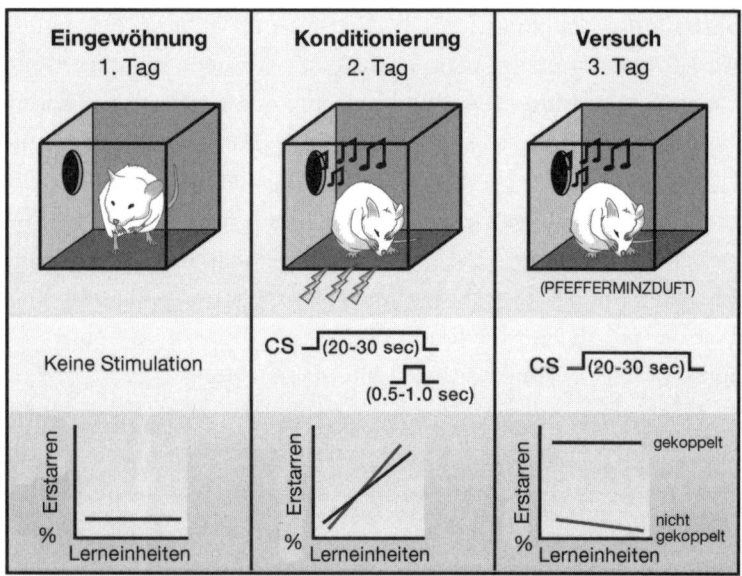

Abb. 5.1: Veranschaulichung einer Angstkonditionierung. Am ersten Tag werden Ratten an die Versuchskammer gewöhnt und erhalten keine Reize. Am zweiten Tag erhält die Ratte eine kleine Anzahl von Lerneinheiten (gewöhnlich 1–5), bei denen ein Ton (bedingter Reiz) an einen Stromschlag (unbedingter Reiz) gekoppelt wird, welcher der Ratte in die Pfoten versetzt wird. Individuen aus einer Kontrollgruppe erhalten bedingte und unbedingte Reize, die nicht an Stimuli vom jeweils anderen Typ gekoppelt sind. Am dritten Tag wird dem Tier der bedingte Reiz in einer neuen Kammer versetzt, die sich durch einen spezifischen Duft (Pfefferminz) auszeichnet und die Angstreaktion (Erstarren) beim Erklingen des Tons (bedingter Reiz) ermittelt. Tiere, die am zweiten Tag beim Erklingen des Tons einen Stromschlag versetzt bekamen, legten eine stark ausgeprägte Angstreaktion an den Tag, diejenigen aus der Kontrollgruppe nur eine schwache.[132]

Wenn eine derartige Angst sich ausgebildet hat, hält sie nicht für ewig an. Wenn der Ton immer und immer wieder erklingt, ohne von einem Stromschlag begleitet zu sein, nimmt die Angstreaktion allmählich an Stärke ab, bis sie schließlich ganz erlischt. Je öfter das Geräusch ohne den begleitenden Stromschlag erklingt, desto wahrscheinlicher ist es, dass die Angst wieder vergeht. Dieser Prozess ist als Extinktion (»Löschung« oder »Tilgung«) bekannt. Ohne sie wären wir von viel mehr Ängsten als nötig besessen.

Stellen Sie sich vor, Sie würden von einer Biene gestochen, die sich in Ihrem Badetuch verkrochen hat. Mehrere Tage lang würden Sie eine Art von Argwohn gegenüber diesem Tuch empfinden und es jedes Mal, bevor Sie es benutzen, auf in ihm verborgene Bienen hin untersuchen. Im Lauf der Zeit würde Ihre Angst vor dem Tuch aber abnehmen, und schließlich würden Sie sofort nach dem Baden ohne irgendwelche Bedenken nach ihm greifen. Diese Fähigkeit, Ängste wieder abzubauen, ist ein wesentliches Merkmal unseres Alarmsystems.

Interessanterweise wird aber die Erinnerung an Angst auslösende Objekte oder Ereignisse nicht vollkommen ausgelöscht. Die Extinktion scheint selbst ein aktiver Lernprozess zu sein, bei dem neue neutrale oder positive Assoziationen die alten negativen nach und nach ersetzen. Mark Bouton, Psychologe an der Universität Vermont, rief bei Ratten mit einem Ton Angstreaktionen in einer Kammer hervor und löschte diese in einer anderen wieder aus.[133] Als er den spezifischen Ton den Versuchstieren in der ersten Kammer ein weiteres Mal vorspielte, wurden diese schlagartig wieder von Angst ergriffen. Obwohl diese Reaktion anderswo mit Erfolg ausgelöscht worden war, war die Assoziation mit dem ursprünglichen Kontext so stark, dass sie sofort wieder wach wurde. Die ursprüngliche Angst auslösende Erfahrung war nicht aus dem Gedächtnis ausradiert worden, sie war nur durch eine neue Erfahrung überlagert worden.

Forschungsergebnisse wie diese erklären, warum beim Menschen in höchst ungelegenen Momenten uralte Ängste wieder wach werden können. Erinnern Sie sich noch, was ich von meiner nordirischen Jugendfreundin Sandra erzählt habe? Allen Anzeichen dafür, dass sie sich in Sicherheit befand, zum Trotz, assoziierte sie das Geräusch einer Fehlzündung sofort wieder mit Gefahr und wurde von Furcht ergriffen. Obwohl sie sich in Dublin befand und nicht in Belfast und außerdem viel Zeit vergangen war, ließ dieses primordiale (ursprüngliche) Gefahrensignal sie sofort in Deckung gehen.

Die Neurowissenschaft ist dabei, die Abläufe im Hirn aufzudecken, die diesem Erlernen von Angst zugrunde liegen, und zu ermitteln, warum Ängste so tief in unser Gehirn einprogrammiert sind. Es überrascht wohl kaum, dass die Amygdala, die ja generell für die Entstehung von Angst verantwortlich ist, eine maßgebliche Rolle spielt. Eine Läsion eines winzigen Teils der Amygdala – der als der basolaterale Kernkomplex bekannt ist – reicht schon aus, diesen Lernprozess ernsthaft zu behindern. Wenn man bei Ratten diese Region durch einen chirurgischen Eingriff zerstört, sind die Tiere nicht mehr zum Erwerb einer konditionierten Angstreaktion fähig. Ihre Reaktion auf den Stromschlag bleibt zwar völlig normal, doch es bildet sich keine Angstreaktion auf den begleitenden Klang aus. Das beweist, dass wir, um Angst zu erlernen, auf diesen winzigen Abschnitt der Amygdala angewiesen sind.

Wenn wir uns eingehender mit den Forschungen zur Angstkonditionierung auseinandersetzen, wird alles noch komplexer. Es hat sich zum Beispiel herausgestellt, dass der Kontext, in dem das Erlernen von Angst stattfindet, ebenfalls eine große Bedeutung hat. Das ist der Grund dafür, dass eine Freundin von mir sich immer noch an den Duft des Parfüms erinnern kann, das ihre Ärztin aufgelegt hatte, als sie ihr mitteilte, dass sie Krebs habe. Sogar viele Jahre später löst dieser spezifische Geruch beunruhigende und beängstigende Assoziationen in ihr aus.

Solche durch kontextuelle Faktoren hervorgerufenen Ängste sind von einem eigenen, ebenfalls sehr alten Areal des Gehirns abhängig, das sich Hippocampus nennt und in relativer Nähe zur Amygdala liegt. Wie die mit den Londoner Taxifahrern durchgeführten Studien gezeigt haben, ist es für unser Erinnerungsvermögen von entscheidender Bedeutung. Personen, bei denen dieses Areal durch einen Schlaganfall geschädigt wurde, leiden im Allgemeinen unter ernsthaften Störungen des Kurzzeitgedächtnisses. Wenn man bei Ratten den Hippocampus entfernt, dann verläuft die Angstkonditionierung insofern normal, als der Ton Angst auslöst; es bildet sich aber keine solche Reaktion aus, die an den Kontext – den Käfig – gekoppelt ist. Der Hippocampus ermöglicht es uns, etwas über den größeren, allgemeineren Kontext zu erfahren, in dem Angst aufkommt, während die Amygdala die Gehirnregion darstellt, die unerlässlich dafür ist, dass man sich vor spezifischen Dingen zu fürchten lernt.

Ähnliche Konditionierungsprozeduren werden auch bei Versuchen mit Menschen eingesetzt: Man versetzt den Probanden einen leichten Stromschlag oder lässt ein lautes Geräusch erklingen, während sie sich zum Beispiel ein Foto (bedingter Reiz) ansehen. Eine typische Methode, ihre Reaktion zu ermitteln, besteht in einer Überprüfung der Schweißabsonderung in den Handinnenflächen, die sich mithilfe einer Messung der sogenannten galvanischen Hautreaktion (GHR), der Veränderung des Hautleitwiderstands, überprüfen lässt. Eine verstärkte Schweißabsonderung an diesen Körperstellen ist bei Menschen ein klassischer Indikator für Stress und Angst. Wenn einer Versuchsperson ein etwas Harmloses zeigendes Foto immer wieder von einem Stromschlag begleitet präsentiert wird, dann entwickelt der Betreffende schnell eine mithilfe der GHR messbare Angstreaktion auf das Bild allein. Wie bei Ratten verringert sich die Heftigkeit dieser Reaktion nach und nach, wenn das Foto im Anschluss daran ständig ohne den Stressor gezeigt wird.

Bei einer in meinem Labor vorgenommenen Studie zeigte man den Probanden Fotos von Messern, Gewehren, Schlangen und Spinnen, um festzustellen, ob sie zeitgenössische Bedrohungen genauso schnell zu fürchten lernten wie uralte Bedrohungen.[134] Jedes Mal, wenn bestimmte Bilder auf dem Schirm aufleuchteten – eine spezifische Feuerwaffe oder eine spezifische Schlange –, erklang gleichzeitig ein lautes, abstoßendes Geräusch. Sehr bald kam es sowohl bei Bildern von Schlangen als auch bei solchen von Feuerwaffen zu einer mithilfe der GHR gemessenen Angstreaktion. Im weiteren Verlauf des Experiments tat sich jedoch ein Unterschied hinsichtlich der Reaktion auf alte und auf moderne Bedrohungen auf. Wenn man sich das typische Pattern der Extinktion ansah, also überprüfte, wie lange es dauert, bis eine spezifische Angst wieder verging, erkannte man, dass sich die Furcht vor Schlangen wesentlich schwerer ablegen ließ als die vor Gewehren oder Pistolen. Viele weitere Sitzungen, bei denen diese Bilder ohne das unangenehme Geräusch präsentiert wurden, waren nötig, um die Angstreaktion auf Schlangen ebenso nachhaltig auszulöschen wie die auf Feuerwaffen. Das war ein weiterer Beweis dafür, dass unser Angstsystem nicht demokratisch ist: Uralte Bedrohungen üben einen viel stärkeren Einfluss auf die Mechanismen des Lernens aus.

Das wird durch nichts deutlicher gemacht als durch ein klassisches Experiment, das von Susan Mineka, einer Psychologin, die heute an der Northwestern University arbeitet, zusammen mit Michael Cook ausgeführt wurde, als sie beide an der Universität Wisconsin tätig waren.[135] Sie arbeiteten mit jungen Rhesusaffen, die im Labor geboren und aufgewachsen waren, daher keine Erfahrungen mit Schlangen hatten. Mineka, die überzeugt davon gewesen war, dass die Furcht vor diesen gefährlichen Reptilien den Affen angeboren sei, beobachtete fasziniert, dass diese im Allgemeinen überhaupt keine Angst vor ihnen zu erkennen gaben und sogar über sehr realistische Schlangennachbildungen hinweggriffen, um sich irgendwelche Leckerbissen zu angeln. Sie gelangte daher zu der Vermutung, dass die instinktive Angst sozial aktiviert, das heißt durch auf Beobachtungen beruhendes Lernen wachgerufen werden müsse.

Cook und Mineka ersannen ein Experiment, um diese Theorie zu überprüfen. Sie gaben jungen Affen zuerst realistische Nachahmungen von Schlangen und Krokodilen, aber auch einen Blumenstrauß und ein Plüschkaninchen, damit sie damit spielten. Da sie keines dieser Objekte jemals zuvor gesehen hatten, waren die Affen neugierig und spielten fröhlich mit allen von ihnen. Eine Videoaufnahme von einem erwachsenen Affen, der in der Wildnis angesichts einer Boa Constrictor die klassische Angstreaktion zeigt, wurde mehrfach kopiert, die Boa aber herausgeschnitten und stattdessen ein anderes Tier oder Objekt einmontiert. In den Kopien war also dieselbe – genuine – Angstreaktion zu sehen wie in der ursprünglichen Fassung, nur dass die Schlange jeweils durch einen Blumenstrauß, ein Krokodil oder ein Kaninchen ersetzt worden war. Für die jungen Affen musste es jetzt so aussehen, als ob der erwachsene Artgenosse von allen diesen Objekten in Schrecken versetzt würde.

Jede Fassung des Videos wurde neuen Gruppen von jungen Versuchsaffen vorgespielt, von denen keiner zuvor jemals eine Schlange, ein Krokodil, einen Blumenstrauß oder ein Kaninchen gesehen hatte. Es kam in der Tat zu starken Angstreaktionen, aber, und das war entscheidend, nur beim Anblick von Spielzeugschlangen oder Krokodilen, nicht bei dem von Blumen oder Kaninchen. Das heißt: Der einmalige Anblick eines Erwachsenen, der Angst vor einer Schlange oder einem Krokodil zu erkennen gab, reichte aus, um bei jungen Affen ebenfalls Angst vor diesen Fressfeinden auszulösen. Es hatte also ganz klar ein *selektiver* Lernprozess stattgefunden, da die identische Zurschaustellung von Angst vor anderen Objekten wie den Blumen durch den erwachsenen Affen in dem Video keine Angstreaktion bei den Beobachtern auslöste. Mineka und Cook hatten eine instinktive Form des Lernens entdeckt. Die Strukturen in ihrem Gehirn, die für Angst zuständig waren, hatten die jungen Affen darauf *vorbereitet*, bestimmte Dinge schneller fürchten zu lernen als andere.

Dasselbe gilt auch für uns Menschen. Genau wie die Affen lernen wir bestimmte Objekte schneller mit möglichen negativen Folgen für unsere Person zu assoziieren als andere. Diese Tendenz kann aber zu diversen Voreingenommenheiten und mentalen Eigenheiten, »Schrullen« wäre vielleicht das passende Wort, führen, welche wiederum unsere Furcht- und Angstschwelle herabsetzen können. Dieser Vorgang wird am besten durch ein Experiment verdeutlicht, das die sogenannte Kovariationsverzerrung (*covariation bias*) aufdeckt, womit die Neigung gemeint ist, einem Stimulus mit einem anderen, und zwar einem aversiven, zu assoziieren.[136] Susan Mineka und Michael Cook taten sich dafür mit dem Psychologen Andrew Tomarken zusammen; das Experiment wurde an der Vanderbilt University in Nashville durchgeführt. Sie baten Versuchspersonen, sich einfach aufmerksam eine Reihe von Dias anzuschauen, die auf eine Leinwand projiziert wurden. Es handelte sich zum einen um gruselige Bilder von Schlangen und Spinnen, zum anderen um ganz harmlose von Blumen und Pilzen. Nach der Projektion eines jeden Bildes konnte den Probanden eines von drei verschiedenen Dingen passieren: Sie konnten einen schwachen Stromschlag versetzt bekommen, einen Ton hören – oder aber überhaupt nichts Ungewöhnliches wahrnehmen. Dass einem eines von diesen drei Dingen »widerfuhr«, war unabhängig davon, was für eine Art von Dia vorher projiziert worden war, und die Chance jeweils gleich groß. Das heißt, ganz gleich, ob man eine Schlange, eine Spinne, einen Pilz oder eine Blume gezeigt bekommen hatte, bestand danach eine 1:3-Wahrscheinlichkeit, einen Stromschlag zu verspüren.

Dem subjektiven Empfinden der Versuchspersonen nach war das aber nicht so. Als man sie fragte, ob sie eine Verbindung zwischen den Bildern einer bestimmten Art und dem Empfangen eines Stromschlags festgestellt hatten, gaben fast alle zu Protokoll, dass dem so sei. Sie meinten, dass die Wahrscheinlichkeit im Anschluss an die Projektion eines Bildes von einer Schlange oder einer Spinne einen solchen Schlag versetzt zu bekommen, größer gewesen sei. Nach gruseligen Bildern schienen ihnen also die Stromstöße öfter erfolgt zu sein als nach den harmlosen von Pilzen oder Blumen. Das ist ein klassisches Beispiel für das, was Psychologen eine illusorische Korrelation nennen und womit die Tendenz gemeint ist, Beziehungen zwischen Phänomenen wahrzunehmen, die in Wirklichkeit nicht miteinander in Verbindung stehen. In Fall des Experiments wurde ein erschreckendes Objekt (Schlange, Spinne) mit einer negativen Folgeerscheinung (Stromschlag) assoziiert, auch wenn diese Verbindung in Wirklichkeit nicht vorhanden war.

Dasselbe trifft auch auf Ängste generellerer Art zu, zum Beispiel auf die Sorgen, die man sich wegen seines Körpergewichts macht. Richard Viken und seine Kollegen vom Psychology Department an der Indiana University legten 186 weiblichen Versuchspersonen Fotos von Geschlechtsgenossinnen vor, die sich hinsichtlich verschiedener Attribute voneinander unterschieden, auch – und das waren die eigentlich relevanten Unterschiede – hinsichtlich ihres Gesichtsausdrucks, einige wirkten glücklich, andere nicht, und ihrer Figur, einige schienen übergewichtig, andere eher untergewichtig zu sein.[137] Die Psychologen hatten sorgfältig darauf geachtet, dass keine tatsächliche Assoziation zwischen dem Gesichtsausdruck der fotografierten Frauen und ihrem Körpergewicht bestand; ob sie über-, unter- oder normalgewichtig waren, es war in jedem Fall möglich, dass sie lächelten. Die Versuchspersonen stellten aber etwas ganz anderes fest: Sie waren überzeugt, dass die schlankeren Frauen einen viel glücklicheren Eindruck machten, die dickeren hingegen traurig wirkten. Und zu dieser illusorischen Korrelation neigten Probandinnen mit ausgeprägteren Essstörungen wesentlich stärker als andere, die keine solchen Probleme hatten. Das zeigt, wie leicht unser Angstzentrum unsere Wahrnehmung der Welt färben, uns zu falschen Annahmen und Fehldeutungen verleiten kann.

Studien wie diese verraten uns, dass unser Gehirn schon darauf *vorbereitet* ist, auf bestimmte Bedrohungen, vor allem alte, mit Angst zu reagieren, sodass wir es nicht erst lernen müssen, uns vor ihnen zu fürchten. Wie die jungen Affen, mit denen Susan Mineka arbeitete, benötigen wir nur eine einzige negative Erfahrung mit potenziellen Gefahren, um ihnen für den Rest unseres Lebens mit Vorsicht und Argwohn zu begegnen. Wenn wir mit fünf Jahren vom Fahrrad fallen, werden wir später vermutlich keine Angst haben, auf eines zu steigen. Auf der anderen Seite genügt vermutlich ein einziger Stich von einer Biene, um eine tief sitzende Furcht vor Bienen oder Wespen in uns zurückzulassen. Wenn sich eine solche Furcht ausbildet, ob es nun die vor Schlangen und Spinnen oder die vor Gewichtszunahme ist, dann beginnt unser Gehirn uns etwas vorzugaukeln: Es stellt illusorische Verbindungen zwischen dem zu Fürchtenden und negativen Folgen für die eigene Person her.

Die Fluidität und die Wirkkraft des Alarmsystems ist generell von großem Nutzen für uns, da es uns gegenüber potenziell schädlichen Dingen absichert. Doch die Tendenz des Angstzentrums, illusorische Korrelationen auszulösen, bringt echte Nachteile mit sich und kann einen Menschen sogar krank machen. Vor ein paar Jahren fuhr eine Freundin von mir – ich will sie hier Niamh nennen – mit dem Zug von Brighton nach London. Sie fühlte sich freudig erregt und nervös zugleich, da sie wegen eines Vorstellungsgesprächs in die Hauptstadt reiste. Es lag ihr viel daran, die Stelle zu bekommen; sie träumte schon von einer schicken Wohnung in der Stadt und malte sich aus, was für ein abwechslungsreiches Leben sie dort führen würde. Sie wusste, dass sie alle notwendigen Qualifikationen besaß und gute Chancen auf den Job hatte. Sie durfte nur bei dem Vorstellungsgespräch nichts vermasseln. Deswegen spielte sie es in ihrem Kopf schon einmal durch und formulierte im Geiste unzählige Antworten auf ebenso viele Fragen. Dabei fühlte sie sich immer stärker von dem neben ihr sitzenden Mann irritiert, der unablässig in sein Handy sprach. Kaum hatte er ein Gespräch beendet, wählte er eine neue Nummer und fing wieder zu reden an. Niamh versuchte sich zu beruhigen, indem sie ein paarmal tief durchatmete und aus dem Fenster schaute, während der Zug sie ihrem Ziel näher brachte.

Als ihre Gedanken wieder dem bevorstehenden Gespräch entgegenschweiften, durchzuckte sie plötzlich ein heftiger Schmerz. Wie sie mir später erzählte, sei es ein Gefühl gewesen, als ob ein Pfeil in ihr linkes Auge gedrungen und dann den ganzen Hals hinuntergeschossen wäre. Schmerzsplitter seien um ihren Schädel herum aufgestoben. Der Mann neben ihr habe sein Gespräch abgebrochen, sein Handy beiseitegelegt und sie gefragt, ob alles mit ihr in Ordnung sei. Der Schmerz habe nachgelassen, und der

Mann habe ihr – typisch britisch – zur Stärkung einen Tee besorgt. Nach ungefähr zehn Minuten habe sie sich besser gefühlt.

Niamh schaffte es rechtzeitig zu dem Vorstellungsgespräch, und am nächsten Tag bekam sie die Stelle in einer renommierten Wirtschaftsprüferkanzlei angeboten. Einen Monat später bezog sie eine Wohnung in einem noblen Londoner Viertel, trat ihre neue Stelle an und begann ein neues Leben. Die ersten Monate aber waren davon überschattet, dass sie mehrfach wieder von dem stechenden Schmerz in ihrem Kopf heimgesucht wurde, dem jetzt meistens eine leichte Hautreizung, ein Jucken in der linken Gesichtshälfte folgte, das nach ein paar Stunden wieder verging. Zahlreiche Röntgenuntersuchungen und CT-Scans sowie generelle medizinische Check-ups blieben ohne Ergebnis, doch es kam weiterhin und ohne dass ein Zusammenhang zu irgendwelchen äußeren Umständen erkennbar gewesen wäre zu diesen zermürbenden Schmerzattacken. Die Ärzte standen vor einem Rätsel.

Dann machte Niamh eines Tages, als sie in einem Café saß, eine verblüffende Entdeckung. Als sie versuchte, einen längst fälligen Bericht noch einmal durchzugehen, drang die Stimme eines am Nebentisch sitzenden Mannes an ihr Ohr, der laut in sein Handy sprach. Ärger begann in ihr hochzusteigen, und plötzlich verspürte sie wieder den bohrenden Schmerz, der von einer Art Kribbeln der Haut begleitet war. Sie stellte sofort die Verbindung her – der Schmerz wurde durch das Handy ausgelöst!

Überzeugt davon, dass sie jetzt die Ursache für ihr merkwürdiges Leiden entdeckt hatte, fragte sie sich, ob nicht die von Handys ausgehende elektromagnetische Strahlung auch für alle anderen ihrer Beschwerden verantwortlich sein könnte. Als sie ein paar Recherchen im Internet anstellte, stieß sie auf eine Flut von Websites, auf denen eindringlich vor den Gefahren von Handys für die Gesundheit gewarnt wurde. Insbesondere war da von einem Syndrom die Rede, dem man den gruseligen Namen Elektrosensibilität gegeben hatte und bei dem es sich um eine Allergie auf elektromagnetische Felder handeln sollte.

Die geschilderten Symptome schienen denen zu ähneln, an denen sie selbst litt. Von jenem Tag an versuchte Niamh daher, sich von Handys fernzuhalten. Doch mitten in einer Stadt wie London ist es natürlich unmöglich, konsequent Distanz zu Leuten zu wahren, die ein Mobiltelefon benutzen, und sie erlitt weiterhin schmerzhafte Attacken, wenn jemand in ihrer Nähe mit einem Handy telefonierte. Je mehr Zeit verstrich, desto überzeugter wurde sie daher von dem Zusammenhang. Sie selbst verzichtete auf ein Handy und tat auch sonst alles Erdenkliche, um sich vor der ihrer Überzeugung nach gefährlichen Strahlung zu schützen, die von diesen Geräten ausging.

Zufällig war ich ein paar Jahre später federführend bei einer der weltweit umfassendsten Studien zur Einwirkung von Handys auf unsere Gesundheit.[138] Konkret sollte ermittelt werden, ob tatsächlich eine gesundheitsschädliche Wirkung von ihnen ausgeht, und nachdem wir über einen Zeitraum von acht Jahren hinweg Hunderte von Probanden überprüft und untersucht hatten, kamen wir zu dem Schluss, dass es nicht die von Mobiltelefonen ausgehenden Strahlen sind, die gesundheitliche Probleme verursachen, sondern einzig und allein der *Glaube*, dass Handys schädlich sind. Es stellte sich heraus, dass das, was ich schon über unser Angstsystem wusste, die Antwort enthielt, nach der wir so lange gesucht hatten.

Als ich mit meiner Freundin Niamh darüber sprach, begriff ich etwas, das mir schon viel früher hätte klar werden müssen: Das Angstsystem bringt unser Gehirn dazu, Verbindungen herzustellen, und diese Verbindungen können sich zu unserem Nachteil auswirken, sich gegen uns richten. Niamh erlitt ihre erste Schmerzattacke, als sie sehr aufgeregt war, aber auch unter starkem Stress stand. Die Störung, die von dem Burschen im Zug ausging, der die ganze Zeit telefonierte, setzte sich in ihrem Gedächtnis fest; jedes Mal, wenn sie an die Episode zurückdachte, kam ihr der Mann mit seinem Handy wieder in den Sinn. Tief in ihrem Unterbewussten hatte ihr Angstsystem das Unter-Stress-Stehen und Sich-übel-Fühlen mit dem Mobiletelefon verknüpft. Als sie später in dem Café, als der Mann am Nebentisch laut telefonierte, eine ihrer Attacken bekam, wurden die Erinnerung an den Vorfall und die kritische Assoziation wieder aktiviert, und Niamhs Angstzentrum brachte Handys mit Gefahr in Zusammenhang.

Das Problem im Anschluss daran bestand darin, dass Niamh einem klassischen Bestätigungsfehler (*confirmation bias*) erlag: Ihr fielen Mobiltelefone immer dann auf, wenn sie eine ihrer Attacken erlitt, *sie bemerkte sie aber überhaupt nicht, wenn sie sich wohlfühlte.*

Die Charakteristika des Angstsystems, wie sie von einfachen Konditionierungsexperimenten aufgedeckt werden, erklären auch, warum im Lauf der Geschichte immer wieder Vorurteile und Rassismus Besitz von den Menschen ergreifen konnten. Liz Phelps, renommierte Psychologin an der New York University, ging zusammen mit dem Doktoranden Andreas Olsson der Frage nach, ob die Art von vorprogrammiertem Lernen (*prepared learning*) – also einem schon bereitliegenden, aber noch zu aktivierenden Wissen –, das Susan Mineka bei Affen festgestellt hatte, vielleicht auch beim Entstehen von Furcht vor den Mitgliedern einer anderen ethnischen Gruppe zum Tragen kommen könnte.[139] Vorurteile gehen fast immer mit Angst und Unwissen einher, weshalb Phelps und Olsson sich die Frage stellten, ob diese Furcht nicht eventuell entscheidend daran beteiligt ist, dass Intoleranz gegenüber Menschen einer anderen Ethnie aufkeimt. Wenn wir mit Angehörigen einer anderen Kultur oder sozialen Gruppe zusammentreffen, sind wir oft beklommen oder misstrauisch, weil wir ihre Sitten und Bräuche nicht kennen. Das hat zur Folge, dass wir Mitglieder anderer ethnischer oder gesellschaftlicher Gruppen wesentlich strenger beurteilen als die der Gruppe, zu der wir selbst gehören. Psychologen nennen dieses Phänomen In-group-Verzerrung, also Voreingenommenheit zugunsten der eigenen Gruppe.

Ausgehend von unserem Wissen um illusorische Korrelationen, vermuteten Phelps und ihre Mitarbeiter, dass die Entstehung von ethnischen Vorurteilen möglicherweise auf den gleichen Mechanismen beruhen könnte, die auch dem Erlernen von Angst zugrunde liegen. Das Unbekannte schreckt uns immer ein wenig, also könnten auch die Angehörigen einer fremden ethnischen Gruppe leichter Furcht hervorrufen. Bei einem typischen Angstkonditionierungsexperiment testeten sie sowohl schwarze als auch weiße Probanden. Der aversive Stimulus wurde durch einen schwachen Stromschlag erzeugt, der von den Versuchspersonen als »sehr unangenehm und irritierend« beschrieben wurde: Die Messung der galvanischen Hautreaktion (GHR) wurde zur Ermittlung des Grades von Stress verwendet. Auf einem Computermonitor ließen die Versuchsleiter dann die Fotos von zwei schwarzen und zwei weißen Gesichtern aufleuchten, immer eines nach dem anderen, und jeweils ein schwarzes und ein weißes Gesicht waren immer von dem Stromstoß begleitet. Das war der bedingte Reiz (CS). Jedes Mal, wenn das andere schwarze oder weiße Gesicht zu sehen war, erhielten die Probanden keinen Schlag. Das war der unbedingte Reiz (US). Es überraschte nicht, dass die Testpersonen nicht lange brauchten, um eine Angstreaktion auf die »konditionierten« Gesichter zu entwickeln; jedes Mal, wenn sie dem entsprechenden Reiz ausgesetzt wurden, nahm ihre GHR zu. Sie hatten es gelernt, diese bestimmten Gesichter zu fürchten, und taten dies auch, als deren Anblick später nicht mehr von einem Stromschlag begleitet wurde.

Interessanterweise lernten schwarze Probanden weiße Gesichter keineswegs schneller zu fürchten als schwarze und umgekehrt. Mit anderen Worten entwickelte sich die Furcht vor Angehörigen der Fremdgruppe (*out-group*) nicht schneller als die vor Mitgliedern der Eigengruppe (*in-group*).

Während der Extinktionsphase ließ sich aber etwas ganz anderes feststellen. Als die konditionierten Gesichter den Probanden präsentiert wurden, ohne dass sie gleichzeitig einen Schlag versetzt bekamen, wurde ihre Angstreaktion allmählich geringer, dafür differenzierten sie jetzt aber ganz eindeutig zwischen den beiden unterschiedlichen Hautfarben. Bei den weißen Versuchspersonen nahm die Schweißabsonderung in ihren Händen beim Anblick der (vormals konditionierten) weißen Gesichter rasch ab, beim Anblick der schwarzen jedoch nicht. Das heißt also: Nur die Furcht vor dem Gesicht eines Angehörigen ihrer eigenen Ethnie wurde in kurzer Zeit abgebaut. Bei den schwarzen Probanden verhielt es sich genauso: Die Angstreaktion auf das schwarze Gesicht wurde rasch geringer, die auf das weiße hielt sich noch längere Zeit. Von unbekannten Angehörigen einer anderen ethnischen Gruppe wird also in der Tat eine in uns angelegte oder »biologisch vorbereitete« Reaktion aktiviert, sodass es viel schwerer ist, die Angst abzubauen.

Experimente mithilfe eines Hirnscanners haben gezeigt, dass immer dann, wenn wir vor der Notwendigkeit stehen, andere Menschen einzuschätzen, das Angstzentrum in einem höheren Maß involviert ist, wenn diese einer anderen ethnischen Gruppe angehören. Bei einer Studie legten Phelps und ihre Mitarbeiter weißen Versuchspersonen Fotos von einer Reihe schwarzer und weißer Gesichter vor, während sie in einem Hirnscanner lagen.[140] Die Aktivität der Amygdala war beim Anblick der schwarzen Gesichter höher, was möglicherweise darauf hindeutet, dass wir Menschen Mechanismen entwickelt haben, diejenigen zu fürchten, die nicht so aussehen wie wir. Die traditionelle Xenophobie hätte demnach – auch – biologische Ursachen.

Ein besonders faszinierendes Ergebnis der von Phelps durchgeführten Studien war, dass diejenigen der Probanden, die beim Anblick von Menschen der anderen Ethnie eine stärkere Angstreaktion zeigten – wie sich anhand ihrer Amygdala-Aktivität ermitteln ließ –, auch wesentlich ausgeprägtere ethnische Vorurteile an den Tag legten. Wenn aber die schwarzen Gesichter solche von bekannten oder sehr angesehenen Personen waren, fiel die Angstreaktion normal aus. Das bedeutet, dass unser Angstzentrum schlagartig aktiv wird, wenn wir uns mit einem fremden Angehörigen einer anderen Ethnie konfrontiert sehen, dass aber Vertrautheit den Aufruhr in unserem uralten Angstsystem eindämmen kann. Diese Ergebnisse legen auch die Vermutung nahe, dass eine Eindämmung der Aktivität in der Amygdala unseren Hang zu Vorurteilen und stereotypem Denken abschwächen könnte.

Andreia Santos und ihre Kollegen an der Universität Heidelberg verfügen über direkte Beweise dafür, dass das Angstzentrum eine Rolle bei der Ausbildung ethnischer Vorurteile spielt. Sie untersuchten eine Gruppe von Mädchen, die am Williams-Syndrom litten, einer genetischen Störung, die sich unter anderem in einem vollkommenen Fehlen von sozialer Furcht ausdrückt.[141] Kinder mit diesem Fehlverhalten – das nur bei Mädchen vorkommt – zeigen keinerlei Angst vor Fremden, was Wissenschaftlern auf dem Gebiet der Angstforschung eine einzigartige Ansatzmöglichkeit bietet. Bei einer Reihe von Tests übernahmen diese Mädchen genauso schnell wie andere, »normale« Geschlechtsgenossinnen ihres Alters Gender-Stereotypen von Erwachsenen, wenn diese Erwachsenen aber ethnische Vorurteile äußerten, machten die Mädchen mit Williams-Syndrom sie sich nicht zu eigen, während die ohne dieses Syndrom sie bereitwillig übernahmen. Wie es scheint, verhindert also das Fehlen sozialer Furcht die Entwicklung ethnischer Vorurteile.

Unser Angstzentrum arbeitet nicht besonders »logisch«, Ängste vor Fremden, neuen Technologien oder Ähnlichem lassen sich leicht hervorrufen, aber nur sehr schwer wieder löschen. Ist die Assoziation einer Sache mit Gefahr einmal hergestellt, ist es fast unmöglich, sie wieder abzuschütteln. Das ist ein zentrales Charakteristikum unseres Angstsystems, das zwar von entscheidender Bedeutung für unser Überleben ist, sich aber in Kombination mit unserem vergrößerten Kortex, das heißt unserem Denkvermögen, auch fatal oder sogar letal auswirken kann.

Wichtig ist aber vor allem die Erkenntnis, dass unsere automatischen, unbewussten Neigungen, unsere kognitiven Präferenzen, sich direkt auf unsere Sicht der Welt auswirken. Menschen mit einem zu stark ausgeprägten umwölkten Gemüt, die sich nicht von einem vorherrschenden Pessimismus zu befreien vermögen, werden zu Dingen hingezogen, die negativ sind, und sie legen daher mehrdeutige soziale Signale unweigerlich negativ aus. Menschen mit einer optimistischen Einstellung werden hingegen zu den positiven Aspekten des Lebens hingezogen; ihnen wohnt daher die automatische Tendenz inne, die Vorteile wahrzunehmen, die sich potenziell aus jeder denkbaren Situation ergeben könnten.

Wenn unsere kognitiven Präferenzen oder Verzerrungen einen so starken Einfluss auf unsere Lebenseinstellung ausüben, denn könnte eine Änderung dieser Präferenzen vielleicht ein effektives Mittel sein, diese Einstellung zu ändern. Chronisch depressive oder ängstliche Personen sind besonders befähigt dazu, immer nur das potenziell Negative an allen Dingen zu sehen, sie sind gewissermaßen professionelle »Schwarzseher«. Während das Positive, das ihnen widerfährt, nur einen geringen Eindruck bei ihnen hinterlässt, räumen sie in ihrem Denken und Fühlen Enttäuschungen und Fehlschlägen eine große Rolle ein. Könnte eine Verlagerung seiner kognitiven Präferenzen einem Depressiven eine Art psychischer Immunität schenken, dadurch dass sie seine negative und potenziell schädliche geistige Ausrichtung wirksam modifiziert?

Mit der Möglichkeit, eine verhärtete und möglicherweise »toxische« geistige Einstellung abzuwandeln, hat sich eine ganze Schar von kognitiven und klinischen Psychologen beschäftigt, die mittlerweile ein auf fortschrittlichen Methoden basierendes Forschungsprogramm entwickelt haben.[142] Einfache computerisierte Techniken zur Modifikation von kognitiven Verzerrungen (*cognitive bias modification;* CBM) – wie jene, die ich bei meinen Studien zur Plastizität der Gene verwendete –, haben bewiesen, dass sich unsere automatischen, unwillkürlichen Wahrnehmungs- und Deutungsverzerrungen in der Tat überraschend leicht verändern lassen. CBM stellt auf dem Gebiet der kognitiven Psychologie einen neuen Ansatz zur Modifikation der Art und Weise dar, in der wir das auffassen, was um uns herum vorgeht.

Bei den CBM-Interventionen sitzt der Betreffende ein paarmal in der Woche ungefähr 15 bis 20 Minuten lang vor einem Computermonitor. Man hat diese Techniken an sehr unterschiedlichen Versuchspersonen erprobt; an Kindern und Soldaten ebenso wie an Menschen mit pathologischen Angststörungen und Depressionen. Wenn sie zu therapeutischen Zwecken eingesetzt werden, besteht das Ziel darin, verändernd auf die unter Umständen gefährlichen kognitiven Präferenzen einzuwirken, welche die eine ängstliche Person genau zu den Dingen hinzieht, die sie in Schrecken versetzen.

Die typische Vorgehensweise, um gefährliche Verzerrungen zu löschen, besteht darin, dem Betreffenden auf einem Monitor zwei Bilder oder Wörter zu präsentieren – ein negatives und ein »wohltuendes«. Im Fall eines an einer posttraumatischen Belastungsstörung (PTSD) leidenden Soldaten könnte es sich zum Beispiel um das Bild einer auf ihn gerichteten Pistole sowie eines auf einem Schreibtisch liegenden Bleistifts handeln. Die Aufmerksamkeit des Soldaten wird instinktiv auf die auf ihn zielende Pistole gelenkt sein und seine Vorstellung von der Welt als bedrohlichem, gefährlichem Ort noch weiter vertiefen. Das CBM-Programm versucht, seinen affektiven Geist zur Meidung dieses Bildes hinzusteuern und stattdessen seine Orientierung zu dem harmlosen Bild hin zu bewirken. Das erreicht man, indem man den Soldaten auffordert, kleine Zeichen oder Symbole ausfindig zu machen, die dort erscheinen, wo das nicht negativ besetzte Bild aufleuchtet. Nach Hunderten und Aberhunderten von Durchgängen ist der affektive Geist der betreffenden Person umgepolt; sie hat es gelernt, bedrohliche, erschreckende Bilder wegzuschieben und sich freundlicheren Aufnahmen zuzuwenden.

Man geht davon aus, dass nach einer solchen Umpolung diese neue Denkweise zur Gewohnheit wird und in kritischen Situationen automatisch die Oberhand gewinnt. Wie Emily Holmes, Psychologin an der Universität Oxford, es darstellt, ist es fast so, als ob man einer Person ein »kognitives Serum« injizierte, das sie vor gefährlichen Denkweisen schützt. Viele Süchte sind mit starken Impulsen assoziiert, die sich nur schwer beherrschen lassen. Einem Alkoholiker, der nach dem Öffnen des Kühlschranks plötzlich eine Flasche Bier vor sich sieht, wird es nicht leichtfallen, dem Drang zu widerstehen, nach ihr anstatt der Milch zu greifen, die er eigentlich suchte. Die Modifikation von kognitiven Verzerrungen soll in genau solchen riskanten Situationen zum Tragen kommen und den Betreffenden mental so konditionieren, dass der gefährliche Impuls sofort unterdrückt wird.

Reinout Wiers, Psychologe an der Universität Amsterdam, erarbeitete eine CBM-Intervention, die die für gewohnheitsmäßige Trinker typischen Reaktionen umkehren soll.[143] Sein Team entwickelte ein Videospiel, bei dem es darum geht, einen Joystick in Reaktion auf Bilder, die auf einem Computerschirm aufleuchten, noch oben zu drücken oder nach unten zu ziehen. Wenn eine Person ein Bild durch Nach-unten-Ziehen des Eingabegeräts näher zu sich heranholt, wird es immer größer, wenn sie den Hebel von sich wegdrückt, rückt das Bild in immer weitere Ferne, es wird also kleiner. Es zeigte sich, dass Personen, die häufig und viel Alkohol trinken, viel stärker dazu neigten, Bilder von alkoholischen Getränken zu sich heranzuziehen als solche von nicht-alkoholischen Getränken, ein Muster, das man jedoch bei Menschen, die geringere Mengen Alkohol trinken, nicht fand. Ein weiteres Ergebnis der Tests war, dass Personen, die Alkohol normalerweise in vergleichsweise moderaten Mengen konsumierten, nachdem man sie darauf hin trainiert hatte, Bilder von alkoholischen Getränken zu sich heranzuziehen, bei einer anschließenden Sitzung auch mehr Alkohol konsumierten.

In dieser Tendenz, impulsiv auf eine Versuchung zu reagieren, spiegelt sich der Einfluss unseres Lust- oder Belohnungszentrums wider, das uns ja, wie wir gesehen haben, dazu drängt, uns selbst etwas Gutes zu tun. Wiers und seine Kollegen fragten sich nun, ob man mithilfe von CBM solche Impulse umkehren könnte. Sie versicherten sich der Mitwirkung von 214 Alkoholkranken aus einer deutschen Klinik und unterzogen die eine Hälfte von ihnen einem echten CBM-Experiment, während die andere Hälfte die Kontrollgruppe bildete. Alle Freiwilligen der ersten Gruppe wurden angewiesen, ein ihnen gezeigtes Bild im Hochformat von sich »wegzuschieben«, eines im Querformat hingegen zu sich »heranzuziehen«. Bilder von alkoholischen Getränken waren immer im Hochformat, die von nicht-alkoholischen im Querformat gehalten, das heißt also, dass den Anweisungen entsprechend Erstere weggeschoben, Letztere näher geholt werden sollten. Nach einer Woche schoben die Personen der Kontrollgruppe die Bilder von alkoholischen und nicht-alkoholischen Getränken genauso häufig von sich weg, wie sie sie heranrückten. Bei denen der experimentellen CBM-Gruppe hatte sich die frühere Tendenz, Bilder von alkoholischen Getränken näher an sich heranzuholen, in die entgegengesetzte umgekehrt, es machte sich also eine Vermeidungsreaktion (*avoidance response*) bemerkbar. Alle Patienten unterzogen sich im Anschluss daran einer normalen dreimonatigen Gesprächstherapie, die ihnen dabei helfen sollte, ihre Alkoholprobleme in den Griff zu bekommen. Ein Jahr später waren nur 46 Prozent – also weniger als die Hälfte – der Patienten aus der experimentellen Gruppe rückfällig geworden, hingegen 59 Prozent derer, die nur scheinbar einer CBM-Intervention unterzogen worden waren.

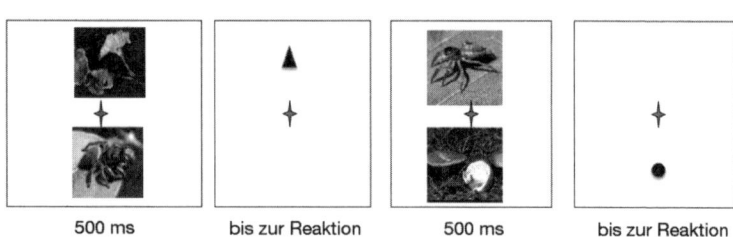

Abb. 5.2: Veranschaulichung einer CBM-Prozedur, die dazu dienen soll, die Aufmerksamkeit von Menschen, die an Arachnophobie leiden, von den Bildern von Spinnen wegzulenken. Ein Bildpaar leuchtet für 500 Millisekunden auf einem Monitor auf, anschließend erscheint ein einzelnes »Target« (ein Dreieck oder ein Kreis), auf das die Probanden reagieren sollen (z.B. durch Drücken des linken von zwei Knöpfen, wenn das »Target« ein Kreis ist). Das »Target« erscheint immer neben dem Bild, das keine Spinne, sondern ein anderes Objekt zeigt.

CBM wurde in der Hoffnung entwickelt, den potenziell schädlichen Neigungen, die vom Angstzentrum ausgelöst werden, entgegenwirken zu können. In den späten 1990er Jahren begann sich Colin MacLeod, ein Psychologe aus Schottland, der heute an der University of Western Australia tätig ist, zu fragen, ob es nicht möglich wäre, die der Gesundheit abträglichen Aufmerksamkeitspräferenzen, die typisch für Personen mit Angststörungen waren, zu verändern. Er erkannte, dass eine Modifikation dieser Präferenzen nicht nur eine wirksame Therapie darstellen könnte, um Menschen zu helfen, die dazu neigen, vorwiegend die negativen Aspekte des Lebens wahrzunehmen – wie eben die an Angststörungen leidenden –, sondern auch den Psychologen ein effektives Mittel an die Hand geben würde, um festzustellen, ob derartige Präferenzen die Ursache für das Entstehen von mentalen Problemen sein können.

Die Frage, ob es unsere Präferenzen oder Neigungen sind, die zu einer optimistischen oder pessimistischen Einstellung führen oder ob unsere spezifische Einstellung zur Ausbildung der uns eigentümlichen Neigungen führt, erinnert natürlich an die Frage, was zuerst da war: das Huhn oder das Ei, und sie ist wie diese kaum zu beantworten. Wir können eine Verbindung zwischen einer negativen Wahrnehmungspräferenz und Angst erkennen, aber ganz gleich, wie stark die Präferenz ist, wir können nicht feststellen, in welcher *Richtung* diese Verbindung verläuft, also von der kognitiven Verzerrung hin zu dem emotionalen Zustand oder genau andersherum. Das können wir nur wirklich ermitteln, indem wir die Präferenzen der Menschen verändern.

MacLeods Plan bestand darin, eine Präferenz oder Neigung hervorzurufen, die vorher nicht da war, um dann festzustellen, wie die betreffenden Personen anschließend auf ein Stress auf sie ausübendes Ereignis reagieren. Sein Team verwendete die herkömmliche Attentional-probe-Aufgabe, bei der den Probanden Paare negativer und neutraler Wörter präsentiert werden – aber mit einer signifikanten Abwandlung: das *probe*, also das zu entdeckende Zeichen oder Symbol, erschien nicht, wie es normal ist, in der Hälfte der Fälle dort, wo ein mit Bedrohung assoziiertes Wort (z. B. »Angriff«) zu sehen gewesen war, und in der anderen Hälfte dort, wo ein neutrales Wort (»Tisch«) aufgeschienen war. Bei der *avoid threat group* (»Bedrohungsvermeidungsgruppe«) erschien das Zeichen immer dort, wo das »unbelastete« Wort zu sehen gewesen war, und nie an der Stelle der mit Bedrohung assoziierten Wörter. Wenn negative und neutrale Wörter, paarweise, also nebeneinander, präsentiert wurden (z. B. »Fehlschlag-Fabrik«, »Angriff-Absatz«) leuchtete das Zeichen, auf das die Probanden reagieren sollten, immer dort auf, wo vorher das neutrale Wort gewesen war – gleichgültig, ob dieses links oder rechts gestanden hatte –, es folgte also nie dem negativ besetzten. Für die *attend threat group*, also die Versuchspersonen, die auf Bedrohung aufmerksam werden sollten, wurden diese Verhältnisse umgekehrt: das heißt, das Zeichen erschien immer dort, wo vorher ein eine Bedrohung zum Ausdruck bringendes Wort gestanden hatte.

Die Personen beider Gruppen entwickelten jeweils die mit den vorhergegangenen CBM-Interventionen im Einklang stehende Aufmerksamkeitspräferenz. Das war ein bahnbrechendes Experiment: Zum ersten Mal konnte nachgewiesen werden, dass durch einen einfachen, ungefähr eine halbe Stunde dauernden Computertest selektive Wahrnehmung herbeigeführt werden konnte.

Diese Fähigkeit, eine Neigung hervorzurufen, wo vorher keine existiert hatte – das heißt, eine Präferenz für Negatives ein- oder auszuschalten –, gab dem Team eine einzigartige Gelegenheit an die Hand. Es konnte feststellen, ob eine bestimmte Neigung darüber entscheidet, wie jemand in einer schwierigen, ihn fordernden Situation reagiert. Man konnte endlich ermitteln, ob eine negative kognitive Verzerrung wirklich so schädlich war, wie man immer vermutet hatte, beziehungsweise – nicht weniger wichtig – ob eine positive Neigung die Auswirkungen von Stress eindämmen konnte.

Die Versuchspersonen wurden kurze Zeit nach der CBM-Intervention relativ schwachem Stress ausgesetzt. Man kann Probanden nicht den verschiedenen Arten von starkem Stress aussetzen, mit denen sie im wirklichen Leben in traumatischen Situationen – wie zum Beispiel Autounfällen – konfrontiert werden können. Sogar die Auslöser von relativ geringem Stress können aber sehr effektiv dazu beitragen, die zugrunde liegenden Mechanismen aufzudecken.

Die von MacLeod und seinen Mitarbeitern gewählte Methode, bei den Versuchspersonen Stress zu erzeugen, bestand darin, sie unter Zeitdruck eine Reihe von schwierigen Anagrammen aufschlüsseln zu lassen. Wenn man Studenten erzählt, dass die Fähigkeit, Anagramme schnell aufzuschlüsseln, in Beziehung zum IQ steht, dann legen sie einen überraschenden Ehrgeiz an den Tag und sind entsprechend angespannt. MacLeods Leute drückten jedem Teilnehmer an dem Experiment eine Karte mit der Buchstabenfolge »GNAAMRA« in die Hand und sagten ihm, dass er lediglich 20 Sekunden Zeit habe, um ein sinnvolles Wort (»ANAGRAM«) daraus zu bilden.

MacLeod und sein Team übergaben jedem Teilnehmer lange Listen von solchen Anagrammen, unter denen sich überdies noch ein paar befanden, für die es keine Lösung gab. Die Studenten empfanden diesen Test als ziemlich stressig, doch diejenigen von ihnen, die vorher der *avoid threat group* angehört hatten, meldeten geringeren Stress als die aus der *attend threat group*. Das bestätigte, dass ein kausaler Zusammenhang bestand: Eine schädliche, im Labor induzierte Verzerrung führte zu vermehrtem Stress, während eine ebenfalls im Labor induzierte positive Verzerrung in einer reduzierten Stressreaktion resultierte. Das, was Wissenschaftler schon lange vermutet hatten, dass Wahrnehmungsverzerrungen zu einer erhöhten Vulnerabilität durch Angst beitragen können, war also jetzt im Labor überprüft und bestätigt worden.

MacLeod wusste allerdings nicht, dass frühere Kollegen von ihm in Großbritannien ähnliche Experimente durchführten, zwar unter der Verwendung eines anderen Tests, dem aber eine ähnliche Überlegung zugrunde lag. Andrew Mathews ist einer der weltweit führenden klinischen Wissenschaftler und eine Leitfigur für viele Psychologen, die sich mit der Beziehung zwischen unseren Emotionen und unserer Mentalität befassen. MacLeod selbst begann sich erstmals für dieses Forschungsgebiet zu interessieren, als er in der 1980er Jahren bei Mathews arbeitete. Mathews, der heute an der Universität Kalifornien in Davis tätig ist, gehörte viele Jahre der Cognition and Brain Sciences Unit in Cambridge an, und dort tat er sich mit Bundy Mackintosh zusammen, einem Wissenschaftler, den die Verbindungen faszinierten, die man zwischen unserer Art zu denken und unserer Art zu fühlen entdeckt hatte.

Mathews und Mackintosh hatten ebenfalls erkannt, was für einen Nutzen es potenziell bringen könnte, wenn man in der Lage wäre, kognitive Verzerrungen unter Laborbedingungen, also kontrolliert, zu modifizieren oder zu erzeugen. Ihre Arbeit galt aber nicht Aufmerksamkeitspräferenzen, sondern den unterschiedlichen Tendenzen bei der *Interpretation* mehrdeutiger Situationen. Sie konfrontierten ihre Probanden mit von ihnen entworfenen Szenarien wie: »Sie erheben sich bei der Hochzeitsfeier eines Freundes, und die anwesenden Gäste fangen an zu lächeln. Wie fühlen Sie sich? Nehmen Sie an, dass die anderen Sie mögen und sich auf eine humorvolle Rede freuen? Oder aber haben Sie das Gefühl, dass sie Sie nicht ernst nehmen und lächeln, weil Sie einen etwas dümmlichen Eindruck machen?« Die Art und Weise, in der wir sie interpretieren, wirkt sich darauf aus, was wir in solchen uneindeutigen Situationen empfinden, ob wir zum Beispiel Angst verspüren.

Das Team von der Universität Cambridge war sich der Tatsache bewusst, dass klinische Störungen wie Angstzustände und Depressionen mit der Tendenz zusammenhängen, mehrdeutige soziale Situationen negativ auszulegen. Aus einem Lächeln wird eher Geringschätzung als Interesse herausgelesen; vor einer Verabredung auf den anderen warten zu müssen, wird als Beleg dafür gewertet, dass man für nicht wichtig gehalten wird, statt darauf zurückgeführt, dass der andere ganz einfach seinen Zug verpasst hat, und so weiter. Da wir das, was um uns herum vorgeht, ständig interpretieren und re-interpretieren, kommt solchen Deutungspräferenzen im alltäglichen Leben große Bedeutung zu.

Um zu ermitteln, was »zuerst da ist« – die kognitive Verzerrung oder die Gestimmtheit –, entwarf das Team aus Cambridge Hunderte von Szenarien, die entweder für eine positive oder eine negative Lösung offen waren. Auf einem Computerbildschirm konnte zum Beispiel ein Satz aufleuchten wie: »Der Arzt untersuchte bei der kleinen Emily das Wachstum.« Anschließend lasen die Probanden dann einen Satz, bei dem ein entscheidendes Wort fehlte, also etwa: »Her … had increased by 2 centimetres (»Ihr … hatte um zwei Zentimeter zugenommen«). Dann leuchteten ganz kurz zwei Wörter auf. Wenn sich eines davon in den Satz einfügen ließ, sodass dieser einen Sinn ergab, sollte es so schnell wie möglich ausgewählt werden. Der Trick bestand darin, dass beide Wörter einen sinnvollen Satz ergaben, das eine aber zu einer negativen, das andere zu einer positiven Aussage führte. So hatte man etwa, was den Beispielsatz betraf, die Wahl zwischen »height« (Körpergröße) und »tumor« (Geschwür).

Sie ahnen sicher schon, wie das Resultat aussah – die Pessimisten kamen einfach nicht dagegen an, die negative Möglichkeit zu wählen. Weil sie alles automatisch negativ interpretierten, schien ihnen der Satz »Ihr Geschwür hatte um zwei Zentimeter zugenommen« sinnvoller zu sein. Diejenigen, die alles etwas rosiger sahen, gelangten sofort zu der positiven Deutung, ihr Konstrukt lautete also: »Ihre Körpergröße hatte um zwei Zentimeter zugenommen.« Dieses Experiment vermittelte also in Blitzesschnelle einen Einblick in die Deutungspräferenzen von Personen.

So wie MacLeod bei seiner Versuchsreihe legten auch die Psychologen aus Cambridge den Probanden Hunderte von Beispielen vor, der besondere Trick bestand aber darin, dass einer

Gruppe von dem Computer immer nur positive Lösungsmöglichkeiten geliefert wurden, der anderen immer nur negative. Wenn sie über einen längeren Zeitraum darauf »abgerichtet« wurden, positive Deutungen vorzunehmen, dann wurden die natürlichen Tendenzen der Betreffenden allmählich außer Kraft gesetzt; im umgekehrten Fall, wenn also nur negative Auflösungen möglich waren, war es genauso. Das war eine bahnbrechende Erkenntnis.

Wenn man die Art und Weise ändert, in der Personen mehrdeutige Fakten oder Situationen interpretieren, ändert sich auch in signifikanter Weise ihre Reaktion auf Stress. Als man den Probanden eine Reihe unangenehmer Videoclips zeigte – von der Art, wie man sie in Reality-Shows über Polizeieinsätze zu sehen bekommt –, wurden die Personen, denen man angewöhnt hatte, Situationen positiv zu deuten, viel weniger von den aufwühlenden Bildern berührt als diejenigen, die eine Neigung zur negativen Deutung entwickelt hatten.

In psychologischen Forschungsstätten in Australien und England wurde immer mehr Beweismaterial dafür zusammengetragen, dass unsere Aufmerksamkeits- und Deutungspräferenzen eine entscheidende Auswirkung darauf haben, *wie* wir sind, dass es also sehr stark darauf ankommt, *was* wir bemerken und *wie* wir es interpretieren. Wir wissen, seitdem man sich vor ungefähr zehn Jahren erstmals mit der Modifikation von kognitiven Verzerrungen befasst hat, dass die dabei erzielten Ergebnisse auch außerhalb der Laboratorien Gültigkeit besitzen.

Bei einem klinischen Versuch setzte Norman Schmidt, Psychologe an der Florida State University, probehalber CBM bei Patienten ein, die an einer besonders schweren Form von Sozialphobie litten. Im Anschluss an acht Sitzungen, bei denen sie im Lauf eines Monats einem Aufmerksamkeitstraining (nach der Methode MacLeods) unterzogen wurden, stellte er fest, dass 72 Prozent der Patienten in der *avoid threat group* nicht mehr die diagnostischen Kriterien für eine schwere Sozialphobie erfüllten. Von den Patienten aus einer Kontrollgruppe, die einer Standardtherapie unterzogen wurden, waren es nur elf Prozent.

Auch bei Depression können solche Verfahren helfen. Chris Beevers, Psychologe an der University of Texas in Austin, konnte eine große Gruppe depressiver Studenten dazu bewegen, über einen Zeitraum von zwei Wochen hinweg an mehreren CBM-Sitzungen teilzunehmen. Diejenigen, die der *avoid threat group* angehört hatten, fühlten sich bis zu vier Wochen nach der Intervention weniger depressiv als vorher, während diejenigen aus der Kontrollgruppe keine Veränderung zu Protokoll gaben.

Unter Wissenschaftlern hat die Entwicklung dieser neuen CBM-Techniken großes Aufsehen erregt, nicht zuletzt deswegen, weil ihre Anwendung nicht viel kostet und einfach ist – man könnte die Patienten sogar mithilfe des Internets in ihren eigenen vier Wänden behandeln.[144] Solche Techniken werden zwar die etablierteren Behandlungsmethoden nie ganz ersetzen, doch besteht die Hoffnung, dass sie als flankierende Maßnahme zu konventionelleren Heilmethoden, wie Gesprächs- oder den gängigen medikamentösen Therapien, eingesetzt werden können.

Wir wissen, dass das Trainieren des räumlichen Gedächtnisses Veränderungen am Hippocampus bewirkt und dass durch das Erlernen eines Musikinstruments die Hirnregionen erweitert werden, die an feinmotorischer Bewegung beteiligt sind. Genauso könnte es also sein, dass das Einüben davon, Dinge auf eine bestimmte Weise zu sehen oder zu deuten, zu fundamentalen Veränderungen der Schaltkreise im Gehirn führt, die unserer affektiven Veranlagung zugrunde liegen.

6.
Neue Techniken zur Umbildung unseres Gehirns

Vom angstvollen zum florierenden Leben

Wir brauchen unser Angstzentrum. Ohne es würden wir einen Unfall nach dem anderen erleiden, und unser Leben wäre vermutlich sehr kurz. Wenn jedoch das ganze Alarmsystem hyperaktiv wird, kann der Betreffende von Gefühlen der Angst und der Verzweiflung überwältigt, ja regelrecht erdrückt werden. Furcht, die ein derartiges pathologisches Niveau erreicht, kann allzu leicht zu Angststörungen und Depressionen führen – mit verheerenden Folgen. Die Psychologie und die Neurowissenschaft haben Jahrzehnte darauf verwandt, eine Vielzahl von Methoden zu entwickeln – von Gesprächstherapien bis hin zu solchen mit verschiedensten Pharmaka –, um Menschen dabei zu unterstützen, diese heimtückischen Störungen in den Griff zu bekommen.

Pathologisch übersteigerte Furcht und Verzweiflung aus unserem Leben zu vertreiben ist eine Sache; das eigene Wohlgefühl zu steigern und zu einer positiven und produktiven Lebensweise zu gelangen eine andere. Ein ermutigendes Ergebnis neuerer Forschungen ist, dass wir bemerkenswert widerstandsfähig sind.

Auch wenn uns etwas sehr Schlimmes widerfährt – wenn wir einen terroristischen Angriff miterleben, ernsthaft erkranken oder ein uns nahestehender Mensch stirbt –, erholen die meisten von uns sich schnell von dem Schock. Einige meinen sogar, dass sie danach bessere Menschen geworden, »gereift« sind, ein posttraumatisches Wachstum erlebt haben, anstatt an posttraumatischem Stress zu leiden. Neue Erkenntnisse auf dem Gebiet der Psychologie sagen uns, dass wir mit etwas Anstrengung unsere Gehirne so umformen können, dass wir nicht nur keine abnorm große Furcht mehr empfinden, sondern auch ein wirklich glückliches und gedeihliches Leben führen können.

Der amerikanische Luftfahrtpionier, Flugzeugkonstrukteur und Industrielle Howard Hughes litt unter einer gravierenden Störung des Angstsystems, einer sogenannten Zwangsstörung (*obsessive-compulsive disorder;* OCD), bei der die Betreffenden sich fortwährend mit bestimmten Gedanken beschäftigen. Dieses Leiden raubte ihm einen großen Teil seiner Energie, und zwar bis zu seinem Lebensende im Jahr 1975. Mit einer Zwangsstörung haben Millionen von Menschen auf der ganzen Welt zu kämpfen. Interessanterweise wissen diese Menschen, dass alles in Ordnung ist – dass sie den Herd ausgeschaltet oder die Tür abgeschlossen haben –, dennoch stehen sie unter dem Zwang, nachsehen zu müssen, und dann noch einmal und noch einmal und so fort. Eine solche Störung entsteht, wenn eine individuelle Grundangst – im Fall von Hughes: »Ich werde an Krankheitserregern sterben« – zu einer Obsession wird und man der Gefahr nach Meinung des Erkrankten nur durch permanent wiederholte Handlungen, wie zum Beispiel fortwährendes Händewaschen, begegnen kann.[145] Eine Zwangsstörung bringt das gesamte Leben der von ihr Befallenen durcheinander, da sich alles andere der Obsession unterordnen muss.

30 Jahre nach dem Tod von Hughes verkörperte der Schauspieler Leonardo DiCaprio ihn in dem Film *Aviator*. Um sich in Hughes einfühlen zu können, das heißt, mehr über OCD zu

erfahren, arbeitete DiCaprio mehrere Tage mit dem Psychiater Jeffrey Schwartz zusammen. Der Schauspieler verbrachte auch einige Zeit mit dessen Patienten, sodass er sich selbst ein Bild davon machen konnte, wie es ist, mit dieser Krankheit zu leben. Er vertiefte sich derart in seine Rolle und identifizierte sich derart mit Hughes, dass sich bei ihm viele der Symptome manifestierten, die mit einer Zwangsstörung einhergehen, er wie echte OCD-Patienten dachte und fühlte. In sein Gehirn war vorübergehend eine solche Zwangsstörung »eingepflanzt« worden, und es waren fast drei Monate einer intensiven Therapie und entsprechender Übungen nötig, um ihn nach dem Ende der Dreharbeiten wieder von ihr zu befreien.

Das National Institute of Mental Health schätzt, dass mehr als 20 Millionen Amerikaner von Angststörungen befallen sind, in erster Linie von Phobien, generalisierten Angststörungen, posttraumatischen Belastungsstörungen, Panikanfällen und eben Zwangsstörungen. Manchmal scheinen diese Menschen aus heiterem Himmel von den sie erdrückenden Ängsten und Sorgen überfallen zu werden, manchmal sind diese an ein bestimmtes Ereignis gekoppelt. Wie auch immer: Angststörungen dringen in das Leben der Betroffenen ein und werden oft zu dem es ganz und gar bestimmenden Faktor.

Um solche Störungen des Angstsystems besser zu verstehen, wollen wir uns einmal die Geschichten zweier Frauen ansehen, die in einer Klinik in Großbritannien, an der ich einen Teil meiner Forschungen durchführe, wegen solcher Symptome behandelt wurden.

Eine Frau – nennen wir sie Angela – überlebte einen brutalen Vergewaltigungsversuch. Als sie eines Tages auf einem einsamen Waldweg joggte, wurde sie von einem Mann gepackt. Sie hatte ihn vorher neben dem Pfad stehen sehen, und er hatte – wie sie sich erinnerte – ein wenig befangen oder gar verlegen gewirkt, als sie sich ihm näherte. Als sie an ihm vorbeilaufen wollte, griff er ihren Arm und versuchte sie in die Büsche zu zerren. Angela wehrte sich, aber Angst und Schrecken überwältigten sie, als sie, wie es ihr schien, ungeheuer lange nach ihm trat und dabei schrie. »Ich schaffte es schließlich, mich loszureißen, und rannte und rannte zur Stadt zurück«, erzählte sie mir.

Sie wusste noch, dass sie bei einem der ersten Häuser an die Tür trommelte, erinnerte sich aber an sonst kaum etwas. Das Nächste, dessen sie sich entsann, war, wie sie im Krankenhaus aufwachte und ihre Eltern neben ihrem Bett saßen. Sie hatte eine Vielzahl von Verletzungen davongetragen, eine gebrochene Nase, ein blaues Auge und eine Rippenfraktur. Diese verheilten alle im Lauf der Zeit, doch wie es oft der Fall ist, benötigte sie viel länger, um das Trauma zu verarbeiten. »In meiner Wohnung fühlte ich mich ständig nervös«, erklärte sie. »Ich überprüfte pausenlos, ob Fenster und Türen auch geschlossen waren.« Monatelang hatte sie zu viel Angst, um allein aus dem Haus zu gehen. Schließlich zog sie zusammen mit einigen Freunden in ein anderes Haus, doch sogar in ihrer neuen Bleibe fühlte sie sich nervös und geriet nach und nach in immer größere gesellschaftliche Isolation.

Als sie einmal in dem Supermarkt in ihrer Nähe einkaufte, erlitt Angela ihre erste Panikattacke. »Ich wurde von Panik und schrecklicher Furcht überfallen. Mir war entsetzlich übel, und ich konnte gar nicht schnell genug nach Hause eilen, in die Sicherheit meines Zimmers.«

Doch auch in der Abgeschiedenheit ihrer eigenen vier Wände fand sie nur wenig Ruhe, denn sie wurde bald von Flashbacks an das Geschehen heimgesucht. »Ich sah sein Gesicht vor mir, roch seinen Schweiß.« Regelmäßig wachte sie mit wild klopfendem Herzen mitten in der Nacht auf. »Ich sah immer ein Messer vor mir«, dabei war sie sich gar nicht sicher, dass ihr Angreifer sie mit einem Messer bedroht hatte. Sie konnte bald kaum noch etwas essen und sperrte sich fast die ganze Zeit über in ihrem Zimmer ein.

Schließlich suchte sie professionelle Hilfe, und nach längerer Zeit wurden ihre Symptome, die typisch für eine posttraumatische Belastungsstörung waren, allmählich schwächer. Sie hat heute immer noch einige Probleme und ist nach wie vor zu ängstlich, um allein einen Spaziergang zu unternehmen oder zu joggen, doch vier Jahre nach dem Überfall führt sie wieder ein mehr oder weniger normales Leben.

Die Angst der zweiten Patientin – sie soll hier Jayne heißen – ist diffuserer Art, und ihre Ursache lässt sich schwerer erklären. »Sie kam aus dem Nichts heraus«, erzählte sie mir. Im Alter von 30 Jahren begann sie sich plötzlich wegen alles Möglichen Sorgen zu machen, sie fühlte sich ständig ängstlich und nervös. »Mich übermannte das Gefühl, dass binnen Kurzem etwas Schlimmes passieren würde.« Jayne konnte sich selbst nicht erklären, was ihre Ängste ausgelöst hatte, es gab kein spezifisches Ereignis, das dafür infrage gekommen wäre, doch nach einiger Zeit waren diese Gefühle ganz tief in ihr verwurzelt. Genau wie Angela zog sie sich immer häufiger in ihr Zimmer zurück, weil sie sich scheute auszugehen.

Sie erlitt ein paar fürchterliche Panikattacken, doch es waren die beständigen Gefühle von Angst und Sorge, die ihr am meisten zusetzten. Sie zeigte die typischen Symptome für eine generalisierte Angststörung, eine der häufigsten Störungen, mit der klinische Psychologen zu tun haben. Sie hatte auch mit Depressionen zu kämpfen, weil sie fürchtete, dass ihre Situation nie mehr besser werden würde. Oft überwältigten sie negative Gedanken: »Ich glaube wirklich, dass ich ein unnützer Mensch bin«, sagte sie einmal. »Ich habe das Gefühl, dass ich nur unnötig Raum beanspruche.«

Wenn die Angst in einem solchen Maß Besitz von jemandem ergreift, ist es für ihn nahezu unmöglich, ein normales Leben zu führen, und natürlich ist es vollkommen ausgeschlossen, dass er eine positive Einstellung entwickelt. Methoden zu entdecken, sich von solch exzessiver Furcht zu befreien, ist ein Mittel, um die steigende Flut dieser emotionalen Störungen einzudämmen. Wie die Erfahrung DiCaprios zeigt, sind die Schaltkreise, die ein umwölktes Gemüt entstehen lassen, im Höchstmaß formbar. Sie lassen es daher zu, dass man sehr schnell Gewohnheiten und eingefahrene Denkmuster entwickelt, deren man sich nur schwer wieder entledigen kann. Die gute Nachricht ist jedoch, dass diese unsere Gefühle beeinträchtigenden Schaltkreise auch umgepolt und in eine uns zuträglichere Richtung gelenkt werden können.

Psychologie und Neurowissenschaft haben mittlerweile verschiedene Techniken erarbeitet, mit denen man verändernd auf dysfunktionelle Schaltkreise einwirken kann, die ursächlich für viele Störungen der affektiven Veranlagung sind. Ich möchte hervorheben, dass es sich nicht um so oberflächliche Methoden wie die des positiven Denkens handelt, wie sie in vielen Selbsthilfebüchern propagiert werden. Ich spreche hier von der Möglichkeit, eine wirkliche Änderung herbeizuführen, die sich auf der Ebene der Neuronen und ihrer Verbindungen tief in unserem Gehirn niederschlägt. Alles das, was unser Selbst ausmacht – unsere Erinnerungen, unsere Überzeugungen, unsere Ansichten, unsere Wertvorstellungen und unsere Gefühle, sogar unsere Gewohnheiten und charakterlichen Eigenschaften –, steht zu unseren neuronalen Netzwerken, der spezifischen Art, in der die Neuronen miteinander verbunden und verflochten sind, in Beziehung. Die erwähnten Techniken können uns nicht nur dabei helfen, uns von Angststörungen wie OCD oder PTSD zu befreien, sondern auch dabei, eine wirklich glückliche und produktive Existenz zu führen, anstatt uns nur mühsam durchs Leben zu schlagen.

Wie man Sorge und Angst überwinden kann

Wie viele aus Afghanistan und Irak heimgekehrte ehemalige Soldaten bezeugen können, kann ein schweres Trauma dazu führen, dass sich bestimmte Erinnerungen scheinbar unauslöschlich in einem festsetzen. Die schlimmen Ereignisse immer wieder zu durchleben hält diese Menschen davon ab, ihr Leben weiterzuentwickeln, es weiter voranzutreiben. Angelas Flashbacks – dieses blitzartige Aufleuchten des Gesichts des Angreifers vor ihrem inneren Auge – sind ein Beispiel dafür, dass derartige Erinnerungen entscheidend daran beteiligt sind, Störungen wie PTSD aufrechtzuerhalten. Die Angstforschung hat eine Reihe von Methoden erarbeitet, mittels derer wir uns von diesen Formen der Furcht befreien könnten. Das Phänomen der Extinktion, zu dem es bei Angstkonditionierungsprozessen kommt, zeigt, dass es eine Technik gibt, mit deren Hilfe sich Furcht offenkundig eindämmen lässt. Wir haben gesehen, dass dann, wenn ein im Labor erzeugter Ton viele Male hintereinander ohne den ihn ursprünglich begleitenden Stromschlag erklingt, die Angst vor diesem Klang allmählich abnimmt. Wenn man wiederholt einer ursprünglich beängstigenden oder erschreckenden Sache ausgesetzt wird – oder sich ihr selbst aussetzt –, ohne dass etwas Negatives geschieht, dann führt das schließlich zu der neuen Erkenntnis, dass von dieser Sache keine Gefahr ausgeht. Deshalb soll man zum Beispiel auch nach einem Sturz vom Pferd sofort wieder in den Sattel steigen.

Diese bei mit Tieren vorgenommenen Angstkonditionierungsexperimenten gewonnenen Erkenntnisse haben zur Ausarbeitung der sogenannten Konfrontationstherapie geführt. Mit ihr lassen sich spezifische Ängste wie etwa Arachnophobie sehr effektiv bekämpfen. Bei solchen Therapien wird den Patienten beigebracht, sich beängstigenden Erinnerungen zu stellen und sie zu unterdrücken. An Phobien leidende Menschen unternehmen normalerweise alles Erdenkliche, um dem, wovor sie sich fürchten, aus dem Weg zu gehen. Deswegen geraten sie aber auch nie in Situationen, in denen ihnen klar wird, dass davon keine echte Gefahr ausgeht. Zwingt man sie jedoch, sich mit dem sie ängstigenden Objekt zu konfrontieren, und zwar nicht nur einmal, sondern immer wieder, ist das eine höchst effektive Methode, sie von ihrer Furcht zu befreien. Symptome wie Herzrasen, Schweißausbrüche, Panikgefühle, die der Phobiker zeigt, wenn er zum ersten Mal dem von ihm Gefürchteten ausgesetzt wird, werden nach und nach immer schwächer. Nach ein paar Sitzungen sind die meisten Arachnophobiker so weit, dass sie die Spinne sogar berühren können.

Die Wirkweise dieser Konfrontationstherapie scheint also mit der des Verfahrens identisch zu sein, mit dem man bei Experimenten im Labor die Extinktion von konditionierten Ängsten erreicht. Neuere Forschungen haben ergeben, dass ein Antibiotikum mit der Bezeichnung D-Cycloserin, das ursprünglich zu Behandlung von Tuberkulose eingesetzt wurde, den Prozess beschleunigen kann. Menschen, denen man dieses Medikament verabreicht hat, benötigten weit weniger Sitzungen, um ihre Ängste abzustreifen. D-Cycloserin allein wirkt sich allerdings überhaupt nicht auf Angstreaktionen aus; nur in Verbindung mit der Konfrontationstherapie lernt der Patient, dass von der gefürchteten Sache jetzt keine Gefahr mehr ausgeht.[146]

Um zu verstehen, woran das liegt, müssen wir uns noch einmal ins Gedächtnis zurückrufen, was passiert, wenn Neuronen im entscheidenden Moment einer synaptischen Übertragung miteinander kommunizieren: Die sendende Hirnzelle schüttet über den synaptischen Spalt hinweg Neurotransmitter aus; wenn diese chemische Substanz auf ein Neuron mit einem entsprechend geformten Rezeptor trifft, dann wird nicht nur dieses eine Neuron, sondern jedes mit einem ebenso geformten Rezeptor aktiviert, wodurch Aktivitätswellen oder -ströme im Gehirn entstehen. Man hat festgestellt, dass eine Kategorie von Rezeptoren, die als Glutamatrezeptoren bekannt sind, eine wichtige Rolle für das Entstehen von mit Angst besetzten Erinnerungen spielen. Diese Rezeptoren können in zwei Gruppen unterteilt werden: AMPA-Rezeptoren, die rasche exzitatorische Synapsen steuern – sprich: für Erregungen zuständig sind –, und NMDA-Rezeptoren, die langfristig von entscheidender Bedeutung für die Plastizität und die Entwicklung von neuronalen Schaltkreisen sind.

Durch die Aktivierung von NMDA-Rezeptoren wird eine Reihe von Änderungen im gesamten Gehirn initiiert, die eine semipermanente Spur hinterlässt. So ähnlich wie ein Fluss sich im

Lauf der Zeit eine Rinne gräbt, schaffen regelmäßig wiederkehrende Gedanken neue Pfade durch das neuronale Netzwerk, die die Beförderung von Informationen durch das Gehirn erleichtern. Viele Neurowissenschaftler sind überzeugt, dass dieser Mechanismus das Fundament für eine posttraumatische Belastungsstörung legt. Sie nehmen an, dass eine solche Störung von der Bildung eines nicht mehr vergehenden Pfades, gewissermaßen eines »festen Weges«, von den Sinnesorganen zur Amygdala verursacht wird. Das ist der Grund dafür, dass sich Flashbacks und Erinnerungen an traumatische Ereignisse so schwer abstellen lassen. D-Cycloserin wirkt in vielfacher Weise auf das Gehirn ein, vor allem aber übt es einen direkten Einfluss auf die NMDA-Rezeptoren in der Amygdala aus, was der Grund dafür ist, dass es die Löschung tief verwurzelter Ängste ankurbelt. Die NMDA-Rezeptoren werden lockerer und flexibler, was die psychologische Therapie wirkungsvoller macht.

Entsprechende Forschungen sind bei Weitem noch nicht abgeschlossen, doch besteht schon jetzt wenig Zweifel daran, dass eine Unterstützung von Psychotherapien durch Medikamente wie D-Cycloserin uns neue effektive Methoden an die Hand geben wird, um Störungen des Angstsystems erfolgreich zu bekämpfen.

Aus Studien zur Angstkonditionierung wissen wir, dass bei einer Extinktion die Grundangst keineswegs gelöscht wird, sondern sie anscheinend nur unterdrückt wird, was bedeutet, dass sie sehr leicht wieder aufflammen kann. Meine Schulfreundin Sandra musste diese Erfahrung machen, als eine Fehlzündung sie sofort in Deckung gehen ließ. Und aus diesem Grund suchen Wissenschaftler weiter eifrig nach einer Methode, wie sich Furcht dauerhaft löschen lässt.

Liz Phelps und Joseph LeDoux, die sich an der New York University mit Angstforschung befassen, machten sich bei dem Versuch, eine solche Methode zu entwickeln, den dynamischen Charakter des menschlichen Gedächtnisses zunutze.

Psychologen waren früher allgemein der Ansicht, dass Erinnerungen in relativ rigider Form gespeichert sind. Neuerdings hat man festgestellt, dass Erinnerungen – vor allem solche gefühlsmäßiger Art – reaktiviert werden, wenn man sie wieder aufruft. Dadurch sind sie vorübergehend offen für Ergänzungen und Erweiterungen, das heißt, neue Informationen können der ursprünglichen Erinnerung hinzugefügt werden. Das bedeutet, dass eine Erinnerung jedes Mal, wenn sie wieder aufgerufen wird, subtil verändert und dann in dieser neuen sich leicht von der ursprünglichen unterscheidenden Form festgehalten wird. Diese Phase der Reaktivierung – der Fachausdruck lautet Rekonsolidierung – dauert ungefähr sechs Stunden, und innerhalb dieses Zeitraums besteht die Möglichkeit, die Erinnerung umzuformen.

Das New Yorker Forscherteam stellte fest, dass die Reaktivierung einer mit Angst assoziierten Erinnerung es ihnen in der Tat ermöglichte, ein »Update« der ursprünglichen Erinnerung durch Hinzufügen neuer, nicht beängstigender Informationen vorzunehmen.[147] Sie befestigten kleine Elektroden an den Handgelenken von 65 Versuchspersonen und schufen eine beängstigende Erinnerung, indem sie das Aufleuchten eines blauen Quadrats mit einem leichten Stromschlag koppelten: Das war der bedingte Reiz (CS). Ein gelbes Quadrat war hingegen nie von einem Schlag begleitet: Das war der unbedingte Reiz (US). Alle Probanden entwickelten eine Angstreaktion auf das blaue Quadrat, wie die Messung ihrer galvanischen Hautreaktion ergab.

Am Tag darauf sollte die Extinktion dieser Angstreaktion herbeigeführt werden. Die Probanden wurden in drei Gruppen aufgeteilt. Die Angehörigen der ersten und der zweiten Gruppe wurden an die beängstigende Erfahrung des Vortags erinnert, indem man ihnen das blaue Quadrat von dem bedingten Reiz begleitet ein einziges Mal präsentierte: Damit sollte der Rekonsolidierungsprozess in Gang gesetzt werden. Bei einer Gruppe begann man mit den Extinktionsversuchen zehn Minuten danach, also während der entscheidenden Rekonsolidierungsphase, bei der zweiten hingegen sechs Stunden später, also zu einem Zeitpunkt, da dieses Zeitfenster für mögliche Veränderungen schon wieder geschlossen sein musste. Die Mitglieder der dritten Gruppe erhielten keine Erinnerung an die Erfahrungen des Vortags, sondern begannen sofort mit den Extinktionsübungen, indem man ihnen eine Reihe blauer und gelber Quadrate präsentierte, bei deren Anblick sie keine Stromschläge erhielten.

Nach weiteren 24 Stunden wurden alle Probanden daraufhin untersucht, ob die beängstigende Erinnerung erhalten geblieben war oder nicht. Als ihnen das von dem bedingten Reiz begleitete Objekt präsentiert wurde, kam es bei den Angehörigen der Gruppe, denen man die angsteinflößende Erfahrung nicht wieder vergegenwärtigt hatte, sowie bei denen, bei denen mit dem Extinktionstraining erst nach Beendigung der Rekonsolidierungsphase begonnen wurde, zu einem spontanen Wiederaufflammen der Angstreaktionen. Bei den Mitgliedern der Gruppe jedoch, die das Extinktionstraining zu einer Zeit erhalten hatten, als die Erinnerung instabil gewesen war, kehrten diese Angstreaktionen nicht zurück. Mit anderen Worten: Wenn jemandem eine beängstigende Sache erst vergegenwärtigt, aber anschließend viele Male hintereinander präsentiert wurde, ohne dass etwas Schlimmes geschah, dann wurde die Erinnerung an das Beängstigende vollkommen aus dem Gedächtnis dieser Person gelöscht.

Eine kleine Zahl der Probanden wurde ein Jahr später erneut einem Test unterzogen, der ergab, dass diese Erinnerung bei denen, die ihr Extinktionstraining während der Rekonsolidierungsphase erhalten hatte, nach wie vor nicht wieder wach geworden war. Das lässt darauf schließen, dass die ursprüngliche Erinnerung auf Dauer verändert worden war.

Richard Huganir von der Johns Hopkins University hat zusammen mit seinem Assistenten Roger Clem auf diesem Gebiet weiterführende Forschungen mit Mäusen angestellt und verblüffende Belege dafür gefunden, dass die komplizierte molekulare Maschinerie, die ursprünglich zur Konsolidierung von solchen beängstigenden Erinnerungen führt, auch den Schlüssel zu ihrer

Aufhebung liefern könnte.[148] Sie fanden heraus, dass die Neuronen in der Amygdala voll von Glutamatrezeptoren sind – und zwar von solchen der AMPA-Unterart – und dass diese Rezeptoren in der kritischen Phase, in der beängstigende Erinnerungen abgespeichert werden, einer gründlichen »Überholung« unterzogen werden. Dabei kommt es zu einer ständigen Neuverteilung von Rezeptoren zwischen verschiedenen Neuronen; das heißt, während dieses Prozesses gleiten die Rezeptoren leicht von den Neuronen herunter und ebenso leicht auf andere hinauf. Das ist es, was Huganirs und Clems Mutmaßungen zufolge die mit Angst besetzten Erinnerungen so fragil macht. Ihre Annahme wurde gestützt, als sich zeigte, dass sich bei Mäusen, denen man eine Chemikalie injizierte, die diese Neuverteilung der Rezeptoren blockierte, solche Erinnerungen nicht löschen ließen.

Die Entdeckung, dass man Menschen auf Dauer von beängstigenden Erinnerungen befreien kann, indem man ihnen vor dem Extinktionstraining das betreffende traumatische Ereignis wieder gegenwärtig werden lässt, scheint neue Methoden zur Behandlung von Angststörungen zu ermöglichen. Mithilfe dieser Technik scheint man die traumatischen Erinnerungen auf nicht-invasivem Weg ein für alle Mal auslöschen zu können.

Unsere Kenntnis über das Angstsystem legt noch eine weitere Methode nahe, mit der sich die Entwicklung pathologischer Angst verhindern oder bekämpfen lässt. Anstatt die Amygdala und die Angst selbst in den Blickpunkt zu nehmen, könnten wir unsere Aufmerksamkeit vielleicht auf die höheren kortikalen Regionen richten, die die Aktivität der Amygdala dämpfen. Indem man die Kontrollzentren für unsere Gefühle stärkt, kann man vielleicht Angst unterdrücken oder auf Dauer reduzieren. Dieser Erkenntnis eingedenk hat man viele pharmakologische und kognitive Therapien erarbeitet, die uns dazu dienen sollen, unsere Emotionen zu regulieren.

Wir wissen heute, dass die herkömmliche Angstextinktion im Grunde im Gehirn eine neue Erinnerung niederlegt und dass diese Hemmung des Angstgefühls durch die Aktivierung einer Gehirnregion erreicht wird, die in der Mitte des präfrontalen Kortex gelegen ist und daher auch medialer präfrontaler Kortex genannt wird. Von dieser Region aus laufen Nervenstränge auf direktem Weg zur Amygdala, und diese anatomische Anordnung liefert ein Mittel, mit dem sich Angst unterdrücken lässt: Indem man nämlich Zellen in dieser spezifischen Region des präfrontalen Kortex stimuliert, wird die Aktivität der Amygdala drastisch reduziert. Einmal aktiviert, kann das kortikale Kontrollzentrum das ganze Alarmsystem des Gehirns beruhigen, was wiederum in der Unterdrückung beängstigender und traumatischer Erinnerungen resultiert.[149] Ratten, bei denen dieses Areal des präfrontalen Kortex geschädigt ist, sind nicht in der Lage, Ängste abzulegen.

Allem Anschien nach ist bei Menschen mit einer posttraumatischen Belastungsstörung das Kontrollzentrum unterentwickelt.[150] Als man Personen, die ein schweres Trauma erlitten hatten, aufforderte, während sie im Hirnscanner lagen, Bilder anzuschauen, die inhaltlich irgendwie mit ihrem spezifischen Trauma zusammenhingen, stellte man fest, dass der mediale präfrontale Kortex von denjenigen von ihnen, die eine posttraumatische Belastungsstörung aufwiesen, kleiner und weniger aktiv war. Diejenigen, die über aktivere Kontrollzentren verfügten, zeigten auch weniger schwere PTSD-Symptome wie Flashbacks und Schweißausbrüche. Wenn wir Möglichkeiten entdecken könnten, diese Mittelregion des präfrontalen Kortex zu stimulieren, hätten wir eine weitere schlagkräftige Waffe im Kampf gegen Angststörungen zur Verfügung.

Es mehren sich die Beweise dafür, dass wir unsere Emotionen auf effektive Weise zu regulieren lernen, indem wir einfach unsere Deutung bestimmter Ereignisse und Sachverhalte revaluieren, also zu einer Neubewertung gelangen. Wenn wir von niederdrückenden Gedanken überwältigt werden, können wir sie modifizieren, indem wir auf bestimmte Strategien zurückgreifen, um uns selbst zu suggerieren, dass vielleicht »alles gar nicht so schlimm« ist. Damit könnten wir nicht nur unsere Ängste eindämmen, sondern auch die zerebralen Schaltkreise ändern, die einem umwölkten Gemüt zugrunde liegen.

Richard Lazarus gehörte in den 1960er Jahren zu den Ersten, die dokumentierten, dass die Neubewertung einer erschreckenden Szene die Angstreaktionen erstickt.[151] Er ließ Versuchspersonen aufwühlende Filmsequenzen anschauen – zum Beispiel von den Beschneidungsriten australischer Ureinwohner – und ließ einige der Probanden wissen: »Es ist alles real, was sie sehen, die Jungen leiden große Schmerzen«, während er anderen erzählte: »Das ist ein zu pädagogischen Zwecken dienender Film, die Jungen sind allesamt Schauspieler, und keiner von ihnen leidet tatsächlich Schmerzen.« Die Probanden, die davon ausgingen, dass die Jungen nur schauspielerten, legten, wie die Messung ihrer galvanischen Hautreaktion zeigte, weniger Angst an den Tag und gaben auch zu Protokoll, weniger aufgewühlt worden zu sein als die anderen, die alles für real hielten. Wie man das Geschehen interpretierte, machte also einen großen Unterschied aus.

Ausgefeilte bildgebende Verfahren haben mittlerweile aufgedeckt, dass diese Versuche, unsere Ängste kognitiv in den Griff zu bekommen, Prozesse in unserem Gehirn in Gang setzen. Ein Netzwerk von Hirnarealen sendet inhibitorische, also hemmende Botschaften an tiefer liegende, reaktiver arbeitende Areale aus, und hilft uns so, unsere Emotionen zu regulieren. Es scheint, dass Gedanken allein bereits einen Einfluss auf die Kontrollzentren unseres präfrontalen Kortex ausüben können.

Es genügt bereits, einem gefühlsbesetzten Gedanken oder Bild ein Etikett aufzudrücken, um das Kontrollzentrum des Gehirns – den präfrontalen Kortex – zu aktivieren, welches dann wiederum die Reaktionen in der Amygdala dämpft. Ahmad Hariri, Neurowissenschaftler an der Duke University, untersuchte mit einem Scanner die Gehirne von elf gesunden Versuchspersonen, während sie eine große Menge von Bilderpaaren – zum Beispiel von einer Schlange und einem auf sie gerichteten Gewehr – betrachteten und dann dieses Bild mit einem weiteren dazu passenden kombinieren mussten.[152] Diese Aufgabe zwang die Probanden, sich auf die perzeptuellen Aspekte der Szene, also die optisch wahrnehmbaren zu konzentrieren. Weil die Bilder beängstigend waren, konnte man davon ausgehen, dass das Alarmsystem der Betrachter aktiv werden und sie registrieren würde.

In der interessanteren Phase des Experiments wurden den Probanden dieselben Bilder noch einmal vorgelegt; sie sollten sie allerdings diesmal nicht miteinander kombinieren, sondern eines von zwei gleichzeitig präsentierten Wörtern auswählen, um anzugeben, ob das abgebildete Bedrohliche »natürlicher« Art (Haie, Schlangen, Spinnen usw.) oder »artifizieller« Art (Gewehre, Messer, Explosionen) war. Das zwang die Teilnehmer an dem Experiment eher zu einer linguistischen Interpretation als zu einer emotionalen Auslegung.

Es stellte sich heraus, dass es in der ersten Situation zu einem ganz anderen Aktivationsmuster kam als in der zweiten. Wie Hariris Team erwartet hatte, führte die »Kombinationsaufgabe« zu einer starken und intensiven Reaktion in der Amygdala. Die »Benennungsaufgabe« hatte ein faszinierendes Resultat: Die natürliche Reaktivität der Amygdala wurde nämlich reduziert, während es gleichzeitig zu einer starken Zunahme der Reaktivität in Teilen des präfrontalen Kortex kam. Das heißt also, wenn jemand ein Bild zu benennen hatte, bewirkte die starke Reaktion im präfrontalen Kortex eine schwächere Reaktion in der Amygdala.

Die dynamische Interaktion zwischen präfrontalem Kortex und Amygdala liefert uns also eine Methode, unsere emotionalen Reaktionen mithilfe einer Bewertung unserer Erfahrungen zu steuern. Wenn wir mit einer Bedrohung konfrontiert sind – etwa einem zähnefletschenden Hund –, reagieren wir nicht einfach spontan entsprechend dem, was unsere Amygdala (unsere »Alarmanlage«) uns sagt; stattdessen gestatten es uns Areale in unserem präfrontalen Kortex, erst den Grad der Bedrohung zu bestimmen, also beispielsweise festzustellen, ob wir ihr nicht problemlos entkommen können. Auf diese Weise kann die Aktivität in unserem aus der Steinzeit ererbten Teil unseres Gehirns – der Amygdala – gezügelt werden. Diese Schaltkreise helfen uns maßgeblich dabei, unsere emotionalen Reaktionen auf Angsteinflößendes zu regulieren, und eben sie sind es, die bei einer großen Zahl von Leiden wie Angststörungen, Panikanfällen, Phobien, posttraumatischen Belastungsstörungen und Depressionen nicht mehr funktionieren.

Um zu erforschen, wie gut wir unsere Gefühle zu kontrollieren vermögen, zeigt man Versuchspersonen beunruhigende, aufwühlende Bilder, während sie in einem Hirnscanner liegen – solche von durch eine Bombenexplosion schwer verletzten Personen oder einer blutbefleckten, abgetrennten Hand sind typische Beispiele. Wenn dann das Wort »Attend« (Warten) aufleuchtet, fordert man die Personen damit auf, erst einmal innezuhalten, um sich der emotionalen Elemente des Gezeigten bewusst zu werden. Wenn das Wort »Reappraise« (Neueinschätzen) erscheint, werden die Probanden zu dem Versuch aufgefordert, ihre Emotionen in den Griff zu bekommen und ihr Möglichstes zu tun, um Wege zu finden, sich von dem schrecklichen Bild weniger betroffen zu fühlen. Man könnte sich zum Beispiel einreden, dass es sich bei der abgetrennten Hand nur um eine sehr realistisch aussehende Plastiknachbildung handelt. Wenn wir einen Blick ins Gehirn werfen, während jemand solche Versuche unternimmt, können wir Bemerkenswertes erkennen. Bei der Konzentration auf die emotionalen Aspekte eines Szene, in der »Attend«-Phase, wird die Amygdala aktiv, in der »Reappraise«-Phase jedoch werden Areale des präfrontalen Kortex aktiv, während gleichzeitig die Tätigkeit der Amygdala abnimmt.

Eigentlich regulieren wir unsere Emotionen die ganze Zeit, wir sind uns dessen aber häufig nicht bewusst. Maria, eine Freundin von mir, erklärte mir einmal, wie sie es in ihrer Anfangszeit als Medizinstudentin anstellte, Operationen mitzuverfolgen, ohne dass ihr schlecht wurde. Sie konzentrierte sich vollkommen auf die Anatomie der Patienten, indem sie jedes innere Organ, das bei einem Eingriff »in Sicht kam«, benannte; dies half ihr, die aufsteigende Übelkeit und den Abscheu zu unterdrücken. Sie hatte eine effiziente Methode entdeckt, die Gefühle, die ihrem Alarmsystem zufolge »angebracht« gewesen wären, zu kontrollieren. Wenn sie zum Beispiel in Gefahr stand, von Ekel übermannt zu werden, dachte Maria daran, dass die Patientin nach der Operation keine Schmerzen mehr haben würde und ihre Lebensqualität sich massiv verbessern würde. Alle von uns entwickeln derartige Techniken, um unsere Emotionen in schwierigen Situationen in den Griff zu bekommen, ebenso wie die Hirnforschung zeigt, dass diese mentalen Techniken sich tatsächlich darauf auswirken, wie das Gehirn reagiert.

Diese Fähigkeit zur Kontrolle ist aber bei uns allen unterschiedlich stark ausgeprägt. Einige geraten schon beim ersten Anzeichen von leichter Gefahr in Panik, während andere auch in den schwierigsten Situationen ruhig und überlegt bleiben. Forschungen auf dem Gebiet der Neurowissenschaft liefern uns mittlerweile die Erklärung dafür, warum das so ist.

Justin Kim und Paul Whalen, die beide am Dartmouth College tätig sind, verwenden das fMRT-Verfahren und eine neuere Technik namens Diffusions-Tensor-Bildgebung (*diffusion tensor imaging; DTI*), um die Verbindungen zwischen verschiedenen Hirnarealen zu kartografieren.[153] DTI ähnelt dem fMRT-Verfahren, doch anstatt uns zu verraten, welche Hirnareale in einem bestimmten Moment im Einsatz sind, macht es die zu einem bestimmten Zeitpunkt zwischen verschiedenen Arealen bestehenden Verbindungen sichtbar, und zwar indem es aufzeigt, wie Wassermoleküle sich im Gewebe des Gehirns verteilen. Wenn man diese Diffusionsmuster aufzeichnet, ergibt sich nach und nach eine Karte der verschiedenen Netzwerke im Gehirn, der man entnehmen kann, welche Region mit welcher verbunden ist.

Das Team vom Dartmouth College forderte 20 Freiwillige auf, sich Gesichter mit unterschiedlichem Ausdruck anzuschauen, während sie in einem Scanner lagen. Dabei wurde festgestellt, dass die Aktivität ganz generell zunahm, wenn die Probanden ein ängstlich aussehendes Gesicht vor sich hatten. Sie verfolgten diese gesteigerte Aktivität zu einem dicken Nervenfaserbündel zurück, das man *Fasciculus uncinatus* nennt. Es verbindet das Areal des Gehirns, welches die Amygdala birgt – den Schläfenlappen –, mit dem präfrontalen Kortex. Besonders interessant war die Entdeckung, dass die Dicke dieses Bündels im umgekehrten Verhältnis zum Grad der von den Probanden angegebenen Eigenschaftsangst stand. Das heißt, je dünner oder schwächer die Verbindung war, umso ängstlicher waren die Betreffenden ihrer eigenen Aussage nach. Die weniger Ängstlichen besaßen eine starke Verbindung.

Strukturelle Unterschiede in der Art und Weise, in der die Amygdala mit dem präfrontalen Kortex verbunden ist, haben zur Folge, dass bei weniger ängstlichen Personen die Amygdala rasch und effektiv zur Ruhe kommt, indem die Kontrollzentren im präfrontalen Kortex aktiviert werden. Inhibitorische Botschaften schießen regelrecht über die stark ausgeprägte Verbindung – also ein besonders dickes Nervenfaserbündel – in Richtung Amygdala und ersticken die Panikreaktion. Bei ängstlicheren Personen sieht das ganz anders aus. Zum einen ist das Panikzentrum reaktiver, zum anderen ist auch der präfrontale Kortex schwächer, wodurch es ihnen schwerer fällt, Kontrolle über ihre Angstgefühle auszuüben. Verschlimmert wird die Lage noch dadurch, dass auch die Verbindung oder Relaisstation zwischen dem Angst- und dem Kontrollzentrum schwächer beziehungsweise dünner ist.

Es ist möglich, dass weniger ängstliche Personen schon mit einem stärkeren *Fasciculus uncinatus* auf die Welt kommen, sodass sie von Anfang ihre Emotionen besser zu beherrschen lernen können, in dieser Hinsicht also bevorteilt sind. Angesichts dessen, was wir über die Plastizität des Gehirns wissen, ist das aber eher unwahrscheinlich. Es ist vielmehr anzunehmen, dass erworbene Erfahrungen und Kenntnisse über die Jahre hinweg die Verbindung zwischen den Gefühls- und den Kontrollzentren formen beziehungsweise verstärken. Genau wie wir durch körperliche Übungen Muskeln aufbauen und unsere Beweglichkeit steigern können, vermögen wir durch entsprechendes Üben, die Verbindungen zwischen verschiedenen Arealen unseres Gehirns auszubauen und zu festigen. Diese Veränderungen bezüglich unserer Wahrnehmung oder unserer Verarbeitung von Sinneseindrücken können zu einschneidenden Veränderungen führen, wie unser Gehirn reagiert, wenn wir mit Beängstigendem beziehungsweise mit Angenehmem konfrontiert werden.

Inzwischen deutet vieles darauf hin, dass alle Therapien gegen emotionale Störungen auf dieselben fundamentalen für Angst zuständigen Schaltkreise einzuwirken versuchen. Sobald diese Schaltkreise gelockert und formbar werden, kann die Neuroplastizität übernehmen und ihr Werk verrichten, das heißt, die »guten« von ihnen stärken und die »schlechten« schwächen. Die klassische Gesprächstherapie, die kognitive Verhaltenstherapie (*cognitive behavioural therapy;* CBT), zielt auf eine Reduktion der Aktivität in unserem Alarmsystem im Verein mit einer Steigerung der Aktivität in den präfrontalen Regionen ab.[154] Solche Behandlungen erhöhen unsere Fähigkeit, unsere Emotionen zu kontrollieren, und sind deswegen vielfach die zur Bekämpfung von Angststörungen und Depressionen bevorzugten Therapien. Es handelt sich dabei um höchst komplexe psychologische Interventionen, die auf der Ebene des Bewusstseins eingesetzt werden und den Patienten Anleitungen und Strategien an die Hand geben, mit denen sich gestörte Denk- und Verhaltensweisen ändern lassen. Zwar hat sich diese Therapieform als sehr effektiv bei der Behandlung von Ängsten und Depressionen erwiesen, doch macht es ihre Komplexität schwierig, den präzisen Ablauf des Wandels, den zugrunde liegenden Mechanismus zu eruieren. Man geht davon aus, dass die Wirkung der kognitiven Verhaltenstherapie, zumindest partiell, darauf beruht, dass sie die kognitiven Präferenzen, die das Denken und Fühlen von an Angst und Depressionen leidenden Patienten zu den negativen Aspekten des Lebens hinlenken, einem Wandel unterzieht.

Diese Annahme wird durch eine Korrelation zwischen einer Veränderung dieser Präferenzen und den Symptomen von Angst und Niedergeschlagenheit untermauert. Wenn eine negative kognitive Neigung in eine positivere Richtung umgelenkt wird – zum Beispiel durch die Modifikation von kognitiven Verzerrungen (CBM) –, werden die Symptome schwächer, und die Stimmung des Betreffenden hebt sich. Die Modifikation der kognitiven Verzerrung läuft wohl auf einer vorbewussten Ebene ab, in dem Sinne, dass der Therapeut bei einer Umpolung der grundlegenden Tendenzen einer Person, alles negativ auszulegen oder dem Negativen besondere Aufmerksamkeit zu schenken, unter dem Bewusstseinsradar hindurchschlüpft, also eine Veränderung des Gehirns bewirkt, ohne dass der Patient es bemerkt. Physiologisch gesehen bedeutet das: Wenn unser Gehirn es sich zur Gewohnheit macht, das Positive statt das Negative zu sehen, beginnen die zugrunde liegenden Schaltkreise sich allmählich zu verändern.

Während man diesbezüglich noch weitere Forschungen anstellen muss, mehren sich die Beweise dafür, dass die Modifikation von kognitiven Verzerrungen tatsächlich die neuronalen Schaltkreise verändert, und wie bei der kognitiven Verhaltenstherapie scheint sie auf die Kontrollzentren im präfrontalen Kortex einzuwirken und nicht, oder nicht in erster Linie, auf die Amygdala selbst.[155] Das heißt also, dass psychologische Interventionen wie die kognitive Verhaltenstherapie und CBM gefährliche Verzerrungen »korrigieren«, indem sie uns dazu befähigen, einer Hyperaktivität unseres Angstzentrums entgegenzuwirken und zu regulieren.

Bei einer in meinem Labor durchgeführten Studie wollten wir feststellen, ob CBM die zerebralen Mechanismen, die uns Gefahren meiden lassen, sowie die, welche uns nach Belohnungen streben lassen, intensivieren kann. An den Köpfen der Probanden wurden zahlreiche Elektroden befestigt, sodass wir das Muster elektrischer Aktivität eruieren konnten, zu der es in ihren Gehirnen kam, als sie positiv und negativ besetzte Bilder betrachteten. Würde die elektrische Aktivität je nach Art des CBM-Trainings in der linken oder in der rechten Gehirnhälfte stärker werden? Eine höhere Aktivität in der linken Hälfte steht ja mit der Neigung in Zusammenhang, sich »Gutes« zu verschaffen, eine in der rechten Hälfte hingegen mit der Tendenz, »Schlechtes« zu meiden. Wenn wir Leute darauf schulten, Positives zu bemerken, und dies die Schaltkreise veränderte, die einem sonnigen Gemüt zugrunde liegen, dann müsste im Anschluss an die Prozedur die Aktivität in der linken Gehirnhälfte zunehmen. Umgekehrt müsste sich durch die vorwiegende Wahrnehmung von Negativem die Tätigkeit der rechten Hälfte erhöhen.

Unter Verwendung von in hohem Maß das Gefühl ansprechenden Bildern positiven und negativen Inhalts unterzogen wir zwei Gruppen von Personen unterschiedlichen CBM-Prozeduren. Eine Gruppe wurde dazu gebracht, sich den positiven Bildern zuzuwenden und solche neutralen Inhalts außer Acht zu lassen, während die zweite Gruppe extrem negative wie auch neutrale Bilder präsentiert bekam und dazu veranlasst wurde, sich den negativen zuzuwenden und von den neutralen abzuwenden. Sowohl unmittelbar vor als auch direkt nach dem Ende der Test wurden ihre Gehirnströme mithilfe eines EEGs gemessen.

Die Ergebnisse (siehe Abb. 6.1) deuteten darauf hin, dass es uns nicht nur gelungen war, die Wahrnehmungspräferenzen der Probanden zu ändern, sondern auch ihre zerebralen Schaltkreise. Diejenigen, die dazu ermuntert worden waren, die angenehmen Bilder in sich aufzunehmen, gaben eine größere Aktivität in der linken Gehirnhälfte zu erkennen. Das genaue Gegenteil traf für diejenigen zu, die für die unangenehmen Bilder sensibilisiert worden waren. Es sieht also alles so aus, als könne ein CBM-Training die Reaktionen unseres Gehirns sowohl auf Beängstigendes als auch auf Erfreuliches modifizieren.

Psychologische Interventionen wie die kognitive Verhaltenstherapie und in jüngerer Zeit die Modifikation von kognitiven Verzerrungen werden wahrscheinlich eine immer größere Rolle bei der Behandlung von gravierenden emotionalen Störungen spie-

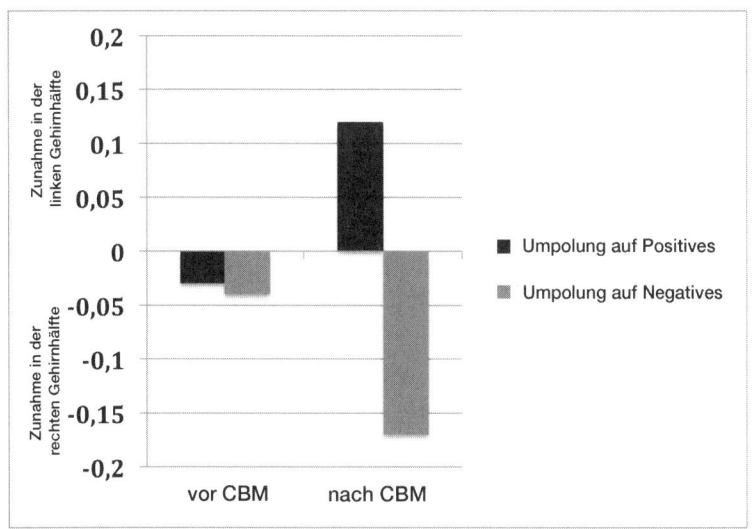

Abb. 6.1: Die Ergebnisse der Untersuchung zu den Auswirkungen von CBM auf die Zunahme der Aktivität in der linken bzw. rechten Gehirnhälfte. Bei einer Umpolung der Wahrnehmungspräferenz auf »Positives« nahm die kortikale Aktivität in der linken Hälfte zu, bei einer auf »Negatives« war eine gesteigerte Aktivität in der rechten Hälfte zu verzeichnen.

len, doch greift man nach wie vor häufig zu psychoaktiven Medikamenten, um Depressionen und andere Störungen des affektiven Geistes einzudämmen. Es ist eigentlich völlig rätselhaft, wie diese Mittel genau wirken. Auf molekularer Ebene führen die meisten Antidepressiva zu einer starken Zunahme von Serotonin und anderen Neurotransmittern an den synaptischen Kontaktstellen. Diese Wirkung kann man mehr oder weniger sofort beobachten, wohingegen sich klinische Änderungen wie eine Stimmungsaufhellung und andere Symptome erst mehrere Wochen später verzeichnen lassen. Antidepressiva heben nicht die Stimmung von Menschen, die nicht depressiv sind, während stimmungsaufhellende Drogen – wie Kokain zum Beispiel – charakteristischerweise ohne Einfluss auf Depressionen bleiben. Das deutet darauf hin, dass die Wirkung von Antidepressiva nicht darauf beruht, die Stimmungslage eines Menschen anzuheben.

Eine faszinierende Erklärung ihrer Wirkungsweise haben die Psychologin Catherine Harmer von der Universität Oxford und ihre Kollegen vorgelegt.[156] Von der Erkenntnis ausgehend, dass Antidepressiva die negativen kognitiven Verzerrungen mindern, die typisch für Angst und Depressionen sind, haben sie untersucht, ob diese Veränderung, wie Sinneseindrücke aufgenommen und verarbeitet werden, zu einer zunehmenden Sicherheit im Umgang mit anderen und zu einer Stimmungsaufhellung führt. Das ist tatsächlich so. Mit anderen Worten: Sobald eine Verzerrung in eine positivere Richtung umgelenkt worden ist, reagiert die an Depressionen leidende Person in sozialen Situation positiver, was wiederum durch positivere und freundschaftlichere soziale Interaktion verstärkt wird und schließlich zu einer allgemein positiveren Lebenseinstellung führt. Resultate aus Versuchen mit Tieren, die zeigen, dass Antidepressiva sich förderlich auf die synaptische Plastizität auswirken, scheinen zu bestätigen, dass die Modifikation einer negativen Verzerrung den ersten Schritt in einem Prozess darstellt, bei dem das Gehirn umtrainiert und umgeformt wird und schließlich auf »gesündere« Weise reagiert.

Sogar die schwächste Neigung, Negatives zu meiden und sich Positivem anzunähern, wird einem Menschen nach einer gewissen Zeit zur zweiten Natur, was dann in einem grundlegenden Wandel resultiert, wie wir die Welt wahrnehmen. Demnach scheint die Wirkung von medikamentösen und psychologischen Therapien auf kognitiver Ebene darauf zu beruhen, dass negative Wahrnehmungs- oder Deutungspräferenzen abgeschwächt beziehungsweise ausgeschaltet werden. Während die psychologischen Therapien unsere Fähigkeit beeinflussen, unsere Gefühle zu regulieren, scheinen Medikamente wie Antidepressiva in direkterer Weise auf die Amygdala einzuwirken. Indem sie kognitive Verzerrungen »korrigieren«, dämmen sie die Überaktivität des Angstzentrums ein, die bei allen emotionalen Störungen vorliegt.

Viele Psychologen fühlen sich von der Entdeckung, dass wir diese tief verwurzelten Verzerrungen abändern können, neu beflügelt. Weder unsere genetische Veranlagung noch unsere Erfahrungen sollten den Lauf, den unser Leben nimmt, unveränderlich vorgeben. Es gibt zahllose Geschichten von Leuten, die Hindernisse überwunden und ein glückliches und erfülltes Leben geführt haben. Doch genauso viele haben ihre Chancen nicht genutzt, ihre Talente vergeudet. Unsere Natur und das, was wir im Lauf der Zeit in uns aufnehmen, bestimmen zwar entscheidend, wie wir auf etwas reagieren, die wissenschaftliche Forschung legt aber die Vermutung nahe, dass diese Reaktionen nicht unvermeidlich so ausfallen müssen, wie sie es tun. Indem wir unsere mentale Veranlagung ändern, sind wir in der Lage, unsere Weltsicht zu ändern.

Einen besonders eindrucksvollen Beleg dafür liefern die Gehirnscans einer kleinen Schar von buddhistischen Mönchen, die sich bereit erklärten, ihre zerebrale Aktivität untersuchen zu lassen, während sie meditierten.[157] Die Praxis des Meditierens ist mindesten 5000 Jahre alt und bildet einen essenziellen Bestandteil vieler spiritueller Traditionen einschließlich des tibetischen Buddhismus. Menschen, die sich regelmäßig in Meditation versenken, berichten, dass sie ihren Geist dazu schulen können, ganz ruhig zu sein, wodurch sie den negativen Einfluss destruktiver Emotionen wie Wut und Neid auslöschen können. Nachdem diese »mentalen Störreize« erstickt worden sind, kann der Geist freigesetzt werden, eine reine Form der Konzentration und der inneren Versenkung zu betreiben, die am Ende zu einem erfüllteren und glücklichen Leben führt.

Die gerichtete Aufmerksamkeit (*focused attention*; FA) ist eine Form der Meditation, bei der von dem Praktizierenden verlangt wird, sich auf ein einzelnes Objekt, eine einzelne Sache zu konzentrieren – das kann die eigene Atmung sein, aber auch eine Kerze oder ein bestimmtes Wort –, sodass er das Tohuwabohu an Gedanken, Bildern und Geräuschen ausklammern kann, die einen normalerweise geistig völlig vereinnahmen. Richard Davidson von der Universität Wisconsin wollte herausfinden, ob diese Art von Meditation die Fähigkeit unseres Gehirns steigern kann, Ablenkung zu widerstehen. Wie viele Eltern bezeugen werden, ist es extrem schwierig, sich auf etwas zu konzentrieren, wenn um einen herum Kinder schreien oder miteinander zanken. Denjenigen, die die sogenannte FA-Meditation praktizieren, scheint es leichter zu fallen, den störenden Lärm auszublenden.

In Zusammenarbeit mit seiner Kollegin Julie Brefczynski-Lewis fand Davidson heraus, dass Personen, die FA-Meditation praktizieren, in der Tat jene Schaltkreise stärken, die es ihnen gestatten, sich zu konzentrieren und Ablenkungen zu ignorieren.[158] Sie rekrutierten für ihren Test sowohl meditationserfahrene Personen, die im Durchschnitt schon 1900 Stunden mit entsprechenden Übungen hinter sich gebracht hatten, sowie Novizen auf dem Gebiet. Wie zu erwarten, waren die Schaltkreise im präfrontalen Kortex, die dabei helfen, Ablenkungen auszublenden, bei den Meditationserfahrenen viel stärker ausgebildet; ihre Gehirne waren in der Lage, im Nu in den Fokussierungsmodus umzuschalten. Die faszinierendste Entdeckung war, dass bei Personen, die über noch mehr Erfahrung mit dem Meditieren verfügten – im Schnitt hatten sie schon 44 000 Stunden damit verbracht –, eine weniger starke Aktivierung derselben Schaltkreise zu beobachten war, obwohl ihr Konzentrationsvermögen wesentlich größer war. Es scheint, dass das extensive mentale Training, dem sich diese Personen zuvor unterzogen hatten, ihre zerebralen Schaltkreise in einem Ausmaß gestärkt hatte, dass es sie jetzt geringe Anstrengung kostete, sich zu konzentrieren.

Eine andere verbreitete Form der Meditation ist als offenes Gewahrsein (*open monitoring*) oder Achtsamkeitsmeditation (*mindfullness meditation*) bekannt.[159] Diese zielt darauf ab, die augenblicklichen gewöhnlichen Erfahrungen, alle Klänge, Gerüche, Gefühle und Gedanken durch seinen Geist ziehen zu lassen, ohne sie zu beurteilen oder auf sie zu reagieren. Damit wird es dem Geist ermöglicht, offen und frei genug zu werden, um zu einer reinen Erfahrung seiner selbst zu gelangen. Bei dieser Form der Meditation wird oft die Strategie angewendet, einige Aspekte dieser Erfahrung zu »benennen«. Dem liegt der Gedanke zugrunde, dass man sich durch eine solche Benennung der Gefühle in einem bestimmten Rahmen von ihnen distanzieren und sie damit besser beherrschen kann.

Die Achtsamkeitsmeditation verlangt es von dem Betreffenden, die Position des distanzierten Zeugen einzunehmen. Stellen Sie sich vor, Sie meditieren und bemühen sich, Ihren Geist für alles offen zu halten, Ihnen dann aber ein erschreckender oder trauriger Gedanke kommt. Anstatt sich mit dem Inhalt dieses Gedankens zu befassen, lernt es der Meditierende, diesen Gedanken entsprechend zu benennen – also etwa: »dies ist erschreckend« – und ihn einfach vorbeiziehen zu lassen. Das ist nicht leicht zu erreichen, doch Personen, die in dieser Art von Meditation einige Erfahrung erlangen, sind in der Lage, ihre emotionalen Erfahrungen äußert effektiv zu regulieren. Die Achtsamkeitsmeditation stärkt und festigt die neuronalen Netzwerke im präfrontalen Kortex, die unsere Reaktion auf uns aufwühlende Ereignisse beeinflussen.

Ein Großteil der Angst und Sorge, die wir im alltäglichen Leben empfinden, geht nicht auf die äußeren Ereignisse selbst zurück, sondern auf unsere *Interpretation* dieser Ereignisse. Das, was in unserem Kopf vor sich geht, ist es, was uns wirklich beeinflusst. Sich gedanklich von Ärger und Verdruss zu befreien, das, was diese Gefühle auslöst, einfach als unerheblich aufzufassen und nicht an sich »heranzulassen«, ist ein wirkungsvolles Gegenmittel gegen ihre zerstörerische Kraft. Das steht mit den zahlreichen Belegen dafür im Einklang, dass jede Therapie – ob Gesprächstherapie oder medikamentöse Behandlung –, die die hemmenden Kräfte des präfrontalen Kortex steigert, die Aktivierung der Amygdala drosseln und uns dadurch dazu verhelfen kann, unsere Reaktion auf Stress besser in den Griff zu bekommen. Deshalb ist auch das Ziel der meisten Interventionen zur Beseitigung von Angststörungen und Depressionen, eine Funktionsstörung dieser zwischen Amygdala und präfrontalem Kortex verlaufenden Schaltkreise zu beseitigen.

Aufgrund der Plastizität der zerebralen Schaltkreise können solche, die dysfunktional geworden und schädlich sind, sogar dann durch mentale Übungen wieder normalisiert werden, wenn sie schon tief ins Gehirn »eingebrannt« sind.

Das wurde mit einer bahnbrechenden Studie zu Zwangsstörungen belegt, die sich schwerer behandeln lassen als die meisten anderen mentalen Störungen. Mit dem ständigen Gefühl, dass »etwas nicht stimmt«, von dem Menschen mit einer Zwangsstörung heimgesucht werden, korreliert eine Hyperaktivität in einem Gehirnareal namens orbitofrontaler Kortex, eines Fehleraufspür-System des Gehirns. Es befindet sich vorn im Gehirn direkt unterhalb des präfrontalen Kortex und ist mit der Amygdala »verdrahtet«. Bei an Zwangsstörungen Leidenden resultiert eine gesteigerte Aktivität in beiden Arealen in einer Störung dieses Schaltkreises, die sich nur schwer wieder beheben lässt.

Der Psychiater Jeffrey Schwartz von der UCLA – er war derjenige, der Leonard DiCaprio beriet – hat über Jahrzehnte hinweg versucht, Menschen von den quälenden Symptomen zu befreien, die mit einer Zwangsstörung einhergehen. Er erzielte einen Durchbruch, als er sich mit der Frage beschäftigte, ob die Achtsamkeitsmeditation diesen Patienten helfen könnte. Als praktizierender Buddhist kannte er die Vorteile dieser Art der Meditation aus eigener Erfahrung. Anstatt aber seinen Patienten die Methode an sich in allen Einzelheiten beizubringen, entschied er sich, eine Form der kognitiven Verhaltenstherapie zu entwickeln, die bestimmte Elemente der Achtsamkeitsmeditation mit einschloss. Das Verfahren ist als achtsamkeitsbasierte kognitive Verhaltenstherapie (*Mindfulness-based CBT*) bekannt geworden. Schwartz lehrt seinen Patienten, dem Drang, zu überprüfen, ob der Herd ausgeschaltet ist, nicht nachzugeben, sondern stattdessen ihre Symptome einfach als Zeichen für einen gestörten zerebralen Schaltkreis aufzufassen und so zu realisieren, dass es faktisch nichts gibt, über das sie sich Sorgen machen müssten.

Im Verlauf seiner Studie untersuchte Schwartz mithilfe eines

Scanners die Gehirne von Versuchspersonen sowohl vor als auch nach zehn Wochen, in denen sie sich einer achtsamkeitsbasierten kognitiven Verhaltenstherapie unterzogen hatten.[160] Er stellte fest, dass die Aktivität im ausschlaggebenden orbitofrontalen Kortex nach der Behandlung in signifikanter Weise abgenommen hatte. Die Probanden neigten weniger dazu, ihre Zwangsvorstellungen auszuagieren, und das Fehleraufspür-System in ihrem Kopf war »gebändigt«, was es ihnen gestattete, ein normaleres Leben zu führen. Das war ein großer Durchbruch, da die herkömmliche kognitive Verhaltenstherapie kaum etwas gegen Zwangsstörungen auszurichten vermag. Die Einbeziehung von Prinzipien der Achtsamkeitsmeditation machte den Unterschied aus.

Die achtsamkeitsbasierte kognitive Verhaltenstherapie ist auch erfolgreich bei dem Versuch eingesetzt worden, die dysfunktionalen Schaltkreise, die schweren Depressionen zugrunde liegen, wieder instand zu setzen.[161] Mark Williams, Psychologe an der Universität Oxford, erkannte, dass nicht die Beseitigung des eigentlichen, akuten Zustands von Verzweiflung und Niedergeschlagenheit das größte Problem darstellt, sondern die Verhinderung eines Rückfalls. Gesprächstherapien wie die kognitive Verhaltenstherapie und ebenso medikamentöse Behandlungen erweisen sich zwar zunächst als zur Beseitigung von Depressionen effektiv, doch die Mehrzahl der Patienten stürzt wieder und wieder in Verzweiflung und Niedergeschlagenheit. Weit mehr als 60 Prozent der Personen, die für kurze Zeit von einer Behandlung profitieren, bringt diese langfristig gesehen keinen Nutzen.

Zusammen mit seinem Kollegen John Teasdale von der Cognition and Brain Sciences Unit in Cambridge hat Williams eine Reihe wichtiger Studien durchgeführt, an denen auch Zindel Segal beteiligt war, der eine Klinik für kognitive Verhaltenstherapie an der Universität Toronto leitet.[162] Alle drei haben sie bei dem Versuch, Menschen mit chronischen Depressionen zu helfen, mit vielfältigen Schwierigkeiten gekämpft, und oft fühlten sie sich dadurch entmutigt, dass es ihnen nicht gelang, diese Patienten für längere Zeit aus einer Klinik herauszuhalten. Teasdale hatte damit begonnen, die Technik der achtsamkeitsbasierten Stressreduktion (*mindful-based stress reduction;* MBSR) zu erlernen und zu praktizieren, die Jon Kabat-Zinn an der Universität von Massachusetts entwickelt hatte. Dabei werden im Rahmen eines achtwöchigen Programms einmal in der Woche zwei- bis dreistündige Sitzungen abgehalten, die Teilnehmer werden aber auch dazu aufgefordert, täglich in ihren eigenen vier Wänden ergänzende Übungen durchzuführen. Sie werden auf diese Weise darin geschult, sich auf einen Teil ihres Körpers nach dem anderen zu konzentrieren. So erhalten sie zum Beispiel die Anweisung: »Konzentrieren Sie sich auf Ihre linke Hand.« Anschließend: »Verlagern Sie Ihre Aufmerksamkeit auf Ihr linkes Knie.« Das Ziel bei dem Ganzen ist es, die gesamte Aufmerksamkeit auf die eigene Atmung zu lenken, ohne an irgendetwas anderes zu denken. Das ist leichter gesagt als getan. Wenn die Aufmerksamkeit zu wandern, also von der eigenen Atmung abzuschweifen beginnt, dann soll man sich nicht dagegen sperren, jedoch versuchen, sich nicht von den anderen Gedanken niederziehen zu lassen.

Die drei Psychologen erkannten, dass ein auf achtsamer Körperwahrnehmung basierender Ansatz wie dieser genau das Nötige sein könnte, um Menschen mit Depressionen davon abzuhalten, das Netzwerk depressiver Gedanken zu aktivieren, das für einen Rückfall verantwortlich ist. Jemand, der an Depressionen gelitten hat, hat es mithilfe einer kognitiven Verhaltenstherapie gelernt, sich mit den negativen Gedanken zu konfrontieren und diese außer Kraft zu setzen: Die Tatsache, dass eine andere Person sich nicht mit Ihnen hat verabreden wollen, bedeutet nicht, dass Sie nichts wert sind.

Die Wirkung dieser Therapie hält eine Weile lang an, doch nach einiger Zeit fällt man in alte Gewohnheiten zurück, und die Netzwerke, die zu einer negativen Sicht aller Dinge führen, werden wieder aktiv. Ein oder zwei in die falsche Richtung gehende Gedanken – wie »Sie mag mich nicht« – können sich zu solch fatalen Überzeugungen auswachsen wie: »Mir mangelt es an jeglicher Attraktivität« oder »Niemand wird sich jemals in mich verlieben«. Bevor man's sich versieht, leidet man wieder an einer voll entwickelten Depression.

Für ihre Tests gewannen Teasdale, Williams und Segal 145 Personen zwischen 18 und 65 Jahren, die alle in der Vergangenheit immer wieder von Depressionen befallen worden waren. Diese Freiwilligen kamen aus allen Lebensbereichen und aus der ländlichen Umgebung der Kleinstadt Bangor in Nordwales, dem ländlich/städtischen Umfeld von Cambridge in England und dem großstädtischen Ambiente von Toronto in Kanada. Ungefähr die Hälfte von ihnen erhielt eine achtsamkeitsbasierte Therapie zugleich mit ihrer gewöhnlichen Therapie, während der Rest nur diese übliche Therapie erhielt.

Die achtsamkeitsbasierte Stressreduktion verminderte die Rückfallquote im Vergleich zu jener der Angehörigen der Kontrollgruppe um die Hälfte. Das traf vor allem auf solche Patienten zu, die bisher mehr als dreimal von starken Depressionen heimgesucht worden waren. Diesen Personen, die sich nicht auf längere Dauer von solchen Zuständen der Niedergeschlagenheit hatten befreien können, vermochte eine achtsamkeitsbasierte Stressreduktion wirklich zu helfen. Das sind ungemein hoffnungsverheißende Resultate, da wir endlich über eine Behandlungsmethode verfügen, die es uns gestattet, die schwierigste Nuss von allen zu knacken – wie man einen Rückfall in durch Angst ausgelöste Depression verhindert.

Nicht lange nach Beendigung dieser Studie wandte sich Jon Kabat-Zinn an Richard Davidson, um zu erfahren, ob die von ihm entwickelte Technik existierende zerebrale Schaltkreise veränderte.[163] Die klinischen Ergebnisse wiesen darauf hin, dass das so war, doch um sicher zu sein, dass es zu einer dauerhaften Änderung kam, war es nötig, eine solche herbeizuführen. Konnte ein Achtsamkeitstraining die Art und Weise, in der das Gehirn arbeitete, modifizieren?

Davidson rekrutierte 48 Angestellte eines Biotechnologie-Unternehmens in Madison, Wisconsin, und unterzog die Hälfte von ihnen der Intervention, während die Namen der anderen auf eine Warteliste kamen. Sein Team maß die elektrische Aktivität des Gehirns, um festzustellen, ob die stärkere Aktivität in der rechten Seite des präfrontalen Kortex – die typisch für in sich zurückgezogene oder deprimierte Personen ist – in die linke verlagert werden, ob man also eine Steigerung der Aktivität in dieser Gehirnhälfte erreichen konnte.

Den Angestellten der Firma aus Madison wurden bei drei Sitzungen zu Beginn der Studie Elektroden an der Kopfhaut befestigt, und zwar unmittelbar nach Abschluss der achtwöchigen achtsamkeitsbasierten Stressreduktionstherapie, die Kabat-Zinn persönlich mit ihnen durchgeführt hatte; das geschah dann noch einmal nach Ablauf von vier Monaten. Zusätzlich hatte das Team noch allen Probanden eine Antigrippe-Impfung injiziert, um zu ermitteln, ob das Achtsamkeitstraining sich in der Zahl der vom Körper produzierten Antikörper niederschlug. Das geschah, weil Davidson schon seit Langem vermutet hatte, dass Meditation sich auch vorteilhaft auf unser Immunsystem auswirken könnte.

Bei Personen, die das herkömmliche achtwöchige Meditationsprogramm absolviert hatten, ließ sich nicht nur eine Veränderung der Gehirnaktivität feststellen, sondern auch eine Stärkung ihres Immunsystems. Obwohl nicht alle Elektroden, die an der Vorderseite des Kopfhaut befestigt waren, eine solche Verlagerung registriert hatten, zeigten doch zumindest einige von ihnen an, dass die Aktivität in der linken Gehirnhälfte stärker geworden war als die in der rechten. Ein Muster der Gehirnaktivität, das für glückliche, optimistische Menschen typisch ist, war durch Meditation gestärkt worden. Man entdeckte auch, dass diejenigen, die acht Wochen lang Achtsamkeitsmeditation praktiziert hatten, weit mehr Antikörper gegen Influenza produziert hatten als diejenigen auf der Warteliste.

Im Anschluss an diese Tests ergab sich die Frage, ob dieses intensive mentale Training unmittelbar auf die Amygdala einwirkt, so wie es bei Psychopharmaka der Fall zu sein scheint, oder auf die Fähigkeit, Emotionen zu beherrschen, wie sowohl eine kognitive Verhaltenstherapie als auch die achtsamkeitsbasierte kognitive Verhaltenstherapie es mit Sicherheit tun. Die Antwort liefert eine von David Creswell und Mathew Liberman, Psychologen von der UCLA, durchgeführte Studie. Sie wählten 27 Studenten aus und ließen sie einen Fragebogen ausfüllen, um der Grad ihrer »Achtsamkeit« zu ermitteln. Dieser unterscheidet sich von Natur aus – also auch ohne Meditationstraining – bei allen Menschen, was die beiden Forscher sich zunutze machten.

Jeder der Freiwilligen sollte, während er in einem fMRT-Scanner lag, Fotografien von Gesichtern benennen, deren Miene unterschiedlich intensive Gesichtsausdrücke zeigten, und zwar entweder unter Bezugnahme auf die Emotionen (»wütend« oder »erschreckt«) oder auf das Geschlecht der abgebildeten Person (»Andrea« oder »Tom«).[164] Die Identifizierung und sprachliche Benennung des Geschlechts hatte nur geringe Wirkung, während die des emotionalen Zustands im gesamten Gehirn Aktivitätswellen auslöste. Die Probanden mit einem besonders hohen Grad an »Achtsamkeit« legten die klassische regulatorische Reaktion an den Tag: intensive Aktivitätsströme im präfrontalen Kortex, die mit einer Reduktion der Aktivität in der Amygdala einhergehen. Im Unterschied dazu zeigten die Studenten, deren Grad an »Achtsamkeit« dem Fragebogentest zufolge niedriger angesetzt werden musste, eine starke Aktivität in der Amygdala, aber so gut wie keine Zunahme der Aktivität im präfrontalen Kortex, die diese primitive Angstreaktion hätte dämpfen können. Bei ihnen schrillte die Alarmglocke also einfach immer weiter. Die Neurowissenschaft hatte damit bestätigt, was bereits Buddha gelehrt hatte: Wenn man seine Gefühle benennt und als bloße *Objekte* seiner Aufmerksamkeit behandelt, kann man dadurch zu einer inneren Distanzierung von negativen Erfahrungen gelangen.

Spätere Studien sind noch weiter gegangen und haben bewiesen, dass strukturelle Veränderungen in den Teilen unseres Gehirns, die uns dabei helfen, unsere Gefühle, vor allem Angst, in den Griff zu bekommen, der Stimmungsaufhellung zugrunde liegen, von der Personen berichten, die die achtsamkeitsbasierte Stressreduktion absolviert haben. Zerebrale Aktivitätsabläufe, die typisch für glückliche, optimistische Menschen sind, wurden durch diese Art der Meditation gestärkt und gefestigt. Bei einer Studie unterzog man 16 Freiwillige vor Beginn und nach Abschluss des von Kabat-Zinn entwickelten achtwöchigen Programms einer Untersuchung mit Hirnscannern. Beim Vergleich ihrer Scans mit denen von Angehörigen einer Kontrollgruppe, die im selben Zeitraum kein Meditationstraining absolviert hatten, zeigte sich, dass die Meditation zu einer erhöhten Dichte – also der quantitativen Zunahme – von Neuronen in verschiedenen Regionen des Gehirns geführt hatte, die entscheidend für die Regulierung von Gefühlen sind. Bei denjenigen, die eigener Aussage nach in dieser Zeitspanne die stärkste Verminderung von Stress erfahren hatten, war auch eine Abnahme der Neuronendichte in der Amygdala zu erkennen. Die achtsamkeitsbasierte Stressreduktion hatte die physische Größe ihres Alarmzentrums reduziert, die des Kontrollzentrums hingegen anwachsen lassen.[165]

In Anbetracht der Tatsache, dass die Fähigkeit, Gefühle zu regulieren, bei verschiedenen Menschen auch verschieden groß ist, muss man der Frage nachgehen, ob diese Unterschiede in Beziehung dazu stehen, wie wohl oder glücklich sich verschiedene Personen fühlen. Der Psychologe Stéphane Côté an der Universität Toronto hat daher genau diese Frage gestellt und sie zusammen mit seinen Kollegen Anett Gyurak und Bob Levenson an der Universität Kalifornien zu beantworten versucht. Sie stellten fest, dass viele Menschen eine Reihe von mentalen Strategien kennen, um ihre Emotionen unter Kontrolle zu halten. Das aber muss nicht unbedingt bedeuten, dass sie diese Strategien auch mit Erfolg anwenden können, vor allem dann, wenn sie unter starkem Druck stehen. Die Wissenschaftler führten eine Laborstudie durch, bei denen die Probanden mit einer Folge von lauten unangenehmen Klangexplosionen geradezu bombardiert wurden, die einen natürlichen Schreckreflex auslösten.[166] Die Freiwilligen sollten aber versuchen, jede Bekundung von Angst zu unterdrücken.

Es stellte sich heraus, dass sich einige Personen viel besser darauf verstanden, ihr Erschrecken zu verbergen, als andere, oder, um es in der Terminologie der Forscher auszudrücken, sie waren fähigere »Emotionsregulierer«. Neu war die Entdeckung, dass die Unterschiede in Bezug auf diese Fähigkeit mit einem unterschiedlichen Grad an – subjektiv empfundenen – Wohlbefinden in Beziehung standen. Mit anderen Worten: Die fähigsten Regulierer waren die glücklichsten.

Bei einer zweiten Studie kehrten die Forscher die Verhältnisse um und präsentierten ihren Probanden Videoclips drastischen Inhalts wie der Behandlung einer Person mit schweren Brandverletzungen oder der Amputation eines Armes. Die Versuchspersonen sollten jetzt beim Betrachten dieser Clips ihre Gefühle *verstärken*, das heißt, anstatt sie zu verbergen, sollten sie sie offen zu erkennen geben.

Wie schon bei dem vorhergehenden Test zeigten sich deutliche individuelle Unterschiede bezüglich der Fähigkeit, Kontrolle über die Emotionen auszuüben, in diesem Fall also, sie *hinaufzuschrauben*. Diejenigen, die besser dazu in der Lage waren, bekundeten auch einen höheren Grad an Wohlbefinden und Glücksgefühl. Ein noch verblüffenderes Ergebnis war, dass sich bei einem Vergleich der Einkommen der Probanden herausstellte, dass die guten Emotionsregulierer wesentlich mehr Geld verdienten als die weniger guten. Wie der frühere Weltmeister im Snooker-Billard Steve Davies einmal meinte: »Das Geheimnis des Erfolgs liegt darin begründet, so spielen zu können, als ob gar nichts davon abhängt, während in Wirklichkeit alles davon abhängt.«

In der Hitze des Gefechts in der Lage zu sein, seine emotionalen Reaktionen unter Kontrolle zu halten, verhilft zu größerem Erfolg und Zufriedenheit mit dem eigenen Leben. Und die meisten von uns verstehen sich ausgezeichnet darauf, ihre Gefühle zu regulieren. Wenn wir in unseren ersten Lebensjahren auch noch zu Schreiattacken neigen und uns zu Wutanfällen hinreißen lassen, lernen wir es im Lauf der Zeit, uns zu beherrschen. Je besser uns das gelingt, desto besser können wir auch mit den Höhen und Tiefen des Lebens fertigwerden. Aus diesem Grund nehmen Angststörungen zwar zu, befallen aber nach wie vor nur eine Minderheit. Die meisten Menschen sind höchst widerstandsfähig und verkraften Rückschläge sehr schnell.

Im Anschluss an die Anschläge vom 11. September war man besorgt, dass in New York und den angrenzenden Regionen Angst und posttraumatische Belastungsstörungen geradezu pandemisch um sich greifen könnten. Es kam nie dazu. Zwar waren die meisten Einwohner damals erschreckt und verstört, doch diese Ängste verflüchtigten sich nach und nach, und nach einer Weile führten die Menschen wieder ein normales Leben. Einige Personen leiden noch längere Zeit nach katastrophalen Ereignissen an psychischen Problemen, doch ist es eine unbestreitbare Tatsache, dass der ganzen Panikmache vonseiten der Politiker und der Medien zum Trotz die meisten Menschen höchst resilient gegenüber langfristigen negativen Auswirkungen von Angst sind. Eine kleine Zahl entwickelte nach den Anschlägen auf das World Trade Center gravierende Angststörungen, doch ein kleiner Prozentsatz erlebte auch, was Psychologen posttraumatisches Wachstum nennen. Die Betreffenden gaben an, dass sie aufgrund ihrer traumatischen Erfahrungen »stärker« und lebenstüchtiger geworden seien.

George Bonanno, Psychologe an der New Yorker Columbia-Universität, hat einen großen Teil seiner Karriere dem Bemühen gewidmet, zu dokumentieren, wie Menschen auf ein größeres Trauma reagieren. Dabei hat er immer wieder festgestellt, dass sie ihr emotionales Gleichgewicht auch nach den erschütterndsten und bedrückendsten Erlebnissen wiedergewinnen.[167] Zusammen mit seinem Kollegen Dachner Keltner untersuchte er, welche

Gefühle Personen empfanden, die kürzlich einen geliebten Menschen verloren hatten. Während Trauer natürlich ein verbreitetes Gefühl unter ihnen war, empfanden sie auch sehr viel anderes – wovon einiges negativ, anderes aber durchaus positiv war. Wenn auch bekümmert, konnten die meisten hin und wieder auch lachen und sich an bestimmten Dingen erfreuen. Sie sind zu einer optimistischen Weltsicht befähigt, und wenn wir diese Fähigkeit vergrößern können, können wir auch unsere Widerstandskraft und unser Vermögen steigern, mit Stress fertigzuwerden.

Die Neurowissenschaft und die Psychologie bemühen sich gegenwärtig, die Mechanismen zu ermitteln, auf denen solche Resilienz und solcher Optimismus basieren, wie auch die, auf denen eine entgegengesetzte Mentalität gründet. Forschungen auf vielen verschiedenen Untergebieten haben immer wieder darauf verwiesen, dass das Gefühl, die Kontrolle innezuhaben, von entscheidender Bedeutung ist. Wenn wir meinen, unser Schicksal selbst bestimmen zu können, hilft uns das nicht nur dabei, uns von Rückschlägen eher zu erholen, sondern auch, das Leben in höherem Grad zu genießen.

Erste Hinweise darauf, dass das Gefühl von Selbstbestimmung wichtig für Resilienz ist, lieferten Versuche mit Tieren. Wenn man Hunden wiederholt Stromschläge versetzte, denen sie nicht entgehen konnten, entwickelten sie das, was Martin Seligman, Psychologe an der University of Pennsylvania, erlernte Hilflosigkeit nennt.[168] Bei seinen Experimenten brachten er und sein Kollege Steven Maier Hunde in einer Testkammer unter, die durch eine niedrige Trennwand in zwei Abteile gegliedert war. Der Boden des einen Abteils gab von Zeit zu Zeit harmlose Stromschläge ab, denen die Hunde entgehen konnten, indem sie über die Trennwand in das andere sprangen.

Einigen Hunden hatte man jedoch Stromschläge versetzt, denen sie nicht entgehen konnten, *bevor* sie in die Kammer gesetzt wurden. Man hatte sie zu Paaren zusammengestellt, und jeweils eines der Tiere hatte den Schlag »abstellen« können, indem es einen Hebel mit der Schnauze herunterdrückte; das zweite Tier hatte diese Möglichkeit nicht gehabt; wenn es den Hebel niederdrückte, passierte überhaupt nichts. Beide Hunde erhielten genau dieselbe Anzahl von Schlägen, doch nur einer hatte die Kontrolle über die Situation inne.

Als sie anschließend in die Testkammer gesetzt wurden, waren es die Hunde, die zuvor diese Kontrolle innegehabt hatten, welche nicht zögerten, dem Schlag zu entgehen, indem sie über die niedrige Zwischenwand sprangen. Die anderen unternahmen noch nicht einmal den Versuch, dem irritierenden Gefühl zu entkommen; die meisten von ihnen blieben einfach auf dem Boden liegen und nahmen den Stromstoß entgegen, obwohl es einen einfachen Weg gegeben hätte, sich vor ihm in Sicherheit zu bringen. Die Tiere, die zuvor erfahren hatten, dass sie selbst auf ihre Situation einwirken konnten, legten nie ein solch depressives Verhalten, ein passives »Über-sich-ergehen-Lassen« an den Tag und wirkten auch nicht sonderlich gestresst. Sie hatten Widerstandsfähigkeit oder psychische Immunität gegenüber zukünftigem Stress aufgebaut.

Die Entwicklung solcher Immunität hängt stark vom Funktionieren jener Regionen des präfrontalen Kortex ab, die an der Regulierung von Emotionen beteiligt sind.[169] Steven Maier, Seligmans ehemaliger Kollege, tat sich mit Jose Amat vom Center for Neuroscience an der Universität Colorado zusammen und entdeckte, dass die Immunität gegenüber Stress, die sich aus der Fähigkeit ableitet, einen Schock von sich abzuwenden, vollständig ausgelöscht wird, wenn bestimmte Gebiete des präfrontalen Kortex stillgelegt werden. Das zeigt uns, dass eine Intensivierung der Regulierung subkortikaler Regionen durch den präfrontalen Kortex ein wichtiger neuronaler Mechanismus ist, der dem Aufbau von Resilienz zugrunde liegt. Wenn man diese Fähigkeit zur Kontrolle eliminiert, scheint auch die Immunität verloren zu gehen.

Kontrolle über eine Situation zu besitzen, oder auch nur das

Gefühl, sie innezuhaben, ist also von entscheidender Bedeutung für unser Wohlbefinden. Wenn wir glauben, dass wir eine schwierige Situation zumindest partiell beherrschen können, dann werden wir viel leichter mit ihr fertig. Denken Sie doch einmal, was für ein Schrecken in Ihnen hochsteigen würde, wenn Sie hilflos auf dem Soziussitz eines plötzlich wie irre losschießenden Motorrads oder auf dem Beifahrersitz eines ins Schleudern geratenden Autos säßen. Wenn Sie selbst der Fahrer sind, dann wird die Angst irgendwie gedämpft: Die von Ihnen empfundene Kontrolle über die Situation verleiht Selbstvertrauen. Studien mit Ratten haben sogar gezeigt, dass ein Mangel an Kontrolle zum Entstehen stressbedingter Leiden und Beschwerden (etwa Magengeschwüren) führen kann.[170]

Die Psychologinnen Judith Rodin und Ellen Langer von der City University of New York führten in den 1970er Jahren mithilfe der Bewohner eines Altenheims in New England eine mittlerweile klassische Studie durch. Dabei gingen sie der Frage nach, ob die Unfähigkeit, Entscheidungen zu fällen – wie sie bei den Bewohnern solcher Heime verbreitet ist –, durch den Mangel an Kontrolle über ihre Umgebung verursacht wurde.[171] Die beiden Forscherinnen, die von der erlernten Hilflosigkeit wussten, die Seligman bei Ratten konstatiert hatte, meinten, dass die alten Menschen einem ähnlichen »Lernprozess« ausgesetzt sein könnten.

Um das zu überprüfen, ersannen sie ein cleveres Experiment. Zwei Etagen des Heims wurden nach dem Zufallsprinzip ausgewählt; alle auf diesen beiden Etagen Untergebrachten bekamen eine Pflanze und erhielten überdies die Möglichkeit, einmal in der Woche einen Film anzuschauen. Man achtete darauf, dass die äußeren Bedingungen für die Bewohner des ersten und des dritten Stocks so identisch wie möglich waren, der einzige Unterschied bestand hinsichtlich des Grades an Kontrolle, der ihnen zugestanden wurde. Diejenigen vom dritten Stock durften sich ihre Pflanze selbst auswählen und auch selbst entscheiden, wann sie sie gossen. Außerdem konnten sie selbst darüber bestimmen, an welchem Abend der Woche sie den Film anschauen wollten. Im Unterschied dazu erhielten diejenigen, die zwei Stockwerke tiefer wohnten, eine Pflanze ausgehändigt, die von Mitgliedern des Personals gewässert wurde, die den alten Menschen auch mitteilten, auf welchen Tag in der Woche ihr Fernsehabend fiel.

Als Rodin und Langer 18 Monate später erneut das Heim aufsuchten, waren sie erstaunt über die stattgefundenen Entwicklungen. Die Bewohner des dritten Stockwerks waren nicht nur fröhlicher und gesünder, sondern es war auch so, dass in der Zwischenzeit auf der ersten Etage zweimal so viele Menschen gestorben waren. Dass sie Kontrolle ausüben konnten, hatte also die Personen der anderen Gruppe auch langlebiger gemacht – etwas, womit niemand gerechnet hatte.

Sich daran anschließende Studien bestätigten, wie wichtig das Gefühl, Kontrolle innezuhaben, dafür ist, dass man gesund bleibt und sich glücklich fühlt. Interessanterweise zeigen jedoch die Ergebnisse mehrerer Studien, dass man gar nicht wirklich im Besitz von Kontrolle sein muss, sondern das Gefühl, dass es so ist, genügt bereits, der Nutzen ist dann genauso groß. Als ich mich mit Michael J. Fox unterhielt, legte er großen Wert darauf klarzustellen, dass er Gefahren durchaus wahrnimmt, er aber unerschütterlich davon überzeugt ist, mit allen Widrigkeiten fertigwerden zu können. »Ich besitze das Rüstzeug, um jede Krise zu meistern«, sagte er. Ein solches Vertrauen in die eigenen Fähigkeiten ist eine wichtige Grundlage für eine optimistische Einstellung zum Leben.

Eine klassische, 1979 veröffentlichte Studie der Psychologinnen Lauren Alloy und Lyn Abramson hat aufgedeckt, wieso das so ist.[172] Glühbirnen leuchteten auf und erloschen wieder; die Probanden konnten Knöpfe drücken, was aber keinerlei Auswirkung darauf hatte, ob die Lichter an- oder ausgingen. Leicht optimistisch eingestellte Menschen waren aber überzeugt, dass sie einen gewissen Grad von Kontrolle darüber besaßen. Diejenigen, die leicht depressiv waren, erkannten besser, dass sie keinerlei Einfluss ausübten – ein Phänomen, das man depressiven Realismus nennt. Wie die Autoren der Studie es formulierten: Die pessimistischeren Versuchspersonen waren »trauriger, aber klüger«.

Vermögen Pessimisten in der Tat zutreffender einzuschätzen, ob sie etwas kontrollieren können, während Optimisten alles zu rosig sehen? Die Antwort ist relativ kompliziert. Im Verlauf von Folgestudien baten die Forscherinnen ihre Versuchspersonen, den Grad von Kontrolle einzuschätzen, den sie und andere auf bestimmte Geschehnisse ausübten. Erneut erkannten die Pessimisten ihren eigenen Mangel an Einfluss besser als die Optimisten, sie schätzten aber das Ausmaß von Kontrolle, das andere innehatten, zu hoch ein. Mit anderen Worten: Sie waren sich sicher, dass sie selbst zwar keine Kontrolle besaßen, andere aber doch. Die Optimisten glaubten fälschlicherweise, dass sie selbst eine gewisse Kontrolle ausübten, vor allem wenn das Geschehen, um das es ging, in etwas Positivem mündete. Wenn ein Optimist beim Würfeln zehn Euro gewinnt, dann nimmt er an, dass er irgendeinen Einfluss darauf gehabt hat, wie die Würfel gefallen sind.

Die neueste Forschung belegt, dass in der Tat die meisten von uns glauben, Kontrolle über viele alltägliche Ereignisse zu besitzen. Das erklärt partiell, warum die meisten von uns leicht optimistisch eingestellt sind. Es erklärt auch, warum wir glauben, beim Lotto größere Gewinnchancen zu haben, wenn wir die Zahlen selbst ankreuzen, anstatt sie von einem Computer auswählen zu lassen.[173] Ganz ähnlich glauben die meisten, eher zwei Sechsen zu würfeln, wenn sie die Würfel selbst werfen, anstatt dies anderen zu überlassen. Die Fähigkeit, selbst etwas zu bestimmen oder zu beeinflussen – oder zumindest die Illusion, dies tun zu können – ist ein wesentliches Element von Optimismus.

Die psychologische Forschung hat noch eine Reihe anderer wichtiger Elemente entdeckt. Unsere umwölkten oder sonnigen Gemüter sind Radargeräte, die das auf uns einwirkende Umfeld absuchen und unseren Geist entweder mit Negativem oder mit

Positivem, mit für uns Schlechtem oder Gutem füllen. Die Reaktivität der für die eine oder die andere Mentalität verantwortlichen Gehirnareale entscheidet darüber, was wir aufnehmen und worauf wir reagieren. Wenn unser Alarmsystem zu aktiv wird, kann das zu schlimmen Leiden wie Ängsten und Depressionen führen. Und so wie sich das Alarm- oder Angstzentrum in Reaktion auf das ausbildete, was unsere Vorfahren bedrohte, entwickelte sich unser Lustzentrum in Reaktion auf das, was gut für sie war – Zugang zu Nahrung, Geborgenheit in einem geschützten Raum, die Sicherheit, die das Leben in der Gruppe verlieh, Liebe, Versöhnlichkeit, Verständnis und so weiter.

In der modernen Welt werden unsere Grundbedürfnisse – die nach Essen, Obdach, Wärme – für gewöhnlich erfüllt, doch vermissen wir oft das Gefühl des Verbundenseins mit anderen, und es fehlt uns der Lebenssinn. Das liegt dem zugrunde, was Gregg Easterbrook Fortschrittsparadox (*Progess paradox*) genannt hat.[174] Er stellte fest, dass zwar in den USA und Europa der Wohlstand von den 1950er Jahren an substanziell anwuchs, das Glücksgefühl der Menschen aber keineswegs zunahm, sondern im Gegenteil Ängste und Depressionen immer mehr um sich griffen. Eine Befragung nach der anderen offenbarte, dass die Menschen sich nicht glücklicher fühlten und der Zukunft oft mit tiefstem Pessimismus entgegensahen. Es besteht keinerlei Zusammenhang zwischen dem Niveau materiellen Wohlstands in einer Gesellschaft und den subjektiven Glücksgefühlen und dem Wohlbefinden ihrer Mitglieder.

Mit welchen Mitteln können wir also dieses Glücksgefühl und Wohlbefinden anheben? Eine Möglichkeit besteht darin, das Problem der drastischen Zunahme von Depressionen und Angststörungen entschieden in Angriff zu nehmen, denn diese Leiden vergällen Millionen von Menschen auf der Welt das Leben. Und man kann sicher sein, dass mindesten fünf Angehörige eines jeden Menschen, der von diesen Störungen heimgesucht wird, ihre Auswirkungen ebenfalls zu spüren bekommen, überdies womöglich auch noch Arbeitskollegen oder andere Personen, die auf die eine oder andere Weise mit ihm in Berührung kommen.

Es genügt aber nicht, sich auf die Frage zu konzentrieren, wie wir uns von Unglücksgefühlen befreien können. Nicht weniger wichtig ist es, jene Faktoren auszumachen, die uns zu einem glücklichen und erfüllten Leben verhelfen. Das sind zunächst einmal sehr generelle Dinge wie körperliche Fitness, eine ausgewogene Ernährung und anderes, das dafür sorgt, dass wir uns in physischer Hinsicht »gut« fühlen. Bestimmte psychische Charakteristika wie kognitive Neigungen, die uns eher das Positive in der Welt um uns herum wahrnehmen lassen, oder das Gefühl, selbst die Kontrolle über unsere Existenz zu besitzen, sind auch entscheidend für die Entwicklung eines uns größeres Glück und größeren Erfolg bescherenden Lebensstils.

Was aber noch wichtiger ist: Wie die Wissenschaft herausgefunden hat, können wir nur dann eine ernsthafte Steigerung unseres Glücksgefühls herbeiführen, wenn drei Dinge zusammenkommen: viele positive Emotionen und häufiges Lachen, ein starkes Sich-Einbringen ins eigene Leben und das Entdecken eines höheren Lebenssinns, das heißt eines solchen, der sich nicht darin erschöpft, unsere alltäglichen Bedürfnisse zu erfüllen.[175]

Von diesen drei Komponenten scheint das Sich-Einbringen in das, was wir tun, sei es bei der Arbeit oder in der Freizeit, besonders wichtig zu sein. Eine der am meisten übereinstimmenden – und gleichzeitig überraschendsten – Erkenntnisse der Glücksforschung ist, dass Dinge wie eine besser bezahlte Stelle, ein größeres Eigenheim, ein schickeres Auto nicht zu einer dauerhaften Anhebung des Glücksgefühls führen. Den Verheißungen der Marketingstrategen zum Trotz machen die glänzende neue Uhr oder das smarte neue Handy einen nicht für längere Zeit glücklicher. Eine Erhebung nach der anderen hat ergeben, dass, wenn man sich einmal eine materielle Grundlage verschafft, ein Dach über dem Kopf und genug zu essen hat, mehr Geld sich nur sehr gering auf das psychische Wohlbefinden der Menschen auswirkt.

Was einen glücklicher macht, ist, in etwas einbezogen zu sein, das eine Bedeutung für einen selbst hat, das Leben mit Sinn erfüllt. Und ein solches Engagiertsein ist kennzeichnend für Optimisten. Sie können sich, wie man so sagt, »mit Leib und Seele« für eine Sache einsetzen und versuchen, etwas zu realisieren, das ihrer Meinung nach sinnvoll ist.

Der ungarische Psychologe Mihály Csíkszentmihályi von der Claremont Graduate University in Kalifornien hat das, was diese Art von Engagement einem vermittelt, »optimale Erfahrung« oder auch *Flow* genannt. In dem Moment, in dem sich diese Erfahrung einstellt, ist man sich weder der Vergangenheit noch der Zukunft bewusst, nur die Gegenwart teilt sich einem mit größter Intensität mit, man hat das überwältigende Gefühl, »im Augenblick gegenwärtig zu sein«. Das ist der magische Moment, in dem das Mentale und das Physische mühelos miteinander verschmelzen. Beim Tennis kommen die Stellung des Spielers, die Art, in der er den Schläger umfasst, den Ball ein wenig hochwirft, während er den Schläger in einem sanften Bogen über den Kopf führt, seinen Körper leicht nach vorn schwingen lässt, den Ball mit dem Schläger trifft, für den perfekten Aufschlag zusammen. In einem solchen magischen Moment scheint einfach alles perfekt ineinanderzugreifen.

Den Forschungen Csíkszentmihályis zufolge erleben die meisten Menschen einen derartigen Flow ungefähr einmal alle zwei Monate. Ungefähr zwölf Prozent der von ihm Untersuchten gaben an, noch niemals eine solche Erfahrung gemacht zu haben, während zehn Prozent sagten, täglich etwas Derartiges zu verspüren. Der Trick besteht darin, den Grad der eigenen Fähigkeit mit dem Grad der Herausforderung in Einklang zu bringen, die richtige Balance zu finden. Wenn die Aufgabe zu einfach ist, stellt sich höchstwahrscheinlich Langeweile ein. Ist sie zu schwer, wird der Versuch, sie zu bewältigen, zu anstrengend oder gar belastend. Wenn ihr Schwierigkeitsgrad aber gerade so hoch ist, dass Ihnen eine echte Herausforderung erwächst, dann geraten Sie unter

Umständen in einen tranceähnlichen Zustand, in dem alles andere bedeutungslos ist.

Glücks- und Optimismusforschung sind oft miteinander verknüpft, wichtig ist aber, die Tatsache nicht außer Acht zu lassen, dass sie nicht ein und dasselbe sind. Glücksgefühle gehen vor allem aus dem Hier und Jetzt hervor; sie stellen sich ein, wenn wir von uns geliebten Menschen zusehen, wie sie an einem sonnigen Tag am Strand spielen, oder wenn wir Zufriedenheit darüber empfinden, wie unser Leben voranschreitet. Optimismus und Hoffnung haben damit zu tun, was wir mit Bezug auf die Zukunft denken und fühlen. Wenn wir wirklich überzeugt davon sind, dass alles gut gehen wird, dann kann man momentane Rückschläge leichter verkraften.

Nicht alle Optimisten führen ein erfolgreiches und glückliches Leben, doch eine zuversichtliche Einstellung scheint – vor allem wenn sie mit einer realistischen gekoppelt ist – ein guter Ausgangspunkt zu sein. Ich habe im Lauf der Arbeit an diesem Buch mit vielen dieser optimistischen Realisten gesprochen, und es bestand kein Zweifel daran, dass die meisten von ihnen das Beste aus ihrem Leben machen. Viele waren äußerst erfolgreich, einige waren wohlhabend, andere nicht, alle schienen aber Freude an dem zu haben, was sie taten, und standen der Zukunft voller Zuversicht gegenüber.

Wie kann die Psychologie uns dazu verhelfen, selbst ein solches Leben zu führen?

Die Psychologin Barbara Fredrickson ist Expertin dafür, wie wir unser Leben mit positiveren Emotionen aufladen können. Im Rahmen ihrer Forschungen entdeckte sie, dass positive und negative Gefühle sich dafür in einem Verhältnis von 3 zu 1 gegenüberstehen müssen: Drei positive Emotionen sind also nötig, um eine negative auszugleichen, und das ist von entscheidender Bedeutung dafür, dass wir ein glückliches Leben führen. Zu den positiven emotionalen Erfahrungen gehören Erstaunen, Mitleid, Zufriedenheit, Dankbarkeit, Hoffnung, Freude, Liebe und sexuelle

Lust; zu den negativen hingegen gehören Ärger, Verachtung, Verlegenheit, Angst, Trauer und Scham – um nur einige zu nennen.

Fredrickson fand heraus, dass wir, wenn es uns wirklich gut gehen soll, nicht versuchen sollten, negative Emotionen zu eliminieren, sondern besser daran tun, wenn wir uns bemühen, das 3-zu-1-Verhältnis herzustellen. Ihrer Erkenntnis nach stehen bei den meisten einer negativen Erfahrung zwei positive gegenüber. Damit kommen wir durch, doch nur gerade so. Wenn wir es schaffen, eine negative Erfahrung durch drei positive auszugleichen, dann können wir wirklich ein glückliches, erfülltes Leben führen.

Eine wichtige von Fredrickson zusammen mit dem brasilianischen Mathematiker Marcial Losada von der Universidade Catholica de Brasilia durchgeführte Studie ergab, dass sich präzise ermitteln lässt, wie hoch der sogenannte Positivitätsquotient mindestens sein muss, damit man ein »florierendes« Leben führen kann. Florieren bedeutet in diesem Zusammenhang, das Beste aus seinem Leben zu machen, das einem aufgrund seiner persönlichen Voraussetzungen überhaupt möglich ist, ein Leben, das von Wohlgefühl, Wachstum und Kreativität gekennzeichnet ist, und davon, dass man über eine Resilienz verfügt, die stark genug ist, um einem über den Berg zu helfen, wenn einmal etwas schiefgeht. Fredrickson und Losada entdeckten die dazu erforderliche mentale Gesundheit bei 45 von 180 von ihnen untersuchten Studenten, also bei 23 Prozent der Probanden.[176] Das mag sich nach einem niedrigen Prozentsatz anhören, doch verschiedene Befragungen haben ergeben, dass nur ungefähr 20 Prozent aller Amerikaner in solchem Sinn florieren.

Nachdem sie die »Florierenden« von den »Nicht-Florierenden« separiert hatten, baten die beiden Wissenschaftler jede der Personen, sich einen ganzen Monat lang Abend für Abend auf einer gesicherten Website einzuloggen. Jeden Abend füllten die Studenten ein Formular aus, um die unterschiedlichen Emotionen anzugeben, die sie im Verlauf der vergangenen 24 Stunden verspürt hatten. Am Ende des Monats wurde die Zahl der negativen und der positiven Emotionen ermittelt, die jede Person empfunden hatten, und ihre persönlichen Positivitätsquotienten errechnet, das heißt, die Gesamtzahl ihrer positiven Emotionen durch die Gesamtzahl ihrer negativen Emotionen geteilt. Wenn jemand sich fünfzehnmal »wütend«, zweimal »ängstlich«, siebenmal »traurig«, zehnmal »fröhlich«, vierzehnmal »zufrieden«, sechsmal »dankbar« und zehnmal »von Liebe erfüllt« gefühlt hatte, dann würde sich durch Teilung aller positiven Gefühle (40) durch alle negativen (24) für die betreffende Person ein Positivitätsquotient von 1,66 ergeben. Jede negative Erfahrung würde also durch nicht ganz zwei – 1,66, um genau zu sein – positiv ausgeglichen.

Als die Forscher die Positivitätsquotienten der florierenden mit denen der nicht-florierenden Personen verglichen, stießen sie auf einen riesigen Unterschied. Erstere wiesen einen Positivitätsquotienten von 3,3 auf, Letztere im Schnitt einen von 2,2. Wie andere Studien schon ergeben hatten, lag die kritische Grenze, die Trennlinie bei 3,0; das heißt, Personen, bei denen mindestens drei positive auf ein negatives Gefühl kamen, waren in der Lage, das Beste aus ihrem Leben zu machen.

Der Positivitätsquotient entscheidet auch darüber, ob jemand eine glückliche Ehe führt. Dr. John Gottman vom Gottman Institute in Seattle hat die Beziehung von Ehepartnern nach strikt wissenschaftlichen Kriterien untersucht. Seine weitreichenden Forschungen zum Glück in der Ehe erbrachten, dass das Verhältnis positiver zu negativen Erfahrungen, die die Partner miteinander machen, darüber entscheidet, ob sie zusammenbleiben oder nicht.[177] Der magische Quotient scheint bei 5,0 zu liegen, wenn also fünf positive Interaktionen auf eine negative kommen, ist der Fortbestand der Ehe wahrscheinlich. Je mehr die Zahl negativer Erfahrungen mit dem/der anderen im Verhältnis zu den positiven zunimmt, desto eher kommt es zu einer Scheidung.

Positivitätsquotienten wirken sich in jedem Bereich unseres Lebens aus, sie beeinflussen, wie wir mit anderen Menschen umgehen, wie effektiv wir bei unserer Arbeit sind und sogar, wie gesund wir sind. Vielleicht kann diese Forschungsrichtung eine Erklärung für das Paradox finden, dass die meisten von uns angeben, glücklich zu sein, obwohl Pessimismus uns viel eher in seinen Bann zu schlagen vermag. Wir wissen, dass Angst über Fröhlichkeit siegt, dass Hinweise auf Gefahr viel eher unsere Aufmerksamkeit erregen als solche auf Angenehmes, was es dem Optimismus erschwert, sich unser zu bemächtigen. Trotzdem geben die meisten Menschen zu Protokoll, voller Zuversicht in die Zukunft zu blicken und glücklich und zufrieden mit ihrer Existenz zu sein.

Das Verhältnis, in dem in unserem jeweiligen Leben gute zu schlechten Dingen stehen, könnte dieses Paradox erklären. Es stimmt, dass wir allem Negativen, das uns widerfährt, größere Beachtung schenken, doch das kann durch die größere Häufigkeit, mit der wir Positives erfahren, aufgewogen werden. Um die potenzielle schädliche Wirkung von negativen Emotionen zu neutralisieren, müssen wir dafür sorgen, dass auf jede negative Erfahrung mindestens zwei, nach Möglichkeit aber mehr positive Erfahrungen kommen. Damit uns der Optimismus und das allgemeine Glücksgefühl nicht verlassen, müssen wir uns höhere Ziele setzen und danach streben, dass jeder negativen Erfahrung mindestens drei positive gegenüberstehen.

Von entscheidender Bedeutung ist dabei ein gesundes und reaktionsfähiges Angst- *und* Belohnungszentrum. Von den Psychologinnen Tali Sharot und Liz Phelps durchgeführte Forschungen haben gezeigt, dass beides in gleichem Maß wichtig für eine positive Einstellung gegenüber dem Leben ist.[178] Sie haben Versuchspersonen aufgefordert, sich negative Ereignisse in Erinnerung zu rufen, während ihre Gehirne gescannt wurden. Jemand erinnerte sich unter Umständen daran, wie sie oder er sich gefühlt hatte, als die Mutter gestorben war oder er oder sie sich von einem Partner getrennt hatte. Wenn die Probanden dieses Gefühl wieder heraufbeschworen, reagierte die Amygdala stark. Dann wurden dieselben Personen gebeten, sich vorzustellen, wie sie sich fühlen würden, wenn diese Ereignisse in der Zukunft stattfänden. Dieses Mal fiel die Reaktion der Amygdala wesentlich schwächer aus, und zwar vor allem bei denen, die sich selbst als Optimisten bezeichneten. Sharot und Phelps vermuteten, dass diese weniger starke Reaktion auf unerfreuliche Ereignisse in der Zukunft der neuronale Mechanismus sein könnte, der Optimismusneigung zugrunde liegt.

Die Arbeit des Entwicklungspsychologen Anthony Ong und seiner Kollegen von der Cornell University steht im perfekten Einklang mit diesem Bericht.[179] Sie haben herausgefunden, dass widerstandsfähige und optimistische Menschen mehr positive und negative Gefühle empfinden als weniger widerstandsfähige, wenn sie Schweres durchmachen oder mit Problemen zu kämpfen haben. Wenn sie den Tod eines Ehepartners zu überwinden haben, dann durchlaufen die Widerstandsfähigsten eine Reihe emotionaler Höhen und Tiefen. Viele Forscher glauben mittlerweile, dass die Fähigkeit zu positiven Empfindungen eine wichtige Voraussetzung dafür ist, die negativen regulieren zu können. Gute Erfahrungen können, mit anderen Worten, die Wirkung von schlechten neutralisieren. Wie Barbara Fredrickson im Anschluss an die Ereignisse vom 11. September 2001 in New York herausfand, ist nicht die Fähigkeit, Negatives zu unterdrücken, ausschlaggebend, sondern die, es durch das Wahrnehmen und Empfinden von Positivem auszugleichen.

Wege zur mentalen Gesundheit

Positive Gedanken, die nicht mit realen, das heißt physiologischen Veränderungen von zerebralen Schaltkreisen verknüpft sind, vermögen uns kaum zu stützen, wenn der Wind uns ins Gesicht bläst. Longfellows Worte »In jedem Leben muss etwas Regen fallen. Manche Tage müssen trüb und finster sein« ist zweifelsohne eine wahre Erkenntnis. Keiner von uns vermag es, enttäuschenden und traurigen Erfahrungen vollkommen zu entgehen. Daher ist die Fähigkeit, viele Emotionen intensiv zu empfinden, im Verein mit dem Vermögen, diese Emotionen zu zügeln, wenn es nötig ist, eine der Voraussetzungen für ein ausgeglichenes Leben. Für unsere mentale Gesundheit ist es erforderlich, dass unser Gehirn die Sonnenseiten des Lebens ebenso wahrnimmt wie die Schattenseiten, dass es auf Positives wie auf Negatives reagiert.

Beide Aspekte unserer affektiven Veranlagung werden von dem beeinflusst, mit dem das Leben uns konfrontiert, von unserer genetischen Veranlagung und davon, welche Gene von unseren persönlichen Erfahrungen aktiviert oder deaktiviert werden. Was aber am wichtigsten ist: Die Wahrnehmungs- und Deutungspräferenzen, die eine wichtige Grundlage für unsere affektive Veranlagung schaffen, können durch mentales Training umgebildet werden. Diese Umbildung kann durch achtsamkeitsbasierte Methoden, durch Techniken der Modifikation von Verzerrungen, durch medikamentöse Behandlung oder traditionelle Gesprächstherapien erreicht werden. Unser Gehirn ist im Höchstmaß formbar, und damit kann auch die affektive Veranlagung verändert werden; das mag zwar nicht immer einfach sein, doch die Möglichkeit dazu besteht immer.

Als meine Arbeit an dem vorliegenden Buch kurz vor dem Abschluss stand, besuchte ich Richard Davidson im Waisman Center for Neurosciences an der Universität Wisconsin, um sein neues Center for Investigating Healthy Minds in Augenschein zu nehmen. Wie die berufliche Laufbahn vieler anderer Psychologen, begann auch die Davidsons mit dem Versuch, die Gefühlsweisen, die Menschen in Angststörungen und Depressionen treiben, zu ergründen und zu ändern. Wie viele von uns widmet er jetzt einen Großteil seiner Zeit, herauszufinden, was es Menschen ermöglicht, ein florierendes Leben zu führen. »Wir wissen eine Menge über Erkrankungen des Geistes«, sagte er, »aber nur wenig über den gesunden Geist.«

»Was ist also ein gesunder Geist?«, fragte ich.

»Das kann ich Ihnen auch nicht sagen«, antwortete er. »Aber Sie merken es, wenn Sie einen vor sich haben.«

Am Tag meiner Abreise führte Davidson mich durch sein eben erst gebautes Institut, das allerdings noch nicht vollständig eingerichtet war. Das Kernstück bildete ein mit matt glänzendem Holz ausgekleideter und von Tageslicht durchfluteter Innenhof.

»Das ist das Meditationszentrum«, erklärte er, »und das hier sind die Räume, in denen allermodernste fMRT-Geräte untergebracht werden.«

Uralte kontemplative Techniken kamen in diesem Institut ebenso zum Einsatz wie die »sezierenden« Untersuchungsverfahren der Neurowissenschaft. Es war ein verwirrender oder eher berauschender Mix, und mir wurde bewusst, was für Fortschritte wir bislang dabei erzielt haben, zu lernen, Angst und Furcht zu besiegen, sowie neue Methoden zu entdecken, die eine optimistische Grundeinstellung befördern. Indem wir uns neue Erkenntnisse zunutze machen, die Psychologie, Neurowissenschaft sowie Genetik uns liefern, und sie mit uraltem Wissen aus dem Fernen Osten verknüpfen, sind wir unserem Ziel, Menschen und Gesellschaften zu schaffen, die von einem gesunden Geist beseelt sind und deswegen wahrhaftig zu wachsen und zu gedeihen vermögen, ein gutes Stück näher gekommen.

DANK

Bei der Arbeit an dem vorliegenden Buch bin ich insofern privilegiert gewesen, als ich auf eine große Schar von Wissenschaftlern, die in den verschiedensten Teilbereichen der Psychologie, der Neurowissenschaft und der Genetik tätig sind, zurückgreifen und mich von ihnen inspirieren lassen konnte. Wie sich unsere jeweilige Denkweise auf unsere Gefühle auswirkt, hat immer im Zentrum meiner eigenen Studien gestanden, und viele von denen, die zu den führenden Wissenschaftlern auf diesem Gebiet gehören, sind über die Jahre hinweg nicht nur zu ihrer Kenntnisse wegen geschätzten Kollegen, sondern auch zu engen Freunden geworden. Besonders dankbar bin ich Yair Bar-Haim, Phil Barnard, Eni Becker, Brendan Bradley, Tim Dalgleish, Naz Derakshan, Paula Hertel, Colette Hirsh, Emily Holmes, Ernst Koster, Jennifer Lau, Bundy Mackintosh, Colin MacLeod, Andrew Mathews, Sue Mineka, Karen Mogg, Mike Rinck, Mark Williams und Jenny Yiend für die zahlreichen Diskussionen, die sie mit mir über den Einfluss kognitiver Verzerrungen sowie über die Möglichkeiten, auf sie einzuwirken, geführt haben.

Wissenschaftliche Arbeiten auf der Gebiet der Angst- und der Lustforschung bilden eine bedeutende Grundlage dieses Buches; bahnbrechende und wegweisende Arbeiten auf diesem Gebiet haben Kent Berridge, Andy Calder, Richard Davidson, Ray Dolan, Joseph LeDoux, Arne Öhman und Liz Phelps geleistet. Ich bin allen Genannten dankbar dafür, dass sie meine Fragen zum Wesen von Angst und Lust und dazu, wie diese fundamentalen Triebe im menschlichen Gehirn in Gang gesetzt werden, beantwortet haben. In ähnlich großzügiger Weise hat mir eine Gruppe von Wissenschaftlern ihre Zeit gewidmet, die uns zu einem Umdenken über den Einfluss von Genen auf unser Verhalten veranlasst haben. Sie sind zwar untereinander nicht immer einer Meinung, doch zusammengenommen haben ihre Arbeiten mich besser verstehen lassen, wie das Zusammenwirken von Genen und Umfeld ein heiteres oder ein düsteres Gemüt entstehen lassen kann. Dem nachzugehen hat richtig Spaß gemacht! Zu besonderem Dank bin ich Avshalom Caspi, Thalia Eley, Jonathan Flint, Ahmad Hariri, Ken Kendler, Terrie Moffitt und Essi Viding verpflichtet.

Ich hätte dieses Buch nie ohne die verständnisvolle Anteilnahme einer Folge von Doktoranden und Mitarbeiter in meinem Labor an der Universität von Essex abschließen können. In der jüngsten Vergangenheit sind mir Pavlina Charalambous und Rachael Martin eine große Hilfe gewesen, davor und über eine längere Zeitspanne hinweg haben Stacy Eltiti, Kelly Garner, Anna Ridgewell, Helen Standage, Denise Wallace, Alan Yates und Konstantin Zougkou dafür gesorgt, dass alles in geordneten Bahnen weiterlief, wenn ich mich zum Schreiben zurückgezogen hatte. Ich bin auch dem Wellcome Trust dankbar dafür, dass er meine Forschungsarbeiten 15 Jahre lang großzügig mitfinanziert hat.

Meine guten Freunde Michael Brooks, Cathy Grossman, Alexa Geiser, Stephen Joseph, Peter Tallack und Christine Temple sind nicht müde geworden, mich dazu zu ermutigen, das hier versammelte Material einem allgemeinen Lesepublikum vorzulegen. Gemeinsam mit Hugh Jones, Deborah Kent, Nick Kent, Pippa Newman und Richard Newman haben sie mir in kritischen Momenten zur Seite gestanden und mich aufgemuntert. Lange, gemeinsam bei dem einen oder anderen Glas guten Weins verbrachte Abende in Wivenhoe mit Nigel Straton und Lisa Tuffin haben ebenfalls sehr aufbauend gewirkt. Und wie immer hat mein wunderbarer Ehemann Kevin Dutton dafür gesorgt, dass mir alle Anstrengungen der Mühe wert erschienen. Ich danke dir für alles.

Die Begeisterung und die vernünftigen Ratschläge meines Agenten Patrick Walsh haben inspirierend auf mich gewirkt. Die

Unterstützung, die mir alle Mitarbeiter von Conville and Walsh, vor allem Jake Smith-Bosanquet und Alex Christofi, haben zuteilwerden lassen, haben mit dazu beigetragen, dass dieses Buch das Licht der Welt erblickt hat. Ich bin Lara Heimert von Basic Books und Drummon Moir von William Heinemann dankbar dafür, dass sie mir geholfen haben, Struktur in den ersten chaotischen Entwurf hineinzubringen. Das Buch hat auch von der redaktionellen Betreuung durch Liz Stein von Basic Books sowie Tom Avery und Jason Arthur von Heinemann profitiert. Mein Dank gilt auch Pete Wilkins dafür, dass er eine großartige Website entworfen hat. Ich habe das Buch beendet, während ich Gastdozentin am Magdalen College in Oxford war; ich bin den Dozenten und Angestellten des College dankbar dafür, dass sie mir ein so anregendes Ambiente für die abschließenden Arbeiten an *In jedem steckt ein Optimist* geboten haben.

Schließlich muss ich mich noch bei den Hunderten an Depressionen und Ängsten leidenden Menschen erkenntlich zeigen, die ich im Lauf der Jahre untersucht und befragt habe. Ich bin fest überzeugt davon, dass die Wissenschaft effektivere Methoden erarbeiten wird, um ihnen zu größerer emotionaler Ausgeglichenheit und geistiger Ruhe zu verhelfen. Dieses Buch sei all denen gewidmet, die sich überall auf der Welt als Versuchspersonen für wissenschaftliche Studien zur Verfügung stellen, all denen, die diese Studien durchführen, wie auch den Geldgebern, die ihre Durchführung ermöglichen. Meine große Hoffnung ist es, dass die verschiedenen Forschungsansätze, die ich auf den vorhergehenden Seiten dargestellt habe, irgendwann dazu beitragen werden, glücklichere, ausgeglichenere Menschen und florierendere Gemeinschaften zu schaffen.

ANMERKUNGEN

1. Heitere und finstere Gemüter

1 Der Bericht über Paul Castles Selbstmord erschien in der *Daily Mail* (London) vom 20.11.2010: www.dailymail.co.uk/news/article-1331308/Prince-Charles-friend-Paul-Castle-commits-suicide-business-hit-recession.html

2 Die Geschichte über Adan Abobakers mutige Rettungsaktion ist im *Evening Standard* (London) vom 19.11.2010 nachzulesen. www.thisislondon.co.uk/standard/article-23899334-homeless-man-plunges-into-icy-thames-to-save-woman-from-drowning.do

3 Über diese Studie wird berichtet in: B. W. Headey und A. J. Wearing: »Personality, Life Events and Subjective Well-Being: Towards a Dynamic Equilibrium Model«. In: *Journal of Personality and Social Psychology* 57 (1989), S. 731–739.

4 Der Fernsehfilm wurde von ABC produziert und am 7. Mai 2009 gesendet. In Fox' Buch *Always Looking Up: The Adventures of an Incurable Optimist* (New York: Hyperion Books, 2009) findet sich eine Reihe interessanter Geschichten über außergewöhnlich optimistische Menschen.

5 Primo Levis erstes Buch, in dem er das Leben in Auschwitz schildert, wurde 1956 vom Turiner Verlag Einaudi unter dem Titel *Se questo è un uomo* (dt.: *Ist das ein Mensch?*) veröffentlicht. *La tregua* (dt.: *Die Atempause*), in dem Levi darüber berichtet, wie er sich allmählich von der KZ-Haft erholte und seine Erfahrungen verarbeitete, erschien 1963 im selben Verlag. Der Autor starb 1987 unter mysteriösen Umständen; viele sind der Überzeugung, dass er aufgrund zunehmender Depressionen Selbstmord beging, was sich aber nicht mit Sicherheit beweisen lässt.

6 Der LOT-R-Test wurde von Michael Scheier und Charles Carver entwickelt; Einzelheiten dazu in: Michael F. Scheier, Charles S. Carver und Michael W. Bridges: »Distinguishing Optimism from Neuroticism (and Trait Anxiety, Self-Mastery, and Self-Esteem): A Re-Evaluation of the Life Orientation Test«. In: *Journal of Personality and Social Psychology* 67 (1994), S. 1063–1078. Um Ihre Punktzahl zu ermitteln, füllen Sie zunächst den Fragebogen auf Seite 30 aus. Ignorieren Sie dabei Ihre Punktzahlen bei den Fragen 2, 5, 6 und 8, denn sie dienen lediglich als Füllfragen. Für die Fragen 1, 4 und 10 gilt folgender Schlüssel: A = 4, B = 3, C = 2, D = 1, E = 0. Für die Fragen 3, 7, 9 lautet der Auflösungsschlüssel: A = 0, B = 1, C = 2, D = 3, E = 4. Dann addieren Sie die Punktzahlen aller sechs Fragen, wobei Sie eine Zahl zwischen 0 und 24 erhalten. Die meisten Menschen kommen auf eine Punktzahl um die 15, was »leicht optimistisch« bedeutet, während 0 Punkte auf »extrem pessimistisch« hinweist. 24 Punkte hingegen bedeuten »extrem optimistisch«. Die deutsche Version des überarbeiteten Life Orientation Test (LOT-R):

nach H. Glaesmer u. a. siehe unter: http//www.detect-studie.de/Instrumente/LOT_R_
Websiteinfo.pdf

7 William James: *The Principles of Psychology*. New York: Henry Holt, 1890; S. 488.
Siehe zum Thema der kindlichen Wahrnehmung der Umwelt auch: R. N. Aslin
und L. B. Smith: »Perceptual Development«. In: *Annual Review of Psychology* 39
(1988), S. 435–473.

8 T. C. Schneirla führte einen Großteil seiner Arbeiten an der New York University
durch, und zwar von den 1920er bis in die 1960er Jahre hinein. Ein gutes Resümee
seiner Ansichten und Erkenntnisse findet sich in: T. C. Schneirla: »An Evolutionary
and Developmental Theory of Biphasic Processes Underlying Approach and With-
drawl.« In: *Nebraska Symposium on Motivation*, hg. von M. R. Jones, Lincoln: University of Nebraska Press, 1959. Eine interessante Darstellung seines Lebens gibt
Ethel Tobach in: »T. C. Schneirla: Pioneer in Field and Laboratory Research«. In:
Portraits of Pioneers in Psychology, Bd. 4, hg. von Gregory A. Kimble und Michael
Wertheimer, Washington, D.C., American Psychological Association, 2000. Einen guten Überblick über neuere neurowissenschaftliche und psychologische Forschungen
zu Annäherungs- und Rückzugsmechanismen bietet: Richard J. Davidson und W.
Irwin: »The Functional Neuroanatomy of Emotion and Affective Style«. In: *Trends
in Cognitive Sciences* 3 (1999), S. 11–21; sowie S. Whittle u. a.: »The Neuroanato-
mical Basis of Affective Temperament: Towards a Better Understanding of Psychopathology«. In: *Neuroscience and Biobehavioural Reviews* 30 (2006), S. 511–525.

9 Die »visuelle Klippe« wurde von Eleanor Gibson und Richard Walk entworfen,
die mit ihrer Hilfe verschiedene Experimente sowohl mit Kleinkindern als auch
mit Tierjungen durchführten. Menschliche Kleinkinder wagten sich nicht über
den »Klippenrand« hinaus, sogar wenn sie mit den Händen fühlen konnten, dass
sich über den dahinter gähnenden »Abgrund« eine tragfähige Glasfläche spannte.
Das traf auch für die Jungen anderer Spezies zu und belegte, dass visuelle Eindrücke grundsätzlich stärker sind als taktile. Ratten jedoch, die sich eher auf ihren Geruchs- als ihren Gesichtssinn verlassen, liefen ohne erkennbare Angst über
den »Klippenrand« hinaus. Eine gute Beschreibung der Apparatur und der mit ihr
ausgeführten Experimente in: E. J. Gibson und R. D. Walk: »The Visual Cliff«. In:
Scientific American 202, Nr. 4 (1960), S. 64–71.

10 Cherry wurde zu seinen Forschungen durch die Probleme angeregt, mit denen
Fluglotsen in den 1950er Jahren konfrontiert waren. Die Durchsagen einer großen
Zahl von Piloten waren im Tower über Lautsprecher gleichzeitig zu vernehmen,
und das dadurch entstandene Stimmengewirr erschwerte den Fluglotsen ihre Arbeit. Um herauszufinden, wie man Abhilfe schaffen könnte, führte Cherry am Londoner Imperial College eine Reihe von Experimenten durch. Den Durchbruch erzielte er, als er im Zuge eines sogenannten dichtotischen Hörtests in das linke und
das rechte Ohr eines Zuhörers unterschiedliche Botschaften dringen ließ. Die Ergebnisse dieses Experiments sind dargestellt in: E. C. Cherry: »Some Experiments
on the Recognition of Speech with One and Two Ears«. In: *Journal of the Acousti-
cal Society of America* 25 (1953), S. 975–979. Cherrys Studien wurden von anderen
aufgenommen und ausgeweitet; siehe u. a.: N. L. Wood und N. Cowan: »The Cock-

tail Party Phenomenon Revisited: How Frequent Are Attention Shifts to One's Own Name in an Irrelevant Auditory Channel?«. In: *Journal of Experimental Psychology: Learning Memory and Cognition* 21 (1995), S. 255–260; sowie N. L. Wood und N. Cowan: »The Cocktail Party Phenomenon Revisited: Attention and Memory in the Classic Selective Listening Procedure of Cherry (1953)«. In: *Journal of Experimental Psychology: General* 124 (1995), S. 243–262. Ein Bericht über neuere Forschungen zur selektiven Wahrnehmung in: Elaine Fox: *Emotion Science: Cognitive and Neuroscientific Approaches to Understanding Human Emotions.* New York: Palgrave Macmillan, 2008.

11 Es existieren viele Varianten der Attentional-probe-Aufgabe; einen kurzen Überblick über die Geschichte ihrer Entwicklung habe ich gegeben in: Elaine Fox und George Georgiou: »The Nature of Attentional Biases in Human Anxiety«. In: *Cognitive Limitations in Aging and Psychopathology.* Hg. von Randall W. Engle, Grzegorz Sedek, Ulrich von Hecker und Daniel N. McIntosh. Cambridge, UK: Cambridge University Press, 2004, S. 249–274. Bei einer der ältesten Studien mithilfe dieses Verfahrens wurden auf einem Bildschirm Paare von »negativen« und »neutralen« Wörtern gezeigt; wenn die Wörter verschwanden, bestand die Aufgabe einfach darin, das Vorhandensein eines Target-Zeichens so schnell wie möglich zu entdecken und dies durch Drücken eines Knopfes anzugeben. Dabei fanden Colin MacLeod und seine Kollegen heraus, dass sehr ängstliche Personen dieses Symbol schneller entdeckten, wenn es dort aufleuchtete, wo vorher ein negativ besetztes Wort zu sehen gewesen war. Bei nicht ängstlichen Personen machte es keinen Unterschied aus, ob an der Stelle, wo das Symbol aufschien, vorher ein negatives oder ein neutrales Wort zu lesen gewesen war. Siehe: C. MacLeod, A. Mathews und P. Tata: »Attentional Bias in Emotional Disorders«. In: *Journal of Abnormal Psychology* 95 (1986); S. 15–20. Ein exzellenter Überblick über spätere Studien mithilfe desselben Verfahrens oder Varianten davon findet sich in: Y. Bar-Haim u. a.: »Threat Related Attentional Bias in Anxious and Non-Anxious Individuals: A Meta-Analytic Study«. In: *Psychological Bulletin* 133 (2007), S. 1–24.

12 Quelle: en.wikipedia.org/wiki/File:Visual_Probe_Task_on_a_PDA.jpg

13 Während frühe Studien wie die in Anmerkung 11 zitierte von MacLeod und anderen ergaben, dass ängstliche Personen sich zu negativen Informationen hingezogen fühlten, zeigten anschließend durchgeführte, dass nicht ängstliche Personen dazu tendierten, die entgegengesetzte Präferenz an den Tag zu legen: Sie mieden negative Informationen. Siehe: Elaine Fox: »Allocation of Visual Attention and Anxiety«. In: *Cognition and Emotion* 7 (1993); S. 207–215; sowie Colin MacLeod und Andrew Mathews: »Anxiety and the Allocation of Attention to Threat«. In: *Quarterly Journal of Experimental Psychology* 40A (1988), S. 653–670.

14 Ein Bericht über Bowers Arbeit findet sich in: G. H. Bower: »Mood and Memory«. In: *American Psychologist* 36 (1981), S. 129–148; G. H. Bower und P. R. Cohen: »Emotion Influences in Memory and Thinking: Data and Theory«. In: *Affect and Cognition.* Hg. von M. S. Clark und S. T. Fiske. Hillsdale, NJ: Erlbaum, 1982, S. 291–331; G. H. Bower und J. P. Forgas: »Mood and Social Memory«. In: *Handbook of Affect and Social Cognition.* Hg. von J. P. Forgas, Mahwah, NJ: Erlbaum,

2001, S. 95–120; G. H. Bower, K. P. Monteiro und S. G. Gilligan: »Emotional Mood as a Context of Learning and Recall«. In: *Journal of Verbal Learning and Verbal Behaviour* 17 (1978), S. 573–585.

15 Bei mit solchen Wörtern durchgeführten Gedächtnisexperimenten muss man sorgfältig darauf achten, dass die negativen und positiven Wörter sich hinsichtlich der Häufigkeit ihres Vorkommens oder ihrer Bekanntheit weitestgehend entsprechen. Jedes Wort kommt in der gesprochenen und der geschriebenen Sprache mit einer bestimmten Häufigkeit vor, und je öfter es einem begegnet, desto leichter lässt es sich im Gedächtnis behalten. Deswegen müssen sich die positiven und die negativen Wörter in dieser Hinsicht möglichst ähnlich sein, damit man sicher sein kann, dass das Erinnern auf den emotionalen Gehalt eines Wortes zurückzuführen ist und nicht auf die Häufigkeit seines Vorkommens.

16 Über diesen Bestätigungsfehler ist schon viel geschrieben worden. Über Mark Snyders Studie mit Extrovertierten und Introvertierten wird referiert in: M. Snyder und W. B. Swann: »Hypothesis Testing Processes in Social Interaction.« In: *Journal of Personality and Social Psychology* 36 (1978), S. 1202–1212. Eine exzellente Darstellung der Prägung unserer sozialen Realität durch unsere Ansichten und Überzeugungen bei: Mark Snyder: »When Belief Creates Reality.« In: *Advances in Experimental Social Psychology*, Bd. 18, hg. von L. Berkowitz, New York: Academic Press, 1984, S. 247–305.

17 Die Geschichte von Vance Vanders und andere faszinierende Berichte darüber, wie Ansichten und Überzeugungen Krankheitssymptome hervorrufen können, bei: Clifton K. Meador: *Symptoms of Unknown Origin: A Medical Odyssey*. Nashville: Vanderbilt University Press, 2005. Über den Fall Vanders berichtet auch: Helen Pilcher: »The Science and Art of Voodoo: When Mind Attacks Body«. In: *New Scientist* 2708 (13.5.2000).

18 Ein exzellenter Bericht über wissenschaftliche Studien zum Nocebo-Effekt bei: Arthur Barsky u. a.: »Nonspecific Medication Side Effects and the Nocebo Phenomenon«. In: *Journal of the Medical Association of America* 287, Nr. 5 (2002). Auf diese Effekte geht auch H. Pilcher in ihrem in Anmerkung 17 zitierten Werk ein. Über die an der Universität Kalifornien durchgeführte Studie, mit der nachgewiesen wurde, dass Überzeugungen Kopfschmerzen verursachen können, wird berichtet in: A. Schweiger und A. Parducci: »Nocebo: The Psychologic Induction of Pain«. In: *Pavlovian Journal of Biological Science* 16, Nr. 3 (Juli-September 1981), S. 140–143.

19 Eine Darstellung der Studien, mit denen Zubieta nachwies, dass Überzeugungen eine direkte Auswirkung auf die Physiologie des Gehirns haben können, bei: David J. Scott u. a.: »Placebo and Nocebo Effects Are Defined by Opposite Opioid and Dopaminergic Responses«. In: *Archives of General Psychiatry* 65, Nr. 2 (2008), S. 220–231.

20 Darüber, dass Frauen, die glauben, anfällig für Erkrankungen des Herzens zu sein, auch öfter an solchen sterben, berichtet Rebecca Voelker: »Nocebos Contribute to a Host of Ills«. In: *Journal of the Medical Association of America* 275, Nr. 5 (1996), S. 345–347.

2. Leben auf der Sonnenseite

21 Detaillierte wissenschaftliche Darstellungen der neuronalen Abläufe im Belohnungszentrum finden sich bei: Kent C. Berridge: »Measuring Hedonic Impact in Animals and Infants: Microstructure of Affective Taste Reactivity Patterns«. In: *Neuroscience and Biobehavioural Reviews* 24 (2000), S. 173–198; Kent C. Berridge: »Comparing the Emotional Brains of Humans and Other Animals«. In: *Handbook of Affectice Sciences*. Hg. von R. J. Davidson, K. R. Scherer und H. H. Goldsmith. New York: Oxford University Press, 2003, S. 25–51; sowie K. C. Berridge und T. E. Robinson: »Parsing Rewards«. In: *Trends in Neurosciences* 26 (2003), S. 507. Eine allgemeinverständlich gehaltene Einführung in das Thema bei: Morten L. Kringelbach: *The Pleasure Center*. New York: Oxford University Press, 2000.

22 Über diese inzwischen berühmten Experimente, bei denen Ratten lieber ihren Nucleus accumbens mit Elektroschocks stimulierten, als sich anderen Vergnügungen wie Sex oder Fressen hinzugeben, wurde erstmals berichtet in: J. Olds und P. Milner: »Positive Reinforcement Produced by Electrical Stimulation of the Septal Area and Other Regions of Rat Brain«. In: *Journal of Comparative and Physiological Psychology* 47 (1954), S. 419–427.

23 Siehe: Robert Heath: *The Role of Pleasure in Behaviour: A Symposium by 22 Authors*. New York: Harper & Row, 1954. Einige Fallgeschichten von Patienten, die Elektroden tief ins Gehirn eingepflanzt bekamen, finden sich in: R. G. Heath: »Pleasure and Brain Activity in Man: Deep and Surface Electroencephalograms During Orgasm«. In: *Journal of Nervous and Mental Diseases* 154 (1972), S. 13–18. Siehe auch: José Delgado: *Physical Control of the Mind: Towards a Psychocivilised Society*. New York: Harper & Row, 1969. Sowohl Delgado als auch Heath sind bezichtigt worden, für die CIA an einem »Mind control«-Projekt zu arbeiten; wofür aber nie überzeugende Beweise vorgebracht werden konnten.

24 »The Nobel Chronicles 1936: Henry Hallett Dale (1875–1968) and Otto Loewi (1873–1961)«. In: *Lancet* 353 (January 30, 1999), S. 416; *Nobel Lectures in Physiology or Medicine 1922–1941*. Amsterdam: Elsevier, 1965.

25 Quelle: www.wpclipart.com/science/experiments/chemical_synapse.png.html

26 Mithilfe dieses Experiments wurde zum ersten Mal nachgewiesen, wie solche Tätigkeiten, etwa die Beschäftigung mit einem Videospiel, zur Dopaminausschüttung im menschlichen Gehirn führen können. Der Bericht darüber findet sich in: M. J. Koepp u. a.: »Evidence for Striatal Dopamine Release During a Video Game«. In: *Nature* 393, Nr. 6682 (1998), S. 266–268.

27 Einen exzellenten Bericht über die wissenschaftliche Erforschung von Gefühlen wie Vergnügen oder Lust findet man bei Morten L. Kringelbach und Kent C. Berridge (Hg.): *Pleasure of the Brain*. New York: Oxford University Press, 2000. Eine allgemeinverständlichere Darstellung bieten Morten L. Kringelbach: *The Pleasure Center: Trust Your Animal Instincts*. New York: Oxford University Press, 2009; sowie Paul Martin: *Sex, Drugs and Chocolate: The Science of Pleasure*. London: Fourth Estate, 2008.

28 Detaillierte Auskunft über die Forschungstätigkeit von Kent Berridge findet man

auf seiner Website: www.personal.umich.edu/-berridge/ Siehe auch: M. L. Kringelbach und K. C. Berridge: »Towards a Functional Neuroanatomy of Pleasure and Happiness«. In: *Trends in Cognitive Science* 13, Nr. 11 (2009), S. 479–487.

29 Ein Bericht über dieses Experiment in: A. S. Heller u. a.: »Reduced Capacity to Sustain Positive Emotion in Major Depression Reflects Diminished Maintenance of Fronto-Striatal Brain Activation«. In: *Proceedings of the National Academy of Sciences* 106 (2000), S. 22445–22450.

30 Einen informativen Überblick über diese Forschungen bieten Richard J. Davidson und William Irwin: »The Functional Neuroanatomy of Emotion and Affective Style«. In: *Trends in Cognitive Sciences* 3 (1999), S. 11–21.

31 R. Veenhoven: »Hedonism and Happiness.« In: *Journal of Happiness Studies* 4 (2003), S. 437–457.

32 Einen exzellenten Überblick über die wissenschaftliche Erforschung von *Sensation Seeking* und die Bereitschaft, um intensiver Erfahrungen willen Risiken einzugehen, findet sich bei Marvin Zuckerman: *Sensation Seeking and Risky Behaviour.* New York: American Psychological Association, 2007.

33 Diese Skala wurde von Rick Hoyle und Kollegen an der Duke University entwickelt. Weitere Einzelheiten findet man in: R. H. Hoyle u. a.: »Reliability and Validity of a Brief Measure of Sensation Seeking«. In: *Personality and Individual Differences* 32, Nr. 3 (2002), S. 401–114. Um Ihre persönliche Punktzahl zu ermitteln, füllen Sie den Testbogen auf S. 80 aus. Je nach Grad Ihrer Zustimmung zu jeder Aussage können Sie 1 bis 5 Punkte erzielen. Ermitteln Sie einfach die Gesamtsumme der von Ihnen erzielten Punkte und teilen Sie diese dann durch acht. Wenn Sie jedesmal fünf Punkte erreicht haben, wäre die Gesamtsumme also 40; geteilt durch acht ergäbe das einen durchschnittlichen *Sensation-Seeking*-Quotienten von fünf. Sie können aber auch ermitteln, wie Sie in Bezug auf jede der vier Komponenten von *Sensation Seeking* abschneiden, indem Sie die Punktzahl, die Sie bei den jeweils zwei Aussagen, die sich auf eine davon beziehen, erreicht haben, addieren und dann durch zwei teilen. Auf *Experience Seeking* (Suche nach Erfahrungen) beziehen sich die Aussagen 1 und 5, auf *Boredom Susceptibility* (Aversion gegen Langeweile) die Aussagen 2 und 6, auf *Thrill and Adventure Seeking* (Verlangen nach erregenden Erlebnissen und Abenteuern) die Aussagen 3 und 7, auf *Disinhibition* (Hemmungslosigkeit) die Aussagen 4 und 8. Männer erzielen im Durchschnitt 3,1 Punkte insgesamt, Frauen 2,98 Punkte. Bezüglich der durchschnittlichen Gesamtpunktzahl lassen sich Unterschiede zwischen den Angehörigen unterschiedlicher ethnischer Gruppen feststellen, und sie steht auch in Relation zum Lebensalter: Mit zunehmendem Alter nimmt sie ab. Weitere Informationen in D. Vallone u. a.: »How Reliable and Valid Is the Brief Sensation Seeking Scale for Youth of Various Racial Ethnic Groups?«. In: *Addiction* 102; supp. 2 (2007), S. 71–78.

34 Die Ergebnisse dieser Studie sind veröffentlicht in: J. E. Joseph u. a.: »Neural Correlates of Emotional Reactivity in Sensation Seeking«. In: *Psychological Science* 20, Nr. 2 (2009), S. 215–223.

35 Suzanne Segerstrom: *Optimisten denken anders. Wie unsere Gedanken die Wirklichkeit erschaffen.* Übersetzt v. Cathrine Hornung, Bern: Huber, 2009.

36 Barbara Ehrenreich: *Smile or Die: Wie die Ideologie des positiven Denkens die Welt verdummt.* Übersetzt v. Gabriele Gockel u. Barbara Steckhan, München: Kunstmann 2010.

37 Einzelheiten zu dieser Befragung unter www.lottery.co.uk/news/lotto-optimism-report.asp

38 Einzelheiten zu dieser vom BBC World Service durchgeführten Befragung unter news.bbc.co.uk/1/hi/world/americas/obama_inauguration/7838475.stm

39 Zu einigen der ersten Experimente und Studien zu dieser Neigung, vieles zu positiv zu sehen, siehe Neil D. Weinstein: »Unrealistic Optimism about Future Life Events«. In: *Journal of Personality and Social Psychology* 39 (1980), S. 806–820. Einen klassischen Überblick darüber, in welcher Weise der Mensch durch irrationales Denken gekennzeichnet ist, bietet das erwähnte Werk von Stuart Sutherland: *Irrationality: Why We Don't Think Straight!* New Brunswick, NJ: Rutgers University Press, 1994. Neueres zu dem Thema in: Dan Ariely: *Denken hilft zwar, nützt aber nichts. Warum wir immer wieder unvernünftige Entscheidungen treffen.* Übersetzt v. Maria Zybak u. Gabriele Gockel, München: Knaur, 2010; sowie Tali Sharot: *The Optimism Bias: A Tour of the Irrationally Positive Brain.* New York: Pantheon Books, 2011.

40 Die Tendenz von Männern, Freundlichkeit als sexuelles Interesse auszulegen, ist von vielen Studien aufgedeckt worden, u. a. eben auch durch das hier geschilderte Experiment von F. E. Saal, C. B. Johnson und N. Weber: »Friendly or Sexy? It May Depend on Whom You Ask«. In: *Psychology of Women Quarterly* 13 (1989), S. 262–276. Siehe auch: Martie Heselton und David Boss: »Error Management Theory: A New Perspective on Biases and Cross-Sex Mind Reading«. In: *Journal of Personality and Social Psychology* 78 (2000), S. 81–91.

41 Die *Satisfaction with Life Scale* (SWLS) wurde von Ed Diener und Kollegen an der Universität Illinois entwickelt und erstmals vorgestellt in: E. Diener u. a.: »The Satisfaction with Life Scale«. In: *Journal of Personality Assessment* 49 (1985), S. 71–75. Die Gesamtsumme der Punkte, die man je nach Antwort auf die fünf Aussagen erzielt, liegt zwischen 5 und 35. Diener gibt folgende Bewertung an: 30–35 Punkte bedeuten, dass man »höchst zufrieden« mit seinem Leben ist, 25–29 Punkte stellen immer noch ein hohes Ergebnis dar und bedeuten, dass es in den meisten Lebensbereichen gut für einen läuft. 20–24 Punkte entsprechen dem Durchschnittsergebnis in wirtschaftlich entwickelten Ländern; wenn man dieses Ergebnis erzielt, ist man grundsätzlich zufrieden mit seinem Leben, sieht aber in einigen Bereichen noch die Möglichkeit zu Verbesserungen. Ein Ergebnis von 15–19 Punkten liegt etwas unter dem Durchschnitt und bedeutet, dass man vermutlich in mehreren Lebensbereichen kleinere, aber doch signifikante Probleme hat. 10–14 Punkte zeigen Unzufriedenheit mit dem Leben an und weisen darauf hin, dass es in mehreren Bereichen nicht gut für einen läuft. 5–9 Punkte entsprechen »höchster Unzufriedenheit«, und diese ist Diener zufolge gewöhnlich auf gravierende Probleme in einer ganzen Reihe von Lebensbereichen zurückzuführen, die auch die Hilfe anderer erforderlich machen. Weiterführende Informationen unter internal.psychology.illinois.edu/~ediener/

42 D. D. Danner, D. A. Snowdon und W. V. Friesen: »Positive Emotions in Early Life

and Longevity: Findings from the Nun Study«. In: *Journal of Personality and Social Psychology* 80 (2001), S. 804–813.

43 Diese Theorie findet sich gut verständlich dargelegt in Barbara Fredricksons ausgezeichnetem Buch: *Die Macht der guten Gefühle: Wie eine positive Haltung Ihr Leben dauerhaft verändert.* Übersetzt v. Nicole Hölsken, Frankfurt/M.: Campus, 2011. Bei der erwähnten Studie zu den Auswirkungen der Attentate vom 11.9.2001 handelt es sich um: B. L. Fredrickson u. a.: »What Good Are Positive Emotions in Crises? A Prospective Study of Resilience and Emotions Following the Terrorist Attacks on the United States on September 11, 2001«. In: *Journal of Personality and Social Psychology* 84 (2003), S. 365–376.

44 Mika Kivimaki u. a.: »Optimism and Pessimism as Predictors of Change in Health After Death or Onset of Severe Illness in Family«. In: *Health Psychology* 24 (2005), S. 413–421.

45 Ihre Lebensgeschichte wird von ihrer Urururenkelin erzählt in: A'Lelia Bundles: *On Her Own Ground: The Life and Times of Madam C. J. Walker.* New York: Scribner, 2001.

46 Die hier geschilderte Studie in: L. Solberg Nes, S. Segerstrom und S. E. Sephten: »Engagement and Arousal: Optimism's Effect During a Brief Stressor«. In: *Personality and Social Psychology Bulletin* 31 (2005), S. 111–120.

47 S. Segerstrom: »Opitimism, Goal Conflict, and Stressor-Related Immune Change«. In: *Journal of Behavioural Medicine* 24 (2001), S. 441–467.

48 H. N. Rasmussen u. a.: »Optimism and Physical Health: A Meta-Analytic Review«. In: *Annals of Behavioural Medicine* 37 (2009), S. 239–256.

49 Bezos' Aussagen über die Bedeutung von Optimismus sind zitiert bei: Jack Roseman: »Entrepreneurship: Optimism Vital to Entrepreneurs, As Is Ability to Calculate Risks, Costs«. In: *Post-Gazette* (Pittsburgh), 6.6.2004; sowie bei Alan Deutschman: »Inside the Mind of Jeff Bezos«. In: *Fast Company*, 19.12.2007. Bezos wurde 1999 vom *Time*-Magazin zum »Mann des Jahres« erklärt; eine detaillierte Darstellung seines Lebens und der Gründung von Amazon.com findet sich in der Ausgabe der Zeitschrift vom 27.12.1999.

50 Nelson Mandela: *Der lange Weg zur Freiheit.* Übersetzt von Günter Panske, Frankfurt/M.: S. Fischer, 1994.

51 Die Zitate sind der Rede entnommen, die Barack Obama bei der National Democratic Convention am 27.7.2004 hielt. Siehe: www.dems2004.

52 Dr. Shirin Ebadi wurde 1947 in Hamadan im nordwestlichen Iran geboren. Sie ist eine Vorkämpferin für die Menschenrechte. Biografische Informationen sind u. a. zu finden unter: nobelprize.org/nobel_prizes/peace/laureates/2003/ebadi-autobio.html

3. Das finstere Gemüt

53 A. Öhman, A. Flykt und F. Esteves: »Emotion Drives Attention: Detecting the Snake in the Grass«. In: *Journal of Experimental Psychology General* 130 (2001), S. 466–478. Ausführungen zu der Hypothese, dass das Gehirn besonders inten-

siv auf »alte« Bedrohungen reagiert, in: A. Öhman und S. Mineka: »The Malicious Serpent: Snakes as a Prototypical Stimulus for an Evolved Module of Fear«. In: *Current Directions in Psychological Science* 12 (2003); S. 5–9. Eine interessante und unterhaltsame Erörterung ihrer Theorie, dass Schlangen eine treibende Kraft für die menschliche Evolution waren, liefert Lynne Isbell: *The Fruit, the Tree, and the Serpent: Why We See So Well.* Cambridge, MA: Harvard University Press, 2009.

54 Eine nicht nur gut verständliche, sondern auch unterhaltsame Darstellung unseres Angstsystems und seiner Funktionsweise findet man online unter www.fearexhibit.org Eine anschauliche Darstellung der Arbeitsweise unseres Gehirns bei höchster Gefahr bietet Jeff Wise: *Hart auf hart: Menschen in Extremsituationen, oder was passiert mit uns, wenn wir in Panik geraten.* Übersetzt v. Stefanie Schaeffler, München: Irisiana, 2010. Empfehlenswert und allgemeinverständlich auch: Joseph LeDoux: *Das Netz der Gefühle: Wie Emotionen entstehen.* Übersetzt v. Friedrich Griese, München: Hanser, 1998. Eher akademischer Natur sind die Ausführungen von E. A. Phelps: »Emotion and Cognition: Insights from Studies of the Human Amygdala«. In: *Annual Review of Psychology* 57 (2006), S. 27–53; J. E. LeDoux: »Emotion Circuits in the Brain«. In: *Annual Review of Neuroscience* 23 (2000), S. 155–218; sowie A. J. Calder, A. D. Lawrence und A. W. Young: »Neuropsychology of Fear and Loathing«. In: *Nature Reviews Neuroscience* 2 (2001), S. 352–363.

55 Die Erfahrung meines Freundes ist ein Beleg für ein in der Psychologie gut bekanntes Phänomen namens Waffenfokuseffekt (*Weapon Focus Effect*): Das bedeutet, dass in einer bestimmten Situation eine Waffe die größte Aufmerksamkeit auf sich zieht und daher die Zuverlässigkeit von Zeugenaussagen stark abnimmt. Eine Metaanalyse der Studien, die sich mit diesem Effekt beschäftigen, bei: Nancy Mehrkens Steblay: »A Meta-Analytic Review of the Weapon Focus Effect«. In: *Law and Human Behaviour* 16, Nr. 4 (1992), S. 413–424.

56 Eine frühe Studie, die erbracht hat, dass die Amygdala auf erschreckte und fröhliche Gesichter unterschiedlich reagiert, ist: J. Morris u. a.: »A Differential Response in the Human Amygdala to Fearful and Happy Expressions«. In: *Letter to Nature* 383 (1996), S. 812–815.

57 J. S. Morris, A. Öhman und R. J. Dolan: »A Sub-Cortical Pathway to the Right Amygdala Mediating ›Unseen‹ Fear«. In: *Proceedings of the National Academy of Sciences* 96 (1998), S. 1680–1685.

58 Ein Bericht über die mit JB vorgenommenen Experimente und deren Ergebnisse in: E. Fox: »Processing Emotional Expressions: The Role of Anxiety and Awareness«. In: *Cognitive, Affective, and Behavioural Neuroscience* 2 (2002), S. 52–63.

59 Siehe: Beatrice de Gelder: »Uncanny Sight in the Blind«. In: *Scientific American* (Mai 2010), S. 43–47; und M. Tamietto u. a.: »Seeing Fearful Body Language Overcomes Attentional Deficits in Patients with Neglect«. In: *Journal of Cognitive Neuroscience* 19 (2007), S. 445–454.

60 M. Tamietto u. a.: »Unseen Facial and Bodily Expressions Trigger Fast Emotional Reactions«. In: *Proceedings of the National Academy of Sciences* 106 (2009); S. 17661–17666.

61 Andersons Studie veröffentlicht in: J. M. Susskind u. a.: »Expressing Fear Enhances Sensory Acquisition«. In: *Nature Neuroscience* 11 (2008), S. 843–850.

62 Phelps' Studie ist veröffentlicht in: E. Phelps, S. Ling und M. Carrasco: »Emotion Facilitates Perception and Potentiates the Perceptual Benefits of Attention.« In: *Psychological Science* 17 (2006), S. 292–299.

63 Über seine Begegnung mit einem Tiger berichtet Colin Stafford Johnson in einem Interview mit Michael Kelly; veröffentlicht in: »21st Century Fox«. In: *Irish Times Magazine*, 29.3.2008.

64 Die Studie, über die hier berichtet wird, findet sich in: H. D. Critchley u. a.: »Neural Systems Supporting Interoceptive Awareness«. In: *Nature Neuroscience* 7 (2004), S. 189–195. Zwei empfehlenswerte kürzere Artikel zu dem Thema sind: A. D. Craig: »Human Feelings: Why Are Some More Aware Than Others?«. In: *Trends in Cognitive Sciences* 8, Nr. 6 (2004), S. 239–241; sowie John S. Morris: »How Do You Feel?«. In: *Trends in Cognitive Sciences* 6, Nr. 8 (2002), S. 317–319.

65 Über diesen TV-Spot und seine Bedeutung für die Präsidentschaftswahlen von 1964 berichtet Drew Westen in seinem Buch *Das politische Gehirn*. Übersetzt v. Niklas Hofmann, Berlin: Suhrkamp, 2012. Westen geht generell auf die Rolle ein, die Emotionen beim Fällen politischer Entscheidungen (wie Wahlen) spielen.

66 Westen führt viele Beispiele für politische Überzeugung oder Überredung an. Dazu, wie eine Inbesitznahme unseres Fühlens und Denkens uns offener für solche Beeinflussung machen kann, siehe: Kevin Dutton: *Gehirnflüsterer: Die Fähigkeit, andere zu beeinflussen*. Übersetzt v. Klaus Binder u. Bernd Leineweber. München: dtv, 2011.

67 Ein Bericht über zwei Patienten (DR und SE) mit einer Amygdala-Schädigung bei: A. J. Calder: »Facial Emotion Recognition After Bilateral Amygdala Damage: Differentially Severe Impairment of Fear«. In: *Cognitive Neuropsychology* 13 (1996), S. 699–745. Über fünf andere Patienten (darunter RS) wird berichtet in: P. Broks u. a.: »Face Processing Impairments After Encephalitis: Amygdala Damage and Recognition of Fear«. In: *Neuropsychologia* 36 (1998), S. 59–70. Allgemeines zu dem Thema in: R. Adolphs u. a.: »Fear and the Human Amygdala«. In: *Journal of Neuroscience* 15 (1905), 5879–5891.

68 S. K. Scott u. a.: »Impaired Auditory Recognition of Fear and Anger Following Bilateral Amygdala Lesions.« In: *Nature* 385 (1997), S. 254–257.

69 Sophie Scott u. a.: »Impaired Auditory Recognition of Fear and Anger Following Bilateral Amygdala Lesions«. In: *Nature* 385 (1997); S. 254–257.

70 R. Adolphs, S. Baron-Cohen und D. Tranel: »Impaired Recognition of Social Emotions Following Amygdala Damage«. In: *Journal of Cognitive Neuroscience* 14 (2002), S. 1264–1274.

71 Siehe: A. N. Osterhof und A. Todorov: »Shared Perceptual Basis of Emotional Expressions and Trustworthiness Impressions from Faces«. In: *Emotion* 9 (2009), S. 128–133.

72 Über ein Experiment, das zeigt, dass die Amygdala und der Inselkortex auf nicht vertrauenswürdige Gesichter reagiert, wird berichtet in: J. S. Winston u. a.: »Automatic and Intentional Brain Responses During Evaluation of Trustworthiness of Faces«. In: *Nature Neuroscience* 5 (2002), S. 277–283.

73 Quelle: Javier Zarracina für *The Boston Globe*; www.gettyimages.co.uk/detail/news-photo/evaluating-face-trustworthiness-news-photo/13460600

74 Bei der Studie, die belegt, dass eine Schädigung der Amygdala zu hoher Risikobereitschaft bei Glücksspielen führt, handelt es sich um: B. De Martino, C. F. Camerer und R. Adolphs: »Amygdala Damage Eliminates Monetary Loss Aversion«. In: *Journal of Neuroscience* 107 (2010), S. 3788–3792.

75 Siehe; D. P. Kennedy u. a.: »Personal Space Regulation by the Human Amygdala«. In: *Nature Neuoscience* 107 (2010), S. 1226–1227.

76 R. J. Davidson: »Affective Style and Affective Disorders: Perspectives from Affective Neuroscience«. In: *Cognition & Emotion* 12 (1998), S. 307–330. Siehe auch: N. H. Kalin u. a.: »Asymmetric Frontal Brain Activity, Cortisol, and Behaviour Associated with Fearful Temperament in Rhesus Monkeys«. In: *Behavioural Neuroscience* 112 (1998), S. 286–292.

77 Näheres zum STAI unter www.mindgarden/com/products/staisad.htm

78 Meine Kollegen und ich haben die *Essex Neuroticism Scale* entwickelt, um bei der Auswahl von Probanden für unsere Studien rasch ermitteln zu können, ob diese vermutlich einen hohen oder einen niedrigen Grad an Eigenschaftsangst aufweisen. Es hat sich herausgestellt, dass diejenigen, die eine hohe Punktzahl erreichten, auch auf der Spielberger-Skala im oberen Bereich rangierten, und wenn sie eine niedrige Punktzahl erzielten, auch dem von Spielberger entwickelten Test zufolge nur eine geringe Eigenschaftsangst aufwiesen. Zur Auswertung der *Essex Neuroticism Scale* müssen Sie nur die von Ihnen angekreuzten Kästchen nach folgendem Schlüssel zusammenzählen: Die Fragen 5, 7, 9 und 10 müssen umkodiert werden; wenn Sie bei einer dieser vier Aussagen eine 5 umkringelt haben, entspricht das einer Punktzahl von 1, aus einer 4 wird eine 2, eine 3 bleibt eine 3, eine 2 wird zu einer 4 und eine 1 zu einer 5. Das Durchschnittsergebnis liegt bei 24, eine niedriges bei 18 und darunter. Ein Ergebnis von ungefähr 40 muss als recht hoch angesehen werden.

79 K. Mogg u. a.: »Selective Attention to Threat: A Zest of Two Cognitive Models of Anxiety.« In: *Cognition & Emotion* 14 (2000), S. 375–399.

80 Siehe E. Fox, R. Russo und G. Georgiou: »Anxiety Modulates the Degree of Attentive Resources Required to Process Emotional Faces«. In: *Cognitive, Affective, & Behavioural Neuroscience* 5 (2005), S. 396–404.

81 Quelle: E. Fox, R. Russo und G. Georgiou: »Anxiety Modulates the Degree of Attentive Resources Required to Process Emotional Faces«. In: *Cognitive, Affective & Behavioural Neuroscience* 5 (2005); S. 396–404.

82 Inzwischen sind mehrere Studien darüber veröffentlicht worden, dass die Reaktion der Amygdala auf Gefahr entsprechend dem Grad an Angst, die der Betreffende empfindet, an Intensität zunimmt. Ein Artikel, der nachweist, dass Angst die Reaktion der Amygdala auf Bedrohung, vor allem auf wütende Gesichter, die einen direkt anschauen, beeinflusst, findet sich in: M. P. Ewbank, E. Fox und A. J. Calder: »The Interaction Between Gaze and Facial Expressions in the Amygdala and Extended Amygdala Is Modulated by Anxiety«. In: *Frontiers in Human Neuroscience* 4 (Juli 2010), Artikel 56.

83 Die Studie, die zeigt, dass es Personen mit hoher Eigenschaftsangst schwerer fällt, die hemmenden Zentren im präfrontalen Kortex zu aktivieren, ist veröffentlicht in: S. J. Bishop u. a.: »Prefrontal Cortical Function and Anxiety: Controlling Attention to Threat Related Stimuli«. In: *Nature Neuroscience* 7 (2004), S. 184–187.

4. Optimismus- und Pessimismusgene

84 Meine Studie, die dazu führte, dass in den Medien Berichte über die Entdeckung eines Optimismusgens erschienen, findet sich in: Elaine Fox, Anna Ridgewell und Chris Ashwin:»Looking on the Bright Side: Biased Attention and the Human Serotonin Transporter Gene.« In: *Proceedings of the Royal Society: Biological Sciences* 276 (2009), S. 1747–1751.

85 Diese Studie ist veröffentlicht in: Robert I. E. Lamb u. a.: »Further Evidence Against the Environmental Transmission of Individual Differences in Neuroticism from a Collaborative Study of 45850 Twins and Relatives on Two Continents«. In: *Behaviour Genetics* 30 (2000); S. 223–233. Unsere Studie zur Heritabilität von Optimismus – bestimmt mithilfe des LOT-R Tests – wird gegenwärtig zur Publikation vorbereitet. Eine andere Studie, die mit 3053 Zwillingen über fünfzig durchgeführt wurde, und zwar ebenfalls mithilfe des LOT-R-Tests, ergab, dass die Heritabilität bei 36 Prozent lag; über sie wird berichtet bei: Miriam A. Mosing u. a.: »Genetic and Environmental Influences on Optimism and Its Relationship to Mental and Self-Rated Health: A Study of Aging Twins«. In: *Behaviour Genetics* 39 (2009); S. 597–604.

86 Quelle: Wikipedia.

87 Umso vertrauter ich mit diesen divergierenden Standpunkten wurde, desto mehr wurde mir bewusst, dass der Konflikt zusätzliche Schärfe durch die Unsummen an Geld erhielt, die nötig waren, um eine anscheinend einfache Frage zu beantworten, nämlich: Welche Gene bewirken eine Prädisposition zu einer geistigen Erkrankung oder zum Glücklichsein? 2007 stellte das Stanley Medical Research Institute in Chevy Chase, Maryland, dem Broad Institute in Cambridge, Massachusetts, 200 Millionen Dollar zur Durchführung einer Genomweiten Assoziationsstudie zur Verfügung. Es sollte herausgefunden werden, welche Gene für psychische Störungen verantwortlich sein könnten. Ein Jahr später stellte die von der Familie Liber gegründete Essl Foundation Daniel Weinberger und seinem Team eine vergleichbare Summe zur Verfügung, damit er mit ähnlichem Ziel Kandidatengen-Studien durchführen konnte. Wissenschaftler des einen wie des anderen Lagers werden bei ihren Forschungen finanziell unterstützt und erzielen mit ihren divergierenden Ansätzen Ergebnisse, und es scheint jetzt immerhin die Aussicht zu bestehen, dass sie eines Tages zusammenarbeiten werden.

88 Seine Studie ist veröffentlicht in: Michael F. Egan u. a.: »Effect of COMT Val[108/158] Met Genotype on Frontal Lobe Function and Risk for Schizophrenia«. In: *Proceedings of the National Academy of Sciences* 98 (5.6.2002), S. 6917–6922.

89 Jonathan Flint, Ralph J. Greenspan und Kenneth S. Kendler: *How Genes Influence Behaviour*. New York: Oxford University Press, 2010.

90 Ihre Studie ist veröffentlicht in: Helle Larsen u. a.: »A Variable-Number-of-Tandem-Repeats Polymorphism in the Dopamine D4 Recptor Gene Affects Social Adaptation of Alcohol Use: Investigation of a Gene by Environmental Interaction«. In: *Psychological Science* 21 (2010), S. 1064–1068.

91 Helle Larsen u. a. : »A Variable-Number-of-Tandem-Repeats Polymorphism in the Dopamine D4 Receptor Gene Affects Social Adaptation of Alcohol Use: Investigation of a Gene by Environment Interaction«. In: *Psychologial Science* 21 (2010), S. 1064–1068.

92 Zusammen mit Marcus Munafo, einem Psychologen an der Universität Bristol, hat Jonathan Flint viele Metaanalysen vorgenommen, um festzustellen, ob Persönlichkeitszüge wie Neurotizismus auf ein spezifisches Gen zurückgeführt werden können. Die beiden haben herausgefunden, dass die Ergebnisse der Einzelstudien sehr stark divergieren und von dem verwendeten Frage- oder Testbogen abhängig sind. Manchmal wird eine Verbindung erkennbar, manchmal auch nicht. Mit diesem Thema befassen sich zwei wissenschaftliche Aufsätze: M. R. Munafo u. a.: »5-HT-TLPR Genotype and Anxiety-Related Personality Traits: A Meta-Analysis and New Data«. In: *American Journal of Medical Genetics: Neuropsychiatric Genetics* 150B, Nr. 2 (2009), S. 271; sowie: M. R. Munafo und J. Flint: »Meta-Analysis of Genetic Association Studies«. In: *Trends in Genetics* 20 (2005), S. 439–444.

93 Siehe hierzu: Flint, Greenspan und Kendler: *How Genes Influence Behaviour* (wie Anm. 89).

94 Ich möchte erwähnen, dass ich über diese Nachteile von Genomweiten Assoziationsstudien gegenüber Kandidatengen-Studien mit Kenneth Kendler im Anschluss an einen Vortrag, den er im Oktober 2011 an der Universität Oxford hielt, diskutiert habe. Während Kendler einräumt, dass ein solcher Mangel an Präzision oder Subtilität auf viele Genomweite Assoziationsstudien zutrifft, hat er auch deutlich gemacht, dass zahlreiche solcher »Feld«-Studien wesentlich detailliertere Informationen über den familiären Hintergrund von Personen sowie über ihr Arbeits- und Gesellschaftsleben liefern als Kandidatengen-Studien. Personen im Labor zu testen hat Vorteile, da man vieles von dem Durcheinander ausschalten kann, das im realen Leben herrscht. Das Problem besteht aber darin, dass vieles von dem, was sich unter solchen kontrollierten Bedingungen ermitteln lässt, nicht gilt, sobald man Personen in ihrer »natürlichen Umgebung« testet.

95 Wissenschaftlich fundierte Berichte über die Forschungsarbeiten zum Serotonintransporter-Gen in: A. R. Hariri und A. Holmes: »The Serotonin Transporter and the Genetics of Affect Regulation«. In: *Trends in Cognitive Sciences* 10 (2000), S. 182–191; sowie: T. Canli und K.-P. Lesch: »Long Story Short: The Serotonin Transporter in Emotion Regulation and Social Cognition«. In: *Nature Neuroscience* 10 (2007), 1103–1109.

96 Bei dieser mittlerweile klassischen, von Avshalom Caspi und Terrie Moffitt durchgeführten Studie handelt es sich um: A. Caspi u. a.: »Influence of Life Stress on Depression: Moderation by a Polymorphism in the 5-HTT Gene«. In: *Science* 301 (18.7.2003). Ob eine Beziehung besteht zwischen dem Serotonintransporter-Gen und dem Risiko, an Depressionen zu erkranken, ist in jüngerer Zeit Gegenstand

einer Kontroverse gewesen: Einige Wissenschaftler sehen eine deutliche Beziehung, andere entdecken keine Belege für deren Existenz. So kam eine Metaanalyse zu dem Ergebnis, dass die Interaktion zwischen dem Serotonintransporter und Stress auslösenden Ereignissen im Leben einer Person das Risiko, an Depressionen zu erkranken, nicht steigerte. Siehe: N. Risch u. a.: »Interaction Between the Serotonin Transporter Gene (5-HTTLPR), Stressful Life Events, and Risk of Depression: A Meta-Analysis«. In: *Journal of the American Medical Association* 23 (17.6.2009). Das Problem besteht zum Teil darin, dass Stress auslösende Ereignisse in den verschiedenen Studien sehr unterschiedlich definiert und bewertet werden. In einigen wird auch nur Stress über eine relativ kurze Zeitspanne hinweg – ein Jahr zum Beispiel – in die Untersuchung einbezogen, in anderen Stress, der über sehr viel längere Zeiträume hinweg anhält. Caspi beispielsweise nimmt eine Periode von fünf Jahren in den Blick. Diese unterschiedlichen Ansätze führen oft zu stark divergierenden Ergebnissen. Insgesamt gesehen gibt es aber doch überzeugende Belege dafür, dass die Interaktion von Genen und Umfeld sich auf das Risiko auswirkt, an Depressionen und anderen psychischen Leiden zu erkranken. Siehe hierzu: A. Caspi und T. E. Moffitt: »Gene-Environment Interactions in Psychiatry: Joining Forces with Neuroscience«. In *Nature Reviews Neuroscience* 7 (2006), S. 583–590.

97 A. Caspi u. a.: »Role of Genotype in the Cycle of Violence in Maltreated Children«. In: *Science* 297 (2002), S. 851.

98 C. M. Kuhnen und J. Y. Chiao: »Genetic Determinants of Financial Risk Taking«. In: *PLoS ONE* 4, Nr. 2, e4362 (2009), S. 1–4. Ein allgemeinverständlicherer Abriss dieser Studie wurde online veröffentlicht: »Big-Time Financial Risk-Taking: Blame It on Their Genes«. *Science Daily*, 11.2.2009, www.sciencedaily.com/releases/2009/02/090211082352.htm

99 Ahmad Hariri und seine Kollegen haben viele Studien zum Serotonintransporter-Gen sowie zu anderen Genen und deren Zusammenhang mit Angst oder Ängstlichkeit durchgeführt. Die klassische Studie, mit der nachgewiesen wurde, dass die Amygdala bei Trägern mit der kurzen Genausprägung heftiger reagiert, ist veröffentlicht in: A. R. Hariri u. a.: »Serotonin Transporter Genetic Variation and the Response of the Human Amygdala«. In: *Science* 297 (2002), S. 400–403. Eine 2008 durchgeführte Metaanalyse stützte die Theorie, dass eine Verbindung zwischen dem Serotonintransporter-Polymorphismus und der Aktivierung der Amygdala besteht, wenn auch diese Analyse die Annahme nahelegte, dass in der erste Studie die Einwirkung des einen auf das andere zu hoch eingeschätzt wurde – ein typischer Fehler bei Genomweiten Assoziationsstudien. Die Metaanalyse ist veröffentlicht in: M. R. Munafo, S. M. Brown und A. R. Hariri: »Serotonin Transporter (5-HTTLPR) Genotype and Amygdala Activation: A Meta-Analysis.« In: *Biological Psychiatry* 63 (2005), S. 852–857.

100 Unser demnächst erscheinender Artikel über die genetische Grundlage von optimistischen und pessimistischen Verzerrungen ist der in Anm. 84 erwähnte von Fox, Ridgewell und Ashwin mit dem Titel »Looking on the Bright Side«.

101 Quelle: Elaine Fox, Anna Ridgewell und Chris Ashwin: »Looking on the Bright

Side: Biased Attention an the Human Serotonin Transporter Gene«. In: *Proceedings of the Royal Society: Biological Sciences*, 276 (2009); S. 1747–1751.

102 Diese neue Studie ist veröffentlicht in Elaine Fox u. a.: »The Serotonin Transporter Gene Alters Sensitivity to Attention Bias Modification: Evidence for a Plasticity Gene«. In: *Biological Psychiatry* 70 (2011), S. 1049–1054.

103 J. Belsky und M. Pluess: »Beyond Diathesis-Stress: Differential Susceptibility to Environmental Influences«. In: *Psychological Bulletin* 135 (2009), S. 885–908. Eine gut verständliche Erörterung der These, dass Personen mit bestimmten Genotypen in einer Krise benachteiligt, hingegen aber begünstigt sind, wenn die Dinge gut für sie stehen, liefert David Dobbs: »The Science of Success«. In: *Atlantic*, Dezember 2000.

104 Kathleen Gunthert u. a.: »Serotonin Transporter Gene Polymorphism (5-HTTLPR) and Anxiety Reactivity in Everyday Life. A Daily Process Approach to Gene by Environment Interaction«. In: *Psychosomatic Medicine* 69 (2007), S. 762–768.

105 Einen exzellenten Überblick über diese Arbeiten und zur Epigenetik im Allgemeinen findet man in: John Cloud: »Why Your DNA Isn't Your Destiny«. In: *Time*, 6.1.2010.

106 Diese Studie ist veröffentlicht in Marcus E. Pembrey u. a.: »Sex-Specific, Male-Line Transgenerational Responses in Humans«. In: *European Journal of Human Genetics* 14 (2006), S. 159–166.

107 Diese Experimente sind beschrieben in: »Epigenetics: DNA Isn't Everything.« In: *Science Daily*, 12.4.2009; www.sciencedaily.com/releases/2009/090412081315.htm

108 Es liegen mittlerweile Hunderte von Studien vor, die Belege für eine solche epigenetische Vererbung ohne Veränderung der grundlegenden DNA-Struktur liefern. Einen umfassenden Überblick darüber findet man bei: Eva Jablonka und Gal Raz: »Transgenerational Epigenetic Inheritance: Prevalence, Mechanisms, and Implications for the Study of Heredity and Evolution«. In: *Quarterly Review of Biology* 84, Nr. 2 (2000); S. 131–176. Ein nicht ganz so wissenschaftlicher Überblick, in dem die Implikationen für die Behandlung von Krebserkrankungen in den Vordergrund gestellt werden, findet sich bei Stephen S. Hall: »Beyond the Book of Life.« In: *Newsweek*, 13.7.2000.

109 Die Forschungen von Tracy Bale und ihren Kollegen sind publiziert in: G. A. Dunn und T. L. Bale: »Maternal High-Fat Diet Promotes Body Length Increase and Insulin Insensitivity in Second Generation Mice«. In: *Endocrinology* 150, Nr. 11 (2000), S. 4999–5000.

110 Folgender Artikel liefert einen ausgezeichneten Überblick über das Zusammenspiel von Genen und Umfeld: F. A. Champagne und R. Mashoodh: »Genes in Context: Gene-Environment Interplay and the Origins of Individual Differences in Behaviour.« In: *Current Directions in Psychological Sciences* 18 (2009), S. 127–131. Bei dem Diagramm (Abb. 4.5) handelt es sich um eine leicht abgewandelte Version der ersten Illustration in diesem Artikel.

111 Siehe I. C. Weaver u. a.: »Epigenetic Programming By Maternal Behaviour«. In: *Nature Neuroscience* 7 (2004), S. 847–854. Einen exzellenten Überblick über die Epigenetik und darüber, wie Unterschiede hinsichtlich der mütterlichen Fürsorge

tiefgehende Auswirkungen auf die Genexpression haben können, die unter Umständen von einer Generation an die folgende weitergegeben werden, liefert F. A. Champagne:»Epigenetic Mechanisms and the Transgenerational Effects of Maternal Care«. In: *Frontiers of Neuroendocrinology* 29 (2008), S. 386–397.

112 T. F. Oberlander u. a.:»Prenatal Exposure to Maternal Depression, Neonatal Methylation of Human Clucocorticoid Receptor Gene (NR3C1) and Infant Cortisol Stress Responses«. In: *Epigenetics* 3, Nr. 2 (2008), S. 97–106.

5. Der geschmeidige Geist

113 E. A. Maguire u. a.:»Navigation Related Structural Change in the Hippocampi of Taxi Drivers«. In: *Proceedings of the National Academy of Sciences* 97 (2000), S. 4398–4403.

114 Siehe: C. Gaser und G. Schlaug:»Brain Structures Differ Between Musicians and Non-Musicians«. In: *Journal of Neuroscience* 23 (2003), S. 9240–9245.

115 Zum Thema Neuroplastizität, der Geschichte des Wissensgebiets und den Wissenschaftlern, die sich damit beschäftigen, siehe unter anderem: Norman Doidge: *Neustart im Kopf: Wie sich unser Gehirn selbst repariert.* Übersetzt v. Jürgen Neubauer, Frankfurt/M.: Campus, 2008; sowie Sharon Begley: *The Plastic Mind: New Science Reveals Our Extraordinary Potential to Transform Ourselves.* London: Constable & Robinson, 2000.

116 Siehe A. A. Stevens u. a.:»Preparatory Activity in Occipital Cortex in Early Blind Humans Predicts Auditory Perceptual Performance«. In: *Journal of Neuroscience* 27 (2007), S. 10734–10741.

117 H. J. Neville, A. Schmidt und M. Kutas:»Altered Visual-Evoked Potentials in Congenitally Deaf Adults«. In: *Brain Research* 266 (1953), S. 127–132. Neuere Forschungsergebnisse bei: D. Bavelier u. a.:»Visual Attention to the Periphery Is Enhanced in Congenitally Deaf Individuals«. In: *Journal of Neuroscience* 20 (2000), S. 1–6.

118 William James: *The Principles of Psychology.* New York: Henry Holt, 1890.

119 Diese Experimente sind geschildert in: T. G. Brown und C. S. Sherrington:»On the Instability of a Cortical Point«. In: *Proceedings of the Royal Society: Biological Sciences* 85 (1912), S. 250–277. Diese Studien, die schon früh einen Hinweis darauf lieferten, dass das Gehirn im Höchstmaß flexibel ist, wurden weitestgehend ignoriert. Charles Scott Sherrington erhielt 1932 den Nobelpreis für Medizin für seine Arbeiten zum Nervensystem.

120 Ein guter Überblick über die Forschungen, aufgrund derer Franz zu seinen Schlussfolgerungen gelangte, in: S. L. Franz:»The Functions of the Cerebrum«. In: *Psychological Bulletin* 13 (1916), S. 149–173. Eine exzellente Darstellung über den Wissenschaftler und seinen oft übersehenen Beitrag zur Entwicklung der Psychologie findet man in: V. A. Colotle und P. Bach-y-Rita:»Shepherd Ivory Franz: His Contribution to Neuropsychology and Rehabilitation«. In: *Cognitive, Affective, and Behavioural Neuroscience* 2 (2002), S. 141–148.

121 Karl Lashley verbrachte viele Jahre mit der Suche nach dem Ort, an dem Erinnerungen im Gehirn gespeichert sind. 1950 fasste er alle seine diesbezüglichen Arbeiten zusammen, mit denen er letztlich nicht nachzuweisen vermochte, dass es solch einen Ort, also eine bestimmte für Erinnerungen zuständige Gehirnregion gab. Siehe: K. S. Lashley: »In Search of the Engram«. In: *Symposia for the Society of Experimental Biology* 4 (1950), S. 454–482. Zu seinem Nachweis, dass der motorische Kortex des Affengehirns Plastizität aufweist, siehe: K. S. Lashley: »Temporal Variation in the Function of the Gyrus Precentralis in Primates«. In: *American Journal of Physiology* 65 (1923), S. 585–602. Eine interessante Darstellung über Lashleys Leben sowie seinen Beitrag zur Entwicklung der Psychologie findet man in: N. M. Weidman: *Constructing Scientific Psychology: Karl Lashley's Mind-Brain Debate.* Cambridge, Cambridge University Press, 1999.

122 Das Prinzip der Massenaktion findet sich dargestellt in: Donald O. Hebb: *The Organisation of Behaviour: A Neurophysiological Theory.* New York: Wiley, 1949, S. 60. Eine verständliche Darstellung von Hebbs Theorie der Neuroplastizität findet sich in: S. J. Cooper: »Donald O. Hebb's Synapse and Learning Rule: A History and Commentary«. In: *Neuroscience and Biobehavioural Reviews* 28 (2005), S. 851–874.

123 Zur Geschichte der Erforschung der Neuroplastizität siehe: P. R. Huttenlocher: *Neural Plasticity: The Effects of the Environment on the Development of the Cerebral Cortex.* Cambridge, MA: Harvard University Press, 2002; sowie Jeffrey M. Schwartz und Sharon Begley: *The Mind and the Brain: Neuroplasticity and the Power of Mental Force.* New York: HarperCollins, 2002. Eine etwas allgemeinverständlichere Darstellung bei S. Begley: *The Plastic Mind* und Norman Doidge: *Neustart im Kopf: Wie sich unser Gehirn selbst repariert.*

124 Eine Schilderung dieser Experimente findet sich in jedem grundlegenden Psychologielehrbuch oder einführenden Werken zum Themenkomplex »Wahrnehmung«. Die beiden Forscher berichteten über ihre Arbeit zuerst in: D. H. Hubel und T. N. Wiesel: »The Period of Susceptibility to the Physiological Effects of Unilateral Eye Closure in Kittens«. In: *Journal of Physiology* 206 (1970), S. 419–436.

125 T. Kujala u. a.: »Electrophysiological Evidence for Cross-Modal Plasticity in Humans with Early- and Late-Onset Blindness.« In: *Psychophysiology* 34 (1997), S. 213–216.

126 Alvaro Pascual-Leone hat zahlreiche Experimente mit Versuchspersonen durchgeführt, die den Nachweis erbracht haben, dass, wenn eine bestimmte motorische Tätigkeit ständig wiederholt wird, der für diese Tätigkeit zuständige Bereich des motorischen Kortex sich erweitert. So haben seine frühen Studien gezeigt, dass bei Personen, die Brailleschrift lesen können, die Region des Kortex, die den »Lesefinger« kontrolliert, viel größer ist als bei solchen, die nicht über diese Fähigkeit verfügen. A. Pascual-Leone und F. Torres: »Plasticity of the Sensorimotor Cortex Representation of the Reading Finger in Braille Readers«. In: *Brain* 116 (1993), S. 39–52. Pascual-Leones Studien reflektierten schon früher von Michael Merzenich an Affen vorgenommene Experimente. An der Universität Wisconsin nahmen Merzenich und seine Mitarbeiter chirurgische Eingriffe an einer Reihe junger Affen vor; sie zertrennten einen wichtigen Nerv in der Hand, sodass die kortikalen

Regionen, die für einen großen Teil der Hand zuständig waren, keine Signale mehr erhielten. Dann warteten sie sieben Monate, um festzustellen, zu welchen Veränderungen es im Gehirn der Tiere gekommen war. Zu seiner großen Verblüffung entdeckte Merzenich, dass eine vollständige »Neuverdrahtung« der kortikalen Region stattgefunden hatte. Er hatte – der gängigen Lehrmeinung jener Zeit widersprechend – zweifelsfrei nachgewiesen, dass das Gehirn plastisch war. Seine Ergebnisse waren in der Tat derart »unzeitgemäß«, dass sein Artikel nur unter der Bedingung veröffentlicht wurde, dass in ihm nicht auf Neuroplastizität eingegangen wurde. R. L. Paul, H. Goodman und M. M. Merzenich: »Alternations in Mechanoreceptor Input to Brodmann's Areas 1 und 3 of the Postcentral Hand Area of *Macac Mulatta* After Nerve Section and Regeneration«. In: *Brain Research* 39 (1972), S. 1–19.

127 G. Gage u. a.: »More Hippocampal Neurons in Adult Mice Living in an Enriched Environment«. In: *Nature* 386 (1997); S. 493–495. Gage und seine Mitarbeiter fanden später heraus, dass es auch bei viel älteren Tieren zu Neurogenese kommen kann. G. Kempermann, H. G. Kuhn und F. H. Gage: »Experience Induced Neurogenesis in the Senescent Dentate Gyrus«. In: *Journal of Neuroscience* 18 (1998), S. 3206–3212. Interessanterweise waren dies aber nicht die ersten Experimente, die auf Neurogenese verwiesen. Ähnlich wie die ersten Belege für Neuroplastizität von der Fachwelt ignoriert wurden, blieben auch die frühesten Berichte über Neurogenese von Joseph Altman, einem Neurowissenschaftler am Massachusetts Institute of Technology im Jahr 1962, unbeachtet. Siehe J. Altman: »Are New Neurons Formed in the Brains of Adult Mammals?« In: *Science* 135 (1962), S. 1127–1128. Die Geschichte über die Entdeckung der Neurogenese wird hinreißend erzählt in Michael Spector: »Rethinking the Brain: How the Songs of Canaries Upset a Fundamental Principle of Science.« In: *New Yorker*, 23.7.2001; sowie in Sharon Begley: *The Plastic Mind.*

128 Mark Rosenzweig war in der 1960er Jahren Leiter eines Forscherteams der Universität Kalifornien, Berkeley, welches nachwies, dass Ratten, Wüstenrennmäuse und Mäuse, die in einem stimulierenden Umfeld aufwuchsen, größere und schwerere Gehirne besaßen als Artgenossen, die das nicht taten. Siehe: M. R. Rosenzweig und E. L. Bennett: »Effects of Differential Environments on Brain Weight and Enzyme Activities in Gerbils, Rats, and Mice«. In: *Developmental Psychobiology* 2 (1969), S. 87–95. Einige Jahre später wies William Greenough an der Universität Illinois nach, dass dies darauf zurückzuführen war, dass Ratten, die in stimulierenden Umgebungen aufgezogen wurden, eine größere Zahl von Verbindungen zwischen Neuronen entwickelten und sich an ihren Neuronen mehr Dendriten bildeten, was zusammengenommen zu dichteren und dickeren kortikalen Netzwerken führte. F. R. Volkmar und W. T. Greenough: »Rearing Complexity Affects Branching of Dendrites in the Visual Cortex of the Rat«. In: *Science* 176 (1972), S. 1145–1447.

129 Es handelt sich um die unter der Schirmherrschaft des Dalai Lama 2004 in Dharamsala abgehaltene Mind and Life Conference, an der eine Reihe führender Wissenschaftler teilnahmen; über sie berichtet Sharon Begley in: *The Plastic Mind*, S. 70. Bei dem wissenschaftlichen Artikel, der über diese bahnbrechende Entde-

ckung berichtet, handelt es sich um: P. S. Eriksson u. a.: »Neurogenesis in the Adult Human Hippocampus«. In: *Nature Medicine* 4 (1998), S. 1313–1317.

130 Eine ausgezeichnete Schilderung der Angstkonditionierung gibt einer der führenden Wissenschaftler auf dem Gebiet: Joseph E. LeDoux: *Das Netz der Gefühle – Wie Emotionen entstehen.* Übersetzt v. Friedrich Griese. München: dtv, 2006. Ein gut verständlicher Überblick über die diversen Prozeduren auch in Joseph E. Le-Doux: »Emotional Memory«. In: *Scholarpedia* 2, Nr. 7 (2007), S. 1806.

131 J. B. Watson und R. Raynor: »Conditioned Emotional Reaction«. In: *Journal of Experimental Psychology* 3 (1920), S. 1–14.

132 Quelle: J. Johansen, Christopher Cain, Linnea Ostroff und Joseph E. LeDoux: »Molecular Mechanisms of Fear Learning and Memory«. In: *Cell* 147 (2011), S. 509–524.

133 M. E. Bouton: »Context, Ambiguity, and Classical Conditioning«. In: *Current Directions in Psychological Science* 3 (1994); S. 49–53.

134 Elaine Fox, Laura Griggs und Elias Mouchlianitis: »The Detection of Fear-Relevant Stimuli: Are Guns Noticed as Quickly as Snakes?«. In: *Emotion* 4 (2007); S. 691–696.

135 M. Cook und S. Mineka: »Observational Conditioning of Fear to Fear-Relevant Versus Fear-Irrelevant Stimuli in Rhesus Monkeys«. In: *Journal of Abnormal Psychology* 98 (1989); S. 448–459.

136 Viele Experimente haben erwiesen, dass es uns leichter fällt, Gefahr mit gewissen Dingen zu assoziieren als mit anderen – auch wenn in der Realität gar keine solche Verbindung besteht. Die erste Studie, die diese gezeigt hat, ist veröffentlicht in: A. J. Tomarken, S. Mineka und M. Cook: »Fear-Relevant Selective Associations and Covariation Bias.« In: *Journal of Abnormal Psychology* 98 (1989); S. 381–394.

137 R. J. Viken u. a.: »Illusory Correlation for Body Type and Happiness: Co-Variation Bias and Its Relationship to Eating Disorder Symptoms«. In: *International Journal of Eating Disorders* 38 (2005); S. 65–72.

138 Viele Leute sind überzeugt, dass Handys ihre Gesundheit beeinträchtigen. Die Mehrheit der wissenschaftlichen Studien hat jedoch gezeigt, dass ihre Symptome nicht gravierender sind, wenn das Handy eingeschaltet ist, als wenn es ausgeschaltet ist. Öffentliche Gesundheitseinrichtungen auf der ganzen Welt haben wissenschaftliche Forschungen finanziert, die ermitteln sollten, ob die Behauptung, dass Mobiltelefone die menschliche Gesundheit gefährden, begründet ist oder nicht. Ich erhielt Forschungsmittel vom British Mobile Telecommunication and Health Research Programme (MTHR), mit denen ich ein neues Labor einrichtete und mithilfe eines multidisziplinären Wissenschaftlerteams ermitteln sollte, ob die elektromagnetischen Felder, die Mobiltelefone und deren Basisstationen erzeugen, tatsächlich die Probleme verursachen, über die eine kleine, aber ständig wachsende Zahl von Personen berichtet. Unsere auf der ganzen Welt mit Hunderten von Testpersonen durchgeführten Studien haben ergeben, dass die meisten nicht in der Lage sind, elektromagnetische Felder aufzuspüren – es sei denn durch Zufall. Überdies scheinen die gemeldeten kurzfristigen Krankheitssymptome nicht in Zusammenhang mit irgendwelchen elektromagnetischen Feldern zu stehen, auch wenn die Betreffenden dies glauben; stattdessen scheinen sie auf diesen Glau-

ben zurückzuführen zu sein. Die sinnvollste Erklärung scheint die zu sein, dass es die *Angst* vor Mobiltelefonen und der *Glaube* an die Schädlichkeit sind, die diese Symptome hervorrufen. Es mag Leute geben, die elektromagnetische Strahlungen zu entdecken vermögen, aber bislang ist es der Wissenschaft nicht gelungen, sie ausfindig zu machen. Einige der von uns zu dem Thema publizierten Aufsätze sind: S. Eltiti u. a.: »Does Short-Term Exposure to Mobile Phone Base Stations Increase Symptoms in Individuals Who Report Sensitivity to Electromagnetic Fields? A Double-Blind Randomised Provocation Study«. In: *Environmental Health Perspectives* 115 (2007), S. 1063–1068; sowie R. Russo u. a.: »Does Acute Exposure to Mobile Phones Affect Human Attention?« In: *Bioelectromagnetics* 27 (2006), S. 215–220. Siehe auch die von der WHO eingerichtete Website: www.who.int/peh-em/projection/en/

139 A. Olsson u. a.: »The Role of Social Groups in the Persistence of Learned Fear«. In: *Science* 309 (2005), S. 785–787.

140 E. A. Phelps u. a.: »Performance on Indirect Measures of Race Evaluation Predicts Amygdala Activation.« In: *Journal of Cognitive Neuroscience* 12 (2000), S. 720–738.

141 A. Santos, A. Meyer-Lindenberg und C. Deruelle: »Absence of Racial, but Not Gender, Stereotyping in Williams Syndrome Children«. In: *Current Biology* 20 (2010), S. 307–308. Die Arbeit von Santos und ihren Kollegen scheint zu belegen, dass Rassismus soziale Angst zugrunde liegt. Könnte man Letztere beseitigen, würde dies das Ende von Rassismus bedeuten. Nicht alle Forscher schließen sich jedoch dieser Erkenntnis an. Liz Phelps beispielsweise hält Santos' Ergebnisse für interessant, da aber Kinder mit Williams-Syndrom auch gravierende Lernprobleme haben, glaubt sie, dass deren Unfähigkeit, sich ethnische Vorurteile zu eigen zu machen, eher mit dieser Lernbehinderung zu tun hat. Dagegen scheint aber wiederum zu sprechen, dass diese Kinder Gender-Stereotypen ohne Schwierigkeiten übernahmen.

142 Die ersten Artikel, in denen die Möglichkeit, solche Präferenzen zu ändern, anhand der Ergebnisse von Studien und Experimenten nachgewiesen wurde, stellten die Modifikation von Deutungspräferenzen in den Vordergrund. Siehe A. Mathews und B. Mackintosh: »Induced Emotional Interpretation Bias and Anxiety«. In: *Journal of Abnormal Psychology* 109 (2000), S. 602–615; sowie S. Grey und A. Mathews: »Effects of Training on Interpretation of Emotional Ambiguity«. In: *Quarterly Journal of Experimental Psychology* 53 A (2000), S. 1143–1162. Colin MacLeods erster Nachweis, dass es möglich ist, Aufmerksamkeitspräferenzen zu ändern, erschien in: C. MacLeod u. a.: »Selective Attention and Emotional Vulnerability: Assessing the Causal Basis of Their Association Through the Experimental Manipulation of Attentional Bias«. In: *Journal of Abnormal Psychology* 111 (2002), S. 107–123. Detaillierte Überblicke über diese und spätere Forschungsarbeiten sind enthalten in: A. Mathews und C. MacLeod: »Induced Processing Biases Have Causal Effect on Anxiety.« In: *Cognition and Emotion* 16 (2002), S. 331–354; sowie C. MacLeod, E. H. W. Koster und E. Fox: »Whither Cognitive Bias Modification Research? Commentary on the Special Section Articles«. In: *Journal of Abnormal Psychology* 118 (2009), S. 89–99. Außerdem: E. Fox: *Emotion Science: Neuroscientific and Cognitive Approaches to Understanding Human Emotions.* Basingstoke: Palgrave Macmillan, 2008.

143 Reinout Wiers u. a.: »Retraining Automatic Action Tendencies Changes Alcoholic Patients' Approach Bias for Alcohol and Improves Treatment Outcome«. In: *Psychological Science* 22 (2011), S. 490–497.

144 Mittlerweile liegen mehrere Forschungsberichte über diese Arbeiten vor, so auch ein Sonderheft des *Journal of Abnormal Psychology* zur Modifikation von kognitiven Verzerrungen (CBM). Hg. von Ernst Koster, Elaine Fox und Colin MacLeod (118, Nr. 1; 2009). Außerdem: Paula Hertel und Andrew Mathews: »Cognitive Bias Modification: Past Perspectives, Current Findings, and Future Applications«. In: *Perspectives in Psychological Science* 6 (2011), S. 521–536.

6. Neue Techniken zur Umbildung unseres Gehirns

145 Eine exzellente Beschreibung dieser Störung sowie der verschiedenen Methoden, sie zu beseitigen, liefert: Jeffrey Schwartz: *Zwangshandlungen und wie man sich davon befreit.* Übersetzt v. Rolf Lahusen. Frankfurt/M.: Fischer, 1999.

146 Bei D-Cycloserin handelt es sich um eines von vielen Medikamenten, die als *Cognitive Enhancers* bekannt sind, das heißt, dass sie kognitive Prozesse intensivieren. Michael Davis, Psychologe an der Emory University, hat Belege dafür gefunden, dass D-Cycloserin die positiven Auswirkungen einer Konfrontationstherapie steigern, also dazu beitragen kann, dass Menschen Phobien wie Höhenangst überwinden. Informationen zu seinen diesbezüglichen Studien unter: www.dana.org/news/cerebrum/detail.aspx?id=752_ Einer der ersten Fachartikel, in dem auf den möglichen Nutzen dieser Droge im Verein mit psychologischen Therapien verwiesen wird, ist: K. J. Ressler u. a.: »Cognitive Enhancers as Adjuncts to Psychotherapy: Use of D-Cycloserine in Phobias to Facilitate Extinction of Fear«. In: *Archives of General Psychiatry* 61 (2004), S. 1136–1144.

147 Bei dem Artikel, in dem über dieses Experiment berichtet wird, handelt es sich um: D. Schiller u. a.: »Preventing the Return of Fear in Humans Using Reconsolidation Update Mechanisms«. In: *Nature* 463 (2010); S. 49–54. Siehe dazu auch: Daniel Lametti: »How to Erase Fear in Humans«. In: *Scientific American*, 23. März 2010, www.scientificamerican.com/article.cfm?id=how-to-erase-fear-in-humans

148 R. L. Clem und R. L. Huganir: »Calcium-Permeable AMPA Receptor Dynamics Mediate Fear Memory Erasure«. In: *Science* 330 (2010), 1108–1112.

149 Siehe: M. R. Milad und G. J. Quirk: »Neurons in Medial Prefrontal Cortex Signal Memory for Fear Extinction«. In: *Nature* 420 (2002), S. 70–74.

150 Siehe: L. M. Shin u. a.: »Amygdala, Medial Prefrontal Cortex, and Hippocampal Function in PTSD«. In: *Annals of the New York Academy of Science* 1071 (2006), S. 67–79.

151 Siehe: Richard Lazarus: *Psychological Stress and the Coping Process.* New York: McGraw-Hill, 1966.

152 A. R. Hariri, S. Y. Bookheimer und J. C. Mazziotta: »Modulating Emotional Responses: Effects of a Neurocortical Network on the Limbic System«. In: *NeuroReport* 11 (2000), S. 43–48; sowie A. R. Hariri u. a.: »Neocortical Modulation of the Amyg-

dala Response to Fearful Stimuli«. In: *Biological Psychiatry* 53 (2003), S. 494–501. Es gibt eine wachsende Zahl von Veröffentlichungen darüber, dass eine aktive Re-Interpretation einer emotionale Reaktionen hervorrufenden Situation sich verändernd auf die Kontrollzentren des Gehirns auswirken kann; ein exzellenter Überblick darüber findet sich bei: K. N. Ochsner und J. J. Gross: »Cognitive Emotion Regulation: Insights from Social, Cognitive and Affective Neuroscience«. In: *Current Directions in Psychological Science* 17 (2008), S. 153–158.

153 J. Kim und P. Whalen: »The Structural Integrity of an Amygdala-Prefrontal Cortex Pathway Predicts Trait Anxiety«. In: *Journal of Neuroscience* 29 (2009), S. 11614–11617.

154 Siehe: David A. Clark und Aaron T. Beck: »Cognitive Theory and Therapy of Anxiety and Depression with Neurobiological Findings«. In: *Trends in Cognitive Sciences* 14 (2010), S. 418–424.

155 Es ist noch eine intensive Forschungsarbeit vonnöten, um zu eruieren, wie genau CBM-Prozeduren sich auf zerebrale Schaltkreise auswirken, doch hat eine Studie bereits zu erkennen gegeben, dass sie vermutlich die Kontrollzentren im präfrontalen Kortex verändern. Siehe: M. Browning u. a.: »Lateral Prefrontal Cortex Mediates the Cognitive Modification of Attentional Bias«. In: *Biological Psychiatry* 67 (2010), S. 919–925.

156 C. J. Harmer, G. M. Goodwin und P. J. Cowen: »Why Do Antidepressants Take So Long to Work? A Cognitive Neuropsychological Model of Antidepressant Drug Action«. In: *British Journal of Psychiatry* 195 (2000), S. 102–108.

157 Richard Davidson, Psychologe an der Universität Wisconsin, war einer der Ersten, die die Auswirkung von Meditation auf geistige Kontrolle und regulatorische Funktionen untersuchten. Er ermittelte, zu welchen Mustern von Gehirnaktivität es kam, wenn buddhistische Mönche sich in Meditation versenkten. Ein Bericht darüber findet sich bei: A. Lutz u. a.: »Attention Regulation and Monitoring in Meditation.« In: *Trends in Cognitive Sciences* 12 (2008), S. 163–168. Siehe auch: A. Lutz u. a.: »Long-Term Meditators Self-Induce High-Amplitude Gamma Synchrony During Mental Practice«. In: *Proceedings of the National Academy of Sciences* 101 (2004), S. 16369–16373. Eine höchst lesenswerte Darstellung dieser findet sich auch in: Sharon Begley, *The Plastic Mind: New Science Reveals Our Extraordinary Potential to Transform Ourselves.* London: Constable & Robinson, 2009.

158 Über diese Arbeit wird berichtet in: J. A. Brefczynski-Lewis u. a.: »Neural Correlates of Attentional Expertise in Long-Term Meditation Practitioners«. In: *Proceedings of the National Academy of Sciences* 104 (2007), S. 11483–11488.

159 Eine gute Erläuterung dieser Art der Meditation und ihren Beitrag zur Stressbewältigung findet man bei: Mark Williams und Danny Penman: *Meditation im Alltag. Gelassenheit finden in einer hektischen Welt.* Übersetzt v. Ursula Rahn-Huber. München: Arkana, 2011.

160 Siehe: J. M. Schwartz u. a.: »Systematic Changes in Cerebral Glucose Metabolic Rate After Successful Behaviour Modification Treatment of Obsessive-Compulsive Disorder«. In: *Archives of General Psychiatry* 53 (1996), S. 109–113. Schwartz' Entwicklung einer achtsamkeitsorientierten kognitiven Verhaltenstherapie ist auch

dargestellt in: Jeffrey M. Schwartz und Sharon Begley: *The Mind and the Brain: Neuroplasticity and the Peace of Mental Force.* New York: Harper Perennial, 2002.

161 Ein ausgezeichneter Forschungsbericht über Studien zu Depressionserkrankungen findet sich bei: K. J. Ressler und H. S. Mayberg: »Targeting Abnormal Neural Circuits in Mood and Anxiety Disorders: From the Laboratory to the Clinic«. In: *Nature Neuroscience* 10 (2007), S. 1116–1124.

162 Siehe: J. D. Teasdale u. a.: »Prevention of Relapse/Recurrence in Major Depression by Mindfulness-Based Cognitive Therapy«. In: *Journal of Consulting and Clinical Psychology* 68 (2000), S. 615–623. Siehe auch: Z. V. Segal, J. M. G. Williams und J. D. Teasdale: *Die achtsamkeitsorientierte kognitive Therapie der Depression. Ein neuer Ansatz zur Rückfallprävention.* Übersetzt v. Nina Buchheld u. Christoph Egger-Büssing. Tübingen: DGVT-Verlag, 2008.

163 R. J. Davidson u. a.: »Alterations in Brain and Immune Function Produced by Mindfulness Meditation«. In: *Psychosomatic Medicine* 65 (2003), S. 564–570. Berichte über die Forschungen auf diesem Gebiet bei: R. J. Davidson: »Emotion and Affective Style: Hemispheric Substrates«. In: *Psychological Science* 3 (1992), S. 39–43; sowie bei: R. J. Davidson und W. Irwin: »The Functional Neuroanatomy of Emotion and Affective Style«. In: *Trends in Cognitive Sciences* 3 (1999), S. 11–21.

164 Siehe: J. D. Creswell u. a.: »Neural Correlates of Dispositional Mindfulness During Affect Labelling«. In: *Psychosomatic Medicine* 60 (2007), S. 560–565.

165 Siehe: K. Britta u. a.: »Mindfulness Practice Leads to Increases in Brain Grey Matter Density«. In: *Psychiatry Research: Neuroimaging* 191, Nr. 1 (2011), S. 38–43.

166 Siehe: S. Côté, A. Gyurak und R. W. Levenson: »The Ability to Regulate Emotion Is Associated with Greater Well-Being, Income and Socioeconomic Status«. In: *Emotion* 10 (2010), S. 923–933.

167 George A. Bonanno: *Die andere Seite der Trauer. Verlust und Trauma aus eigener Kraft überwinden.* Übersetzt v. Michael Halfbrodt. Bielefeld u. a.: Edition Sirius, 2012. Zu diesem Thema siehe auch: Stephen Joseph: *What Doesn't Kill Us: The New Psychology of Posttraumatic Growth.* New York: Basic Books, 2011; und Gary Stix: »The Neuroscience of True Grit«. In: *Scientific American* (März 2011), S. 28–33.

168 Siehe: M. E. P. Seligman, S. F. Maier und J. Geer: »The Alleviation of Learned Helplessness in Dogs.« In: *Journal of Abnormal Psychology* 73 (1968), S. 256–262. Interessanterweise zeigte ungefähr ein Drittel der 150 Hunde, mit denen diese Experimente durchgeführt wurden, keine solche erlernte Hilflosigkeit; diese Tiere gaben einfach nicht auf, sondern erwiesen sich als sehr resilient.

169 Über die entsprechende Forschungsarbeit wird berichtet in: J. P. E. Amat u. a.: »Previous Experience with Behavioural Control over Stress Blocks the Behavioural and Dorsal Raphe Activating Effects of Later Uncontrollable Stress: Role of the Ventral Medial Prefrontal Cortex«. In: *Journal of Neuroscience* 26 (2006), S. 13264–13272.

170 Das entsprechende Experiment ist veröffentlicht in: J. M. Weiss: »Effects of Coping Behaviour in Different Warning Signal Conditions on Stress Pathology in Rats«. In: *Journal of Comparative and Physiological Psychology* 77, Nr. 1 (1971), S. 1–3. Eine frühere, von Joseph Brady mit Affen durchgeführte Studie erbrachte die entge-

gengesetzten Ergebnisse. Brady berichtete, dass bei diesen als *Executive Monkey Studies* bekannt gewordenen Versuchen, der Affe, der die Kontrolle innehatte – der *executive* –, eine größere Zahl von Geschwüren entwickelte als der Artgenosse, der genauso viele Stromschläge erhielt, aber keine Kontrolle innehatte. Mittlerweile gilt aber die ganze Anlage von Bradys Experiment als problematisch, weil nämlich den verschiedenen Affen die Rollen des *executive* beziehungsweise des *non-executive* nicht nach dem Zufallsprinzip zugewiesen wurden, sondern die Tiere, die am schnellsten lernten, zu *executives* gemacht wurden, während diejenigen, die langsamer lernten, der »Keine Kontrolle über Stromschläge«-Gruppe zugeordnet wurden. Folgestudien von Jay Weiss ergaben, dass die schnell reagierenden Affen in jedem Fall (ob sie nun Stromschläge erhielten oder nicht) anfälliger für das Entstehen von Geschwüren waren. Das von Weiss gemeldete Pattern – dass das Innehaben von Kontrolle weniger anfällig für Geschwüre macht – wurde durch spätere Versuche bestätigt. Bradys Studie wurde veröffentlicht in: J. V. Brady u. a.: »Avoidance Behaviour and the Development of Gastroduodenal Ulcers«. In: *Journal of the Experimental Analysis of Behaviour* 1 (1958), S. 69–72.

171 Siehe: Ellen Langer und Judith Rodin: »The Effects of Choice and Enhanced Personal Behaviourality for the Aged: A Field Experiment in an Institutional Setting«. In: *Journal of Personality and Social Psychology* 34 (1976), S. 191–198; sowie J. Rodin und E. J. Langer: »Long Term Effects of a Control-Relevant Intervention with the Institutionalised Aged«. In: *Journal of Personality and Social Psychology* 35 (1977), S. 897–902.

172 L. B. Alloy und L. Y. Abramson: »Judgement of Contingency in Depressed and Non-Depressed Students Sadder but Wiser?« In: *Journal of Experimental Psychology General* 108 (1979), S. 441–485. Folgestudien haben ergeben, dass deprimierte oder pessimistische Menschen nicht tatsächlich trauriger, aber klüger sind; stattdessen scheint Deprimiertheit eher mit einer zutreffenden Einschätzung des eigenen Mangels an Kontrolle, gleichzeitig aber mit einer Neigung, den Grad an Kontrolle, die andere innehaben, zu hoch einzuschätzen, in Zusammenhang zu stehen. Siehe: D. Martin, L. Y. Abramson und L. B. Alloy: »The Illusion of Control for Self and Others in Depressed and Non-Depressed College Students.« In: *Journal of Personality and Social Psychology* 46 (1984), S. 125–136.

173 Siehe: E. J. Langer: »The Illusion of Control«. In: *Journal of Personality and Social Psychology* 32 (1975), S. 311–328.

174 In seinem Buch *The Progress Paradox: How Life Gets Better While People Feel Worse* (New York: Randomhouse, 2003) weist Easterbrook mit einer Fülle von Fakten und Zahlen nach, dass der Wohlstand in den entwickelten Ländern im Lauf von 50 Jahren dramatisch zugenommen hat. So führt er zum Beispiel an, dass man in den 1950er Jahren bei MacDonald's für einen Cheeseburger eine Summe hinlegen musste, die einem halben Stundenlohn entsprach, während sie heute dem entspricht, was man im Durchschnitt in neun Minuten verdient. Bei einer 2003 durchgeführten Befragung gaben aber die meisten Personen an, dass es ihnen schlechter gehe als einst ihren Eltern, und äußerten die Befürchtung, dass sie ihren Kindern eine noch schlechtere Welt hinterlassen würden.

175 Martin Seligman ist einer der Pioniere der Bewegung der »positiven Psychologie«, die herauszufinden versucht, wie man zu einem erfüllten und glücklichen Leben gelangen kann. Seine diesbezüglichen Forschungen sind dargestellt in seinem Buch: *Der Glücks-Faktor: Warum Optimisten länger leben.* Übersetzt v. Siegfried Brockert. Bergisch Gladbach: Bastei-Lübbe, 2005. Eine wissenschaftlichere Darstellung der positiven Psychologie findet man in: M. E. P. Seligman und M. Csíkszentmihályi: »Positive Psychology: An Introduction.« In: *American Psychologist* 55 (2000), S. 5–14. Csíkszentmihályi hat auch viele Arbeiten zur positiven Psychologie veröffentlicht, vor allem zum Konzept des *Flow* oder der »optimalen Erfahrung«. Über seine Arbeit berichtet er in seinem mittlerweile zum Klassiker avancierten Buch: *Flow – Das Geheimnis des Glücks.* Übersetzt v. Annette Charpentier, Stuttgart: Klett-Cotta, 2010 (15. Aufl.).

176 Siehe: B. L. Fredrickson und M. F. Losada: »Positive Affect and the Complex Dynamics of Human Flourishing.« In: *American Psychologist* 60 (2005), S. 678–686. Über ihre Arbeit berichtet Fredrickson in ihrem Buch: *Die Macht der guten Gefühle: Wie eine positive Haltung Ihr Leben dauerhaft verändert.* Übersetzt v. Nicole Hölsken. Frankfurt/M./New York: Campus, 2011. Auf ihrer Website www.positivityratio.com bietet sie einem die Möglichkeit, seinen Positivitätsquotienten selbst zu bestimmen.

177 Siehe: John Gottman: *Why Marriages Succeed or Fail: And How You Can Make Yours Last.* New York: Fireside, 1994.

178 Siehe: T. Sharot u. a.: »Neural Mechanisms Mediating Optimism Bias.« In: *Nature* 450 (2007), S. 102–105.

179 Siehe: A. D. Ong, C. S. Bergeman und T. L. Bisconti: »The Role of Daily Positive Emotions During Conjugal Bereavement.« In: *Journal of Gerontology Psychological Sciences* 59B (2004), S. 158–167.

NAMENSREGISTER

Die *kursiv* gesetzten Ziffern verweisen auf die Abbildungen

SACHREGISTER

Die *kursiv* gesetzten Ziffern verweisen auf die Abbildungen